뜻이 있어
길이 있어

조강환 살아온 날들

나남
nanam

나남신서 · 1417

뜻이 있어 길이 있어

조강환 살아온 날들

2009년 10월 1일 발행
2009년 10월 1일 1쇄

저자_ 曺康煥
발행자_ 趙相浩
발행처_ (주) 나남
주소_ 413-756 경기도 파주시 교하읍
출판도시 518-4
전화_ (031) 955-4600 (代)
FAX_ (031) 955-4555
등록_ 제 1-71호(79. 5. 12)
홈페이지_ www.nanam.net
전자우편_ post@nanam.net

ISBN 978-89-300-8417-8
ISBN 978-89-300-8001-9(세트)
책값은 뒤표지에 있습니다.

뜻이 있어
길이 있어

조강환 살아온 날들

조강환 지음

나남
nanam

머리말

이 세상의 내 존재는 무슨 의미가 있는가. 얼마나 아름답고 의미 있는 인연을 맺어 왔는가. 혹여 돌이킬 수 없는 패배는 아니었는가. 축복받은 것인가, 버림받은 것인가. 영장(靈長)인가, 수포(水泡)인가. 그 모든 것들인가. 나는 어디에서 비롯되어 마지막 귀착은 어떻게 끝맺음 될 것인가.

나는 1940년 전라북도 고창에서 태어나 서울에서 50년 넘게 살았다. 여말선초(麗末鮮初), 고창으로 내려와 자리 잡은 우리 집안은 전통 유가(儒家)로 부모, 조부모에서부터 20대조(원유·元宥)까지 제사와 시제를 지낸다. 그 위로도 가계(家系)는 이어져 신라 진평왕의 사위로 43대조인 시조(계룡·繼龍)에 이르기까지 창녕 조(曺)씨 종회에서 제사를 지낸다. 시조 유래 설화가 있지만 그대로 믿을 수는 없다. 그 위로도 혈통은 이어졌을 것이다. 현대 인류와 비슷한 모양을 지니게 된 것은 1백만 년 전부터로 본다. 유인원인지 어떤지는 몰라도 분명 그때까지도 연결되어 있을 것이다.

나는 금년에 고희(古稀)를 맞았다. 드문 나이라지만 지금은 주변에 수두룩하다. 우리나라 남자 평균수명은 77세, 지금 70세의 기대수명은

83세다. 그럼 그 다음은 어떻게 될까?

눈을 감으면 지하로 들어가 수십 년, 수백 년, 또는 그 이상도 정지 상태에 있을 것이다. 연륜이 쌓이면서 흙이나 암석이 된다. 암석은 세월이 흐르면서 모래가 되고 다시 흙이 된다. 그 흙에서 곡식이나 야채가 재배되고 과일나무도 자랄 것이다. 흙이 물길에 휩쓸려 강으로, 바다로 나갈 수도 있고 수증기로 증발되어 하늘로 올라가 가뭄에 단비로 내릴 수도 있다. 곡식과 과일은 인간의 피가 되고 살이 되어 2세로 이어진다. 이런 과정은 1백만 년 전부터 계속되어 왔으며 앞으로도 지속될 것이다. 지금까지 지구에는 아마도 수천억 명이 살다가 갔다. 그들의 잔재가 땅과 바다, 대기 속에 미세한 흔적으로 남아 있다.

이런 유구한 과정에서 '나'라는 존재는 무엇인가. 지구나 우주의 규모나 연륜에 비하면 드넓은 바닷가의 모래 한 알도 되지 못한다. 그렇지만 나는 나름대로 희로애락을 겪으며 70평생을 살아왔다. 운 좋게 큰 사고도 당하지 않고 중병에도 걸리지 않고 자살도 시도하지 않고 현재에까지 이르렀다. 내 존재가 아무리 하찮은 것이라 할지라도 나에게는 이 세상, 이 우주에서 내 존재보다 더 소중한 것은 없다. 이 세상에 내 인생과 바꿀 것이 어디에 있겠는가. 내가 바로 지구이고 우주다. 내가 눈 감으면 가족도, 친구도, 나라도, 지구도, 우주도 모두 일순에 사라진다. 이 세상 최대의 가치는 생명이다.

알베르트 슈바이처 박사는 나무 잎사귀 하나라도 의미 없이는 따지 않았다. 한 포기 들꽃도 꺾지 않았다. 벌레도 밟지 않으려고 조심했다. 아프리카의 여름밤, 램프 아래서 일할 때 날아든 많은 날벌레가 램프 불에 타 죽는 것을 보고는 무더운 여름밤에도 창문을 닫고 일했다 한다. 우리 할머니도 하다못해 기명(器皿) 물을 버릴 때도 식혀서 버렸다. 뜨거운 물이 하수구로 흘러 수많은 미물들을 해칠 것이 두려워서다.

분명 내 존재가 아무것도 아닌 것은 아니다. 만나서 알고 사랑하고 기뻐하고 미워하고 슬퍼하고 헤어지는 기쁜 이야기이면서 슬픈 이야기다. 참으로 짧은 이야기인 것 같다. 생각해 볼수록 인생은 베푸는 것이 아니라 혜택을 입는 것이다. 나는 무수히 혜택만을 입고 베푼 것은 아무것도 없는 것 같다. 이렇게 살아온 모든 것도 이제 종말을 향해 다가가고 있다. 만약 내 정신에 조금이라도 의미 있는 것이 담겨 있다면 그것이라도 내놓고 가야 하지 않겠는가. 무언가를 내놓으려고 보니 하찮기 그지없다.

돌이켜보면 나는 어설픈 허무주의(*nihilism*)와 고집스런 사실주의(*realism*) 사이에서 방황했고 낭만주의(*romanticism*)와 고전주의(*classicism*)에 몰입되었으며 자기중심주의(*egotism*)와 이타주의(*altruism*) 사이에서 번민했다. 젊은 날은 니힐리스트, 로맨티시스트, 클래서시스트였다면 신문사 입사 이후로는 리얼리스트, 에고이스트, 알트루이스트 사이에서 헤매었다.

그렇게 해서 종내는 어찌 되었는가. 한 일생이 어린애의 장난에 지나지 않은 것은 아니었는가. 비굴한 복종과 온갖 야유 속에 노예적 편익만을 추구하지는 않았는가. 쾌락과 야심을 충족시키는 데 연연하지는 않았는가. 일생이 번민과 고통은 아니었는가. 정직과 인내, 사랑과 용기를 잃지는 않았는가. 기쁨과 슬픔으로 무늬 놓아 짜낸 한 필의 고운 비단은 아니었는가.

우리나라 사람들은 대체로 회고록을 쓰기 싫어한다. 세상 떠나면 모든 것이 그만이라는 관념 때문일까. 그보다는 기록하는 습성이 부족해서 그렇지 않을까.

나는 잘했든 못했든 일생을 글쟁이로 살아왔다. 논객이라고 자부하기도 했다. 뒤척이면서 잠 못 이루던 날 밤 내 일생을 있는 그대로 적어 자식들에게 전해주기로 결심했다. 긴 편지를 써 남기기로 했다. 사람의 일생은 비슷한 점도 많지만 제각기 다르다. 인생은 매우 복잡한 인과응보의 구도 속에서 변화무쌍하게 전개된다. 한 사람의 행적이 사실 그대로 기술되어 있는 내용은 다른 많은 사람들의 아들딸에게도 유익한 교훈이 될 수 있고 반면교사가 될 수도 있다.

편지는 내 스타일대로 쓸 수밖에 없다. 평생 진실을 추구하는 과정이었다고 생각돼 모든 것을 사실대로 썼다. 추호도 허구 없이 정확한 사실만을 기술했다. 내 이야기 자체는 물론 주변의 인물 수백 명도 모두 사실대로 실명으로 기록했다. 단 한 명조차도 가명이나 익명은 없다. 물론 그로 인해 파생된 문제는 모두 내 책임이다.

되돌아보면 평생 외롭게 기다려 온 삶, 욕망과 패배의 삶, 진실 추구와 희망의 삶이라고 할 수 있겠다. 그러면서 감추는 것 없이 살아온 자유인(自由人)이었다. 나름대로 뜻이 있었고 길이 있어 정성을 모아 애썼던 나날이었다.

바라는 것이 있다면 전달하고 싶은 의미가 굴절 없이 전해졌으면 하는 것이다.

2009년 9월

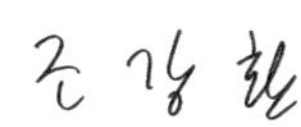

뜻이 있어
길이 있어
조강환 살아온 날들

차 례

제 2 부

동아일보 30년

제 3 부

방송위원과 사회생활

제 1 부

젊은 날의 번민

사무친 어린 상주의 통곡

아버지는 30세 전후에 지병을 얻어 투병생활이 계속 이어졌다. 당뇨, 뇌질환 등 몇 가지 병명을 들었지만 정확히는 모른다. 아버지는 10여 년을 신음하다가 내가 중학교 3학년 때인 1955년 11월 25일 숨을 거두었다. 향년 43년, 너무나도 일찍 돌아가셨다. 온갖 약은 물론 주술까지 동원했지만 모두 허사였다.

그날 안채 머릿방에 할머니, 어머니, 임실엄마, 숙부, 숙모, 고모, 누나, 동생들이 모두 모여 눈물바람을 하고 있는데 아버지는 눈을 감지 못했다. 먹지도 못하고 말도 못한 지 벌써 오래됐다. 그러나 눈빛은 반짝였다. 쇠약할 대로 쇠약해져 피폐한 모습이 너무나 안쓰러웠다. 아버지는 지금 무엇을 생각하고 계실까. 어린 생각에도 그토록 고통스러워하느니 떠나가는 것이 어떨까 하는 생각까지 했다. 그때 할머니가 동생을 시켜 사랑채에 계신 할아버지께 잠깐 다녀가시라고 전했다.

팔각관을 쓴 백발의 할아버지가 안채 머릿방에 들어서 아버지와 눈빛을 마주쳤다. 한집에 살고 있지만 두 분이 이렇게 마주 본 지는 10년도 넘었다. 한참을 응시하던 할아버지가 충혈된 눈길을 거두고 말없이 돌아서 문지방을 나서자 아버지는 바로 눈을 감았다. 온 방안에 통곡소리가 터져 나왔다. 아버지는 순박하기 그지없는 두 부인의 애통 속에 철모르는 어린 자식들을 남겨 두고 감기지 않는 회한의 눈을 감았다.

어머니는 급히 일어서더니 옆 장롱을 열어 손칼을 꺼냈다. 준비해 두었던 손칼이다. 손가락을 잘라 그 피를 아버지 입에 넣기 위해서다. 그러면 아버지의 숨결이 잠시 돌아온다고 했다. 손가락을 자르려는 어머니를 모두 나서서 말렸다. 그리고 통곡소리는 더욱 거세졌다. 순간 나는 내가 해야 할 일을 어머니가 하시는구나 하는 생각이 들었다. 이 세상의 부나 권력이나 사랑이나 천륜이나 그 무엇도 끝끝내 이겨내지 못하는 죽음, 아버지는 지금 다시는 돌아오지 못할 그 영원한 여행길을 떠났다.

유가(儒家)에서 부모 앞서 타계하는 것은 큰 불효다. 처자식도 처자식이지만 아버지는 노부모의 가슴을 저미는 그런 불효가 가장 괴로웠을 것이다. 아버지는 오랫동안 신병으로 신음하면서 그 초췌한 모습으로 할아버지 앞에 나설 수가 없었다. 한울타리 안에 살면서 그랬다. 온전하지 못한 몸으로 할아버지 방에 들어갈 수가 없었다. 할아버지 역시 병석의 아들 방에 들어설 수는 없었다. 아버지는 죄송하고 송구하여 눈을 감지 못하다가 할아버지께 큰 용서를 구하고는 떠나갔다. 어떻게든 건강을 회복하여 자식으로서 효도하고 싶었지만 그것을 이루지 못하고 떠나는 그 심정이 오죽했겠는가.

우리 집안의 기둥이 무너졌다. 아버지는 6·25 전란을 겪으면서 수많은 인명을 구제했고, 《조선역사》 3권을 저술하는 등 사학계에도 족적을 남겼다. 평생 친구였던 도산의 보정(普亭) 김정회(金程會) 선생은 부음을 듣고 그 자리에 주저앉아 "세상일이 날로 험하게 엇갈려 가는데 군(君)과 같은 인걸을 다시 볼 수 없게 되었으니 참으로 통탄스럽다"고 통곡했다. 많은 학자와 지인들이 명운이 짧은 아버지의 천품과 지혜를 안타까워했다.

중학교 3학년인 나는 고등학교 입학시험을 눈앞에 두고 큰 집안의 상주(喪主)가 되어 5일장을 치렀다. 상주는 '죄인'이다. 추운 겨울날씨에 시신이 안치된 안방 앞마루에 깐 가마니 위에서 굴관제복(屈冠制服)한 채 상정막대 짚고 호곡을 계속했다. 상가에서는 곡소리가 끊이지 않아야 한다. 나는 언 손발을 비벼대며 계속 울음을 이어 갔다. 장갑도 낄 수가 없기 때문에 버선으로 손을 감싼 채 곡을 하고 또 곡을 해야 했다. 내 옆에는 사촌동생 수환(琇煥)이가 동석했다. 얼굴도 모르는 그 많은 문상객들과 일일이 절을 하며 인사말을 건네야 했다. 이따금씩 가까운 친척이 들어서면 온 식구가 몰려와 함께 대성통곡 했다.

아버지는 할아버지 별세에 대비해 수의나 관은 말할 것도 없고 거창한 상여를 제작해 놓았었다. 3년여에 걸쳐 제작한 상여는 36명이 떠메는 큰 상여다. 온갖 정성을 쏟아 조각이나 채색이 참 아름다웠다. 그런데 자신이 먼저 떠나 버렸다. 어른들은 상의 끝에 할아버지를 위해 만든 상여를 그 자식에게 쓸 수는 없다고 결론지었다. 그래서 새로 하얀 꽃상여를 제작해 사용했다.

상여가 북망산천으로 떠나가는 날은 더욱 침통했다. 보통 연로해 사망했을 경우 호상(好喪)이라 하여 주변에서 농담도 지껄이고 웃음도 나온다. 그러나 아버지의 장례에서는 그럴 수가 없었다. 추운 겨울이지만 많은 문상객들이 뒤를 따랐다. 눈길 속에 7남매가 곡을 하며 상여 뒤를 따라가는데 그 중에 어린 여동생 선환이의 애끓는 울음이 끊이지 않았다. 그야말로 애를 끊는 통곡이었다. 선환이는 이제 겨우 여덟 살이다. '이 어린것이 …' 나는 곡을 하면서도 속으로 깜짝 놀랐다. 어린 동생의 울음을 말려 보았지만 소용이 없었다. 우리 형제자매들은 다함께 통곡했다.

장성군 북이면의 장지까지는 상당히 멀다. 날씨가 너무나 추워 어린 동생들은 중간에 돌아가고 나는 가마를 타고 곡을 하며 장지로 갔다. 중간 중간에 고인과 인연이 있는 곳에서 노제(路祭)를 지낸다. 그때만 해도 부음은 인편으로 전한다. 멀리서 뒤늦게 부음을 듣고 쫓아온 친구들이 당도하면 상여는 멈추고 고별제(告別祭)를 지냈다. 마지막 하관하면서 또 한 번 호곡이 이어졌고 아버지의 싸늘한 시신은 영원히 지하에 묻혔다.

상사를 치른 뒤 일가친척들은 떠나가고 집안은 허전했다. 안방 앞마루에 짚과 하얀 천으로 빈소를 만들어 신주를 모셨다. 아침저녁으로 조석 상식제를 지내면서 자식들은 곡을 했다. 학교에 가면서 빈소에 들러 곡을 하고 귀가하면 바로 빈소에 가서 곡을 했다. 매달 초하루와 보름날 아침에는 온 친척들이 참여해 삭망제를 올렸다. 할아버지는 식음을 전폐하고 할머니, 어머니는 말이 없었다.

창녕 조씨 우리 집안 내력

흠재(欽齋) 조덕승(曺悳承). 고창(高敞)의 우리 집안은 모든 것이 이 조부에서 비롯된다. 우리 집안은 물론 인근에서도 제일 큰 어른이다. 면암(勉庵) 최익현(崔益鉉) 선생에게 사사했다. 할아버지는 학문이 깊었으며 항일정신이 투철했고 강직하면서도 유덕군자로 평판이 높았다. 《흠재 문집》 3권을 남겼고 창녕 조씨(昌寧曺氏) 종친회장(종덕제장)을 역임하기도 했다.

을사조약이 체결되자 면암이 유학도들을 집결하여 전북 순창(淳昌)에서 항일 의병을 일으켰고 할아버지도 참가했다. 그러나 3대독자인 할아버지가 아들을 두지 못했다. 그 당시 후사(後嗣)가 없는 것은 큰 불효다. 유가(儒家)에서는 대를 잇는 것이 그 무엇보다 우선하는 덕목이다. 할아버지는 귀가 조치되었다. 그런데 부인 세 분이 산후조리 불순 등으로 계속 돌아가셨다. 네 번째로 할머니와 결혼해 아버지 병렬(秉烈)을 낳았고 차남 병후(秉厚), 3남 병용(秉容) 등 모두 3남 7녀를 두었다.

할아버지의 숭조(崇祖) 정신은 대단했다. 18대 선조까지 시제나 사당, 묘소관리 일체를 주관했다. 할아버지의 조부인 동오(東塢) 조의곤

(曺毅坤) 선생은 노사(盧沙) 기정진(奇正鎭) 선생에게 수업했고 고산(高山)서원에 배향되었다. 당대의 거유로 명성이 사림간에 떨쳤다. 부친 무우당(無憂堂) 조석휴(曺錫休) 선생은 성품이 호방하여 일제 침략과 동학도(東學徒) 봉기 등 난세에 집안과 주변을 잘 다스렸다.

월초(月樵) 조병렬(曺秉烈). 아버지는 총명해서 어려서부터 배우면 바로 외워 '천재' 평판을 들었다. 부친의 강렬한 항일의지로 일본 신학문을 접할 수 없었다. 일재(逸齋) 정홍채(鄭泓采) 선생에게 사사하다가 독공하여 경전, 사서를 두루 섭렵하면서 사학(史學)에 심취했다. 일제의 유학탄압이 계속되는데도 유학강회를 열기도 했다. 부친을 도와 월산리에 큰 규모의 주택 경운장(耕雲莊)을 신축, 새 터전을 마련했다. 그러던 중 지병을 얻어 요양차 서울과 금강산 등지로 유람하면서 견문과 교유를 넓혔다. 귀향하자 수 년간 연구를 거듭한 끝에 《조선역사》(朝鮮歷史) 3권을 탈고했다. 광복이 되자 전주로 가 저술을 출간하고 전북중학교와 전주사범학교에서 역사를 강의했다. 뒤에 중앙 사학계의 유수한 사학자들도 이 저서를 참고했다. 지병이 도져 고향으로 돌아와 논문 《윤리론》을 남겼다.

1950년 한국전쟁이 발발, 인민공화국 통치하에 들어가면서 주변에서 엄청난 인명희생이 이어졌다. 아버지는 주변의 친인척, 이웃들에게 증오나 원한, 이념의 허무함을 강조하고 화목의 소중함을 역설하면서 인명 희생을 막았다. 곳곳에서 엄청난 살상과 도륙이 자행됐는데도 월산리를 중심으로 고창의 상면 일대에서는 희생이 나지 않았다. 국군이 진주하자 또다시 엄청난 보복이 자행돼 인명피해가 잇따랐지만 아버지는 수많은 부역자 구출에 나서 많은 이웃들을 살려 냈다.

어머니 김야금(金也金) 여사는 지극히 어려운 처지에서도 집안 화목을 위해 헌신한 분이다. 모든 일에 양보하고 항상 어려운 이웃들과 나

1933년 5월 조부님 회갑연 사진. 왼쪽 위부터 아버지, 종조부, 조부, 조모, 어머니, 종조모. 앞줄 왼쪽 아래 병용, 병후 숙부.

아버지 조병렬 선생

어머니 김야금 여사

눠먹고 가진 것은 베푸는 그 인자함으로 인해 주변에서 살아 있는 부처라는 칭송을 받았다. 부군이 전란 속에 큰 덕행을 베풀 수 있었던 것도 내조의 덕이라는 평판을 들었다. 부모에 대한 공경과 효성도 지극해 정부로부터 효부상을 수상했다. 자식들은 어머니의 한없이 애틋한 사랑을 잊지 못해 지금도 회상할 때마다 눈물 머금는다.

두 분 슬하에 장녀 장환(莊煥), 장남 강환(康煥), 차녀 민환(敏煥), 3녀 선환(善煥), 차남 문환(玟煥)을 두었다. 아버지는 임실의 박복덕(朴福德) 여사와의 사이에도 4녀인 이환(怡煥)과 3남인 명환(明煥)을 두었다.

나는 1940년 6월 14일 전북 고창읍 월산리에서 우리 집안의 9대 종손으로 출생했다. 고창(高敞) 읍내에서 장성(長城) 방향으로 약 2km 거리의 월산리, 노령산맥 줄기 해발 700여m의 방장산 바로 아랫마을이다. 내가 태어날 때 태몽이 있었다고 한다. 어머니가 안방에서 자다가 밖으로 나와 하늘에서 떨어지는 별을 치마에 받아 안고 방으로 들어간 꿈을 꾼 뒤 나를 잉태했다고 전해 들었다.

뇌리에 저장된 주마등

나는 대학 3학년 때 학보병으로 군 입대해 최전방의 적정관측소(OP)에서 근무했다. 쌀, 고구마 가마니 등 주부식을 짊어지고 산비탈을 올라다니는 사역이 너무나 힘들었다. 근무중인 OP는 양쪽 절벽은 빼놓고 입구와 뒤편에 초병이 근무한다. 깊은 산속에서 하루 종일 혼자서 지키고 있는 초병근무를 모두들 지겨워했다. 나는 이 임무를 자원했다. 무거운 등짐을 져 나르는 것에 비하면 얼마나 수월한 일인가. 그러나 아무도 찾아올 수 없는 심산유곡에 나 홀로 떨어져 있구나 하는 생각을 하면 애감(哀感)이 젖어 든다.

나는 그 긴 시간, 하루 종일 공상에 빠져있었다. '내면의 세계로 들어가면 비록 영어(囹圄)의 몸일지라도 마음이 가난하지 않다'고 생각했다. 이날부터 내가 살아온 역정을 회상하며 내 일생을 다시 살아보기로 했다. 먼저 가장 어렸을 적 에피소드를 기억해 내 그로부터 지나온 사연들을 떠올려 보기 시작했다. 가족이야기, 친구이야기, 사랑하는 사람이야기, 학교이야기, 문학, 음악에서 영화스토리까지 무진장했다. 가장 어렸을 때의 일로 기억되는 몇 가지 사연들이 엊그제 일처럼 생생하게 떠올랐다.

어린아이가 백지로 바른 창문을 마구 찢으면 식구들이 쫓아와 말리려 했지만 할아버지는 "어서 찢어라, 어서 찢어. 창호지는 내가 얼마든지 댈 테니 그냥 두어라"며 껄껄 웃으셨다. 그렇게 애지중지하며 나를 키웠다. 할아버지는 천자문(千字文)과 동몽선습(童蒙先習)을 가르쳤다. 친구분이 찾아오면 나를 불러 내 천자문을 외우도록 하시면서 흐뭇해하기도 했다. 할아버지는 이따금 나와 사촌동생 수환(琇煥)을 사랑채 뒤 대청으로 불러 홍시를 주었다. 인삼, 감초, 숙지황 등 보신재도 주었다.

할아버지는 마을 뒤 산정리 뒷산 산소에 자주 올랐다. 그때마다 나와 수환이를 데리고 갔다. 할아버지가 전해주는 선조들 이야기에 우리도 은연중에 숭조정신이 몸에 배었다. 사촌동생 수환이는 1년 아래지만 항상 나를 친형처럼 대했고 주변에서 동생의 그 점을 칭찬했다. 그렇지만 우리는 친구였고 나의 어렸을 적 추억은 거의 모두 이 동생과 함께였다. 바로 우리 아랫집에 살았지만 함께 산 것이나 다름없었다. 우리는 자고나면 만나 같이 놀았다. 옆집의 박원동(朴源東)은 나와 동갑이었는데 셋이 자주 어울렸다.

이 밖에 나이가 비슷한 병순, 찬권, 낙연, 영자, 정자 등이 있었고 약간 위로는 병엽, 수식, 병하, 학승, 병채, 황승, 부철 등이 있었다.

약간 아래로는 병현, 영일, 찬수, 송자, 영자, 경자, 윤자 등이 있었다. 어떤 때는 형들과, 때로는 아래 친구들과 놀았다. 국민학교 취학 전 시기, 그러니까 일제시대 말기와 해방 무렵이다.

동네에 엿장수가 들어서 리듬에 맞춰 가위를 쳐 대면 온 동네 아이들이 정신이 쏙 빠진다. 아이들은 쇠 조각이나 찢어진 헌 고무신짝 찾느라 이리 뛰고 저리 뛴다. 그때는 엿은 이런 것들로 바꿔 먹는 것으로 알았다. 헛간, 마루 밑 등 있을 만한 곳은 모두 뒤진다. 그러나 그동안 여러 차례 주워 엿과 바꿔 먹어 버렸기 때문에 남아있을 리가 없다. 허탈해져 실망 끝에 입이 삐쭉 나오면 아버지든가 어머니든가 누군가가 약간의 돈을 준다. 금세 얼굴이 환해져 뛰쳐나가 엿을 사먹는다.

그때 아버지가 한 말이 기억에 남아 있다. 60년이 훨씬 지난 지금도 나는 그 말을 자주 사용한다. 돈을 내면 엿장수는 널따란 엿판에 널려 있는 하얀 엿을 가위로 쳐 일정량을 떼어 주는데 예를 들어 3원 내고 살 경우나 1원 내고 살 경우나 떼어 주는 엿의 양이 비슷했다. 그래서 1원씩 내며 세 번을 사면 그 양이 훨씬 많다는 것이다. 그때의 엿장수는 1원을 내도 적게 주지는 않았다. 시골 인심이 그랬고 엿장수 인심 또한 그랬다. '엿장수 맘대로'다.

요즘 자동차편으로 여행하다 보면 고속도로 휴게소에 자주 들르게 되는데 이따금 정겨운 엿장수 가위소리가 들린다. 아주 즐거운 마음으로 그 앞에 다가선다. 엿장수가 "마음대로 먹고 2천원이요"라며 호객한다. 주저 않고 엿판에서 두어 조각 집어 먹고 나서 한 봉지를 사가지고 자동차로 돌아와 가족들에게 나눠준다. 60여 년 전 아버지의 그 말씀을 내 자식들에게 그대로 전하면서 …. 내가 휴게소에서 자주 엿을 사니까 어떤 때는 아내가 "저기 엿 팔아요" 하며 일러 주기도 한다.

몇 해 지나서는 시골에 엿장수가 보이지 않더니 여름이 되면 아이스케키 장사가 나타났다. 무더위에 뛰어놀다 보면 이빨 시린 그 아이스케키가 얼마나 먹고 싶었는지 겪어본 사람 아니면 모른다. 아이스케키는 현금 아니면 안 되었다.

어느 날 집 대문 앞에서 아버지와 호마를 탄 일본 순사가 대화를 나누던 모습도 기억에 남아 있다. 검정유니폼에 번쩍번쩍 빛나는 계급장, 닛폰도(日本刀)와 금속장식 도구 등으로 눈이 부실 정도였다. 그 위용이 지금도 눈에 선하다. 하루노 경부는 아버지와 친구처럼 지내는 것으로 알고 있었다.

뒤에 들은 이야기지만 아버지는 일본 신학문을 접하려고 꽤나 노력했었다. 이 경부의 도움을 받으려고 했던 것 같다. 경제적 여유는 있었지만 할아버지가 극력 반대해 뜻을 이루지 못했다. 아버지는 수차례 설득해 보았지만 할아버지는 요지부동이었다. 그것은 항일의병장 최면암의 제자로서 스승과 함께 순국은 못했지만 일본 문화는 받아들일 수 없다는 굳은 신념 때문이다. 어느 날 아버지는 야반도주를 감행했다. 친구들과 짜고 동경(東京) 행을 시도했다. 월산에서 서울 등지로 가려면 장성으로 가는 솔재를 넘어 신흥역에서 기차를 타야 한다. 신흥역까지는 물론 걸어가야 한다. 험한 비탈 산길로 15km 정도 거리다. 그러나 할아버지가 한수 위였다. 통신수단도 없었던 그때 할아버지는 신흥역에 미리 사람을 배치해 놓았다. 아버지는 열차에 오르기 전에 붙잡혀 귀가해 한동안 바깥출입을 못했다고 한다.

이 무렵 단발사건도 있었다. 유학자의 가문은 머리카락을 자르면 안 된다. 몇 차례 할아버지께 건의해 보았지만 들은 체도 하지 않았다. 어느 날 아버지는 일을 저지르고 말았다. 친구들과 술자리를 벌여 거나하게 취한 상태에서 친구들이 머리카락을 잘라 버렸다. 할아버지는 대로(大怒)했다. 그러나 그것은 돌이킬 수가 없었다. 이때부터 할아버지는 아버지를 신뢰하지 않았다고 한다.

한 번은 집안에 큰 난리가 났다. 건넛마을 수월리의 조(趙) 씨 집안에서 일가족 수십 명이 낫, 괭이, 톱 등을 들고 떼로 몰려와 징과 꽹과리를 쳐대며 우리집 사랑채 마당에서 빙빙 돌고 있었다. '살인 자식을 내놓으라'며 고래고래 소리를 질러댔다. 나는 어린 마음에도 누가 감히 우리집에 와서 이토록 횡포를 자행한단 말인가 하는 생각이 들었다. 알고 보니 병용 숙부가 젊은 혈기에 말다툼 끝에 그 집 아들과 싸우다가 쇠파이프로 팔을 깊게 그어 그 집 아들이 큰 상처를 입었다.

그 당시 나는 동생들이 많았다. 동생들은 어머니가 챙겨 주고 나는 할머니 방에서 잤다. 그래서 사실 어머니보다 할머니가 더 가까웠다. 어머니는 집안 어른들 시중을 들고 온 식구들을 챙기느라 나를 특별히 돌보기가 쉽지 않았다. 나는 할머니가 모든 것을 챙겨 주었다. 할머니가 이 세상에서 제일 아끼는 사람은 나였다. 그 많은 아들, 딸, 손자, 손녀 중에서 오직 나만을 위해 주었다. 온 집안 식구가 다 그렇게 알고 있었다. 나도 할머니를 따랐다.

저주를 퍼붓는 사랑마당에서의 시위는 수그러들었지만 안채 마루에서 또 다른 포악이 계속됐다. 피해 청년의 어머니가 할머니 앞에 앉아 나무줄기로 마루를 내리쳐대면서 아들을 살려내라고 소리 지르기 시작했다. 쩡쩡 울리는 마루 치는 소리가 너무나 무서웠다. 그분의 통곡 같은 울부짖음이 어찌나 강렬했던지 머리끝이 치솟고 온 몸에 전율이 흘렀다. 아무도 접근하지 못하고 할머니 혼자서 그렇게 당하고 있었다. 나는 할머니 등 뒤에 찰싹 달라붙어 있었다. 나무줄기를 내리칠 때마다, 울부짖음이 터져 나올 때마다 나는 계속 끔찍끔찍 놀랐다. 서너 살 때였지만 지금도 그때의 기억이 생생하다. 내가 등 뒤에 붙어 떨고 있음을 할머니가 뒤늦게 알고는 식구들에게 나를 데려가라고 했지만 아무도 나를 떼어 놓을 수가 없었다. 그때 나무줄기로 내리친 자국들이 지금도 우리 안채 마루에 선명하게 남아 있다.

나는 그날 밤 열병을 앓았다. 심각한 고열에 전신경련을 일으켜 또 한 번 집안에 난리가 났다. 이튿날 나는 고창읍내 약방에 가 치료를 받고 좀 나아지는 듯했지만 놀라는 증세가 가라앉지 않았다. 계속 치료하고 한약을 달여 먹었지만 별 소용이 없었고 몸은 계속 쇠약해져 갔다. 그래서 유명하다는 약방을 찾아 장성군 가는실 약방을 찾아갔다. 무더운 여름철에 가는 길이 어찌나 멀어 그 고통이 여간 힘든 게 아니었다. 할머니와 행랑채에 사는 개평댁 등 모두 4명이 한도 없이 걸어갔다. 개평댁이 나를 업고 가는데 나는 개평댁에 업혀 가는 것이 그토록 싫었다. 하는 수 없이 할머니가 업고 갔다. 늙으신 할머니가 한더위에 나를 업고 계속 걸어가는 것은 너무나 힘든 일이었지만 그때 나는 그것은 알지 못했다. 내 기억은 거기까지다.

전주사범부속국민학교 시절

다섯 살 때 해방이 됐지만 어렸을 적 시골에서의 해방에 관한 것은 별 기억이 남아 있지 않다. 할아버지가 이승만 대통령에 대해 몇 번 언급했던 기억 정도다. 해방이 되자 아버지는 움직이기 시작했다. 먼저 전주로 가 《조선역사》를 인쇄하기 시작하고 전북중학교에서 교편을 잡고 역사를 가르쳤다. 한 번은 아버지가 학생들의 수학여행을 고창집으로 데리고 와 우리집이 온통 학생들로 가득 찬 때가 있었다. 학생들이 모두 모여 할아버지께 인사하자 할아버지가 껄껄 웃던 모습이 기억난다.

그 당시는 고등학교도, 대학도 없었다. 서울에는 전문학교가 있었다. 뒤이어 아버지는 전주사범학교로 옮겼다. 사범학교는 당시 최고의 엘리트 코스였다. 아버지는 국민학교 문턱조차 밟아보지 못했지만 독학으로 중등교육의 교사가 됐다. 아버지는 학생들에게 인기가 있었다고 들었다. 역사의 전개를 이야기처럼 강의했더니 호응이 아주 좋았다고 말한 적이 있다.

전주사범학교에 부속국민학교가 있다. 아버지는 나와 사촌동생 수환이를 전주로 데려가 이 학교에 입학시켰다. 당시 부속국민학교는 이른바 '귀족학교'로 필기시험과 면접을 거쳐 2개 학급만 선발했다. 나는 여덟 살로 입학 전에 한글을 완전 터득한 상태였고 일곱 살 동생은 약간 부족했다. 뒤에 들은 이야기지만 학교측은 동생의 입학을 거절했다고 한다. 그러나 아버지는 둘 중 한 명만 입학시킬 수는 없다면서 계속 학교측을 설득하여 모두 입학시켰다. 둘이서 함께 잘 다녔지만 얼마 안 가서 수환이는 고창으로 내려와 고창국민학교로 전학했고 나는 계속 다녔다.

내가 아버지를 따라 전주에 처음 갔을 때 한 여성이 있었다. 기억을 더듬어 보면 키는 그리 크지 않았고 눈이 동글한 예쁜 편의 얼굴에 명랑한 성격이었던 것 같다. 좀 가볍다는 인상이 남아있다. 나는 친구도 없고 별로 할 일도 없어 이 여성과 둘이서만 있는 경우가 많았다. 이분도 할 일이 없어 혼자 화투점 놀이를 했고 나에게도 가르쳐 화투치기도 한 것 같다. 이 여성은 언젠가 사라졌고 그 다음의 여성이 작은어머니인 임실의 박복덕 여사다.

나는 1년 늦게 입학해서였던지 학교에서 동무들을 모두 이기는 입장에 있었다. 그때는 누가 이기고 지는 것이 정해져 있었고 그것은 아주 중요했다. 나는 공부도 잘 했지만 뛰어놀면서 동무들에게 내 주장을 너무 강요했던 것 같다. 일부 동무들이 나를 '왕따'시키려고 했다. 한 번은 하교할 때 집단으로 덤벼든 적이 있었지만 나는 잘 피해 나갔다. 그때 가장 친하게 지낸 친구는 이태건 군이다. 그 뒤 내가 전주에 갈 때마다 이 친구를 찾았다. 이 군은 인하대 교수를 역임했고, 그 뒤로도 몇 번 만났다.

그 당시 담임선생님은 정말 존경스러운 분들이었다. 1학년 때의 이상호 선생님, 2학년 때는 여 선생님인 김진갑 선생님. 이상호 선생님은 부속국민학교에서 사범학교 교사로 옮겼는데 그때 전교생이 사범학교로 가는 길가에 늘어서 경례를 하며 환송했다.

김 선생님과는 잊을 수 없는 일을 간직하고 있다. 어느 날 방과 후 교정에서 동무들과 정신없이 뛰어놀고 있는데 선생님이 나를 불렀다. "너는 먼 데서 유학까지 왔다. 너는 특별하다는 것을 잊어서는 안 된다. 앞으로 훌륭한 사람이 될 것이니 그 점 명심하고 열심히 공부해라"고 격려해 주었다. 이 격려가 일상적인 당부거나 선생님이 제자들에게 으레 하는 말이었는지는 모르지만 나에게는 그 당시는 물론 그 후에도 상당한 충격으로 받아들여졌다. 나는 그 당부를 잊을 수가 없었고 그래서 더욱 선생님을 만나보고 싶었다.

그로부터 근 40년 후 나는 김 선생님을 찾았다. 동아일보 부장으로 있을 때인가, 내무부에서 스승의 날을 앞두고 스승 찾아주기 운동을 벌였다. 동아일보에 이 기사가 게재됐고 내가 경찰에 은사인 김 선생님을 찾아달라고 부탁했더니 경찰에서 소재를 찾아 연락이 왔다. 선생님은 정년을 앞두고 서울 영등포 소재 한 국민학교에서 평교사로 있었다. 스승의 날에 전화를 걸어 자초지종 이야기를 한 후 퇴근시간에 영등포 롯데백화점 앞에서 만나기로 했다. 백화점 앞에는 사람을 기다리고 있는 듯한 20여 명이 앉아 있었다. 이제 늙으셨겠지만 그래도 예쁘신 모습의 선생님을 찾았으나 보이지 않았다. 나는 한 할머니에게 다가가 물어보았더니 바로 그분이었다. 나는 백화점안 일식집으로 모시고 가 식사를 대접했다.

선생님은 나를 기억하지 못했다. 겨우 1년 배웠고 6·25가 나자 고창으로 전학갔으니 기억하지 못하는 것이 당연하다. 선생님은 오늘 옛 제자를 만난다는 사연을 자랑삼아 동료 교사들에게 이야기했더니 스승의 날에 그런 수법으로 사기를 치는 경우가 많으니 조심하라고 하여 약간 망설였다고 털어 놓았다. 선생님은 맥주 두어 잔 마시고는 찾아 주어서 고맙다며 내 근황을 물어보더니 자신의 지난날을 이야기했다. 그 이야기는 너무나 비참했다. 6·25 때 남편이 부역해서 처형당했고 자식들 중 한 명은 교통사고로 크게 다쳤고 한 명은 암으로 사망했다는 것이다. 학교도 그만두고 이런저런 온갖 고생을 하며 힘겹게 살아가다가 어렵사리 뒤늦게 복직하여 평교사로 근무하고 있는데 이것도 곧 정년으로 물러나야 한다는 것이다.

선생님의 슬픈 지난 날을 들으면서 나는 너무나 가슴이 아팠다. 사제간은 함께 눈물바람 했다. 준비해 간 선물을 드리고 돌아서는데 나를 부르더니 구멍가게로 데리고 가 막내아들한테 갖다 주라면서 과자를 사주었다. 나는 부속국민학교 동창생들에게 연락하여 김 선생님을 비롯해 몇 분을 모시고 사은회를 가졌다. 친구들이 내 덕에 스승을 찾아 뵙고 제자노릇을 할 수 있게 됐다며 고마워했다. 그 후로 다시 김 선생님께 연락하지 못했고 지금은 연락처도 모른다. 언제 한 번 찾아보아야겠다.

인민공화국 치하

국민학교 3학년 때 6·25전란이 터졌다. 집안에서는 가문의 대를 잇기 위해 나와 수환이를 제주도로 보냈다. 누님이 보호자로 함께 갔다. 우리는 군인가족 자격으로 군산에 가서 제주행 여객선에 올랐다. 그러나 우리가 승선한 배는 격심한 풍랑을 만나 손상을 입고 어청도에서 며칠 머물다가 귀환하고 말았다.

그때 선실에서의 고생은 이루 말로 다 표현할 수 없다. 우리는 승선하자마자 많은 다른 승객들과 함께 배 밑바닥 넓은 방에 자리를 잡았다. 나와 수환이는 배를 처음 타기 때문에 극심한 멀미에 시달렸다. 배 밑바닥은 롤링이 더욱 심한데다 공기도 나쁘고 풍랑까지 겹쳐 견딜 수가 없었다. 드러누워 잠이 들기는커녕 구토를 하고 또 했다. 나중에는 쓰디 쓴 맹물만 계속 뱉어냈다. 그때 똥물까지 토해낸다고 했다. 천장과 주변이 빙빙 돌아가고 몸은 붕 떠 있는 느낌에서 정신이 아찔했다. 초죽음상태였다. 선실 밖으로 나가고 싶었지만 누님이 안전 때문에 내보내 주지 않았다. 한참 후 갑판에 올라와 시원한 공기를 마신 뒤에야 정신을 차렸다. 그리고는 고창으로 돌아왔다. 얼마 후 인민공화국 치하에 들어갔다.

인민공화국 통치하에 들어가면서 주변에서 엄청난 인명피해가 이어졌다. 우리집은 이른바 양반 집안에 보수반동 지주로 몰린 데다 숙부는 현역 육군대위로 참전중이었다. 일가의 희생이 목전에 달했을 때 아버지는 모든 토지를 소작인들에게 넘겨주고 집안을 인민군 이동병원으로 내놓아 부상당한 어린 병사들이 치료받게 해주었다. 그 와중에도 아버지는 부산하게 여기저기 찾아다니면서 사람 살리는 데 온 힘을 쏟았다. 곳곳에서 살상 도륙이 자행됐는데도 월산을 중심으로 고창의 상면(上面) 일대에서는 희생이 없었다. 살벌하기 그지없던 인민공화국 통치하에서 집안 식구들이 온전하게 보존되고 이웃까지 돌볼 수 있었던 데 대해 몇 가지 설이 있었다. 그 중 하나가 아버지가 남로당 전북도당 1호 당원이었다는 것이다. 그러나 그것은 전혀 신빙성 없는 풍설이었고 확인할 길도 없었다.

열 살 나이에 나는 소년단에 들어가 죽창을 들고 인민군가를 부르며 동네 골목을 행진했다. 저녁이면 야간순찰을 돌고 소년단 인민재판에서 시달리기도 했다. 나는 우리집에서 치료중인 인민군 소위와 병사

4~5명, 그리고 당 정보기관원으로 보이는 두 명 등과 친밀하게 지냈다. 나는 자주 그들의 방에 가 전투이야기를 재미있게 들었다. 무엇보다 총기를 만져 볼 수 있게 해주어 신이 났다. 이런저런 호기심을 풀 수 있었다. 뒤에 알게 됐지만 그들은 나를 통해 우리 가족들에 관한 정보를 캐고 있었다. 한 번은 내가 말한 내용을 아버지에게 추궁하는 것을 옆에서 지켜보면서 경악했다. 그 후로는 그들과 대화하지 않았다. 그러나 어린 병사들은 참으로 선량했다. 나를 동생처럼 대해 주었다. 그들은 땅에 손이 닿지 않은 채 재주를 넘는 등 북한 중학교에서 배운 내용을 보여주면서 놀아주기도 했다.

그리고 국군이 진주했다. 우리집은 인민군이 주거했던 모든 시설을 없앴다. 어느 날 요란한 총성과 함께 국군들이 마을에 들어왔다. 성인들은 모두 마을 앞 광장에 집결하라고 했다. 몸이 불편한 아버지가 미처 나가지 못하자 병사들이 총을 겨누고 집안으로 몰려들어와 폭언을 내뱉으며 아버지를 데리고 나갔다. 나는 그 모습을 지켜보면서 어린 마음에도 서둘러 일찍 나가지 왜 그렇게 늑장을 부리다가 망신을 당하는지 참으로 안타까웠다. 또 무슨 변이나 당하지 않을지 걱정스러웠다.

그러나 아버지는 준비를 해놓고 있었다. 병후 숙부가 6·25 발발당시는 육군대위였지만 원래 고려대학교 재학중 전국학생연맹 간부로 좌익척결의 선봉에 나서 대한민국을 건국하는 데 일조한 분이다. 이철승 씨가 학련 위원장, 숙부가 부위원장 겸 감찰위원장을 맡았다고 한다. 그 당시 감찰위원장직은 가히 무소불위(無所不爲), 대단한 직책이었다고 한다. 그때 숙부는 신익희 선생, 조병옥 박사, 장택상 선생등과도 가까이 지냈다. 대통령후보로 출마했던 신익희 선생이 서거한 날 숙부는 대성통곡을 했다.

숙부가 학생운동을 할 때 이승만 대통령, 프란체스카 여사, 이철승 씨와 함께 찍은 사진이 있다. 그 사진이 우리집에 걸려 있었다. 아버지는 이철승 씨가 전주에서 민의원에 출마할 때 쌀 수십 가마를 보내주었다. 내가 동아일보 기자로 재직할 때 이철승 씨를 몇 번 만났는데 퍽 반가워하면서 아버지에 관한 이야기를 장황하게 했다.

6·25가 발발했을 때 아버지는 그 사진을 소각하지 않고 뒷마당에 묻어두었다. 세상이 하도 시끄러워 언제 무슨 일이 또 생길지 모른다며 미리 대비해 두었던 것. 바로 국군이 진주할 경우에 대비한 것이다. 숙부는 정훈장교이기 때문에 최전선에 나서 고창에 진주한다는 것은 기대할 수 없었다. 또 우리집이 인민군 이동병원이었다는 것을 주변에서 모두가 알고 있어 언제 무슨 일을 당할지 몰랐다. 국군진주 소식을 듣고 아버지는 묻어두었던 그 사진을 파내어 준비해 놓느라 시간에 쫓긴 것이다. 국군이 진주하자 아니나 다를까, 또 한 번 온통 보복살상이 자행되었다. 토굴 속에 시체들이 쌓였고 뒷산에 인민군 장교 등의 잘린 목이 걸려 있었다. 그토록 위태위태한 순간에도 우리 집안은 모두 무사했다. 그 당시 상황을 고려해 볼 때 기적 같은 일이었다.

아버지의 명령

얼마 안 있어 병후 숙부가 고창에 내려왔다. 육군소령 계급장을 달았다. 나는 그 소령 계급장이 너무나 자랑스러웠다. 숙부는 할머니를 붙잡고 통곡하면서 월산리 상공을 비행한 적이 있었는데 우리집이 그대로 보존되어 있는 것을 확인하고 안도했다고 털어놓았다. 그때 만약 우리집이 소실된 것으로 보이면 온 동네를 불바다로 만들어 버리려고 했었다고 말했다. 어린 나이에도 그때 숙부가 돌아와서 얼마나 기쁘고 반가웠는지 모른다. 나랑 동생들도 숙부의 손을 잡고 눈물을 흘렸다.

숙부는 고창에 올 때마다 지프 두 대에 부하들을 데리고 사이렌을 요란하게 틀면서 달려왔다. 숙부가 나타나면 고창 읍내가 떠들썩했다. 그때마다 내 마음은 붕 떠 있었고 동무들도 모두 나를 부러워했다. 숙부는 이따금 나를 이 지프에 태워 주었다. 학교 갈 때 태워 준 적도 있었는데 그 기분은 말로 표현할 수가 없었다. 생각보다 정이 많고 자상한 분이어서 내 선물도 꼭 챙겨 주었다. 그래서 나는 항상 숙부가 오기를 기다렸다. 나뿐만 아니라 온 식구들은 물론 일하는 사람들도 마찬가지다.

숙부는 부모에 대한 효성도 지극했지만 이 세상에서 그 누구보다 자기 형님을 존경했다. 어려서부터 형이 하는 말이면 무엇이든지 믿고 그대로 복종했다. 성장해서 서울에서 활동할 때도 마찬가지였다. 아우는 형님의 말을 단 한 번도 거역하지 않았다고 한다. 아우는 형님이 돌아가실 때까지 추호도 변함없이 '충성'했다. 이것은 자타가 공인하는 사실이다. 숙부가 상경해 중동중학교에 이어 대학에 진학할 때도 물론 아버지가 전폭으로 지원해 주었다. 아버지는 스케일이 큰 이 동생의 그릇을 알고 있었다.

아버지는 동생이 내려오자마자 '지령'을 내렸다. 인민공화국에 부역했다가 죽게 된 일가친지들을 구출하라는 것이다. 경찰서에 잡혀가 있는 누구누구를 구해야 한다는 것. 숙부는 하라는 대로 이행했다. 현역소령이기도 하지만 학련운동 등 여러 가지 전력으로 그 명성은 고창에도 크게 떨쳐있었다. 숙부의 지프에는 수십 명이 뒤따랐다. 가족을 살려 주어 고맙다는 인사와 여러 가지 민원을 부탁하려는 행렬이다.

숙부는 기운이 장사인 데다 유도도 고단자다. 어렸을 적 고창 씨름대회에서 우승을 차지했고 잔치를 벌이기 위해 준비된 큰 돼지를 주먹으로 한 방에 절명시켜 잡았다. 정읍역에서는 출발하던 기차가 숙부가 뒤늦게 역에 도착하면서 멈춰 서는 해프닝이 벌어져 오랫동안 화젯거리로 오르내렸다. 학련운동 때는 좌파성격이 강했다는 상과대학을 때려부쉈고 고연전(高延戰) 축구경기에서 고대가 지면 후배들 수십 명을 거느리고 운동장으로 나가 공을 몰고 가 골인시켰다고 한다. 모두 어렸을 적 들은 이야기다. 그 외에도 '무용담'(武勇談) 은 많다.

아버지는 이 동생에게 지난한 '지령'을 내렸다. 경찰서에 잡혀 처형을 눈앞에 둔 도당 인민위원회 비서 조병부를 구출하라는 것이다. 병부 아저씨는 이 세상에서 아버지를 가장 존경하는 집안 동생이다. 촌수도 그리 멀지 않다. 고창의 수재로 전주사범에 합격해 아버지에게 배웠고 교편을 잡고 있다가 인민공화국 치하가 되면서 골수 좌파로 활약, 거물로 등장했다.

형님의 당부를 거절한 적이 없는 동생이지만 이 지시에는 "그것은 절대로 불가능합니다. 그렇게 되면 제가 크게 다칩니다"라며 방을 나갔다. 아버지는 동생을 다시 불러들여 "네가 다치더라도 구해 내"하고 강경하게 지시했다. 동생은 어쩔 수가 없었다. 동생은 월산 집을 나와 상경하면서 부하들을 데리고 고창경찰서로 진입해 "이놈은 중앙에서 조사할 것이 있어 끌고 가겠다"고 하자 서장이 완강히 거부했다. 그러자 부하들이 권총을 빼어들고 서장과 간부들을 위협하면서 지프에 태워 서울로 떠나버렸다. 그래서 조병부는 죽임을 면할 수 있었다.

조병부는 숙부를 수행하고 다니다가 세상이 안정된 뒤 교편에 복직했다. 복직하는 데도 물론 숙부의 도움을 받았다. 능력 있는 교육자로서 교장직에까지 올랐다. 그러나 그는 자칭 '비운의 천재'로서 행복하지 못했다. 항상 패배의식에 젖어 있었다. 시간이 나면 술을 찾았고 취한 상태에서 부인이나 주변사람들이 시달렸다. 그러면서 수백 번도 더 떠들어댔다. "병렬 형님이 나를 살린 생명의 은인이야"라고 … .

"우리 집안의 큰 인물은 조병후가 아니라 조병렬이야. 그 형님의 깊은 배려로 많은 사람이 살아났어. 형님은 앞을 멀리 내다보는 혜안(慧眼) 을 가졌어. 참으로 위대하신 분이야. 강환이가 그 뒤를 이어받아야 돼. 너도 천재잖아." 아버지가 돌아가신 지 수십 년이 지났어도 그의 취중에 아버지는 오래 살아있었다.

국군이 진주하고 나서 모든 것이 정리되어 가는데 우리집에 심각한 문제가 생겼다. 집에서 치료받은 인민군 병사 한종현이 국군에 쫓기어 산속을 헤매다가 더 이상 견딜 수가 없자 만신창이가 되어 한밤중에 우리집으로 숨어들어 왔다. 이 병사는 우리집에서 치료받을 때 병용 숙부를 "아저씨"라고 불렀다. 놀란 숙부가 "동무, 무슨 말을 그렇게 하십니까"라며 사양했다가 이 병사로부터 자초지종을 듣게 됐다. 자기 아버지는 평양에서 대규모 종합병원을 경영했고 자신은 중학교 재학중에 끌려왔을 뿐인데 인민군으로 생각하지 말아달라는 것이다.

우리집에서는 망설이지 않고 생명의 위협 속에 떨고 있는 이 병사를 숨겨 주었다. 우리집에서 가장 접근하기 어려운 곳이 할아버지가 거처하는 큰 사랑방이다. 할아버지 이부자리 안에 이 어린 병사를 숨겨 주었다. 이 정보를 듣고 경찰이 우리집에 대한 가택수색에 나섰다. 그때 이 가여운 병사는 여기저기 숨어 있다가 할아버지 뒷방에 머물고 있었다. 할머니가 나서서 이부자리를 깔고 누워 있게 하고는 근심어린 표정으로 손자가 아파서 앓고 있다고 했다. 나는 안마당에서 그 순간을 계속 지켜보면서 간이 콩알만 해졌다. 사람 살리는 일이라 하늘도 도왔는지 우리는 이 위기를 무사히 넘겼다.

뒤이어 인민군 병사 김기현이 산속을 헤매다가 부근 부락민들에게 잡혔다. 그가 우리집에서 치료받고 있었다고 하자 이 이야기를 들은 내 종형 정재순 씨가 우리집으로 데리고 왔다. 그 당시 우리 집안 정서로는 그 사람이 누구였든 간에 목숨 살려달라고 찾아들어 온 사람을 쫓아내는 일은 없었다. 나무꾼이 부상해 쫓기는 노루를 나뭇짐 속에 숨겨 주듯이 어려운 사람은 도와주는 것이 기본 도리로 알았다. 또 먹을 것 역시 없는 사람들과 나눠먹어야 하는 것으로 알고 살았다.

우리집에서 약 4km 떨어져 있는 방장산 중턱 암벽에 조부님과 세교 집안인 도산 김 씨 집안의 친구 이름이 시구(詩句)와 함께 나란히 새겨져 있다. 할아버지는 유학자였지만 자주 찾아오는 한 스님이 그 암벽아래에 절을 지어 만수무강을 기원하겠다며 듣기 좋은 말을 계속 늘어놓자 시주를 많이 해 절을 짓도록 해주었다. 거의 하늘에 닿는 곳이라는 의미의 임공사(臨空寺)였다. 할머니, 어머니는 절에 다니지는 않지만 일상생활이 불교 계율에 젖어 있었다. 불교신도라고 해도 과언이 아니다. 할머니 어머니는 벌레 한 마리도 그냥 죽이지 않았다. 추운 날씨에 뜨겁게 데워 그릇을 씻고 난 기명(器皿)물도 식힌 뒤에야 버렸다. 뜨거운 물을 그냥 버리면 하수구에 몰려와 있는 많은 미물(微物)들이 죽기 때문이다. 할아버지도 세수하면서 대야 물에 들어온 개미나 벌레를 건져내 살려 주고 세수를 했다. 아주 어렸을 적이지만 나는 그런 모습을 여러 번 목격했고 그것을 배우고 실천했다.

이들 인민군 병사들이 우리집에 계속 숨어있는데 병후 숙부가 내려왔다. 숙부는 이들에게 군복을 입혀 서울로 데려갔다. 숙부를 모시는 한치환 특무상사가 평양출신인 데다 같은 한 씨인 한종현의 집안관계를 파악하여 마침 월남한 부모를 찾아 주었고 미국으로 떠나게 해주었다. 그는 뒤에 의사가 되었다. 그는 떠나기 전 고창에 찾아와 눈물을 쏟으며 깊은 감사를 드렸다. 모두들 서운해 했다. 김기현은 가족을 찾을 길이 없어 숙부 시중을 들다가 다시 고창에 내려와 살았다. 그 후 고창을 떠났다고 하는데 지금은 어디에서 어떻게 사는지 모른다.

꿈엔들 잊으리 … 정겨운 어린 날들

6·25 전란이 수습되어 가면서 나는 전주로 다시 가지 않고 고창국민학교로 전학, 고창생활이 시작됐다. 한 학년 월반해 4학년으로 들어갔다. 집에서 30분 정도 걸어서 통학해야 했다. 학교건물이 무너지고 교

실이 없어 고창향교 마룻바닥에서 입학 첫 수업을 받았다. 첫 수업시간에 선생님이 우리나라 5대 경승지를 묻는데 아무도 대답하지 못했다. 그 내용은 전주사범부속국민학교에서 배운 것들이다. 내가 대답하자 선생님이 칭찬해 주던 그 옛일이 지금도 기억이 생생하다. 그때 마룻바닥에 엎드려 글씨 쓰며 받던 그 수업시간이 오래오래 잊히지 않는다.

방장산 아래 우리 마을은 앞쪽과 왼쪽에 개천이 흐르고 뒤쪽에는 맑디맑은 저수지가 있다. 저수지 뒤로 장성 신흥으로 넘어가는 솔재가 있고 사거리로 가는 갈재가 있다. 우리들은 마을주변 야산과 개천을 쏘다니며 하루해가 저무는 줄 모르고 놀았다. 밥 먹을 생각도 하지 않고 이 산, 저 산, 이 개천, 저 웅덩이에서 지칠 줄 모르고 신명나게 놀았다. 산에서는 상수리 줍고 파리똥 따먹고 칡 캐먹고 생소나무 껍질 벗겨 달콤한 즙을 빨아먹곤 했다.

큰 돌로 상수리나무 밑동을 치면 상수리가 우수수 떨어진다. 해마다 돌로 때려 상수리나무 밑동은 상처투성이다. 또 칡을 캐기 위해 아예 톱과 괭이를 가지고 다녔다. 괭이로 커다란 뿌리를 파내어 톱으로 잘라 황토 흙이 묻은 채로 씹으면 씁쓰레하면서도 달콤한 맛이 아주 좋았다. 칡 씹는 것도 시들해지면 생소나무의 어린 가지를 꺾어 껍질을 벗기고 흐르는 즙을 하모니카 불 듯 빨아먹었다. 약간 송진내가 나는 듯하지만 그 상큼하고 달콤한 맛은 이 세상 어떤 맛과도 바꿀 수 없는 진미였다.

산에 다니는 일이 싫증나면 우리는 개천으로 간다. 물고기를 잡는 일보다 더 재미있는 일은 없을 것이다. 낚시질도 하지만 하루 종일 낚시를 드리워도 조그마한 고기 몇 마리 잡는 데 그쳐 지루해진 아이들은 개천으로 몰려간다. 날씨가 가물어 개천물이 줄어드는 것을 그토록 좋아한다. 물이 줄어들면 개울에 작은 돌로 둑을 쌓아 물이 옆쪽으로 흐르도록 해 빼낸다. 나머지 물은 바가지로 퍼낸 다음 고기를 손으로 잡는다. 잡는다기보다는 줍는다. 이보다 더 안전하고 쉽게 고기잡는 방법이 또 어디 있을까. 땅 짚고 헤엄치기보다 더 쉬웠다.

물고기는 약초를 풀어 잡기도 한다. 꼬마들에게는 위험한 일이기도 하지만 형들과 어울려 함께 잡는다. 우리들은 약초를 식별할 줄 모르지만 형들은 잘 안다. 이 약초를 캐 널따란 돌 위에 얹어 놓고 다른 돌로 찧어 개울물에 푼다. 한참 있으면 고기들이 힘을 잃고 흐느적거리다가 물위에 하얀 배를 드러낸 채 뜬다. 그 중에도 장어가 가장 늦게 나오는데 물 위로 마구 헤엄치고 다닌다. 그러나 미끄러워 잡을 수가 없다. 두 손으로 힘껏 움켜쥐어도 빠져나간다. 그래서 물 밖으로 걷어낸 다음 손바닥에 모래를 묻혀 잡곤 했다. 가장 늦게 나오는 것이 가물치다. 시커먼 가물치를 잡으면 온통 법석이다. 근래에 출산했는데 젖이 잘 나오지 않는다는 누구 엄마 갖다주자고 하여 그렇게 했다.

6월이 오면 농촌은 한창 바쁘다. 모 내거나 김 맬 즈음에는 농가는 항상 희망에 부풀어 있다. 어머니들은 논에서 일하는 일꾼들에게 밥 해내느라 눈코 뜰 새가 없다. 큰 함지에 밥을 그득 담고 김치나 나물은 물론 갈치, 고등어나 홍어를 준비해 막걸리와 함께 광주리에 담아 머리에 이고 일터로 나간다. 그때는 홍어가 그리 귀한 음식이 아니었다. 아이들은 그 뒤를 줄레줄레 따라간다. 고추장에 빨갛게 비빈 보리밥과 갈치토막을 얹어 먹는다. 그 갈치토막 맛, 그 간고등어 맛, 그 맛이란 이루 형언할 수가 없다. 농군들은 하루 밥을 다섯 끼니 먹는다. 아침, 점심, 저녁 외에 중간에 새참 밥을 먹는다. 그래야 일할 수가 있다.

일꾼들은 막걸리를 마시다가 지나는 사람이 있으면 부른다. 이 과객은 부르지 않아도 다가와 막걸리 한 잔 쭉 들이켜고는 올해는 대풍 들 것이라는 덕담 한마디 해주고는 떠난다. 농군들이 담배 한 대 피우고 다시 논으로 들어가면 아낙네들은 식기와 빈 술병을 챙겨 돌아간다. 아이들은 주변 풀밭이나 야산으로 뛰어 들어간다. 연초록 잎새가 부드러운 풀밭에서 아무렇게나 뒹굴고 놀면 놀란 꿩이 푸드덕 날아가고 아직

날지 못하는 꿩 새끼들은 쏜살같이 기어 도망쳐 버린다. 바람에 풍기는 신록의 향기 속에 멀리서 뻐꾸기가 운다. 오래 귀에 익은 그 뻐꾹 뻐꾹 소리는 언제 들어도 반가운 노랫소리다. 이 산에서 울고 저 산에서 울고, 그러다보면 꾀꼬리, 종달새도 노래한다.

조금 커서는 저수지로 몰려간다. 어렸을 적에는 처녀귀신이 물속으로 끌어당긴다고 해서 물가에 접근조차 못했지만 이제는 물가에서 노래도 부르고 낚시도 하고 헤엄도 친다. 맑디맑은 물위에 비친 주변 산과 산록, 녹음의 풍경은 한 폭의 동양화다. 참으로 아름다운 그 동양화는 영원히 잊을 수 없는 정경이다. 어두컴컴해지면 집으로 돌아와 호롱불 아래 식구들과 저녁을 먹고 잠자리에 누우면 소쩍새 울음소리가 귓가에 젖어 온다. 휘영청 닭 밝은 밤에 쏟아내는 울음소리, 피를 토해 내는 듯한 그 울음소리는 사람이 평생 잊을 수 없는, 영혼을 뒤흔드는 아련한 절규다.

아버지! 아버지!

나는 국민학교 5학년 때인가 본의 아니게 할아버지를 아주 기쁘게 해드린 일이 있다. 그때 학교에서는 이따금씩 국군 위문편지를 쓰도록 했다. 이번에는 이승만 대통령의 생신에 맞춰 위로 축하편지를 쓰라는 숙제였다. 그때 나는 할아버지가 거처하는 사랑채의 뒷방을 쓰고 있었다. 할아버지가 심부름을 시키려다가 내가 대통령생신 축하편지를 쓰고 있다고 하자 읽어보라고 했다. 그 후 할아버지는 만나는 사람마다 '우리 강환이가 대통령에게 편지를 썼다'며 손자 자랑을 하고 다녔다. 할아버지에게는 대통령에게 편지를 쓴다는 것은 옛날 임금에게 상소하는 것 정도로 집안의 큰 사건일 수도 있는 것이다. 그때 나는 아무것도 아닌 것을 가지고 할아버지가 자랑하고 다니는 것을 보고 내심 너무나 부끄러웠다.

나는 학교수업을 마치고 귀가할 때 아버지의 심부름으로 조선일보 지국에 들러 조선일보를 갖고 와야 했다. 지국이라야 개인집인데 이 집에서는 큰 개를 키웠다. 그 나이에 맹견은 공포의 대상이다. 수업이 끝날 때쯤이면 그 개 때문에 불안해지기 시작한다. 그래도 아버지의 심부름이라 어찌할 수가 없다. 계속 혼자만 고심해 왔다. 어떤 때는 그 집에 사람이 없으면 그냥 뛰쳐나와 빈손으로 귀가했는데 그때마다 아버지는 야단쳤다. 하루 종일 기다리던 신문을 읽을 수가 없게 돼 답답했을 것이다. 신문을 가져다 드리면 아버지는 제목 위주로 일별한다. 그리고 내게 박종화의 신문연재소설 〈임진왜란〉을 소리 내어 읽도록 했다. 이 일은 나도 기다리는 일이다.

아버지는 역사학자다. 이따금 역사 이야기를 들려주었다. 어느 날 연재소설 〈임진왜란〉을 다 읽고 났더니 아버지는 이 충무공에 대한 깊은 존경심을 나타내면서 "우리나라 3대 장군이 누구냐"고 내게 물었다. 나는 역사과목에서 배운 대로 "을지문덕, 김유신, 이순신 장군"이라고 대답했다. 그러자 아버지는 "그렇지 않다"면서 "을지문덕, 강감찬, 이순신 장군"이라고 했다. 김유신은 훌륭한 장수지만 외세(外勢)를 끌어들여 동족을 쳤고, 삼국통일도 이룩하지 못한 채 당나라가 평양에 안동도호부를 설치해 옛 고구려 지역을 통치했으며 신라에도 경주에 계림대도독부를 두어 통제했기 때문이라는 것이다. 이에 비해 강감찬은 거란 성종이 소배압(蕭排押)을 시켜 40만 대군으로 쳐들어왔으나 구주대첩으로 일망타진해 고려를 지켜 오늘의 국경선이 있게 했고, 코리아의 명성을 드높였다고 했다. 아버지의 저서에도 그렇게 기술했다고 했다. 그때가 1950년대 초였다. 지금의 우리나라 교과서에는 3대 장군이 김유신 대신 강감찬으로 기술되어 있는 것으로 알고 있다.

아버지는 또 백제의 계백장군도 위대한 장군이라고 했다. 백제의 멸망을 예견한 장군은 처자식이 적군에게 더렵혀질 수 없다며 목숨을 끊고 3천 결사대를 이끌고 황산벌로 나가 연전연승하면서 처절하게 항전하다 끝내는 산화한 불후의 명장이라고 강조했다. 역사에는 승리하고 패배하는 장수들이 숱하지만 패장 중에도 위대한 영웅이 있다는 것.

아버지는 또 신문을 읽으면서 주은래(周恩來) 중공 총리를 극구 칭찬했다. 관상도 좋고 안목이 훌륭한 지도자로서 세계사에 빛날 인물이라고 몇 번이나 되뇌었다.

아버지의 투병생활은 계속 이어졌다. 아버지는 한때 공기 맑고 산수 좋은 정자 동오정(東塢亭)에서 기거했다. 고조부의 호를 따 지은 정자다. 울창한 수림과 폭포와 연못 등이 잘 어우러진 동오정은 내가 가장 좋아하는 곳이다. 아버지는 번잡한 것들과 사람 접촉을 피해 요양하기 위해 이곳에서 지냈다. 누나가 주로 모시면서 고생했다. 나는 매일 학교에서 돌아오자마자 약 1.5km 떨어져있는 동오정으로 가 문안드렸다. 내 동생들도 마찬가지였다.

이따금 도산의 보정(普亭) 김정회(金程會) 선생 등 아버지 친우들이 소리꾼과 가야금 타는 사람을 데려와 아버지를 위로했다. 고창지역은 원래 창(唱)으로 유명한 고장이다. 남도(南道)에서 으뜸간다는 명창이 와서 춘향가, 심청가 등을 불렀다. 지금 기억으로는 가무잡잡하고 갸름한 얼굴, 총명한 눈빛에 세련된 몸매의 40대 소리꾼이었다. 모두들 즐겁게 놀았지만 아버지는 그 애절한 가락에 눈물만 흘렸다. 옛날 젊었을 적 기방에서 활달하게 놀던 추억과 함께 회생이 어려운 불편한 몸의 자신의 처지가 겹쳐지면서 안타까워 흘리는 눈물이었다.

아버지는 1912년 임자생이다. 고창군내의 내로라하는 집안의 임자생 동갑 친우들이 한데 어울렸다. 신상리 명가 류 씨(柳氏) 집안의 류일석 선생도 그 중 한 분이다. 이들 친우분들 중 김정회 선생은 9년 연상이지만 9년까지는 벗을 한다는 관례에 따라 친우로 지냈다. 그런데 김정회 선생의 아들 김병수 선생이 아버지와 동갑인 친우분들의 9년 아래였다. 위 아래로 9년 사이였다. 그러나 아들 김 선생은 신식교육을 받은 교사로 이분들과 전혀 어울리지 않았다. 김정회 선생의 권유로 말을 트기로 해 류일석 선생 등은 김정회 선생과 말을 텄다. 그러나 아버지는 아들인 김병수 선생과 말을 트겠다고 고집하면서 친우로 지내는 김정회 선생에게는 끝내 말을 올렸다. 물론 그 아들과는 전혀 접촉이 없었다. 그 시절 그 사회에서 이 이야기는 두고두고 널리 회자된 내용이다. 김정회 선생은 그런 아버지에게 더욱 특별한 우정을 보냈다.

도산의 김정회 선생댁과 우리 집안은 세교(世交) 집안이다. 김 선생의 부친은 할아버지와 동갑으로 절친한 벗이었고 김정회 선생을 거쳐 김병수 선생의 아들인 김명식 군은 나와 동갑이며 동창생으로 절친한 친구다.

어느 날 동오정에서 누님과 함께 바둑을 두게 됐다. 내가 한 수 위인 것 같았다. 아버지는 상당한 고수였다. 아버지는 소년시절 바둑을 배우면서 한 판에 한 점씩 올라갔다는 이야기가 전해진다. 한 번은 아버지와 바둑을 두던 어른이 갑자기 화를 내며 바둑판을 쓸어 버렸다. 그리고는 웃으면서 다시 놓아 보라고 했더니 아버지는 그대로 복기를 해냈다고 한다. 내가 누님의 대마를 쫓고 있고 그 말은 빈사상태에 놓였다. 그런데 옆에서 지켜보던 아버지가 계속 누님 훈수를 두었고 누님은 계속 그 훈수만 따라 두었다. 결국 대마를 잡지를 못하고 오히려 내 바둑이 불리해져 버렸다. 나는 화가 머리끝까지 치밀었다. 아버지의 편파적인 훈수가 너무나도 섭섭했다. 나는 도저히 참을 수가 없어 화를 내고 뛰쳐나와 버렸다. 그리고는 아버지와 누님과는 일절 말을 하지 않고 지냈다. 한참 동안 그런 상태가 지속됐는데 나로서도 아주 불편한 시간이었다. 나중에 그 일이 집안 식구 모두에게 알려져 한바탕 웃음판이 벌어졌다. 어머니가 나보고 아버지께 사죄하라고 일렀다.

신언서판(身言書判)

날씨가 추워져 아버지가 월산 집으로 돌아왔다. 어느 날 대문 밖을 산책하던 아버지가 나를 부르더니 동네 앞길을 가리켰다. 동네 길은 마을입구에서 송림을 끼고 우리집 대문 앞까지 1백여 미터 들어와서는 곡선으로 휘어 나간다. 그리고 그 중간에는 우리 논이 있다. 아버지는 "지나다니는 사람들이 길을 이렇게 돌아서 가느라 불편할 것이야. 우리 논 가운데로 길을 내주면 직선으로 다닐 수 있겠지" 하더니 얼마 후 정말로 논 가운데로 길을 내주었다. 우리 논은 반 토막 났다. 아버지는 "내가 손해를 보더라도 다른 많은 사람들이 편리해질 수 있다면 당연히 양보해야 한다"며 항상 그런 자세로 사회생활을 해야 한다고 강조했다. 아버지는 길을 내주기로 작정을 하고 나서 내게 교훈으로 가르치기 위해 그런 순서를 밟았다.

아버지 병세는 날로 악화되었다. 옆에서 보기에 별의별 약을 다 쓰는 것 같았지만 효험이 없었다. 아버지는 겨우 일어나 한 손엔 지팡이, 한 손으로는 내 손을 잡고 집 뒤 논길을 한 1백여m 천천히 걷는 것이 움직일 수 있는 모든 것이다. 내 손을 붙잡은 아버지의 여윈 손은 항상 부들부들 떨어 그 안타까운 감촉이 내 심장 속까지 이어졌다. 아버지가 내 손을 잡고 산책을 나설 때면 할아버지는 가끔 사랑채 뒷문을 조금 열고 아버지 건강상태를 지켜보곤 했다. 그 기미를 알아챈 아버지는 순간 당황해서 어쩔 줄을 몰라 했다. 조금도 나아지지 않는 아들의 모습에 할아버지는 실망과 비탄에 젖었다.

아버지는 이따금 편지를 보내는데 모두 내게 대필을 시켰다. 편지의 대부분은 서울의 병후 숙부에게 도움을 요청하는 것들이다. 돈을 좀 보내달라는 내용이다. 연락이 오지 않으면 다시 쓰게 했다. 나는 그런 편지를 쓰면서 너무도 슬펐다. 사실 아버지는 오랫동안 병상에 있으면서 동생의 덕을 많이 입었다. 그 뒤 내가 장성했을 때 숙부는 화를 낼 때마다 그 이야기를 했다. 어떤 때는 고래고래 소리지르며 너도 알고 있지 않느냐고 호통 쳤다. 그 슬픈 이야기도 너무 자주 들어 나중엔 지겨웠다.

어느 날 편지 대필이 끝나자 아버지는 이런 말을 내게 했다. 아버지가 내게 한 말씀 중 평생 잊히지 않는 내용이다. '신언서판'(身言書判), 군자가 갖추어야 할 4가지 조건이다. 사람은 신수(身手), 말씨, 문필력, 판단력 등 4가지 조건을 갖추어야 하는데 대다수가 이 중 한 가지도 제대로 갖추지 못한 채 살아간다.

"네 숙부는 신(신수)으로, 나는 판(판단력)으로 살아왔다. 너는 앞으로 서(문필)로 살아갈 것이다."

나는 동아일보 견습기자로 입사해 30여 년을 기자, 논설위원으로 글을 쓰면서 먹고살아 왔으니 아버지의 판단은 정확했다고 할 수 있다. 아버지는 통찰력과 예지력이 있다. 주역(周易)에도 능통했다는데 주변의 많은 사람들이 아버지의 예견은 항상 맞았다고 입을 모은다.

전해들은 이야기는 많았지만 내가 어렸을 적 옆에서 직접 들은 이야기도 있다. 내종형 김호진(金昊鎭)이 월산 우리집에서 기거하며 고창고교를 다녔다. 대학진학 때가 되자 아버지가 호진 형에게 어느 대학에 진학하려느냐고 물었다. 호진 형은 고려대학이라고 자신 있게 대답했다. 그러자 아버지는 단국대학에나 가라고 했다. 호진 형은 내심 아주 기분 언짢아했다. 그런데 결국 고려대학은 떨어지고 진학해 보니 단국대학이었다. 그 형도 평생 그 이야기를 잊지 못하고 되뇌었다. "외숙 말씀은 한 번도 틀린 적이 없어"했다.

나는 고창국민학교를 졸업하고 고창중학교에 진학했다. 중학교 때는 학생잡지 〈학원〉을 통독하는 것이 중요한 과제였다. 매월 다음호가 나오는 날만 손꼽아 기다렸다. 김성환의 〈꺼꾸리군 장다리군〉, 김용환의 〈코주부 삼국지〉, 김래성의 〈검은 별〉, 조흔파의 〈얄개전〉 등이 너무나 재미있었다. 나의 학교성적은 반에서 5위 정도였는데 2학년 때 2위를 한 것이 가장 잘한 것이었다.

중학교 3학년 때 고교입시를 눈앞에 두고 아버지가 별세했다. 장례 때 많은 문상객들이 왔지만 그 중에는 이선근(李宣根) 문교부장관도 내려왔다. 병후 숙부가 모시는 '상관'이다. 숙부가 정훈장교 때 정훈감(준장)이었다. 이 장관은 사학자로서 아버지의 저서 《조선역사》를 탐독했고 아버지를 존경한다고 했다. 문상 온 이 장관이 숙부와 여러 사람이 함께 있는 자리에서 나의 고교진학에 관심을 갖더니 경기고교에 응시하라고 했다. 이 장관이 떠나고 나서 숙부가 내게 "문교장관님이 네 경기고 진학을 약속하셨다"고 했다. 나는 가슴이 쿵쿵 뛰었다. 사실 고창중학교에서는 아무리 전교 1등을 해도 경기고 진학은 불가능한 상태였다. 그러나 1955년, 그 당시만 해도 그렇게 입학할 수도 있는 일이었다.

나는 숙부가 하라는 대로 경기고 진학원서를 써가지고 서울로 갔다. 물론 중학교에서는 불가능한 일이라며 만류했지만 일단 원서를 써가지고 상경했다. 숙부는 이리저리 알아보더니 도저히 안 되겠다며 고창에 가 중앙고교 원서를 다시 써 오라고 했다. 나는 그렇게 중앙고교에 응시해 당당히 합격했다. 고창국민학교, 고창중학교 동창인 홍인표 군은 전주북중으로 전학 가서 졸업하고 나와 함께 중앙고교에 입학했다. 청운의 꿈을 품었다고 할까, 나는 서울로 진출해 안국동 숙부댁에서 학교를 다니기 시작했다.

사람은 누구나 미래에 성취하고자 하는 꿈을 갖게 마련이다. 한없이 높은 이상을 그리면서 갖가지 상상의 날개를 펼쳐본다. 솟구치는 이상을 얼마든지 높게 잡을 수 있지만 현실적 실현성을 무시할 수 없다. 그래서 한편으로는 지극히 소박한 최소의 상태도 그려 본다. 이런 저런 상상의 날개 속에서 자신이 희망하는 꿈을 적정선에서 조정하는 지혜

또한 필요하다고 생각했다.

병후 숙부

아버지가 별세한 후 병후 숙부는 이제 우리 집안의 기둥이었다. 숙부는 원래 장성군 모현의 양가(良家) 신 씨댁으로 장가갔다. 어렸을 적 곱게 차려입은 새색시인 그 신인호(申仁浩) 숙모는 나를 그토록 아껴 주었다. 그때는 목욕을 제대로 못해 아이들이 때가 많았다. 숙모는 내 때를 씻어 주었고 업어 주고 신혼차림 방으로 데려가 사탕도 주었다. 그 당시 그런 사탕은 어디에서도 먹을 수 없는 아주 진귀한 것. 그 사탕을 얻어먹기 위해서라면 무슨 일을 시켜도 다 할 수 있었다. 그러나 숙부는 서울에서 이미 다른 여성과 살림을 차리고 있었고 아이도 있었다. 이 다른 여성도 두 번째다. 그때 내 어린생각에도 '숙부가 내려와 이 숙모와 좀 같이 있으면 좋을 텐데 …'하는 바람이었다.

언제인지는 모르지만 그 숙모는 떠나갔다. 떠나간 뒤에야 알게 됐는데 너무나 안타까웠다. 그 후 모두 그 일은 잊어버렸다. 좋은 집으로 재혼해 잘 산다는 소식만 전해졌다. 서울에서 고창으로 가려면 호남고속도로 정읍IC나 장성 사거리IC를 거쳐야 한다. 사거리IC를 거쳐 가면 수림이 울창한 방장산 갈재를 넘는다. 그 길가에 '모현'이라는 간판이 걸려있다. 그 길을 가끔 이용하게 되는데 우리 집안 식구들이 아무도 그 간판을 눈여겨보지 않는 것 같다. 하지만 나는 이 길을 지날 때마다 그 숙모가 떠올랐다. 언젠가는 한 번 찾아보고 싶었다.

내가 공직생활을 그만둔 후, 그러니까 2003년이던가 아주 자유스러운 상태에서 그 길을 지나다가 용기를 내어 모현 마을로 내려갔다. 60년 전의 인연을 찾아보고 싶었다. 그때 살아계신다면 80세쯤 되었을 것이다. 그 마을에서 그 옛일을 기억할 만한 노인 한 분을 찾았다. 그 노인은 그때의 사연들은 물론 우리 집안 내력도 잘 알고 있었다. 그 숙모가 장성읍에 살고 있다고 했다. 정말 조심스럽게 장성읍의 그 집을 찾아갔다. 살펴보았더니 최근엔 광주에 계신다고 했다. 관련 전화번호를 알아내 서울에서 몇 차례 통화를 시도했지만 제대로 된 전화번호가 아닌 듯했다. 그래서 중단했다.

병후 숙부는 그 후 육군대령으로 승진해 전북지구 병사구사령관으로 부임했다. 전북지방에서 막강한 실력자였다. 숙부는 서울에서의 첫 번째 부인과의 사이에 용환(庸煥)을 두었고 서울에서의 두 번째 부인과의 사이에 혜숙, 동환, 정숙 3남매를 두었다. 숙부에게는 따라다니는 여성들이 많았다. 그래서 그랬던지 부부싸움도 잦았다. 그런데 이 숙모가 갑자기 별세했다. 누님 말로는 돌아가신 숙모의 시신을 씻는데 시신상태가 이루 말을 할 수가 없을 정도였다고 한다. 누님은 두고두고 귀엣말로 그 이야기를 하곤 했다.

나는 이 숙모에게도 고마운 마음을 간직하고 있다. 나를 귀여워해 주었을 뿐만 아니라 나를 서울에 데려와 가르치는 책임을 맡겠다고 했다는 말을 여러 차례 들었기 때문이다. 이 숙모의 묘소는 아버지 묘소 가까운 곳에 위치해 있다. 그 후 나는 아버지 묘소 석물을 하면서 이 숙모 묘소 석물도 함께 해드렸다. 그리고 자주 성묘도 했다.

이 숙모가 별세하자 일상이 바쁜 숙부는 아이들 셋을 어머니에게 맡겼다. 숙모 없이 이 어린애들을 데리고 있을 수가 없었다. 어머니에게도 돌보아야 하는 친자식만도 누님을 빼고 넷이나 되었는데 거기에 또 세 아이를 더 데리고 있게 되었다. 고생문이 훤히 열렸다.

얼마 후 숙부가 세련된 여성 한 분과 함께 고창에 왔다. 이 분이 바로 지금의 작은 숙모다. 독립투사 김철의 따님이며 고려대 정치학과 동급생으로 고려대 최초의 여성졸업생이라고 들었다. 인촌 김성수의 수양딸이라는 말도 들었다. 당시 항공사에 근무중이었다. 이 김미경(金美

卿) 숙모를 처음 뵈었을 때 "네가 바로 이 집안 종손이구나" 하더니 만년필을 선물로 주었다. 고급만년필이었다. 옆에서 모두들 부러워했다. 주변에서 여러 가지 이 숙모에 대한 칭찬을 늘어놓았다. 얼마 후 두 분은 결혼했다. 그 후 숙모 친정에서는 이 결혼을 극력 반대했다는 이야기를 여러 차례 들었다.

하여튼 숙부는 어머니에게 '핏덩이'나 다름없는 어린 세 남매를 맡기고 서울로 가버렸다. 뒤에 들은 이야기지만 어머니는 숙부가 "강환이를 내가 맡겠습니다"라는 언약에 그대로 받아들였다고 한다.

어머니는 열일곱에 시집와서 어린 시동생인 병후, 병용 숙부를 업고 키웠다고 이따금씩 말했다. 병후 숙부는 어찌나 나대든지 업기도 힘들었다고 한다. 할머니가 많은 자식들을 혼자 다 거둘 수가 없어 어머니가 도와준 것이다. 어머니는 이런 말도 전했다. 어쩌다 친정에 가려면 갈재를 넘어가야 하는데 가끔 산도둑들이 행패를 부려 행인들이 큰 낭패를 당하곤 했다. 그때마다 어머니는 가마를 타고 장성한 두 숙부가 몽둥이를 들고 앞뒤에서 호위하고 고개를 넘으면 그렇게 믿음직스러울 데가 없었다고 회상했다. 숙부들은 조양리 친정에서도 아주 의젓했고 친정의 청년들도 함부로 대하지 못했다고 자랑스러워했다. 숙부들도 어머니를 친어머니처럼 받들었다고 한다.

세상에 그 누구에게도 불평 한마디 하지 않고 사는 어머니가 얼마 후 병후 숙부에게 서운한 마음을 갖게 되었다. 내 여동생 선환이와 숙부의 딸 혜숙이는 동급생이다. 둘이서는 경쟁관계였고 커가면서 싸움도 많이 했다. 그때마다 어머니는 항상 혜숙이 편을 들어주어 선환이는 더욱 짜증을 냈다. 혜숙이도 큰어머니의 애틋한 사랑을 잘 알고 있다. 어머니는 걸핏하면 울어대는 이 '핏덩이' 3남매를 먹이고 입히고 씻기고 한 방에서 재우면서 이불 덮어주느라, 대소변 받아주느라 밤잠을 설쳤다. 그 뒷바라지 하느라 고생한 것은 이루 말로 다 표현할 수가 없다.

혜숙이와 선환이가 국민학교를 졸업하고 중학교에 진학하게 됐다. 숙부는 어머니와 한마디 상의도 없이 혜숙이만 전주사범 병설중학교로 진학시켜 버렸다. 남한테 지기 싫어하고 성깔 있는 선환이는 밥을 안 먹고 울며불며 어머니를 원망했다. 어머니가 못나서 그렇다는 것이다. 어머니는 "그래, 내가 모자라서 그렇다"며 가슴이 메어 말을 잇지 못했다.

"그렇게 정성스레 키웠는데…. 둘이는 쌍둥이같이 잘 컸는데…. 혜숙이를 전주로 진학시키려면 선환이도 함께 데려가지 않고…."

어머니는 모든 것이 자신이 못나서 그렇다며 홀로 한탄했다. 할머니도 불쌍한 어머니 편이었다. "어째서 일을 그렇게 처리한다냐?" 하면서 숙부의 처사에 역정을 냈다.

할머니! 할머니!

인민공화국 치하에서 지내다가 국군이 진주해서 점령은 했지만 그 당시 치안상태는 아주 좋지 않았다. 낮에는 대한민국, 밤에는 빨치산 치하에서 지내야 하는 어두운 시기가 상당기간 계속됐다. 한밤중이 되면 가끔 '손님'이 내려온다. 빨치산 부대가 달밤에 번쩍번쩍하는 무기를 메고 무리를 지어 산길을 내려오는 모습은 장관이라고 했다. 그들은 식량과 부식을 취하려 마을을 휘젓고 다녔다. 그때는 남자들은 감히 문밖에 나오지 못했다. 젊은 여성들도 나오지 못했다. 어린애들은 잠자느라 아무것도 몰랐고….

이 '손님'들은 우리집에는 단골로 찾아왔다. 이 빨치산 부대원들을 할머니가 맡아 요리했다. 할머니는 호랑이띠다. 호랑이같이 무섭다는 할머니의 명성을 주변에서 모르는 이가 없었다. 할머니는 그들이 많이 가져가지도 못하게 하고 그들이 생각지도 못한 반찬을 챙겨주기도 했다. 그들이 많이 퍼 갈 때면 할머니가 나서서 뺏어오기까지 했다. 우리

할머니의 말이면 빨치산들도 다소곳해진다고 했다.

내 바로 아래 여동생 민환이는 가끔 할머니 이야기를 한다. 할머니는 큰집밖에 몰랐다. 할머니는 "큰집이 잘 살아야지, 그렇지 않으면 그 집안은 망한다"는 표현을 입에 붙이다시피 하며 살았다. 민환이는 "할머니는 오직 오빠밖에 몰랐지만 오빠 없을 때는 큰집 손자, 손녀들을 많이 챙겨 주었다"고 전한다. 그리고 언제나 큰며느리를 감싸고 돌았다. 그 무서운 할머니와 어머니 사이에서는 단 한 번도 큰소리가 나오지 않았다. 할머니는 먹을 것이 있으면 가져다 큰집 손자 손녀들에게 주었다.

아랫집 병용 숙부와 김차금(金且金) 숙모 슬하에는 수환, 순환, 계환, 미환, 창환 등 5남매가 있다. 우리집 옆엔 두 고모도 살았다. 그렇지만 할머니는 아랫집이나 딸들에 대해서는 별 관심이 없었다. 그들의 불만도 대단했다.

아랫집 숙모는 얌전하고 조용한 분이다. 그러나 재치가 있고 눈치도 빠르다고 주변에서 이야기한다. 좋은 집안에서 유복하게 자란 분이다. 병용 숙부 생신날에는 큰집 식구들이 아랫집에 내려가 아침을 먹는다. 숙모 음식솜씨도 좋아 모두들 맛있다고 칭찬한다. 큰집에서는 이 숙모에 대해 몇 가지 서운한 이야기가 전해져 내려온다. 여동생 민환이와 선환이가 월사금을 내지 못해 울면서 학교에 가지 않자 어머니는 발을 동동 구르다가 이 숙모를 찾아가 돈을 좀 빌려 달라고 했다.

숙모에게는 평소 특유한 표정이 있다. 숙모는 모든 것을 다 알고 있다는 그 미묘한 표정을 지으며 "어떻게 갚을라고 …" 하며 끝내 빌려 주지 않았다. 어린 딸들을 데리고 아랫집 대문을 나서는 어머니의 모습이 얼마나 참담했었을까. 그 당시 큰집의 경제권을 할머니가 쥐고 있었고 '사람만 좋은' 어머니는 아무 권한이 없었다. 사실 돈을 빌려도 갚을 능력이 없었다. 그때 병용 숙부댁은 경제적 여유가 있었다. 이 이야기는 누님과 민환이가 전해 널리 알려졌고 큰집의 딸들은 이에 대해 서운함을 금치 못했다. 또 숙모가 어머니에 대해 할머니에게 뭐라고 말했다는 이야기도 전해지지만 믿을 내용이 못된다.

아랫집 마루 위에는 호랑이를 수놓은 액자가 걸려 있다. 숙모가 처녀 때 놓은 수판을 가져와 걸어 놓은 것이다. 숙모는 기회 있을 때마다 나를 붙잡고 내 귀지를 파주고 손톱도 깎아 주었다. 이 마루에서 숙모 무릎 위에 옆으로 누워 이 액자를 쳐다보면서 귀지를 파낼 때면 기분이 참 좋았다. 지금 생각하면 그것이 바로 사랑이었다. 이 호랑이를 수놓은 액자는 아랫집의 상징이었다. 이 숙모도 벌써 돌아가셨다. 얼마 전에 보았더니 찬바람 휘몰아치는데 수놓은 호랑이 액자는 색깔이 퇴색해 희미해진 채 덜렁 걸려 있었다. 70여 년 동안 그 자리 그대로였다. 우리를 슬프게 하는 것들 중의 하나다. 최근에 수환 동생을 만난 자리에서 그때 어렸을 적의 정겨운 이야기를 떠올렸더니 그때도 꼭 형을 먼저 해 주어야 한다며 형 먼저 귀지 파주고 손톱 깎아 준 다음에 자기를 해 주었다고 웃으며 불평을 털어 놓는다.

어머니! 어머니!

고창 우리집에 또 한 가지 큰 변화가 생겼다. 우리 집안 형제자매들 중 누님이 참 예쁜 얼굴인데 누님은 어머니를 닮았다. 어머니는 단아하고 곱고 아름다웠다. 장성 조양리의 양반댁 울산 김씨 집안에서 시집왔다. 할아버지가 양반댁 며느리를 얻고선 크게 기뻐했다고 한다. 당시 '울김'(蔚金)은 양반임을 내세워 부잣집 혼사를 많이 했는데 '양반딸 팔아 먹는다'는 비판을 듣기도 했다.

어머니는 누가 무슨 말을 해도, 누가 무슨 일을 시켜도 불만을 하지 않았다. 항상 온화한 그 표정, 그 모습이었다. 모든 일에 양보하고 가진 것은 베풀고 항상 좋은 말로 위안을 주는 성품이다. 집안에서나 온 동네에서도 어머니에 대한 칭송이 자자하다. 거센 성격의 '호랑이' 시어머니나, 날카로운 시누이나, 동서들이나, 행랑채 아낙까지도 마찬가지다. 본인은 늘 "내가 모자라서 그래"하고 만다. 어머니는 아들에게도 말을 내리지 않고 아들친구에게도 말을 올린다. 도대체 불평이나 비판이나 반대라는 것이 없는 분이다. 어쩌다 식사 때 밥이 모자라면 아무도 모르게 자신만 굶는다.

그런 어머니가 한 말이 있다. 그 말은 여러 사람의 입에서 오래 전해지고 있다. 전주에 살던 시앗이 고창집으로 내려오던 날이었다. 작은엄마가 전주집을 정리하고 고창으로 아주 옮겨왔다. 어머니는 아버지가 소실을 얻었어도 단 한 번도 불평의 말을 하지 않았다고 한다. 그러니까 어머니는 칠거지악(七去之惡)에 단 한 가지도 해당하지 않은 셈이다. 작은엄마가 비단옷에 양산을 비껴들고 대문을 들어서는 순간이었다. 어머니는 이 여자 손님을 맞기 위해 부엌에서 밥을 짓고 반찬을 마련하느라 숯검정 투성이 옷깃에 헝클어진 이마에는 진땀을 흘리고 있었다. 그 여자가 들어서는 순간 어머니는 그 자리에 주저앉고 말았다.

"시앗을 보면 길가의 돌부처도 돌아앉는다고 한다."

아무리 점잖고 무던한 부인네라도 시앗을 보면 마음이 변하여 시기와 증오를 일으킨다는 격언이다. 어머니는 그 후 자주 그때를 회상했는데 그 당시 그 여자를 보는 순간 다리에 힘이 쑥 빠져 자신도 모르게 주저앉게 되었다고 했다.

아버지의 둘째부인, 그분을 우리는 임실엄마라고 불렀다. 엄마의 친정이 임실군이다. 어머니나 엄마는 같은 뜻이고 오히려 엄마가 더 친숙한 표현이기도 하지만 그 당시 할머니가 그분에게 '어머니'라는 표현을 절대로 사용하지 못하게 해서 우리는 그렇게 불렀다. 어머니는 이 임실엄마에게 다정하게 대했지만 할머니는 항상 매섭게 대했다. 임실엄마는 할머니 앞에서는 항상 '고양이 앞의 쥐'였다. 아무리 작은 실수라도 할머니는 용서하지 않고 세차게 나무랐다. 할머니가 나무라시는데 우리 집안에서 그 누구도 감히 끼어들지 못한다. 그러나 이때만은 어머니가 나서 임실엄마 입장에서 변명을 대신해 주었다.

나는 이미 전주에서 임실엄마와 몇 년 함께 지냈기 때문에 친숙한 사이였으나 다른 사람들은 생소한 편이다. 전주에서 어린 나를 돌보아 주느라 신경도 많이 썼을 것이다. 내가 자기 소생이 아니라고 해서 나를 특별히 나쁘게 대해 주었다고는 생각되지 않는다. 그렇다고 정을 쏟아 돌보지는 않은 그런 정도였다. 별로 좋지 않은 내용이지만 전주에서 지내면서 제일 기억에 남는 것은 내 몸과 머리에 이가 많았다는 것이다. 어찌나 많았던지 내의를 벗어 훑으면 이가 쏟아져 나올 정도였다. 그래서 이를 잡다 못해 DDT인가 살충제를 온몸에 바르다시피 뿌렸던 기억이 있다. 그리고 그때 겨울에 접어들면서 찍은 한 학년 기념사진이 남아 있는데 모두 검정교복을 입었는데 나만 겨울옷을 마련해 주지 않아 하얀 색깔을 입고 있었다. 어렸을 적 그 사진을 볼 때마다 창피한 생각이 들었다. 그러나 전체적으로 느낄 때 임실엄마한테 서운하다고 생각한 적은 없었다.

임실엄마와 나는 그저 그런 사이였는데 누님과 여동생들은 달랐다. 누님과 동생들의 반응을 보는 순간 나는 몇 번이나 속으로 놀랐다. 어머니에게 그토록 심적 고통을 안겨준 데 대한 일종의 적개심이었다. 물론 나중엔 모두 사그라졌다. 그런 내용의 언행이 나타날 때마다 '나로서는 그래서는 안 된다. 장자로서 누구에게도 피해가 가지 않도록 배려해야 된다'고 생각했었다.

임실엄마는 어머니에게 깍듯하게 대했고 행실이나 품성도 온순하다는 평을 받아 무난하게 잘 지냈다. 물론 본인의 고심은 심했을 것이다. 아버지가 돌아가신 후 엄마는 이환, 명환 남매를 데리고 고창을 떠나겠다고 했다. 우리는 엄마가 살고 있던 집과 농사를 짓던 논밭 등을 팔아 떠나도록 해주었다. 엄마는 남매를 데리고 이리시로 이사했다. 얼마 후 그 집을 찾아가보기도 했는데 여자 혼자의 힘으로 살아가기는 쉬운 일이 아니었다. 고생고생하며 지내지만 그렇다고 우리집 형편도 어려워 도와줄 입장도 못되었다.

중앙고교 시절

청운의 꿈을 품었다고 할까. 나는 서울로 올라와 안국동 숙부댁에서 숙부 숙모의 따뜻한 보살핌 속에 학교를 다니기 시작했다. 서울의 학교생활은 모든 것이 새로웠다. 나는 전라도 사투리를 쓰는 시골 출신으로 학교 친구들과 처음 어울리는데 그렇게 자연스럽지는 못했다. 그 당시 서울사람들은 전라도 사람을 '하와이'라는 별칭으로 비하하며 그리 좋게 보지 않았다.

신장순으로 정해진 우리반의 내 번호는 12번. 2번은 이병균 군, 22번은 강형욱 군으로 책상이 나란히 배열돼 셋이 자주 어울렸다. 그래서 우리는 TNC (*Two Number Club*) 를 결성했다. 학교에 가면 셋이서 어울려 운동장 층계나 뒷산에 올라 많은 이야기를 이어갔다. 특히 강형욱 군과 소년시절의 고민이라고나 할까, 내면적인 이야기를 많이 나눴다. 독서와 인생과 연애에 대해 많은 이야기를 했다. 방학 때면 편지를 주고받으면서 서로 보고 싶어했다. 그런데 지금은 이 친구들을 전혀 만나지 못한다. 강형욱 군은 서울대 의대에 진학한 후 미국으로 유학갔는데 그 후 한 번도 보지 못했다. 이병균 군도 동양정밀에 취직해 다니다가 미국으로 이민 간 후 소식이 끊겼다.

학년이 바뀌면서 많은 친구들과 어울렸다. 그 중에도 강민석, 권영필, 김진규, 김치수, 김희윤, 나종일, 박성범, 박영산, 박인순, 안동수, 엄정욱, 이대원, 임승기, 정연하, 조성욱, 최연홍, 최청림, 홍인표 군 등과 친밀하게 지냈다. 그 중 권영필 고대 교수, 김치수 이대 교수, 이대훈 삼성 사장, 임승기 성대 교수, 최청림 조선일보 편집국장, 홍인표 홍인무역 사장 등은 부부들과도 만나는 기회가 몇 번 있었다.

중앙고교시절의 필자 모습.

이 밖에 중앙동창들로 지금까지 30여 년에 걸쳐 정기적으로 만나는 부부모임이 있다. 박경진, 송충섭, 조연홍 등과의 네 부부 모임이다. 넷이 모두 언론계 출신으로 출입처 기자실에서도 만나 동고동락한 친구들이다. 박경진, 조연홍 군은 조선일보 기자, 송충섭 군은 한국경제신문 기자로 교통부, 체신부, 보사부 등을 함께 출입했었다. 그래서 더욱 화제 거리가 많다. 이 모임을 팔선회라고 명명했다. 4명의 신선과 4명의 선녀 모임이라는 의미다. 연락대표는 총재 직함을 주어 송충섭 총재가 맡고 있다. 물론 고창 우리집과 선운사 등지 여행도 함께하고 운동도 했다.

서울에서 학교를 다니면서도 나는 항상 상제(喪制)로서 3년간의 부친 상중이라는 의식에서 벗어나지 않았다. 서울에 있을 때는 조석상식도 지내지 못하는 불효를 하고 있다고 생각했다. 아버지께 죄송스러웠다. 그래서 방학 때라도 철저히 이행하려고 애썼다. 그래서 봄방학의 짧은 기간에도 고창집으로 내려와 조석상식을 빼놓지 않고 올렸다. 그런 나를 위해 병후 숙부는 서울역에 데려다 주기도 하고, 기차표도 사 주었다. 그 당시 숙부는 나를 친자식같이 대해 주었다.

나는 영화관람을 좋아했고 영화이야기를 많이 했는데 숙모는 영화관에 갈 때 자주 나를 데리고 갔다. 나를 예뻐해서 데리고 가기도 했지만 숙부가 숙모 혼자 다니는 것을 좋아하지 않아 더욱 나를 데리고 다녔다. 숙모는 〈바람과 함께 사라지다〉의 클라크 케이블을 좋아했다. 나는 말론 브란도 얘기를 자주했다. 또 내가 음악 이야기를 많이 하자 숙모는 명곡 〈불 밝은 창〉을 아주 좋아한다며 한 번 불러보라고 했다.

숙부는 이 숙모와의 사이에 유환, 익환, 재환, 담환 등 4남매를 두었다. 그 중 담환이가 친구들을 잘못 사귀어 집안간에 불미스러운 일이 있었다. 숙부는 몇 년 전 별세했고 숙모와 사촌들은 지금 대부분 미국에 건너가 살고 있다. 몇 년 전 내가 미국에 갔을 때 익환이가 정성껏 편의를 보아 주었고 2008년 가을, 2009년 초에 익환이가 서울에 와서는 나를 찾았다. 형제는 아주 친숙하고 다정하게 옛 일들을 떠올리며 많은 정담을 나눴다. 그때 익환이는 어렸을 적에는 내가 친형인 줄 알았다고 이야기했다.

생각하던 여고생

나는 어렸을 적 감성이 풍부했던 것 같다. 한 이성을 생각하게 되면 잊지 못하고 그리워하는 성격이었다. 어떻게 해서 알게 되면 혼자 생각을 많이 하는 편이었다. 중학교 3학년 때 졸업기념으로 친구들간에 '메모리'를 교환했었는데 그 중 고창여중 3년생 유장혜(柳長惠) 양이 보낸 상세한 메모리가 인상 깊었다. 그녀의 메모 내용은 대부분 기억이 나지 않지만 그 내용 중 주자(朱子)의 '소년이노 학난성, 일촌광음 불가경'(少年易老 學難成, 一寸光陰 不可輕)이란 문구는 지금도 기억하고 있다. 유장혜는 전주여고에 진학했는데 그 후 고창읍내나 고창주변 해수욕장 등에서 먼발치로 서로 눈빛만 보았을 뿐 가깝게 있었던 적은 없다.

고교 1학년을 마치면서 참다못해 내가 편지를 보냈다. 1957년 1월 말 어느 날 학교에서 돌아와 책상 위의 흰 봉투를 보고 피가 거꾸로 솟는 것 같은 것을 느꼈다. 생각하던 유장혜의 답장이 왔다. 그 당시의 내 일기에 이렇게 쓰여 있다.

'정말 반가웠다. 마음이 후끈 달았다. 공상의 현실 같다. 오늘은 내 자신 아주 행복스러운 것 같다.'

그 당시 고창에서 서울 가려면 버스를 타고 정읍에 가서 기차를 타야 한다. 마침 막내고모와 누님이 정읍에 살고 있었다. 나는 두 집을 자주 들르게 됐다. 두 분 모두 나를 지극히 사랑했다. 나는 항상 두 분의 그 고마움을 잊지 않고 있다. 그 즈음 어느 날 누님한테서 애잔한 편지가 왔다. 내용은 방광에 염증이 생겨 고창집으로 내려와 치료를 받고 있다고 했다. 여린 마음에 눈물이 핑 돌았다. 그해 2월 말의 일기에 이렇게 쓰여 있다.

'오래 동안 보지 못한 누님, 단 하나뿐인 누님인데 … . 몸이 아파 친정에 와서 입원해 있다니 … . 편지를 어떻게 썼는지 슬픔이 가득 찼네.'

그해 2월 말 나는 학기말 시험을 끝내고 숙부와 함께 그리던 고창으로 내달렸다. 어른들께 인사하는 것도 순서가 있다. 집에 도착하자마자 먼저 할아버지께 인사드리고 나서 아버지 빈소로 가 울음을 터뜨렸다. 힘든 객지생활에서 쌓인 슬픔과 설움이 쏟아졌다. 그리고 안채로 가 할머니 어머니께 인사하고 곧바로 누님한테 달려갔다. 그 예쁜 얼굴이 백지장 같았다. 파리하고 초췌한 모습이 너무나 안쓰러웠다. 누님은 방광과 함께 폐까지 나쁘다고 했다. 남매는 흐르는 눈물을 그칠 줄 몰랐다. 그때 누님과 나는 어찌 그리 생각이나 감정이 똑같았는지 지금 생각해도 신기할 정도다. 이튿날은 하루 종일 누님과 함께 지냈다. 학교이야기, 시(詩) 이야기, 영화이야기, 노래를 부르는 등 즐겁게 보냈다.

이튿날은 눈보라 속에 아버지 산소를 찾았다. 상중이어서 산소에 가서는 곡을 했다. 한참 곡을 하고 산소를 한 바퀴 둘러보고 나니 후련한 느낌이 들었다. 불효하고 있다는 부담감이 조금이라도 해소됐기 때문일까. 산소는 사촌동생 수환이와 여동생 민환, 선환이와 함께 갔다. 산소까지는 비탈 산길을 약 8km 정도 걸어가야 한다. 왕복 3시간 이상 걸린다. 가고 오는 동안 나는 동생들에게 주로 영화이야기를 해주었다. 스토리와 영화장면 및 배우들에 관해 자세히 이야기하다 보면 한 편에 1시간 이상 걸린다. 동생들은 지금까지도 그때 그 영화제목과 스토리를 기억하고 있다.

그 며칠 후 유장혜가 월산 우리집으로 놀러왔다. 나는 가슴이 설레었다. 누나가 민환이한테 내가 장혜를 좋아한다는 이야기를 듣고 초청한 것이다. 장혜는 여동생을 데리고 왔다. 나는 집에서는 항상 상복을 입고 있었는데 이 일을 전혀 모르고 있었다. 밖으로 나가 동네를 한 바퀴 돌고 들어왔더니 누나가 옷을 갈아입으라고 했다. 나는 중앙고교 교복으로 차려입고 누님, 민환이, 유장혜와 함께 뒷동산에 올랐다. 누님이 사진을 찍어 준다면서 나란히 서라고 해서 나는 유장혜와 함께 소나무를 배경으로 포즈를 잡았고 아픈 누님이 셔터를 눌렀다. 초췌한 모습의 누님 자신은 사진찍기를 거부했다. 아픈 몸으로 찍은 사진이어서 그랬는지 사진은 약간 희미하게 나왔지만 오히려 더 괜찮았다. 나는 이 사진을 오래오래 간직했다.

몇 년 전 나는 고창집에 내려왔다가 산책길에 우연히 그 뒷동산에 올랐다. 시선이 그 소나무 쪽으로 갔다. 그러나 그 소나무는 보이지 않았다. 조지 존슨의 〈메기의 추억〉이 떠올랐다.

> 옛날에 금잔디 동산에 메기 같이 앉아서 놀던 곳.
> 물레방아 소리 들린다 메기야 내 희미한 옛 생각.
> 동산수풀은 없어지고 장미화는 피어 만발하였다.
> 물레방아 소리 그쳤다 메기 내 사랑하는 메기야.
> 지금 우리는 늙어지고 메기머린 백발이 다 되었다.
> 옛날에 노래를 부르자 메기 내 사랑하는 메기야.

최근 나는 고창출신 선배의 아들 결혼식에 갔었다. 식장 로비에서 후배들과 담소하고 있는데 누가 "조 선생님" 하고 불렀다. 돌아보니 그녀였다. 나는 "유장혜 씨" 하며 반갑게 악수를 나눴다. 생각해 보니 서로 손잡은 것도 이때가 처음이었다. 세월이 많이 흐른 모습이었다. 근 반세기 만에 만났으니 … .

어머니의 사랑

나는 자주 공상에 빠져 이일 저일 생각하며 잠 못 이루는 밤이 많았다. 서울에서 잠자리에 들면 심야에 "찹쌀떡, 찹쌀떡" 하고 다니는 소리가 이어진다. 멀리 사라져 가는 그 소리가 아련히 떠오른다. 고창 월산에서도 잠 못 이루는 밤, 소쩍새가 밤을 새워 울어댄다. 한여름 휘영청 달 밝은 산촌의 밤에 소쩍새가 피어린 흐느낌 속에 가슴 찢는 울음을 운다. 심장을 갈기갈기 찢는 듯 울어댄다. 무슨 원한이 그렇게 사무쳐 그토록 남의 애를 끊는 울음을 쏟아내는 것인가. 소쩍새는 중국 촉(蜀)나라 망제(望帝) 두우(杜宇)가 믿었던 신하에게 나라를 빼앗기고 원사(寃死)해 두견새가 되어 밤마다 목구멍에서 피가 나도록 우는 새라고 전해진다.

어머니도 소쩍새 이야기를 자주 했다. 여름이면 소쩍새 우는 소리에 잠 못 이룬다고 했다. 그칠 줄 모르는 소쩍새 울음소리를 듣고 있으면 무언가 자신의 운명과 같은 것이 느껴진다고 했다. 고등학교 때 내려가 안방에서 함께 자면서 소쩍새 울음소리를 들으며 내가 철없이 낭만적인 이야기를 꺼내면 어머니도 어렸을 적 뛰놀던 장성 조양리 집 뒤 고개가 눈에 선하다고 했다. 언제나 한 번 가볼 수 있을까 하는 생각이 들고는 했다고 한다. 조양리 그 마을엔 지금 아무도 아는 사람이 없을 것이라고 했다.

한 번은 여름방학이 되어 고창에 내려갔다. 시험이 끝나자마자 내려가다 보니 편지로 연락도 못하고 내려갔다. 물론 전화 같은 것은 없었다. 어두컴컴해서 안마당에 들어서는데 어머니가 마당에서 일을 하고 있었다. 조용히 등 뒤에 다가가 서 있는 나를 돌아보고는 깜짝 놀라며 반가워했다. 예측하지 못한 아들의 귀향이 너무 좋아서 어찌할 바를 몰랐다. 사자성어 중 내가 가장 좋아하는 문구가 '함소상희'(含笑相喜)다. 옛날 편지내왕도 안 되는 시절, 시집 간 딸이나 군대 간 아들이 어느 날 예기치 않게 찾아와 대문에 들어서면 어머니와 딸이, 또는 어머니와 아들이 웃음 가득히 머금고 얼싸 안은 채 기뻐한다는 내용이다.

그날 나는 오랜 시간 동안 차를 타고 오느라 피곤해서 저녁을 먹고 머릿방에서 혼자 잠이 들었다. 한참 자다가 이상한 기척이 있는 것 같아 눈이 뜨였다. 컴컴한 방에서 희미한 달빛이 비친 내 얼굴을 어머니가 내려다보고 있었다. 얼마 동안 들여다보고 계셨는지 나는 모른다. 어머니는 "피곤한데 어서 자" 하시며 일어나 안방으로 돌아갔다. 어머니는 오랫동안 보지 못한 아들의 얼굴이 그리도 보고 싶어 밤중에 혼자 와 내 얼굴을 들여다보고 있었다. 어머니는 아들이 보고 싶다는 말 한마디도 못하면서 사는 그런 분이다. 어머니가 가고 나서 나는 잠 못 이루고 소쩍새 슬피 우는 소리만 들었다.

어머니께 '불효'를 저지른 일이 있었다. 방학을 끝내고 서울로 올라오는데 돈이 마련되지 않았다. 할아버지 할머니는 연로하신 데다 어머니도 돈을 모르고 사는 분이다. 그러나 방학이 끝나 개학해서 서울로 올라가는데 차비, 학비와 용돈을 마련해 주어야 하지 않겠는가. 돈을 주기는 했지만 내 생각에는 턱도 없이 모자랐다. 어머니도 그것을 잘 알고 있었다. 나는 할머니 어머니에게 성질을 부리고 집을 나와 버렸다. 읍내로 나와 환송 나온 친구들과 만나 잠시 담소를 나누며 버스 출발시간을 기다리고 있는데 어머니가 읍내 버스정류장까지 쫓아 나왔다. 어머니는 읍내라고는 나와 보지를 않은 분이다. 나는 정말 깜짝 놀랐다.

어머니는 동네에서 이집 저집 돌아다니며 돈을 꾸어보려 했지만 갑자기 농촌에서 돈을 구할 수가 없었다. 어머니는 하는 수 없이 과수원을 경영하는 건넛마을 임방욱 씨 부인을 찾아갔다. 고인이 된 임방욱 씨는 일본에서 대학을 다닌 갑부집안으로 옛날 과수원 조성 때 부지분할문제로 아버지와 크게 다툰 후 양가는 접촉도 하지 않은 사이다. 물론 어머니는 소문만 들었을 뿐 그 부인과 안면도 없다. 서로 누구의 부인이라는 것만 알고 있을 정도다. 그래서 그 집은 그 어떤 집보다 더욱 찾아가기가 어려운 집이다. 어머니는 체면도 무엇도 차리지 않고 초면인 그 부인한테 가 돈을 빌린 것이다. 어머니는 내게 돈을 건네고는 바로 돌아섰다. 돌아선 어머니의 뒷모습은 너무나 초라했다. 한여름이라 속이 훤히 비치는 하얀 나일론 저고리를 입고 계셨는데 그 안에 입은 러닝셔츠에 큰 구멍이 뻥뻥 뚫려 있었고 버선도 양말도 신지 않은 맨발에 헌 고무신 바람으로 바삐 읍내까지 뛰쳐나온 것이다. 내가 떠나기 전에 용돈을 쥐어 주기 위해서였다. 그 순간 나는 내 잘못을 얼마나 뉘우쳤는지 모른다. 버스를 타고 정읍역에 갈 때까지 나는 계속 울었다. 그 후 나는 일기에 이런 내용을 썼다.

'아들 딸 공부 시키시느라 밤낮으로 일하며 고생하는 어머니, 어떠한 고초가 다가와도 꾹 참고 나가시는 어머니, 내 피와 살과 뼈가 가루가 되더라도 잊어서는 안 되는 어머니 …. 어머니의 은혜를 어떻게 갚아야 할지 ….'

그러나 나는 일생 동안 어머니의 은혜를 갚지 못했다. 생각해 보면 불효만 했다. '천칭(天秤)의 한쪽 편에 세계를 실어 놓고 다른 편에 어머니를 실어 놓는다면 세계의 편이 훨씬 가벼울 것이다'라는 말이 심금에 와 닿는다.

우리는 모두 어머니에 대하여 무한한 사모(思慕)와 격정(激情)의 마음을 갖는다. 세상을 떠나신 뒤에는 더욱 간절해지는 사모, 그것은 어머니에 대한 것밖에 더 없을 것이다. 어머니는 자식에게 항상 무엇을 원하느냐고 묻지 않고 그것을 준다. "어머니!" 이렇게 부르면 지체 없이 격렬한 전류 같은 것이 용솟음치는 것을 느낀다. 효도 한 번 제대로 하지 못한 아들은 퇴근 후 술 마시고 집에 들어와 잠자리에 들어서는 돌아가신 어머님이 그리워 홀로 베갯잇을 적신다.

고창 우리집

겨울방학에 고창에 내려갔을 때다. 동생 민환이가 다니던 고등학교를 갑자기 그만 두었다. 나는 놀라고 화가 치솟아 누가 그만두라고 했느냐고 소리쳤더니 할머니가 그랬다는 것이다. 나는 할머니께 거세게 항의했다. 할머니는 "다 큰 처녀가 그만큼 다녔으면 됐어 …"라며 말을 잇지 못했다. 알고 보니 할아버지가 다 큰 처녀가 그만 다녔으면 좋겠다고 했고 월사금도 6개월분이나 내지 못해 퇴교당했다는 것이다. 엉뚱한 표현인지 모르겠으나 내 '사전'에는 이런 일은 있을 수 없는 현상이다. 당연히 민환이나 선환이나 내 동생들은 서울로 대학진학을 해야 한다고 생각했다. 민환이는 미술에 소양이 있어 미대에 진학할 것으로 여기고 있었다.

바로 그날 밤 나는 정종 한 병을 사들고 민환이를 데리고 오성택 고창여고 교장댁을 찾아갔다. 오 교장은 아버지와 숙부들을 비롯해 우리집안을 잘 알고 또 가깝게 지내는 분이다. 내 개인적으로도 존경하는 분이다. 언젠가 방학을 마치고 서울 가면서 태극호 옆자리에 함께 앉게 돼 많은 이야기를 나눈 적이 있다. 그때 헤르만 헤세, 앙드레 지드, 테너 스테파노, 소프라노 칼라스 등과 영화이야기까지 하면서 갔었다. 연세도 많은데 이런 이야기를 나눌 수 있는 분이라는 데 대해 경탄하면서 즐거워했었다.

나와 민환이는 먼저 큰 절을 올리고 무조건 잘못했다고 했다. 아시다시피 집안형편이 어려워져 그랬는데 앞으로는 그런 일이 없을 테니 지금까지 내지 못한 월사금은 면제해 주고 복학시켜 달라고 간청했다. 오 교장은 고창여중고 교장이자 교주다. 잠시 생각하는 듯하더니 흔쾌히 허락해 주었다. 우리는 뛸 듯이 기뻤다. 민환이가 좋아하는 모습은 이루 다 말로 표현할 수 없었다. 민환이는 두고두고 그때의 오빠 이야기를 한다.

뒤에 알고 보니 민환이, 선환이는 월사금을 내지 못해 교실에서 쫓겨난 경우가 한두 번이 아니었다. 할머니, 어머니에게 월사금을 달라고 졸라도 돈이 없어 주지를 못했다. 일단 등교는 하지만 학교에서는 계속 쫓겨나 수업을 제대로 들을 수가 없었고 심한 경우는 선생님한테 맞기도 했다고 한다. 그런 상황에서 민환이는 자신의 월사금도 내지 못하면서 더 오랫동안 밀려 있는 더욱 어려운 친구가 있어 그 친구의 월사금을 내주어 버린 경우도 있었다고 회상한다.

고창 우리집은 규모가 꽤 큰 편이다. 기와집이 4채, 초가가 4채였다. 좋은 목재로 가장 잘 지어진 건물은 할아버지가 거처하는 4칸 겹집의 큰 사랑채, 다음은 5칸 겹집의 안채, 안채와 사랑채를 연결하는 중간대문과 창고건물, 사랑채의 변소와 목욕탕 건물이 기와집이다. 아버지가 거처하고 머슴들 방과 외양간이 붙어 있는 작은 사랑채, 방앗간이 붙어 있는 5칸 곳간채, 안채 변소와 돼지우리가 있는 곳, 대문과 마구간이 붙어 있는 행랑채는 초가집이다.

우리 집안 식구들의 식사는 안방에 모여 모두 함께 먹었다. 어머니가 제일 신경 쓰는 밥상은 할아버지 밥상이다. 그 다음이 아버지 밥상, 그 다음이 할머니 밥상, 머슴 밥상 순이다. 어머니는 여동생 등 나머지 식구들과 옆방에서 먹었다. 나는 항상 할아버지 밥상에서 먹었다. 그 당시는 쌀이 부족하기 때문에 온통 보리인 밥솥 한구석에 쌀을 조금 놓아 밥을 짓는다. 모두가 보리밥을 먹는데 그 중에서도 할아버지 밥그릇에 쌀밥이 가장 많이 들어가고 다음이 아버지와 내 밥그릇, 할머니 밥그릇 순이다. 반찬 내용도 그렇다. 그러나 내가 밥을 잘 안 먹으니까 어머니는 내 밥그릇에 신경을 쓰지 않을 수가 없었다. 할아버지는 식사 때마다 꼭 반주를 한 잔 하고 식후엔 구운 밤을 몇 개 들었다. 나는 된밥을 좋아하는데 할머니는 진밥을 좋아했다. 어머니는 중간에서 고역을 치렀다. 시어머니 좋게 해드리려면 아들이 밥을 안 먹고 아들 좋게 해주면 시어머니가 눈살을 찌푸린다.

나는 생일이 할아버지와 한날이다. 할아버지는 그래서 나를 더욱 애지중지했다. 생일이면 동네 어른들을 초청해 아침을 함께 든다. 이날은 반찬도 좋아 모두 반주를 곁들여 즐겁게 식사를 했다. 물론 할아버지는 나하고만 겸상한다. 내 생일은 그렇게 지나가 버려 한편 아쉽기도 했다.

고교 때 추석이 되어 고창에 내려가야 하는데 여러 가지 여건으로 내려가기가 어렵게 됐다. 이즈음 평생 전무후무할 편지를 받았다. 할아버지가 보낸 것이다. 순 한문편지였다. '秋夕方近汝未下來可想其哀苦

難…' 추석에 사정이 있으면 안 내려와도 괜찮지만 애고를 금치 못한다는 내용인 것 같았다.

그 당시 숙부는 나의 구세주나 다름없었다. 고창에서는 내게 돈을 보낼 수가 없어 숙부한테서 용돈을 타서 썼기 때문이다. 숙부를 만나려면 호수다방에 가야 한다. 그 다방으로 나오라고 전화해 주면 그보다 더 반가울 수가 없었다. 그토록 뵙고 싶었고 할 말도 많았지만 막상 만나면 할 말이 없어진다. 준비해 간 말은 한마디도 하지 못하고 용돈을 받고 돌아오곤 했다.

그날도 수업을 마치자마자 약속된 다방으로 뛰어갔다. "너랑 같이 내려가려고 했는데 이번엔 내가 가서 잘 처리할 테니 너는 공부 열심히 해라"며 다정하게 타일렀다. 고창에 가 할아버지, 할머니, 어머니 모시고 선조 차례를 지내고 싶었지만 어머니께 용서해 주시라는 편지를 보내는 것으로 대신했다.

호수다방은 나에게는 숙부를 만나는 장소로 즐거운 곳이었지만 한편으론 지겨운 곳이기도 하다. 뵙고 싶은 숙부를 만나는 즐거움이 있는가 하면 기다리다 지치는 지겨운 곳이기도 하다. 어떤 때는 밥도 못 먹고 4시간 넘게 기다린 적도 있다. 고교생이 다방에서 기다리는 모습은 보기에도 좋지 않다. 너무나 시간을 지키지 않는 숙부가 원망스러웠다. 사람 오래 기다리는 것이 얼마나 힘들고 지치는 일인지 숙부는 알지 못하는 것 같았다.

잊을 수 없는 사람들

고등학교 시절 잊을 수 없는 몇 분이 있다. 정기수, 김호진 내종형과 월산에 살던 김남섭 형, 인천에 살던 집안친척 조기현 씨, 고창 출신 강보원 형 등이다.

큰 고모의 아들인 기수 형은 상당기간 동안 줄곧 숙부를 따라다녔다. 어려울 때 함께 고생도 많이 했다. 나는 속으로 기수 형은 자신의 길을 개척해 나가지, 왜 저렇게 답답하게 아까운 세월만 낭비하고 있는가 하고 안타까워했다. 비좁은 방 한 칸을 얻어 택시운전사들과 함께 자면서 어렵게 지낼 때도 함께 고생했다. 나하고는 깊은 대화를 나누지는 않았지만 항상 내게 충고를 많이 해주었다. 살아가는 데 보탬이 되는 조언이다. 숙부님이 선거에 낙선한 뒤 계속 고생하다가 고창에서 전북도의원에 출마해 당선됐다. 뒤에 도의회 의장을 역임하기도 했다. 나는 고창에 내려가면 이 형을 찾아 점심이나 저녁을 함께 한다.

호진 형은 고창에서도 우리집에서 고등학교를 다녔지만 서울에서도 안국동 숙부댁에서 나와 한방을 쓰며 대학을 다녔다. 좋은 형이다. 그런데 어느 날 우리방 책상 서랍에 권총이 들어있는 것을 발견하고 꺼내 가지고 놀다가 형이 방아쇠를 당겼는데 발사됐다. 총구는 내 쪽으로 향해 있었다. 총알은 요란한 폭음소리와 함께 바로 내 옆 방바닥에 박혔다. 우리는 너무나 놀랐다. 특히 형은 어쩔 줄을 몰라 했다. 조금만 비껴 발사됐더라면 내가 큰일을 당했을 것이다. 형은 '정말 큰일 날 뻔 했어'라며 지금도 그때의 일을 잊지 못하고 가끔 그 일이 꿈에 나온다고 말했다. 형은 단국대에 입학했다가 재수해서 고려대학에 진학했으나 경쟁률이 약한 생물학과였다. 전공이 취향과 전혀 맞지 않았다. 개구리 생체실험을 몇 번 하더니 더 이상 못 견디겠다며 경희대 법대로 전학했다. 졸업 후 지방공무원으로 시작했는데 서울로 옮겨 서울시청에서 계속 근무하다 정년퇴직했다. 서울로 옮기는 데 내가 많은 도움을 주었다면서 고마워했다.

김남섭 형은 고창에서 아버지가 병환에 있을 때 옆에서 심부름하고 있으면서 아버지께 많은 것을 배웠다. 차분하고 총명해서 아버지가 아꼈던 청년이다. 남섭 형은 아버지가 돌아가신 후 군에 입대했다. 부평

카투사부대에 근무하면서 휴가나 주말을 이용해 이따금 안국동에 들렀다. 나를 데리고 다니면서 영화도 보여주고 불고기도 자주 사 주었다. 그때 먹던 불고기가 어찌나 맛이 있었던지 지금도 잊을 수가 없다. 항상 따뜻한 이 형의 보살핌에 고마움을 금치 못한다. 이 형을 잊은 채 오랜 시간이 흘렀다. 내가 동아일보 입사한 후 뒤늦게 찾았으나 연락이 되지 않았다. 계속 추적해 보았더니 오래전에 별세했다. 모두들 어떻게 숨을 거두었는지도 잘 모른다. 나 혼자 눈물을 글썽거렸을 뿐 어쩔 도리가 없었다. 그 형의 아들이라도 찾아보려고 했으나 역시 연락이 되지 않았다.

고창에서 살다가 인천으로 옮겨간 조기현 씨도 비슷했다. 나이는 많았지만 항렬은 내 조카벌이다. 숙부의 도움을 받았다는 이야기만 들었을 뿐 자세한 내용은 모른다. 이분도 해산물 등을 갖고 안국동에 자주 찾아왔다. 그때마다 내가 객지에서 고생하는데 몸보신해야 한다며 불고기를 사 주었다. 그것도 여러 차례에 걸쳐 그랬고 약간의 용돈도 주었다. 이분 역시 내가 동아일보에 입사한 후 찾아보았는데 이미 별세했다. 보은하고 싶지만 사람이란 기다려 주지를 않는 것 같다. 이분 역시 평생 잊지 못한다.

강보원 형은 고창고등학교를 졸업하고 재수 끝에 서울상대에 입학했다. 지난한 관문을 뚫었다. 졸업 후 외환은행에 입사했다가 정년퇴임했다. 이 형은 문학청년으로 시도 썼다. 나는 고등학교 때부터 이 형과 젊은 날의 고뇌를 함께 이야기했다. 우리는 많은 경우에 호흡을 같이했고 이 형에게 무엇이든지 상의하면 자상하게 조언해 주었다. 조용하고 총명하고 사려 깊은 형, 나는 평생 동안 이 형을 존경하고 의지했다. 그토록 훌륭한 분이 퇴직한 후 일들이 풀리지 않아 만년에 고생하는 것 같아 안타까웠다.

나는 이 형의 덕을 톡톡히 본적이 있다. 1980년대 초 동아일보 조사

이집트 카이로의 스핑크스와 피라미드 앞에서 아내와 함께.

부장 때 유럽, 이집트, 미국, 일본 등을 순회 취재한 적이 있다. 아내를 동반한 여행이었다. 고생만 한 아내한테 조금이라도 위안을 해주기 위해서다. 그 당시는 세계여행 자체가 어려웠지만 부부동반 출국은 불가능한 상태였다. 아내가 희곡작가임을 이용해 출국할 수 있었다. 가는 곳마다 어떻게 부부동반 출국을 할 수 있었느냐고 의아해 했다. 뉴욕의 유엔본부에서 근무하는 이문조 형은 각종 시설과 회의실을 안내하면서 정말 어려운 부부여행을 하게 됐다면서 감탄했다.

그때는 해외여행이 쉽지 않아 무턱대고 출국하면 어려움이 많았다. '권력층'에서는 외무부를 통한 대사관이나 무역진흥공사 해외지사를 활용해 편익을 얻는 경우가 많았다. 나는 애써 그런 기관을 동원하는 것이 부담스러워 망설이고 있는데 강보원 형이 나서서 걱정하지 말라고 했다. 대사관이나 무역진흥공사 지사를 활용해 형식적인 접대를 받는 것보다 훨씬 더 실속 있는 것이 외환은행 지점을 활용하는 것이다. 재무부 등 경제부처 고위관리는 이쪽을 선호한다.

외환은행의 미국, 이집트 등 여러 군데 해외지사장을 역임한 강보원 형이 당시 홍콩지사장으로 있었는데 그동안 여러 차례 편지를 교환했다. 골프도 칠 겸 꼭 한 번 나오라고 했다. 그러나 시간을 내지 못했다. 이 형이 내가 가는 지역마다 현지 후배간부들에게 전문을 보내 나를 돌보도록 조치해 주었다. 이집트, 그리스, 프랑스, 네덜란드, 오스트리아, 스웨덴, 미국, 일본 등 가는 곳마다 직원이 공항에서 대기하고 있었고 식당과 관광명소를 안내해 주었다. 호텔요금도 디스카운트해 주었다. 무엇보다 시간절약이 가장 큰 혜택이었다. 이집트에 간다고 했더니 형이 내게 당부한 것이 있다. 이집트에 가면 꼭 룩소르를 방문하라는 것. 한국 사람들은 카이로까지 와서도 이 세계적 명소를 외면하고 그냥 돌아간다는 것이다.

룩소르를 여행한 것은 내 일생에서 아주 중요한 사건이었다. 나는 이 지상에서 인간이 가볼 만한 여행지 중 첫 손꼽을 데가 이곳이고 또 인간이 한 번 꼭 가보아야 할 유적지가 바로 이곳이라고 생각한다. 룩소르는 고대 세계사 그 자체다. 나일강변의 고도로 기원전 2050년 고대 이집트 중왕국(中王國) 시대 이래의 수도다. 4천 년, 5천 년 전 유적이 남아 있으며 카르나크 신전, 룩소르 신전, 왕가의 무덤 등으로 유명하다. 우리가 소설이나 영화 등에서 많이 접해 온 이집트의 사원이나 신전, 석상, 왕가의 미라, 보물 등은 모두 이곳에서 볼 수 있다. 우리가 잘 아는 피라미드나 스핑크스 등은 카이로 기제지구에 있는데 룩소르에 비하면 그 정도는 아무것도 아니라는 생각이 든다.

룩소르의 역사유물을 둘러보다 보면 마치 4천 년 전으로 회귀해 있다는 착각이 든다. 이 지역을 배경으로 한 문학, 영화 등의 작품들도 많다. 나는 그 후 세계 여러 곳을 돌아다녔다. 나보고 세계유적지를 꼽아보라고 하면 첫째는 룩소르, 다음으로 중국 시안, 캄보디아 앙코르와

고려대 졸업기념 사진. 왼쪽부터 숙부, 숙모, 김양일군, 필자, 이상원 군.

트 등이다. 뒤에 상세하게 기술하겠지만 오스트리아 빈의 중앙음악가 묘지를 찾아 베토벤, 모차르트 묘소를 참배한 것도 이때였다.

정다운 고창 친구들

고창 친구들 중에서는 홍인표, 이상원, 배형수, 김양일, 김창수, 김명식 군 등과 친밀하게 지냈다. 홍 군은 호남의 대부호 홍종철 씨의 손자이며 고창에서 민의원에 당선된 홍순희 씨의 아들이다. 홍 군의 부친은 우리 아버지와 동갑이며 홍 군과 나는 국민학교, 중학교, 고등학교, 대학교까지 같은 학교 같은 학년으로 다닌 가까운 친구다. 이런 인연은 그리 많지 않을 것이다. 미국에 유학 갔다가 돌아와 홍인무역을 차려 한때 정수기 사업으로 크게 번창했다. 집도 역촌동으로 우리 집과 1백여m 거리에 살아 가족간에도 왕래가 잦았다. 요즘은 한 해의 절반은 미국에서 거주하며 그곳 중앙고교 동창생들과 가깝게 지낸다. 한대식, 이이섭, 채희원, 김강남, 최용원 군 등의 근황은 이 친구를 통해 듣는다.

이상원 군도 고창학교 동급생으로 아주 절친한 친구다. 부친 이시우 씨 역시 우리 아버지와 동갑이다. 중동고교, 한양공대를 졸업하고 광진건설을 차려 회사규모를 크게 키웠다. 배려가 깊고 인정이 넘쳐 주변 친구들을 잘 보살펴 준다. 대학재학 때부터 알고 지내던 부인 김정순 여사가 얼마 전 암으로 별세해 안타까웠다.

배형수 군 역시 고창학교 동급생으로 김양일, 이상원, 홍인표 등과 함께 아주 절친한 친구다. 고교시절, 고창읍내에서 이 친구들과 만나면 우리들은 건달패가 된다. 그때 배 군은 주먹계에서 알아주는 인물이다. 점심은 항상 배 군이 해결해준다. 때가 되면 우리들을 중국집으로 데려가 자장면을 사 주는데 그 맛이 일품이었다. 그런데 먹고 나올 때 배 군은 음식값을 지불하지 않는다. 그 집 주인이 인상을 쓰지만 배 군은 안하무인격이다. 우리들은 항상 먼저 나오지만 뒷덜미가 개운치가 않아 어떤 때는 얼굴이 붉어지기도 했다. 그렇지만 그때는 그 일들을 재미로 알았다.

대학졸업을 앞두고 홍 군이 미국유학을 가게 됐다. 어느 추운 겨울날 이 친구들이 우리집에 모여 홍 군 송별연을 가졌다. 홍 군 출국 전날이었다. 어머니가 정성들여 송별 술상을 마련해 주었다. 우리는 하루 종일 많이도 마셨다. 우리집 가양주야말로 얼마나 기가 막힌 술인가. 우리는 모두 만취했다. 노래라는 노래는 다 불러댔다. 밤이 되어 친구들이 눈길을 걸어 읍내 집으로 돌아가던 중 홍 군이 미끄러져 크게 다쳤다. 온몸이 상처투성이로 걸을 수도 없었다. 배 군이 업고 겨우 집에 당도했으나 홍 군 어머니가 크게 놀라 가슴아파했다. 내일 미국으로 가야 할 몸이 말이 아닌 상태였다. 그날의 이야기는 50여 년을 두고 끊임없이 화제에 오르곤 한다.

이 다섯 명의 친구들은 최근까지도 이따금 만났는데 2009년 초 갑자기 김양일 군이 별세했다. 아침 일찍 마을 뒷산에 산보하러 나갔다가 심장마비를 일으켰다. 졸지에 당한 비극이다. 도저히 믿어지지 않는 비보를 듣고 달려갔지만 허무한 일생이었다. 우리들은 망연자실했다.

친구이자 내종형인 김창수(金昌洙). 창수 형은 학교 동기동창이면서 형이다. 그래서 우리 고창친구들이 모두 나와 같이 창수 형이라고 부른다. 참으로 고맙고 변함이 없는 친구이자 형님이다. 고창 고수면에 사는 형은 우리집 대소사는 물론 고창에서 내가 해야 할 일들을 도맡아 처리해 준다. 생각해 보면 나는 형을 너무나 귀찮게 했다. 그러나 형은 단 한 번도 귀찮다는 내색을 하지 않는다. 또 집안에서의 내 행동이 지나치다고 여겨지면 바로 충고를 해준다. 나는 그 충고를 그대로 받아들인다. 가족 못지않게 가까운 분이다. 형은 해마다 가을걷이가 끝나면 유기농으로 재배했다는 쌀 한 가마니를 꼭 보낸다. 그러지 말라고 해도 변함이 없다. 그리고 미국에서 공부하는 아들 규호 안부도 꼭 묻는다. 나도 규호에게 한국에 오면 그분께 꼭 인사전화라도 하라고 일러준다.

김명식 군은 우리집과 세교집안인 도산의 김정회 선생의 손자로 나와 동갑이며 동기동창이다. 전남의대를 나와 정읍에서 병원을 차려 어려운 이웃들을 많이 돌보아 주었다. 고창에서 어머니가 아플 때도 많은 도움을 주었다.

이 밖에도 김영철, 김종회, 김훈봉, 나길주, 박기홍, 박윤성, 박형택, 서동길, 서정희, 신인철, 안영회, 유재건, 이상욱, 이태진, 임종대, 임주빈, 정규학, 조철훈, 진형근 등 모두 잊을 수 없는 절친한 친구들이다.

고교 선생님들의 영향

중앙고등학교에 다니면서 많은 선생님들 중 다섯 분을 잊지 못한다. 국어과목 김열규, 역사과목 이재룡, 영어과목 양창승, 철학과목 신일철, 음악의 서종일 선생님이다. 김열규 선생은 문학과 영화의 눈을 뜨게 해주었고, 이재룡 선생은 사관(史觀)의 안목을, 양창승 선생은 영어에 관해, 신일철 선생은 철학에 대해, 서종일 선생은 클래식에 심취하도록 해주었다.

그 당시 고교생은 미성년자로 영화관에 가는 것이 쉽지 않았다. 단속이 심했다. 어쩌다 명화가 들어오면 학교에서 단체관람을 했다. 김열규 선생은 영화에 대해 많은 이야기를 해주었다. 거장 윌리엄 와일러, 조지 스티븐스, 엘리아 카잔, 알프레드 히치콕, 캐롤 리드, 데이비드 린, 르네 끌레망, 로렌스 올리비에, 오손 웰스등이 기억난다. 그 중에서도 〈시민 케인〉과 〈나의청춘 마리안느〉에 대해 열심히 설명해 주었다.

단체관람 했던 영화 중 오래 기억에 남는 영화는 〈애정〉(哀情)과 〈애정〉(愛情)이다. 이 두 영화는 소년 시절 가장 큰 영향을 받은 작품이다. 애정(哀情)은 윌리엄 와일러 감독에 히스크리프 역의 로렌스 올리비에, 멜 오베론 등이 출연한 에밀리 브론테의 〈폭풍의 언덕〉이다. 그 애정, 그 증오에 격정, 음침, 분노, 복수, 서정, 비애가 가슴을 짓누른다. 애정(愛情)은 그레고리 펙, 젠 와이만이 출연한 샬롯 브론테의 작품이다. 두 작품 모두 원작 못지않은 명작이다. 언니 샬롯은 38세, 동생 에밀리는 30세의 짧은 생애를 마치며 불후의 작품을 남겼다. 50년 전에 본 작품이지만 나는 지금도 이 두 영화 이야기만 나오면 솟구치는 감동과 흥분으로 안절부절 못한다.

나는 영화관람을 참 좋아했다. 좋은 영화는 억척같이 찾아다니면서 보았다. 2학년 초 4월에 본 〈바람과 함께 사라지다〉에서도 큰 감명을 받았다. 그날의 일기에 이렇게 쓰여 있다.

'전쟁의 공포, 매란의 자애가 큰 교훈을 주었다. 스칼레트의 부, 모, 세 남편, 딸, 친구 등 모두가 바람과 함께 사라졌다. 그러나 그를 낳아주고 생명력을 길러준 테라농장은 남아있다. 클라크 케이블까지 떠나고 홀로 테라농장에 온다. 테라, 테라, 테라…'

나는 말론 브란도의 영화는 빼놓지 않고 보았다. 그가 너무 좋았다. 영화 이야기만 나오면 나는 말론 브란도를 끄집어냈다. 강렬한 인상, 치밀한 연기, 끌어당기는 힘, 그의 눈빛, 그의 입 모양 등 그 표정을 잊을 수 없다. 그의 출연작품 〈워터 프런트〉, 〈젊은 사자들〉, 〈혁명아 사바타〉, 〈대부〉는 생각할 때마다 가슴이 설렌다. 〈욕망이라는 이름의 전차〉, 〈줄리어스 시저〉, 〈아가씨와 건달들〉, 〈지옥의 묵시록〉 등 모두가 감명 깊었다. 험프리 보가트도 너무 좋았다. 〈아프리카의 여왕〉, 〈필사의 탈출〉, 〈카사블랑카〉, 〈케인호의 반란〉 등 모두 위대한 작품들이다. 〈카사블랑카〉를 기억하지 않는 영화팬은 이 세상에 없을 것이다. 험프리 보가트야말로 지상 최고의 배우다.

1989년 7월 동아일보 논설위원으로 발령받아 사설과 '횡설수설'을 집필하게 됐다. 90년 3월 제 62회 아카데미 영화제 수상자가 발표됐다. 사상초유로 최고령인 81세의 제시카 탠디가 주연여우상을 수상했다. 〈미스 데이지를 모시고〉에서 유태인 노파 역을 훌륭하게 소화해 영예를 안았다. 성실하고 진지한 60년 연기생활의 결정(結晶)이다. 수명 짧은 우리 영화인들에게 큰 귀감이 될 것으로 생각돼 이 기회에 영화이야기를 횡설수설에 쓰기로 했다. 사실 그때 영화에 관해 쓸 주제가 나오기를 기다리고 있었다.

'지금까지 만들어진 영화 중에 가장 훌륭한 작품은 어떤 것일까. 또 가장 훌륭한 배우는 누구일까. 얼마 전 미국에서 영화평론가와 영화사학자들을 대상으로 한 조사를 보면 최고의 작품은 〈시민 케인〉이다. 역사상 가장 위대한 영화라는 이 작품은 1941년 제작된 것. 26세에 불과한 오손 웰스가 각본·감독·주연까지 맡은 영화다. 다음은 〈바람과 함께 사라지다〉, 3위는 〈카사블랑카〉. 가장 훌륭한 배우에 대해서는 취향에 따라 다르겠지만 누가 뭐라 해도 찰스 채플린, 오손 웰스, 로렌스 올리비에, 장 가뱅 등이 뽑힐 것이다. 기호나 성향에 따라 다르겠지만 게리 쿠퍼, 스펜서 트레이시, 프레드릭 마치, 험프리 보가트, 말론 브란도, 클라크 게이블, 베티 데이비스, 비비언 리, 잉그리트 버그먼, 엘리자베스 테일러 등이 거론될 것이다. 그러나 열거된 배우 누구 못지않게 위대한 배우가 있다. 바로 캐서린 햅번이다. 그는 하늘의 별따기나 다름없는 아카데미 주연상을 무려 4회나 수상했다. 수상작품은 〈승리의 아침〉, 〈초대받지 않은 손님〉, 〈겨울의 라이언〉, 〈황금연못〉이다. 올해 82세인 그는 불가사의한 지적 매력을 풍기며 타의 추종을 불허하는 연기력을 과시했다. 그녀를 연상케 하는 또 한 명의 위대한 배우가 탄생했다. 81세의 제시카 탠디가 아카데미 주연여우상을 수상했다. … 우리 영화인에게도 끊임없는 분발이 아쉽다. 그리스의 대문호 소포클래스가 위대한 비극 〈오이디푸스〉를 쓴 것은 여든이 넘어서였다.'

이 내용은 20년 전 당시의 오래된 기록이다. 최근의 영화동향을 파악하기 위해 자료를 찾아보았다. 영국의 유명 영화잡지 〈사이트 앤 사운드〉가 최근에 선정한 역대 최고의 영화에도 역시 〈시민 케인〉이 또다시 1위로 선정됐다. 영화계에서 최고 권위를 인정받고 있는 이 잡지는 전 세계의 저명한 영화비평가와 영화감독들이 선정한 '베스트 10'을 각각 발표했다. 먼저 비평가들이 선정한 베스트 10에는 〈시민 케인〉을 비롯 알프레드 히치콕 감독의 〈현기증〉, 장 르누아르 감독의 〈게임의 규칙〉, 프란시스 코플라 감독의 〈대부 1, 2〉, 오즈 야스지로 감독의

〈東京物語〉 등이 들어 있었다. 감독들이 선정한 베스트 10에도 역시 1위인 〈시민 케인〉을 비롯해 프란시스 코플라 감독의 〈대부 1, 2〉, 페데리코 페리니 감독의 〈8과 2분의 1〉, 데이비드 린 감독의 〈아라비아의 로렌스〉, 스탠리 큐브릭 감독의 〈닥터 스트레인지 러브〉 등이 포함됐다.

헤르만 헤세와 라이너 마리아 릴케

김열규 선생님은 문학 분야에서도 두보(杜甫)에서 엘리엇의 시(詩)에 이르기까지 열심히 가르쳤다. 나는 초기엔 소월(素月)과 청록파의 시에서 시작했지만 점차 헤르만 헤세에 빠지기 시작했다. 《청춘은 아름다워라》, 《청춘시대》, 《향수》(*Peter Kamenzind*)에서 그의 서정성(抒情性)에 눈물 어린 감동 속으로 녹아들어갔다. 이어 《차륜 밑에서》, 《젊은 날의 고민》(*Demian*), 《황야의 이리》 등에서 내면의 길을 탐구하는 정신을 일깨웠다고 여겨졌다. 《싯다르타》(*Siddharta*)에서는 그의 정신세계와 동양철학의 아름다운 조화를 읽을 수 있었다. 《유리알 유희》는 참으로 난해했다. 그 내용들이 지금은 정감만 남아 있을 뿐 모든 것들이 까마득하다. 《향수》의 이런 대목이 떠오른다.

> '사랑이란 우리를 행복하게 하기 위해서 있는 것이 아니다. 사랑은 우리들이 고뇌와 인종(忍從) 속에서 얼마만큼 강할 수 있는가 하는 것을 자기에게 보이기 위해서 있는 것이다.'

헤르만 헤세에게서 영향받은 서정성 농후한 낭만주의적 경향은 고교시절에 그치지 않고 평생 동안 나의 내면적 사고에서 자리 잡고 있다. 물론 연륜이 쌓여 가면서 새로운 경지에 대한 체험이나 사고의 전환, 사상적 발전도 뒤따랐겠지만 그 서정적 감성은 불현듯, 불현듯 나를 감싸곤 했다. 그의 알프스, 그의 구름, 그의 청춘과 젊은 날의 고뇌에서 떠나 달리 무엇을 더 느낄 수 있겠는가.

동아일보 논설위원실에서 사설과 횡설수설을 집필하다가 1990년 초부터 칼럼 〈광화문〉을 집필하게 됐다. 그해 봄을 맞아 나는 아주 독특한 칼럼을 썼다. 신문칼럼은 대부분 그 시대의 당면 이슈나 그 시기에 필요한 아젠다를 설정해 집필자의 생각이나 의견을 기술하는 것이다. 칼럼은 집필자의 재량에 맡겨져 있지만 그래도 주필을 거쳐 나간다. 그때 참으로 과감하게 나의 생각, 꿈과 낭만과 진실을 향해 도전했다. 산문 같은 이 칼럼은 그대로 게재됐고 반응도 꽤 좋았다. 제목은 '봄·꿈·멋·참·빛' 이다.

'장밋빛 구름 사이로 새봄이 파란 눈빛으로 미소 짓는다. 찬란하고 영롱한 계절, 생명의 경이와 신비의 계절, 구름 꽃 피어오르는 언덕에서 피리 부는 계절. 집 뜰 조그만 화단에서 서성대며 사색에 잠긴다. 벚나무, 매화나무 어린가지에 희열이 충만한 생명의 수액이 흐르고 잔설(殘雪) 이 남아 있는 흙더미에서 봄내음이 풍긴다. 잊은 지 오래인 친구생각, 돌아가신 어머니 생각, 어렸을 적 향긋한 추억들이 새록새록 되살아나 사무치는 그리움으로 가슴 저 아래에서 솟아오른다. 베르테르의 편지가 떠올려지는 계절, 저절로 노래가 나오고 눈물이 솟아나는 계절, 봄은 다정한 누나의 미소처럼 다가온다. 산과 들판에 엷게 깔린 젖빛 같은 봄 안개가 자락을 거두면 따스한 봄볕이 나른한 춘곤(春困) 을 간질인다. 회색 봄빛이 황금색을 띠면서 대지는 갈아입을 푸른 의상을 준비한다. 봄은 희망을 속삭이는 계절, 감미로운 꿈의 계절.

산다는 것이 한낱 꿈이 아닐까. 기쁨도 슬픔도, 사랑도 미움도, 영화(榮華) 도 패배(敗北) 도 봄볕 속에 앉아 꾸는 일장춘몽이 아닐까. 그것도 풀잎 끝에 맺혀있는 한 방울의 아침이슬처럼, 망망대해에 일었다가 사라지는 물거품처럼 너무나도 짧은 꿈이 아닐까. 젊은이는 늙고 산자는 죽고 피었던 것들은 사라진다. 만나서 알고 사랑하고 헤어지는 슬픈 이야기이다. 삶에는 고뇌와 우수가 깃들고 기쁨과 보람도 있다. 넘어야 할 고개가 있고 건너야 할 냇물도 있다. 그러면서 품어야 할 이상(理想)이 있고 성취해야 할 꿈이 있다. 항해하는 배는 풍파를 피할 수 없다. 격랑은 두렵지만 풍파 없는 항해 또한 얼마나 단조롭겠는가. 격랑은 어차피 꿈과 희망을 안고 헤쳐 나가는 고독한 항해사의 동반자일 수밖에 없다. 공화국(共和國)을 일으킴도 하나의 꿈에서 비롯된다. 꿈이 없다면 노력할 것도, 인내할 것도, 근면할 것도, 절약할 것도, 성취할 것도 없다. 꿈은 그것을 소망하여 진실로 추구하는 자를 함부로 외면하지 않는다. …

멋이란 말쑥한 얼굴이나 날씬한 몸매에 있지 않다. 지나치게 짜임새 있고 빈틈없는 것도 멋지지 않다. 멋은 아름다움과 참됨을 동경하고 그것을 실현하려는 순수한 노력 그 자체다. 흠 잡을 데 없는 우아한 멋은 자연 그대로, 본연 그대로 행동하며 멋 자체를 의식하지 않고 있을 때 빛난다. 내부의 생명력에서 우러난다. 진실을 바탕으로 할 때 가장 아름답다. …'

헤르만 헤세에 이어 라이너 마리아 릴케를 접하고는 정신과 혼이 나가버릴 정도였다. 가슴이 터질 듯한 감격을 안겨준 릴케의 시는 내 감정, 내 정신을 휘감아 온통 전율케 했다. 릴케의 시에 혼이 빠지지 않고 어떻게 젊은 날을 보낼 수 있었겠는가. 이어 토마스 만의 〈토니오 크뢰거〉, 〈마의 산〉에서 휴머니즘을 배웠고 프리드리히 니체의 〈인간적인, 너무나 인간적인〉, 〈차라투스투라는 이렇게 말했다〉 등의 작품에서 축군(畜群) 도덕, 초인(超人) 주의, 영원회귀사상에도 젖어 있었다. 나의 젊은 날은 이렇게 독일문학에서 영향을 받았다.

1991년 여름이 가고 가을의 문턱에 들어섰을 때 9월 1일자 계절 관련 횡설수설을 쓰면서 헤세와 릴케를 인용했다.

여름이 그 마지막을 향해
잠잠히 몸부림친다
잎새들이 하나씩 금빛 물방울이 되어
높은 아카시아나무에서 굴러 떨어진다
죽어가는 정원의 꿈속에서
여름이 깜짝 놀라 피로한 웃음을 띠운다
여름은 지금 잠시 동안
장미꽃과 더불어 잠들고 싶어한다
이윽고 여름은 서서히 피로한 그 큰 눈을 감는다…

헤세의 〈9월〉이다. 9월은 산들바람, 높푸른 하늘, 기러기, 단풍든 잎새, 황국(黃菊)의 향기, 고독과 애수의 계절이다.

주여 어느덧 가을입니다
지나간 여름은 위대했습니다
태양시계 위에 당신의 그림자를 눕히고
광야로 바람을 보내 주시옵소서
일 년의 마지막 과일이 익도록
따뜻한 남국의 햇빛을 이틀만 더 베풀어 주십시오
… 혼자만인 사람은 언제까지나 혼자 있을 것입니다
한밤중 눈을 뜨고 책을 읽으며
긴 편지를 쓸 것입니다
나뭇잎이 떨어질 때 불안스러이
가로수가 나란히 서 있는 길을
왔다갔다 걸어다닐 것입니다.

릴케의 〈가을날〉이다. 유리알처럼 파랗게 갠 가을하늘을 홀로 우러러 보고 있노라면 마음은 까닭 없이 서글퍼진다. 우수수 부는 가을바람, 흩날리는 낙엽, 섬돌 밑에서 밤새워 울어 대는 귀뚜라미의 구슬픈 울음소리는 세월의 덧없음과 속세의 허무함, 무엇하나 해 놓지 못하고 서성대는 공허감을 안겨 준다. …

나는 독서에 체계가 잡혀야 한다고 생각했다. 그래서 세계 각국 저명 작가의 대표작품 리스트를 작성해 접근하기 시작했다. 아무래도 세계적 문호나 노벨문학상을 수상한 작가들의 작품이 다수 선정됐다. 셰익스피어의 희곡들, 괴테의 〈젊은 베르테르의 슬픔〉, 〈빌헬름 마이스터〉, 〈파우스트〉, 도스토옙스키의 〈죄와 벌〉, 〈백치〉, 〈카라마조프의 형제들〉, 톨스토이의 〈전쟁과 평화〉, 〈안나 카레니나〉, 〈부활〉, 투르게네프의 〈아버지와 아들〉, 〈처녀지〉, 앙드레 지드의 〈좁은 문〉, 〈전원교향악〉, 〈배덕자〉, 로망 롤랑의 〈인생의 비극〉(톨스토이 전기), 〈베토벤의 생애〉, 〈장 크리스토프〉, 헤밍웨이의 〈누구를 위하여 종은 울리나〉, 〈바다와 노인〉, 제임스 조이스의 〈율리시즈〉, T. S. 엘리엇의 시집 〈황무지〉 등에 심취했다. 이 밖에도 호머, 세르반테스, 뒤마, 푸시킨, 숄로호프, 입센, 게오르규, 후로벨, 사르트르, 까뮈, 펄 벅, 에드거 앨런 포, 베케트, 예이츠, 카프카 등의 작품들도 기억에 남아 있다.

나는 초기에 이광수(李光洙)의 〈사랑〉, 〈흙〉, 임어당(林語堂)의 〈마른 잎은 굴러도 대지는 살아있다〉 등을 읽었으나 한국문학이나 일본, 중국문학에는 재미를 붙이지 못했다. 서구작품에 몰입되어 경이를 금치 못하게 되면서 동양권 작가들의 작품을 얕보게 된 나의 잘못된 선입견이 작용했을 것이다. 그러나 홍명희의 〈임꺽정〉, 박경리의 〈토지〉, 서정주, 김소월, 박목월, 김윤성 등의 시는 감명 깊게 읽었다.

서종일 선생님은 아주 특이해서 음악시간에 이론에는 아예 접근조차 않고 노래만 가르쳤다. 〈불 밝은 창〉, 〈너는 왜 울지 않고〉, 〈보리수〉, 〈매기의 추억〉, 〈아마폴라〉, 〈아마릴리〉, 〈라파로마〉, 〈카타리〉, 〈여자의 마음〉, 〈아름다운 얼굴〉, 〈토첼리의 세레나데〉, 〈드리고의 세레나데〉, 〈슈베르트의 아베마리아〉, 〈오 솔레미오〉, 〈섬머타임〉, 〈사월의 노래〉, 〈가고파〉, 〈산들바람〉 등이 그것이다. 그리고 베토벤의 〈운명〉, 〈전원〉, 〈합창〉, 모차르트의 〈쥬피터〉, 차이코프스키의 〈비창〉, 슈베르트의 〈미완성〉, 드보르작의 〈신세계〉교향곡 등을 들려주었고 베르디의 〈라 트라비아타〉, 〈리골레토〉, 푸치니의 〈토스카〉, 〈라보엠〉, 비제의 〈카르멘〉 등 오페라도 해설을 곁들여 감상하도록 했다.

나는 잘 되었든, 잘못되었든, 고교시절 국어와 음악과목 두 선생님의 영향으로 인해 인생의 방향이 바뀌었다고 생각한다.

가난과 고통

병후 숙부의 형편이 쉽게 풀리지 않아 나는 안국동 집을 떠나 필동의 백남주 씨 댁으로 옮겨야 했다. 이어 고교 3학년 때는 숙부가 고창에서 민의원선거 후보로 출마했다. 농촌에서 재산이라야 논밖에 더 있겠는가. 아버지 안 계신 큰집에서 숙부 영향력은 대단했다. 큰집 논밭을 팔아 선거자금에 충당해야 했다. 연로한 할아버지 할머니는 물론 어머니도 숙부만 믿을 뿐 다른 도리가 없었다. 온 집안이 다 동원됐고 나도 내려가 친구들을 만나 나름대로 선거운동을 했다. 숙부는 고배를 마셨다. 그러고 나서 보니 집안에 논밭이 몇 마지기 남지 않았다. 겨우 생계를 유지할 정도의 집터 부근 논밭뿐이었다.

이때부터 나의 험로(險路)는 시작됐다. 나뿐만 아니라 고창집 식구도, 숙부댁 식구도 마찬가지였다. 나는 백남주 씨 댁에서 오래 있을 수가 없어 숙모의 신설동 동생집, 그러니까 사돈댁으로 옮겨 신세를 지게 됐다. 그러나 그 집에서도 오래 있을 수 없었다. 하는 수 없어 나는 계동 학교 앞 하숙집으로 들어갔다. 그러나 하숙집에서 다닐 경제적 여유가 없었다. 그래서 학교 앞 토방 같은 곳을 세 얻어 기거하면서 식사는 안국동 숙부댁에서 해결했다. 모든 것을 최대한으로 절약했다.

학교 앞 토방은 정말 비참한 곳이었다. 고창 친구 김명식 군이 고창고교를 졸업하고 대학입시에 대비해 내 거처를 찾아왔다. 고창에서의 우리집만 생각하던 명식 군은 여러 번 놀랐다. 먼저 예상을 뒤엎은 초라한 방 분위기에 놀랐고 지하에서 들려오는 소름끼치는 신음소리에 놀랐다. 지하에는 폐병을 앓는 주인집 아들이 기거하고 있었는데 병석에서 계속 소리를 질러댔다.

그리고 또 놀란 것은 명식 군은 대학입학시험을 앞두고 잠시 학원 특강을 청강하려고 올라왔는데 나를 보니 시험공부는 하지 않고 도스토옙스키의 《카라마조프의 형제들》을 계속 읽고 있는 데서 놀랐다. 생각해 보면 말이 되지 않는 행동이었다. 부족한 분야를 보충하기 위해 학원도 다니면서 대입준비에 최선을 다 했어야 했는데 평생 학원이라고는 가본 적이 없었다. 또 모두가 영어참고서 《삼위일체》를 뒤집듯 파고드는데 나는 그 책을 만져 보지도 못했다. 그리고 난해한 장편 《카라마조프의 형제들》 독서도 나중으로 미뤘어야 했다. 내가 생각이 미치지 못했다. 그러나 나는 그때 《카라마조프의 형제들》에 깊숙이 빠져 있었다.

나는 그때 중병이라면 중병을 앓고 있었다. 이런 증상은 중3 때부터 있었지만 고교 2학년 때 본격적으로 공부를 하려는 시기에 심각해졌다. 증상은 잠이 드는 순간 깜짝깜짝 놀래 깨고 머릿속에서 마치 수류탄이 번쩍 터지는 것 같은 고통스런 현상을 겪었다. 이 정도는 별것 아니다. 가장 심한 것은 한 번 잠이 들었다가 깨어 공부를 하는 등 머리를 쓰고 다시 잠들 때면 반드시 찾아오는 짓눌림 현상이다. 잠이 드는 순간 온 몸이 감전된 것처럼 마비되어 참을 수 없는 상태가 지속된다. 의식은 깨어있는데 몸이 움직여지지 않았다. 아무리 벗어나려고 애써도 깨어지지가 않았다. 온 힘을 총 집결해 손끝이나 발끝, 혀끝이나 눈꺼풀이라도 조금만 움직여지면 온 몸이 그 현상에서 풀려난다. 그러나 깨어나려고 애를 쓰면 쓸수록 옥죄는 '감전'상태는 더 강렬하게 지속돼 괴롭다. 그런데 어떻게 해서 깨어나더라도 잠이 쏟아지는 상태여서 다시 자게 되는데 잠드는 순간 그 증상은 계속된다. 정말 죽을 맛이었다.

해소방법은 깨어났을 때 일어나 머리를 식히는 것이다. 아무리 겨울이라도 찬바람을 쏘이며 30여 분이상 머리를 맑게 한 후 잠자리에 들어야 한다. 그래서 자다가 일어나 밤길을 한참 동안 걸어다녀야 했다. 한마디로 대학 입시공부를 할 수가 없는 상태였다.

나는 고교 2학년 때 이 증상으로 약 1년 동안 청량리 뇌병원에 통원치료했다. 약을 주는데 그 약을 먹으면 조금 나았다. 그러나 치료되지는 않았다. 더욱 안타까운 것은 아무리 설명을 해도 주위에서 이 증상을 이해하려 하지 않는 것이다. 이 증상은 70이 된 지금도 가끔 겪는다. 나는 세 살 때 할머니 등 뒤에서 놀랜 그 증상이 계속되고 있는 것인지, 아니면 아버지도 뇌질환 합병증으로 별세했는데 그 비슷한 증상이 내게도 유전으로 남아 있는 것인지 하는 추정을 해보기도 했다.

그리운 추억

고창 친구 중에 중학교 동창인 신인철 군이 있다. 뒤에 고대 법대에 진학했고 나는 고대 상대에 진학해 안암동 하숙집 한방에서 지낸 가까운 친구다. 인철 군은 전주고교에 진학해 그의 숙부집에서 거주하며 학교에 다녔다. 인철 군은 동급생인 사촌 여동생을 지극히 생각했다. 아주 지적 미인이다. 이 여동생이 전주여고에 다녔고 유장혜와 가까운 친구여서 서로 모두 잘 아는 사이다. 고교 2학년 때인가 인철 군이 내가 유장혜를 생각하고 있다는 이야기를 듣고 나를 찾아왔다. 여러 가지 청소년기의 감정과 고뇌에 대해 이야기를 나누던 중 자신은 사랑할 수 없는 대상을 사모하고 있어 너무나 힘들다는 이야기를 털어 놓았다. 그는 두어 번 자살도 시도했다.

며칠 지나 인철 군이 전화를 해왔다. 크리스마스이브로 기억되는 날 저녁 고창초등학교 앞 숲길에서 유장혜가 기다리기로 약속했으니 꼭 나가보라고 했다. 그날 밤 나는 그곳에 나가 기다렸으나 만나지 못했다. 뒤에 인철 군이 유장혜도 그날 저녁 그곳에서 나를 기다렸는데 보지 못했다고 연락이 왔다고 전했다. 약속시간이 엇갈렸을 수도 있겠다 싶어 그냥 넘어갔다.

얼마 뒤 나는 서울에서 이화여대 불문학과를 지원한 유장혜와 함께 태극호를 타고 고창으로 내려왔다. 급히 내려올 예정은 없었지만 유장혜와 함께 가기 위해 숙부께 부탁해 자리를 마련해 동석했다. 마침 숙부도 그날 고창에 내려가는 길이어서 유장혜를 숙부에게 인사시켰고 숙부도 충분이 이해해 주었다. 우리 둘은 숙부자리인 2등석에 앉아 오고 자리를 뺏긴 숙부 일행은 열차식당을 이용했던 것 같다. 물론 숙부가 우리들에게 점심도 사 주었다.

우리는 편지 왕래 등 그동안에 있었던 이런저런 이야기를 나눴다. 뒤이어 청소년들이 관심 갖는 문학, 음악, 미술, 영화 등에 관해 진지하고 재미있는 대화를 나눴다. 그때 헤르만 헤세, 앙드레 지드, 괴테 이야기가 나온 것 같고 유장혜가 세잔느의 작품 〈빨간 조끼 입은 소년〉을 좋아한다고 했던 말이 기억난다. 내게 어느 영화, 어느 배우를 좋아하느냐고 물었다. 나는 역시 영화 〈애정〉(哀情)과 〈애정〉(愛情) 이야기를 했고 말론 브란도를 좋아한다고 했더니 놀라면서 자신도 브란도를 아주 좋아한다고 호응했다. 여배우로는 비비안 리, 잉그리드 버그만 이야기도 했는데 유장혜는 데보라 카와 〈고독〉에 출연한 루트 로이베릭을 좋아한다고 했던 기억이 남아 있다. 그 당시 이 여배우가 청순한 모습으로 출연한 영화 〈고독〉을 많은 청소년들이 관람했다.

고창까지 같이 와 헤어졌고 얼마 후 나는 상경길에 용기를 내어 고창 경찰서 뒤 유장혜 집을 찾아갔다. 과자 등을 먹으면서 즐겁게 이야기를 나누던 중 라디오에서 서울대 합격자 발표를 했다. 전혀 예상하지 못한 것이다. 나는 서울대 문리대 역사학과를 지망했었다. 라디오에서 번호만 발표하는데 음질상태가 아주 좋지 않아 알아듣기가 어려웠다. 그렇지만 내 번호는 부르지 않은 것 같았다. 나는 그 길로 서울로 갔다. 대학의 합격자 발표장에 가 확인도 하지 않고 있는데 집안에서는 오히려 더 잘됐다며 상과대학을 가라고 성화였다. 특히 숙부모가 더욱 그랬다. 하는 수 없이 상과대학을 가기로 마음먹고 재수를 할까 하다가 2차인 성균관대 상대 경영학과를 지망했다. 그때는 경영학과가 대유행이었다. 마침 합격했다.

솔직히 말해 그때 학교 다니는 것이 별로 즐겁지가 않았다. 그럭저럭 다니고 있는데 1학년 말경 학과 친구들이 고려대 편입시험 일정이 발표됐다며 상대 편입시험을 본다고 야단들이었다. 친구 따라 강남간다고 나도 한 번 응시해 보기로 했다. 이 시험에 모두들 구름떼처럼 엄청나게 많은 인원이 몰려들었다. 나는 고려대 상과대학 경영학과에 합격했다. 그때 나는 만약 운명이라는 것이 있다면 이것이 나의 운명인가 싶었다. 내가 나아갈 길이 이런 코스로 잡혀있었나 하는 생각이 들었다.

오랜만에 안부전화도 할 겸 중앙고교 3학년 때의 담임교사에게 전화로 알려드렸더니 당장 학교에 들러 주었으면 좋겠다고 했다. 교무실에 들어갔더니 선생님들이 모두 일어나 악수를 청하며 축하해 주었다. 특히 양창승 선생님이 경영학과를 확인하더니 훌륭한 선택이었다며 굳은 악수로 칭찬해 주었다. 숙부모님은 물론 온 가족과 친구들이 입을 모아 축하해 주었다. 나도 편안한 마음으로 새 출발하게 됐다고 생각했다.

고통스러웠던 시기

의식주(衣食住) 측면에서 내 일생 동안에 가장 고통스러운 때가 이때였다. 그때 숙부 댁은 안국동 안채를 세놓고 문간채 방 2개를 사용하고 있었다. 숙부모 슬하에는 익환 등 4남매가 있었고 별세한 숙모의 소생인 혜숙, 동환이도 데려와 함께 기숙했다. 여기에 부엌일하는 사람, 아이 보는 사람까지 있었다. 방 하나는 숙부모가 거처하고 다른 방에선 7~8명이 자야 했다.

그때 병용 숙부의 큰딸 순환이가 올라와 잠시 부엌일을 도와주었다. 순환이는 내가 늦게 귀가해도 내 밥상을 꼭 챙겨주었다. 그것도 제 나름대로는 정성을 담아 준비해 주었다. 나는 이 사촌 여동생의 고마움을 잊지 못해 그 후 만날 때마다 그에 대한 인사를 잊지 않았다. 어느 날 이 동생이 이에 관해 털어놓았다. 사실은 자신이 상경할 때 큰 어머니가 자기를 붙잡고 오빠가 굶지 않도록 식사를 챙겨줄 것을 특별히 부탁했다는 것이다. 그래서 그 약속을 지킨 것이라고 했다.

나의 대학시절은 전혀 즐겁지가 않았다. 일상생활에서 가장 중요한 것은 무엇보다 숙식하는 거처가 분명해야 되는데 나는 일정한 거처가 없었다. 고창에서는 돈이 나올 데가 없었고 숙부 댁도 어려웠다. 숙부 댁에서 애들과 함께 자다가 숙모가 집 근처 세탁소 건물 다락방을 얻어 동생 동환이와 잠만 자도록 해주었다. 동환이와 둘이서 지내는데 겨울에는 난방시설이 없어 너무나 추웠다. 동환이가 추위를 견디지 못해 집으로 들어가고 나만 자는데 견딜 수가 없었다. 한 번은 자고났더니 목이 굳은 채 움직일 수가 없었다. 심한 통증과 함께 꼼짝할 수가 없었다. 숙모가 의사를 데리고 와 계속 목 부위에 주사를 놓았다. 한참 뒤에야 경직상태가 풀렸다.

나는 참 기가 막혔다. 꼭 이렇게 지내야 하는가 하고 고심하다가 탈출구를 찾기로 했다. 고3 때의 담임선생님을 찾아가 부탁했더니 가정교사자리를 구해 주었다. 몇 번을 옮겨가면서 여러 학생들을 가르쳤다. 그렇지만 신통치가 못했다. 어떤 경우는 교습비를 주지 않고 있다가 방학을 이용해 시골에 내려가 버려 한 번은 시골까지 찾아가 일부만 받아온 적도 있다.

지난 이야기를 하면서 사촌동생 동환이를 빼놓을 수가 없다. 어려서 고창 큰집에 맡겨진 후 참 불쌍하게 자랐다. 어렸을 적 고창에서 동환이가 잘못을 저질렀다. 아버지 판단에 그냥 타일러 넘길 수는 없는 내용이었다. 거동이 불편한 아버지가 나보고 회초리를 준비해 오라고 했다. 아버지는 동환이를 불러 다리를 걷어 올리게 하고 종아리를 때렸다. 아버지는 그때 제대로 앉아서 때릴 힘도 없었다. 그런데도 눈이 벌겋게 되어 매질을 하면서 눈물을 흘렸다. 아버지가 그렇게 우는 모습은 처음 보았다. 그런데 그때 아버지가 왜 우는지 도저히 이해할 수가 없었다. 참 이상하다는 생각뿐이었다. 지금 돌이켜보면 서울동생이 맡겨놓은 조카를 제대로 가르치지 못한 것이 자신의 과오라고 생각한 것은 아닐까 하는 추정은 해볼 수 있다. 또 한편으로는 그때 아버지는 동환이의 행동을 지켜보면서 장래를 내다보고 걱정스러워 한탄했던 것은 아니었을까 하는 생각도 든다.

숙부는 동환이를 서울로 데려와 진학시켰으나 여러 가지 문제가 발생했다. 동환이도 계모 밑에서 지내느라 어려움이 있었을 것이다. 동환이는 물론 그 탓도 했다. 그러나 꼭 그것만도 아닌 것 같았다. 숙부가 매를 때리기도 했지만 소용이 없었다. 숙부는 하는 수없이 사람이 되라며 불경을 외우게까지 했고 동환이는 점차 주눅이 들어 말수가 없었다. 결국 교도소 생활이 이어졌다. 그리고 아무도 동환이를 돌보지 않았다. 외가가 있고 친누나와 여동생도 있었지만 역시 마찬가지였다. 동환이도 나이가 들면서 처와 어린 아들이 생겼다. 아이 이름은 규황이다. 언젠가 숙부 댁에 들렀다가 그 제수(弟嫂)를 보고 나는 따뜻한 말로 위로하고 어려운 일이 있으면 내게 연락하도록 일렀다.

1986년 11월 영등포교도소에서 동아일보로 동환이 편지가 날아왔다. 답장을 했더니 87년 6월 또다시 편지가 왔고 그 후로도 여러 차례 편지를 보냈다. 동환이의 글이나 글씨를 그때 처음으로 대했는데 의외로 글씨도 잘 쓰고 내용도 좋았다. 혹시 대필한 것은 아닐까 하는 의심까지 들었다.

> '여러 날을 두고 망설였습니다. 어떤 글을 드려야 할지 … . 글로 제 마음을 형님께 표현하는 데는 너무 부족한 느낌이 들어서요. 필요 이상의 긴말은 때로는 진실을 흐릴 우려가 있어 그만두기로 했습니다. 형님이 보내 주신 돈, 감사하고 감사한 마음으로 꼭 필요한 데만 아껴서 잘 쓰겠습니다. …'

> '형님 내외분 안녕하시고 조카들도 훌륭하게 성장하고 있으리라 믿어요. 이 같은 믿음은 왠지 어렸을 적부터 느껴왔어요. 큰집 식구들은 의당히 모두 잘될 것이라는 막연한 생각이 제 마음속에 자리 잡고 있지요. 형님, 저는 만 4년 반 동안에 자격증 4개를 획득했어요. 이렇게 자격증 획득에 최선의 노력을 다한 것은 사회에 나가 생활하기 위한 방편이기도 하지만 형기를 단 한 달이라도 단축해 빨리 사회에 복귀하고 싶은 욕망 때문입니다. 전과사실이 가석방에 절대적으로 불리하게 작용해 그 점을 자격증 4개로 상쇄시키려고 무척 노력했어요. …'

> '제 처가 찾아와 당당하게 더 이상은 못 참겠다고 하는군요. 규황이는 부산에 데려다 놓고 혼자 서울의 친구집에 살고 있다고 하더군요. 그래도 저는 할 말이 없는 놈이지요. 규황이가 저렇게 버려져 있는데 누

구 하나 신경 써 주는 사람 없는 것이 서글픔보다는 가슴이 터져 버릴 것 같은 분노를 주체하지 못하고 아픈 하루하루를 살아가고 있어요. 수원 누나도 30분이면 볼 수 있는 가까운 곳에 살면서도 1년에 한 번 보기 힘들어요. 저는 13년 동안 여기서 살았지만 어머니도 단 한 번도 저를 찾아주지 않는군요. 그때 형님이 애써주신 배려로 이젠 1년밖에 남지 않았습니다. 그때 형님이 안 계셨더라면, 아니 모른 체했더라면, 아니 그 서류를 해주지 않았더라면 저는 아직도 많은 형기를 남겨 놓고 있을 것입니다. …'

한참 뒤 동환이가 석방됐다는 소식을 들었다. 사실 나는 동생의 석방을 기다리고 있었다. 만나면 소주 한 잔 꼭 하고 싶었다. 새 출발을 당부하고 싶었다. 그러나 나한테 전화도 하지 않고 들르지도 않았다. 왜 그랬는지 이해했다. 내게 부담을 주지 않기 위해 그랬다고 중간에서 누가 전해 주었다. 나는 그저 지금부터라도 남부럽지 않게 잘 살기만을 기원했다. 그리고 만날 날이 있을 것이라고 생각했다. 동환이가 아내한테 가지 않고 군산에서 살고 있다는 소식이 들려왔다.

그로부터 몇 년 지나 동환이가 죽었다는 소식이 전해졌다. 나는 고모, 동생 민환, 문환이와 함께 빈소를 찾았다. 구석진 허름한 병원, 어두컴컴한 빈소에 규황이 혼자 지키고 있었다. 눈물이 핑 돌았다. '불쌍한 녀석' 나는 한탄이 절로 나왔다. 장례는 내 동생 민환이가 뒤처리를 해주었다. 몇 년 지나 규황이가 부산에서 결혼한다는 청첩장이 왔다. 나는 꼭 가보고 싶었지만 일정이 맞지 않아 도저히 갈 수가 없어 축의금만 보냈다.

대학시절과 김양일, 최청림, 임승기 군

숙모는 생계유지를 위해 택시를 몇 대 사서 운행한 적이 있다. 안국동 부근에 방 하나를 얻어 운전사들이 기숙하도록 했다. 운전사들이 교대로 잠만 자고 나가는 곳이다. 나도 정기수 내종형과 그 방에서 잤다. 작은 방에서 장정 7~8명이 자야 하기 때문에 반듯하게 누울 여유가 없었다. 모두 옆으로 누워 자야 한다. 이부자리도 변변치 못했다. 운전사들은 잠이 들면 코를 심하게 고는 데다 멋대로 누워 자기 때문에 더욱 비좁았다. 모두들 씻지 않아서 냄새도 지독했다. 정말 고통스러웠다. 이런 방에 내 책상이나 책이나 사물들을 들여놓는다는 것은 생각도 할 수 없었다. 그런데 나는 대학시절에 용케도 책상도 책도 사물도 없이 지냈다. 교과서 몇 권과 노트만 들고 다녔다. 대학교복도 마련하지 못해 사복에 고대 상대 배지만 달고 다니는'건달'이었다. 물론 식사와 세탁은 안국동 숙모님 댁에서 해결했다. 이때 나는 고창에 가면 혼자서 널찍하게 잠잘 방이 수두룩한데 꼭 여기서 이 고생을 해야 하는 것인가, 그냥 내려가 버릴까 하는 생각도 해보았다. 그러나 어디까지나 상상뿐이었다.

그때 친한 친구 김양일(金洋一) 군이 계동에서 하숙을 하고 있었다. 고창국민학교, 중학교 동창생으로 동국대에 다니는 양일 군은 집안 형편이 좋았다. 아주 가까운 친구로 나의 고창과 서울의 집안사정을 잘 알고 있다. 양일 군은 나를 통해 중앙고교 동창친구들과 함께 어울려 나름대로 학창시절을 즐겁게 보내고 있었다. 그때 어울린 중앙고교 출신 친구들로는 임승기, 권영필, 홍인표, 김치수, 최청림, 이대원, 강민석, 박영산 등이었다. 나는 이따금 저녁에 친구들과 술을 마시고 양일 군 하숙방에서 자는 일이 잦았다. 그러다보면 아침밥도 얻어먹는 경우가 있었다. 서울의 인심이 어떤가. 서울깍쟁이가 아닌가. 하숙집 아주머니의 시선이 고울 리가 없다. 사실 시골이라고 해도 별 차이가 없었을 것이다.

양일 군 하숙집에서 학교를 가려면 한참 걸어 나와 버스를 타야 하는데 한 번은 갑자기 비가 내려 길가 처마 밑에서 옴짝달싹할 수가 없었다. 우산도 없는데 비는 더욱 세차게 내려 학교 수업시간을 놓쳐 버릴 수밖에 없었다. 처마 밑에서 한참동안이나 우두커니 서 있다가 비가 멎는 듯했지만 강의시간은 지나 버렸다. 나는 뮤직홀로 가 틀어 박혔다. 나는 매사에 정확성을 기하는 성품인데 어쩐지 대학강의 수강은 소홀히 했다.

양일 군과의 사연은 많다. 내가 신문기자직을 택하게 된 것도 그의 영향 때문이었다. 그는 동국대 정치학과를 다녔다. 학과와 연관되어서인지 만나면 신문기자 이야기였다. 얼마 후 그는 경향신문 정치부 조규진(曺圭晋) 기자와 한방에서 하숙하고 있었는데 그때부터는 더욱 심했다. 사실 나 자신이나 조선일보에 입사한 최청림 군이나 그의 영향을 받아 기자가 됐다고 할 수 있다.

최청림 군도 나와 아주 절친한 친구다. 고등학교 때부터 친해져 대학 때는 거의 매일 만나는 친구였다. 우리는 뮤직홀에도 자주 갔지만 저녁이면 중국집 배갈을 마셔댔다. 그 술이 가장 저렴했다. 그때는 저녁이 되면 으레 그랬다. 이따금 파전에 막걸리도 마셨고 백양 위스키도 마셨다. 물론 고교 재학 때나 대학 때나 고창에도 함께 내려갔다. 고창에 가서는 김제 집에 내려가 있는 임승기 군과 연락해 만나 즐거운 시간을 보냈다. 우리는 고창 선운산은 물론 변산 해수욕장을 거쳐 채석강, 직소폭포 등 변산 일대를 휘젓고 다녔다. 오래 동안 추억에 남아있는 즐거운 여행이었다.

청림 군은 가정형편이 넉넉지 못했다. 고교 때 문예반장으로 교내 신문을 편집하면서도 서울대 상대에 진학했다. 글재주가 있었다. 우리는 서로 못할 말이 없어 가정 이야기, 여자친구 이야기 등 무엇이든지 털어놓았다. 한 번은 이 친구가 기운이 빠져 초췌한 모습으로 학교를 그만두어야겠다고 했다. 등록금을 마련하지 못했다. 보통 일이 아니었다. 나도 물론 경제적 여유가 없었다. 내가 어려운 상태라는 것은 청림 군도 잘 안다. 그때 나는 학교는 어떻게든 중단하면 안 된다는 굳은 고정관념이 있었다. 어렵게 돈을 구해 등록마감 전날 친구에게 돈을 전했다. 그날 나는 내 행동에 대해 만족했고 기분이 아주 좋았다. 그러나 그 후 근 50년 동안 그 이야기는 단 한 번도 꺼내지 않았다. 청림 군도 마찬가지였다.

대학을 졸업하고 청림 군은 조선일보에 입사하고 나는 동아일보에 입사했다. 입사해서도 우리는 자주 만났다. 이따금 만나 바둑도 두고 술도 마셨다. 청림 군은 술이 과했다. 나도 마구 마셔 댔지만 그래도 절제를 했다. 이 친구는 절제가 약했다.

사회생활을 하면서 나는 이 친구와 심각하게 관련된 것이 두 건 있다. 동아일보 논설위원으로 근무하면서 나는 평생직장으로 생각했던 동아일보를 떠날 때가 됐다는 것을 느꼈다. 사실 30년을 근무했으면 평생직장이다. 나는 그 누구보다 열심히 일했다고 생각하지만 그에 대한 대우는 너무나 미미하다고 생각했다.

김영삼 정부 때 나는 동아일보 논설위원으로 고려대 언론대학원에 다니면서 동기생인 서석재 장관과 친밀하게 지냈다. 참 좋은 분이라고 생각한다. 그때 마침 연세대 총장을 역임한 박영식 교수가 문교부장관에 취임했다. 박 장관과도 가까운 사이여서 큰 딸 결혼식 때 주례를 부탁했더니 흔쾌히 맡아 주었다. 당시 청와대 교육문화수석비서관 박세일 씨도 잘 아는 사이다. 그때 교육방송 사장 자리가 비어 있었다. 그 자리는 문교부장관이 임명한다. 동아일보 견습 6기인 교육전문기자 정연춘 선배도 그 자리를 거쳐 갔고 나도 20여 년 동안 교육전문기자였으며 논설도 교육분야를 맡았었다. 내 입장에서 볼 때 충분히 연관이 있다고 판단했다. 나는 이 문제와 관련, 서 장관은 물론 박 장관과 여러 차례 만나 협의했다. 모두들 적극 돕겠다고 확약했다. 그런데 마지막 최상층부에 걸려 결말이 나지 않았다.

그때 조선일보 편집국장이었던 친구 최청림 군과 만나 이 문제를 상의했더니 자신이 청와대 비서실장과 잘 아는 사이인데 그에게 이야기해 처리할 테니 걱정하지 말라고 했다. 그런데 소식이 없었다. 한참을 기다리다 친구에게 전화했더니 반응이 신통치 않았다. 마치 '내가 언제 그런 일을 맡았느냐'는 태도로 느껴졌다. 제대로 알아보지 못한 것 같았다. 친구로서 어렵다면 어렵다고 이야기했어야 된다고 나는 생각했다. 얼마 뒤에 보니 바로 박영식 장관의 대학후배 교수가 임명됐다. 그 분은 박 장관과 절친한 사이였다. 실망이 컸다.

그 뒤 나는 상지대학교 임시(관선) 이사직을 맡고 있었는데 이상희 이사장이 "박영식 장관이 우리 대학 총장으로 오려고 하는 것 같은데 어떻습니까"하고 내게 타진했다. 나는 일언지하에 "인간적 신뢰성이 약하다고 생각한다"고 했다. 뒤이어 '한완상 장관은 어떻겠습니까'하기에 적극 찬성했고 한 장관이 총장으로 부임했다. 이상희 이사장은 내 둘째 딸 결혼식 주례를 맡아주기도 했다.

최 군과 또 한 가지 얽힌 이야기가 있다. 한나라당 이회창, 민주당 김대중 후보가 출마한 제 15대 대통령선거 때 '대통령선거 방송심의위원회'가 구성되어 선거방송 내용을 심의처리할 때다. 심의위원은 한나라당 추천, 민주당 추천, 학계, 방송계, 법조계, 시민단체, 언론계 추천 등으로 구성됐다. 민주당 측에서는 유일한 야당추천 방송위원이었던 내가 추천됐고 언론계에서는 최청림 조선일보 편집국장이 추천됐다. 김영삼 대통령 때였으므로 대부분 여당측 인사로 구성됐다. 나로서는 다수의 심의위원들과 대립관계에 있을 수밖에 없었다. 그 당시 방송은 김대중 후보 때리기와 여당후보 간접선전에 앞장섰다고 해도 과언이 아닐 정도로 편파방송이 극심했다.

당시 심의위원회에서 내가 지적하는 프로그램은 모두 심의규정에 위반되는 내용이어서 한나라당 추천위원까지도 동의했다. 그런데 최청림 위원만이 김대중 후보를 강력히 비판하고 문제투성이의 심의규정으로 표현의 자유를 억압하면 안 된다고 역설했다. 최 위원은 이북출신에 보수성향의 신문사 간부로서 평소에도 김대중 후보를 강력히 비판했었다. 그러나 개인성향과 방송심의는 다르다. 심의위원은 어디까지나 규정대로 심의해야 한다.

최 위원의 주장도 일리는 있다. 그러나 그는 신문인이지 방송인이 아니어서 방송보도에 대해 잘 알지 못하고 있었다. 한마디로 신문은 사유기업으로 구독을 원하는 독자에게 구독료를 받고 신문을 배달해 주는 유료 인쇄매체다. 그러나 방송은 국민의 소유인 전파를 타고 각 가정에 일방적으로 쏟아져 들어가는 공적 매체다. 그래서 공공성, 공익성, 공적 책임이 부과된다.

최 위원은 중진언론인으로서 자기주장이 강한 데다 이런 면을 이해하지 못해 심의과정에서 나와 계속 다퉜다. 나도 옳다고 판단되면 양보하지 않는 성격이어서 어떤 때는 극한상황에까지 이르렀다. 이런 내용이 친구들한테도 알려져 중앙동창들인 홍인표, 강민석 군이 자리를 마련했다. 원래가 가까운 친구사이인 데다 사적인 자리여서 허물없이 이야기할 수 있었다. 먼저 최 군이 자신의 견해를 밝히고 내가 자초지종을 설명했다. 최 군이 신문인으로서의 국민의 알권리를 강조하는 것은 충분히 이해하지만 신문과 방송의 다른 점을 충분히 숙지하지 못한 것 같다며 해외사례까지 들어가며 설명했더니 최 군은 이해를 확실히 했다. 승복을 한 것이다. 그리고 우정도 회복했다.

여기에서 나는 친구로서 또 한 가지 덧붙였다. “너는 조선일보 편집국장으로서 확고한 지위에 있지만 나는 이번 선거에 모든 것을 걸어야 하는 과도기적 상태에 놓여있다. 심의과정에서 내가 억지를 부리는 것도 전혀 아니고 동조세력도 없이 홀로 외롭게 편파방송과 투쟁하고 있는데 언론인으로서 비판적인 자세에서 도와주지는 못할망정 한나라당 추천 심의위원까지 동의하는 상황에서 왜 그렇게 증오의 감정만 표출하는가"라며 내 생각을 털어놓았다.

얼마 안 있어 최청림 군이 쓰러졌다. 뇌졸중이었다. 물론 회사도 그만 두었다. 문병을 갔다. 부인 김 여사가 바쁜데 뭐하러 왔느냐며 다시 안 와도 된다고 했다. 아무리 인사말을 그렇게 해야 하느냐고 반문했다. 그 후 병석에서 아들 결혼을 시켰다. 그때 휠체어에 앉아 있는 친구를 찾아 축하의 말을 건넨 후 다시 만나지 못했다.

최 군과 함께 절친하게 지낸 임승기 군은 내 일생에 가장 많은 영향을 미친 친구라고 할 수 있다. 젊은 날의 고뇌에서부터 문학과 음악, 미술, 영화 등 이 친구와 이야기하지 않은 것이 없을 정도다. 헤르만 헤세와 토마스 만, 릴케와 니체, 앙드레 지드와 로망 롤랑, 사르트르와 까뮈, 괴테와 도스토옙스키, 베토벤과 모차르트, 베르디와 푸치니, 비제와 파가니니, 카라얀과 토스카니니, 카루소와 벤냐미노 질리, 샬리아핀과 피셔 디스카우, 칼라스와 테발디, 겨울나그네와 쏠베이지의 노래, 반 고호와 고갱, 세잔느와 르누아르, 윌리암 와일러와 조지 스티븐스, 로렌스 올리비에와 오손 웰스, 험프리 보가트와 말론 블란도, 영화 〈애정〉(哀情)과 〈애정〉(愛情) 등. 우리들은 그 속에서 호흡하고 그 속에서 꿈꾸었으며 그 안에서 대화를 나눴다. 특히 음악감상과 영화관람은 계속 붙어다녔다. 명륜동 골목의 막걸리와 빈대떡도 잊을 수 없다. 이렇게 열거하다 보니 대학시절 옛 추억이 아련히 떠오른다.

임 군은 그토록 그리던 독일로 유학 가 독일문학을 전공하고 알프스를 헤매고 다니다가 귀국했다. 성균관대 독문학 교수로 재직하다 정년

퇴임해 지금은 아내와 두 아이들과 양평에서 전원생활을 하고 있다. 우리는 이따금씩 고려대 미학과 교수로 재직하다 퇴임한 권영필 군과 함께 만나 식사도 하고 세상사도 이야기하고 옛 추억도 더듬는다. 권 군은 미술사 분야의 대가다.

젊음을 불태운 문화활동

대학시절 나는 경영학 공부는 뒷전에 두고 문화활동에 열성이었다. 김양일 군도 문화적 소양이 있었다. 나는 양일 군과 함께 뜻이 맞는 고창출신들 위주로 '컬처럴 클럽'을 결성했다. 미당 서정주 선생과 한국일보 논설위원 박동운 선생 등을 고문으로 모시고 내가 회장을 맡았다. 회원으로는 김양일(동국대 정치학과), 서경중(고려대 영문과), 송완기(연세대 영문과), 유광남(연세대 도서관학과), 이상현(고려대 법학과) 등이었다. 우리는 고문들을 모시고 전주, 고창 등지에서 문학과 교양강의를 가졌다. 지역문인들과의 토론 기회를 주선했고 지역 언론인과의 대화 자리도 마련했다. 경비는 대부분 회비제로 운영했다. 자주 만나다보니 술을 마시게 되고 이따금 만취하기도 했다.

우리는 술이 취해 문학과 예술 등 많은 분야에 걸쳐 터놓고 이야기를 나눴다. 미당의 시집 〈화사집〉(花蛇集)과 〈귀촉도〉(歸蜀道)를 놓고 원죄적 형벌론과 불교적 인연설 등 여러 이야기를 뒤죽박죽 하다 보니 나이 25년 차를 극복하고 미당과 나는 친구 사이가 되어 버렸다. 우리 둘이는 그렇게 지내기로 '취중 합의' 했다. 우리는 어깨동무를 하고 "If a body meets a body …" 노래를 부르고 방뇨까지 하면서 이 술집 저 술집을 기웃거렸다. 미당은 술이 취하면 눈동자가 하얗게 동그래지면서 광채가 나 섬뜩한 느낌을 주기도 했다. 나는 그 눈빛에서 절묘한 광기를 여러 번 느꼈다. 그때 미당은 〈빌헬름 마이스터〉와 〈파우스트〉 등

괴테의 작품에 관해 특히 많은 이야기를 해주었다. 미당은 나와의 이 같은 인연을 그의 잡문(雜文)에서 여러 번 인용했다.

미당은 옛적에 동아일보 사회부장을 역임한 적이 있다. 그 후 내가 동아일보에 입사해 인사를 드렸더니 무조건 사회부 기자가 되라고 했다. 사실 사회부는 '신문의 꽃'이다. 얼마 안 있어 사회부에 근무하게 됐다고 하자 "신문사는 사회부가 핵심이야"라며 그렇게 좋아할 수가 없었다. 나는 별로 공감이 가지는 않았지만 그분은 정말 뛸 듯이 좋아했다. 옛날 사회부장 시절이 그리웠나 보다. 하여튼 또 한 번 고마운 마음을 간직했다.

우리 클럽은 고창여자중고등학교 운동장에서 서정주, 박동운 선생을 모시고 문학과 교양 강연을 마련했다. 내가 인사말을 하고 두 분을 소개했다. 두 분 강의내용이 유익했고 학생들의 반응도 아주 좋았다. 그리고 그날 점심을 월산 우리집에서 대접했다. 어머니는 아들 손님이면 할 수 있는 한 최선을 다 해준다. 반찬도 맛있게 준비해 주었지만 술맛이 참으로 기가 막히게 좋았다. 나는 미리 어머니께 귀한 손님이 내려가니 그 날짜에 맞춰 가양주를 준비해 주도록 당부했었다. 교자상에 차린 밥상은 여고 3학년인 동생 민환이가 주선해 사랑채로 내왔다.

민환이는 고운 한복을 차려 입었다. 물론 얼굴도 예뻤고 태도도 현숙(賢淑)했다. 동생은 형제간에 제일 마음씨가 어질고 얌전했으며 구김이 없었다. 미당은 우리집 사랑채의 분위기와 술맛에 빠진 것은 물론 내동생의 모습에도 반했다. 미당의 수사는 현란하다. 나를 비롯해 여러 사람을 추켜세우더니 민환이에 대해 극찬을 아끼지 않았다. 그러더니 어떻게든 자기 집안으로 시집오도록 해야겠다고 다짐했다. 그 후 미당은 처남인 방한유(方漢裕)와의 혼담을 서둘렀다. 나한테도 여러 차례 당부하고 졸라댔다. 그러나 우리집에서는 우선 방(方)씨네 집안과의 혼사 자체를 반대했다. 본인도 탐탁하게 생각하지 않는 것 같았다.

한참 시일이 지났는데도 끈질기게 접촉해 왔다. 어느 날 본인끼리 만나 보고 민환이가 결정을 내렸다. 그래서 혼사가 이루어졌다.

고창 8절(八絶)과 우리집 가양주

우리집 가양주는 가히 '이 세상 최고의 작품'이라고 해도 손색이 없다고 나는 믿는다. 우리집은 9대 종가로 1년 동안 제사만 13번을 지내기 때문에 항상 미리 제주(祭酒)를 준비해 두어야 한다. 또 할아버지가 끼니마다 한 잔씩 반주를 하는 데다 예부터 손님이 많아 술이 끊이지 않았다. 고조모, 증조모, 할머니, 어머니로 이어져 그분들의 손끝에서 그토록 기막힌 술맛이 나오는 것이다.

한때는 세무서에서 밀주를 엄중 단속했다. 걸리면 구속되는 처벌까지 받았다. 단속반원들이 몰려 나와 집집마다 이 잡듯 뒤졌다. 술동이를 뒷밭에 파묻거나 뒷동산에 숨겨놓는 일도 많았다. 물론 그때도 우리집은 고창에서는 위세(威勢)가 있어 감히 함부로 뒤지지는 못했다. 누구보다 뒤에 병후 숙부가 있기 때문이다. 하여튼 우리집 술을 마셔 본 사람은 모두들 그 맛을 그렇게 상찬했다.

내가 동아일보에 입사한 후 여러 차례 동료 선배들을 고창집에 데려갔다. 편집국 재직 때도 그랬고 논설실에 있을 때도 그랬다. 사회부에 있을 때는 한우석 부장, 남중구 선배 등 10여 명이 내려갔다. 모두들 거나하게 취했는데 병용 숙부가 우리 집안 자랑을 하면서 사랑채 대청에서 수묵화 등을 꺼내 보여주었다. 두어 달 뒤 남 선배가 내게 산수화 한 개를 내밀었다. 고창에 내려갔을 때 한 부장과 함께 몇 개를 빼돌렸는데 할아버지 이름이 기재되어 있어 돌려주는 것이라고 했다. 받기는 했지만 참으로 황당했다.

고창 우리집에 내려간 동아일보 논설위원들. 왼쪽부터 정종문, 강인섭, 민병문, 필자, 김진현, 문명호, 최시중, 강황석, 이시헌, 이종석 위원.

논설실에 있을 때도 내려갔다. 김진현 주간, 남시욱 실장, 이종석, 정종문, 최시중, 민병문, 이시헌, 남중구, 문명호, 강황석, 김정서, 김재곤 위원 등이 동행했던 것으로 기억된다. 강인섭 전 논설의원도 함께 갔다. 이 밖에 고려대 언론대학원 동기생, 컴퓨터과학대학원 동기생들도 내려갔다. 중앙고교 동창생들은 말할 것도 없다. 내려간 사람들마다 좋아했고 언제 또 한 번 내려가자고 안달이었다. 거기에는 물론 우리집 가양주 맛이 한몫을 했다.

할머니도 어머니도 모두 저 세상으로 떠나고 그 술의 맥도 끊겼다. 그 많은 사람들이 그토록 좋아했던 우리집 국화주, 두견주를 더 이상 맛볼 수가 없게 됐다. 그런데 그 뒤 아랫집 숙모가 그 술을 재현했다. 그 술맛도 괜찮았다. 김성열 당시 동아일보 사장이 논설위원들로부터 우리집 술 이야기를 전해 듣고 자기도 그 술맛 좀 볼 수 있도록 해 달라고 내게 부탁했다. 나는 숙모께 연락해 가양주를 준비하도록 했고 김

사장은 친구와 함께 내려가 그 술맛을 보고 감탄에 감탄을 거듭했다고 한다. 김 사장은 나도 없는데 초면의 숙부댁을 찾아가 그 술맛을 보고는 서울로 올라오다가 도중에 다시 내려가 숙부댁에서 또 술을 마시고 조금 얻어왔다고 내게 털어놓았다.

그런데 그 숙모도 세상을 떴다. 우리집 전통의 가양주가 아주 사라져 버렸다. 아내는 순 서울출신이기에 술 담그는 법 자체를 알지 못한다. 하는 수 없이 서울에 살고 있는 민환이 동생에게 한 번 시도해 보라고 부탁했다. 어머니의 음식솜씨는 딸에게 전수된다고 하지 않은가. 얼마 후 민환이가 술을 담가 보내왔다. 맛이 어쩐지 예전과 다르다. 민환이가 전화를 걸어 "내가 미련해서 그 솜씨를 못내. 오빠 미안해. 그리고 물부터 고창의 물로 담가야 해요"라고 했다. 나는 아주 잘 마셨다며 감사표시를 했다. 동생이 그렇게 정성스레 담가 준 것만 해도 얼마나 고마운 일인가. 동생의 말이 맞다. 술은 물맛에서부터 시작된다. 고창의 샘물은 맛이 있기로 정평이 나 있다. 우리 동네 월산, 석정리에는 자동차로 먼 곳에서 찾아와 물을 길어 간다. 석정온천은 게르마늄 성분으로도 유명하다.

나는 고향인 고창에 관해 글을 써 달라는 청탁을 여러 차례 받았다. 그때마다 여러 가지 자랑을 늘어놓으면서 '고창 8절'(高敞八絶)을 내세웠다. 고인돌, 모양성(牟陽城) 단오제, 선운사 동백숲과 도솔암 비경, 풍천장어와 복분자술, 고창수박, 국악의 본향, 인물 배출에 조문(曺門) 가양주를 꼽았다. 나는 이 '고창 8절은 세계 최고'라고까지 허풍을 떨기도 했다. 그런데 얼마 안 있어 고창 고인돌이 유네스코가 지정한 세계문화유산이 되었다. 유네스코가 내 허풍을 뒷받침해 준 셈이다.

단종 원년에 호남곡창을 노략질하는 왜적을 막기 위해 축성한 모양성은 1,680m 성벽에 단오절마다 거행되는 답성(踏城) 놀이 민속이 지금까지 이어져 오고 있다. 성곽이 거의 완전한 채로 남아 있다. 선운사는 금산사와 함께 전북 2대 본산 중의 하나로 사찰 뒤 5천여 평에 걸쳐 펼쳐져 있는 동백숲은 천연기념물로 장관을 이룬다. 도솔암은 태고의 신비 속에 기암괴석의 봉우리들이 연첩되어 있는 정적 속의 선경이다. 복분자술과 함께 담백하고 구수한 맛으로 유명한 풍천장어는 선약(仙藥)과 같은 보양식으로 이름 높다.

고창이 배출한 동리(桐里) 신재효(申在孝)는 종래 계통 없이 산발적으로 불려온 광대소리를 통일 정리했다. 춘향가, 심청가, 수궁가, 박타령, 가루지기타령, 적벽가 등 여섯 마당으로 국악의 체계를 세워 판소리 사설문학을 집대성해 오늘에 이르렀다. 그 주옥같은 사설(辭說)은 그에 대체할 다른 어휘를 찾을 수 없을 정도로 완벽해 '조선의 셰익스피어'라는 칭호를 받았을 정도다. 그의 제자 진채선(陳彩仙)은 조선 최초의 여성 판소리명창으로 대원군에게 극찬을 받았으며, 춘향가 예능보유자 김소희(金素姬)도 맑고 고운 애원성(哀怨聲)의 독특한 음색을 지닌 국창이다.

인물배출에 관해서도 기술해 둘 필요가 있다. 고창에서 인물이 많이 배출되었다는 것은 알 만한 분은 다 안다. 국악인 신재효, 진채선, 김소희 외에 실학의 대가 이재 황윤석, 동학농민혁명의 거두 전봉준, 손와중 장군, 동아일보를 창간하고 중앙학교와 고려대 전신인 보성전문을 인수하여 이 나라 대표사학으로 키웠으며 광복 후 한민당 수석총무로 건국에 이바지한 부통령 인촌 김성수, 3·1 운동을 유도한 동경 2·8선언의 주역이자 동아일보 사장을 역임하고 제헌의원과 헌법기초위원으로 국기(國基)를 다진 근촌 백관수, 고전 《조선사회경제사》를 저술하고 월북 후 북한 최고인민회의 의장을 지낸 동암 백남운, 국무총리 진의종, 최초의 민간항공 개척자 신용욱, 붓을 쥐어 다섯 손가락으로 쓰는 악필법으로 유명한 석전 황욱, 시인 미당 서정주, 저명한 대학교수 신사훈, 임석재, 유진 등 모두 헤아릴 수 없을 정도다.

이와 관련해 언급해야 할 것은 '이북에 오산고보, 이남에 고창고보'라는 고창군민의 육영(育英) 의지다. 일제시기에 면 단위에 고창군민이 교주가 된 사상 초유의 민중학교로 고창고보가 설립됐다. 총독부에서 일어로 가르치라고 다그치고 교과에도 금지된 한국어, 한국사를 이 학교에서는 가르쳤다.

마음속의 스승 베토벤

그 당시 나는 고려대학에 다니면서 경영학 수업에 재미를 붙이지 못했다. 수업 듣는 것 자체가 지겨웠다. 회계학은 더더욱 싫었다. 도대체 학문 같지도 않았다. 경제학이나 사회학이라도 선택했더라면 좀 낫지 않았을까 하는 생각도 들었다. 나는 영문학과 여석기 교수의 영시(英詩) 수업을 '도강'했다. 그 학과 학생들이 낯선 학생을 흘깃 흘깃 쳐다보기도 했지만 나는 개의치 않았다. 존 단, 딜런 토마스, T. S. 엘리엇 등의 영시를 열심히 청강했다.

나는 시간이 나면 뮤직홀로 내달았다. 르네쌍스, 무아, 세시 봉, 디쉐네 등 안 가본 곳이 없었지만 그 중에서도 르네쌍스는 내 거주지나 마찬가지였다. 르네쌍스는 집에서 가까운 인사동 민주당 당사 아래 있었는데 뒤에 종로2가로 옮겼다. 우리는 그곳으로 따라갔다. 어떤 때는 아침 10시 문을 열자마자 들어가 밤 9시 문 닫을 때 나왔다. 식사는 잠깐 나와 간단히 때우고 그저 홍차 한 잔과 물 한 잔, 그리고 책 한 권으로 하루를 보냈다. 나의 동행자는 주로 임승기 군이었다. 베토벤의 〈영웅〉, 〈운명〉, 〈전원〉, 〈합창〉, 모차르트의 〈주피터〉, 슈베르트의 〈미완성〉, 차이코프스키의 〈비창〉, 드보르작의 〈신세계〉, 브람스, 말러 등의 교향곡은 물론 시벨리우스의 교향시 〈핀란디아〉도 즐겨 들었다. 쇼팽의 녹턴, 즉흥환상곡, 드뷔시의 〈목신(牧神)의 오후〉, 〈구름 바다 인어〉, 피셔 디스카우가 부른 슈베르트의 〈겨울 나그네〉, 샬리아핀이 부른 〈볼가강의 뱃노래〉를 어떻게 잊을 수 있겠는가. 이 밖에도 독주곡, 트리오, 쿠아르테트, 퀸테트, 협주곡, 오페라, 가곡 등 흘러나오는 대로 들었고 곡을 신청해서도 들었다. 나는 바이올린협주곡을 즐겨 신청했다. 4대 바이올린 콘체르트인 베토벤의 D장조, 브람스의 D장조, 차이코프스키의 D장조, 멘델스존의 E단조에 빠져 있었고, 귀재 파가니니, 생상, 사라사테 등의 바이올린 곡도 좋아했다. 무소르그스키, 쇤베르그, 프로코피에프, 쇼스타코비치 등 현대음악가들의 작품에도 관심을 가졌다. 미 공보원에서 교양강좌를 했는데 그곳에 찾아가 연세대 나운영 교수의 현대음악 강의도 경청했다.

우리는 술을 많이 마시고 다녔다. 돈은 없었지만 어떻게든 술은 마실 수 있었다. 노름꾼이 살림에 보탤 돈은 없어도 노름할 돈은 있는 것과 비슷한 것 아니었을까. 술 마시면 노래를 부른다. 우리들은 가곡을 많이 불렀지만 오페라 아리아도 불렀다. 술집에서도 부르고, 길가에서도 부르고 삼청공원에 가서도 불렀다. 내가 즐겨 부르는 노래가 있었다. 〈4월의 노래〉, 〈아 목동아〉, 〈아이 아이 아이〉, 〈아마폴라〉, 〈아마릴리〉, 〈무정한 마음〉, 〈너는 왜 울지 않고〉, 〈쏠베지의 노래〉, 〈서머타임〉, 슈베르트의 〈아베마리아〉, 쇼팽의 〈이별의 노래〉, 베르디의 〈여자의 마음〉, 카발레리아 루스티카나의 〈오렌지 향기는 바람에 날리고〉, 탈리아비니의 〈남몰래 흐르는 눈물〉, 토스카의 〈별은 빛나건만〉, 라 트라비아타의 〈축배의 노래〉, 라 보엠의 〈그대의 찬손〉 등등. 그 중에서도 나의 〈청춘의 노래〉가 있다. 그리그의 〈쏠베지의 노래〉와 토스카의 〈별은 빛나건만〉이다.

나는 베토벤 선생을 흠모한다. 마음속으로 스승으로 생각한다. 릴케는 〈말테의 수기〉에서 선생을 '세기의 완성자'라고 표현했다. 베토벤은 낭만파 음악의 창시자이며 고전파 음악의 완성자였지만 세기의 완성자라는 표현은 음악에 국한된 것만은 아니다. 베토벤은 청력을 잃고 실연당하자 고민하다가 유서까지 썼다. 음악가가 청력을 잃게 되면 어찌 되겠는가. 그러나 음악을 떠날 수 없는 강력한 의지가 그를 죽음에서 건져냈다. 그의 예술에의 위대한 의지는 절망에 직면한 모든 이의 등불이 됐고 희망이 됐다. 나는 앙드레 지드의 《베토벤의 생애》에서 한 인간의 고뇌와 열정을 읽고 한 인간으로서 어떻게 생각하고 어떻게 행동하며 어떻게 살아가야 할지를 어렴풋이 느꼈다. 베토벤의 생애와 그의 음악은 내가 앞으로 무엇을 해야 하는지, 그리고 그것을 어떻게 해야 하는지를 계시해 주는 것 같았다. 동아일보 논설위원 시절 횡설수설을 집필할 때 베토벤에 관해 기술한 적이 있다.

> '1821년 빈의 케른트나토르 극장, 베토벤의 지휘로 그의 교향곡 9번 〈합창〉의 역사적인 초연이 끝나자 청중들은 모두 일어서 우레와 같은 박수를 보냈다. 그러나 자신이 지휘한 연주뿐 아니라 청중들의 박수갈채 소리를 들을 수 없었던 베토벤은 지휘석에서 묵묵히 서 있었다. 이를 보다 못한 알토 카톨리네웅거가 무대 전면으로 이끌고 나가 충천하는 환호에 응답하도록 해주었다. …'

동아일보 조사부장으로 있을 때 '세계의 심장' 취재를 위해 유럽 미국 출장을 떠난 적이 있다. 아내와 함께 갔다. 그때 여행 경유지에 음악도시 비엔나와 잘츠부르크를 넣었다. 비엔나 하면 왈츠, 다뉴브, 요한 스트라우스, 숲속의 속삭임이 떠오른다. 칼럼니스트 최정호 씨는 '비엔나는 첫사랑과도 같은 도시, 꿀처럼 달고 물처럼 흐르고 술처럼 사람을 취하게 한다'고 표현했다.

나는 먼저 비엔나 숲을 찾았다. 베토벤의 위대한 교향곡 6번 〈전원〉의 산실이었던 숲길이다. 산책로를 따라 걸으면서 숲속의 바람소리, 시냇물 흐르는 소리, 새들의 노래를 들으며 2백 년 전 이 숲길을 산책하던 베토벤 선생의 모습을 상상해 보았다. 그때 선생이 산책한 숲길이 바로 이 숲길이라고 생각하면서 …. 길가에 예쁘게 자리잡은 호이리거, 당해 연도에 제조한 백포도주를 준비해 놓았다는 표시로 대문 위에 청솔가지를 걸어놓은 와인바다. 청솔가지가 참 인상적이다. 청솔가지에 왜 그리 애착이 가는지 ….

베토벤 묘소 앞에서 아내와 함께

베토벤 선생이 영면하고 있는 중앙음악가 묘지를 찾았다. 가슴이 벅차올랐다. 이곳을 찾아오느라 그 오랜 세월, 그 머나 먼 길을 헤매고 다녔던가 하는 생각에 젖어 있었다. 비가 내리고 있었다. 아내와 함께 우산을 쓰고 입구에서 장미꽃을 사들고 묘소를 찾아 헌화하고 참배했다. 베토벤 선생을 그토록 존경하던 라이나 마리아 릴케는 장미가시에 찔려 숨졌다. 그런 낭만적 죽음이 이 세상 그 어디에 또 있을까. 아름답기 그지없다. 부럽다.

둥그런 광장 정면에 베토벤, 좌우에 브람스, 슈베르트가 안장되어 있던 것으로 기억된다. 그 주변에 요한 스트라우스, 브루크너, 즈페, 슈만 등 수많은 세계적 음악가들이 잠들어 있다. 그리고 광장 한가운데 모차르트 묘소가 배치되어 있다. 이 같은 배치에 약간은 서운한 감도 들었다. 베토벤은 독일 본에서 태어났고 모차르트는 오스트리아 출생

모차르트 묘소 앞에서 외환은행 직원과 함께

이다. 그런 측면보다는 전 세계의 많은 음악도들이 모차르트의 위대한 음악성을 존경한다. 오페라만도 그 어느 오페라보다 높게 평가받는 〈피가로의 결혼〉, 〈돈 조반니〉, 〈마술피리〉 등 26곡이나 작곡했다. 교향곡도 저 유명한 40번, 41번 등 67개나 작곡했으며 관현악용 무곡 45개, 행진곡 31개, 피아노협주곡 42개, 바이올린협주곡을 12개나 작곡했다. 그 외에도 독주곡, 칸타타, 미사곡 등 엄청난 작품들을 최고의 수준으로 작곡한 불후의 천재음악가다.

1990년대 초 미국 〈타임〉지가 밀레니엄 말(末)을 앞두고 인류역사 1천 년 동안의 10개 분야에 걸친 위대한 대가 한 명씩을 선정 발표했다. 그 기사를 보면 정치부문 토마스 제퍼슨을 비롯 성(聖) 프란체스코, 구텐베르크, 콜럼버스, 미켈란젤로, 마르틴 루터, 갈릴레오, 셰익스피어, 아인슈타인 등에 음악부문엔 모차르트가 선정됐다. 그의 작품 〈피가로의 결혼〉은 가장 위대한 오페라로 지목되기도 했다. 물론 미국적 시각이 반영되었을 것이다.

할아버지 별세

1960년 12월 21일 추운 겨울날이었다. 할아버지가 위독해졌다. 가족들은 마지막은 정침(正寢)에 계셔야 한다는 어른들의 권고에 따라 안채 큰방으로 모셨다. 모든 가족들이 임종을 지켜보았다. 1873년 5월 9일 탄생, 향년 88세였다. 할아버지가 살아온 날들은 돌이켜 보면 다사다난했다. 조선시대에 태어나 대한제국, 일제치하, 항일의병, 해방, 6·25전란 등으로 숱한 고난을 겪었다. 일제 때는 일본인이나 일본색은 쳐다보지도 않았다. 개인적으로는 부인 3명이 연이어 숨지고 자식을 앞세워 보내는 슬픔까지 겪었다.

나는 할아버지의 사랑을 듬뿍 받고 자랐다. 어렸을 적 한문을 가르쳐 주었고 성묘, 제사 등 숭조사상이 몸에 배도록 이끌어 주었다. 과일에 한약재까지 먹이면서 내 건강을 돌보는 등 자상하게 보살펴 주었다. 나는 할아버지가 거처하는 큰방의 뒷방에서 지내면서 시간이 나면 할아버지 이부자리를 깔아 드리기도 했고 개어 드리기도 했다. 애틋한 사랑과 칭찬도 받았다. 반듯하고 준수한 할아버지의 꼿꼿한 모습이 지금도 눈에 선하다. 할아버지는 매년 대문에 입춘서(立春書)를 써 붙였는데 항상 '정로'(正路)와 '안댁'(安宅)이었다. 나는 입춘서로는 이 내용보다 더 좋은 문구는 없을 것이라고 생각했다.

할아버지 상사는 7일장으로 기억된다. 장남은 죽고 차남 병후, 3남 병용 등이 있었지만 유가의 법제대로 사손(嗣孫)인 내가 상주가 되어 상을 치렀다. 모든 제례행사 등을 장자 대신인 장손이 맡아 진행했다. 그래서 나는 복도 3년상을 입었다. 나는 두 숙부와 함께 굴관제복하고 그 많은 문상객들을 맞았다. 곡은 끊이지 않고 계속하고 있어야 함은 물론이다.

우리 집안의 큰 어른이 별세하자 모두들 허탈한 상태였다. 장례를 치르고 나면 모두들 떠나간다. 크나 큰 집은 더욱더 허전해진다. 나까지 서울로 가야했다. 큰 집안에는 할머니, 어머니와 민환, 선환, 문환 세 동생만 남아 너무 쓸쓸했다. 할머니, 어머니는 집안일에 바빴고 두 동생들은 어려서 민환이 혼자서 아침저녁 상식을 올렸다. 눈발이 휘날리는 추운 겨울날 컴컴한 밤, 인적 없는 사랑채 마루에 차려진 빈소에 상식상을 들고 가 혼자서 곡을 하며 조석으로 상식을 올렸다. 어린 나이에 얼마나 춥고 무서웠을까. 민환이는 어려서 밤에는 무서워 변소에도 혼자 가지 못하는 아이였다.

그러나 여동생 민환이는 무섭지가 않았다고 했다. 비바람 치고 강풍에 눈보라가 휘날리면 사랑채 미닫이가 덜컹거리고 방문이 열렸다 닫혔다 했지만 인자하신 할아버지의 영혼이 내려오셔서 시음하시고 계시는구나 하고 생각했더니 마음이 편안해졌다고 했다.

그 후 민환이한테서 집안에 일어났던 충격적인 이야기를 들었다. 선환이와 문환이도 대학에 진학해 서울로 올라가고 큰집엔 어머니와 민환이만 거처하고 있었는데 어느 날 밤 도둑이 들었다. 도둑떼는 곳간의 벽을 헐고 들어와 항아리에 담겨 있는 쌀을 모두 퍼 내갔다. 그날 밤은 달도 유난히 밝았다고 한다. 달 밝은 한밤중에 한 명은 몽둥이를 들고 곳간 앞마당에 버티고 서 있는데 개만 요란하게 짖어댔다. 도둑은 몽둥이를 들고 개를 쫓았지만 개는 쫓기면서 계속 목이 터질 듯 짖어댔다. 집에는 물론 전화도 없었다. 누구한테 연락하려면 넓은 안마당을 지나 중문을 열고 사랑마당을 지나 대문을 열고 나가야 하는데 연약한 여자들만 있는 상황에서 어찌할 수가 없었다. 가족들은 숨을 죽이고 밤을 지새웠다. 어머니는 민환이를 끌어안고 밤새 벌벌 떨고만 있었다고 한다.

고마운 고모님들

병임(秉妊) 고모는 막내고모로 누님과 동갑이다. 어려서부터 누님과 함께 자라면서 두 분의 인연은 만만치가 않다. 한방을 쓰면서 친하게 지내다가도 싸우고, 다시 친해졌다가 또 싸우고 그렇게 살아왔다.

누님은 외향적인 데 비해 고모는 내성적이다. 계속 다투면서 서로 자기가 옳다고 했다. 경쟁심도 대단했다.

그때는 비가 내린 후 개면 마당에 나와 막대기로 그림을 그리곤 했는데 한 번은 두 분이 마당에 황새를 그렸다. 누님은 황새의 옆모습을 단순하게 그렸고 고모는 고개를 뒤로 돌린 모습을 그렸다. 두 분은 서로 자기가 그린 것이 잘 그려졌다고 우기다가 아홉 살 아래인 어린 내게 어느 그림이 더 잘 그려졌느냐고 물었다. 나는 중간에서 뭐라 말하기가 어려워 주저하다가 아무래도 고모가 그린 것이 더 좋다고 했더니 누님은 화를 내고 고모는 희색이 만면했다. 이 기억이 나의 가장 어렸을 적의 기억이 아닌가 하는 생각도 든다. 고모는 그 후 수차례나 이때의 이야기를 하곤 했다. 고모는 어린 내게 자신이 누님보다 공부를 더 잘했다고 자주 말해 왔다.

고모는 전남 담양 창평 고(高)씨 집안으로 시집갔다. 고모부는 아주 준수한 외모, 침착한 성격에 학벌도 좋았다. 직장도 감사원에 다니는 엘리트였다. 그러나 6·25 사변이 나 귀향하는 길에 목숨을 잃었다. 어린 신부 고모의 슬픔은 이루 말할 수가 없었다. 그때 고모의 모습은 뭐라 표현할 수 없을 만큼 처참했다. 어린 딸 하나, 애라(愛羅)를 데리고 친정으로 와 우리와 함께 살았다. 고모는 바느질 솜씨가 고와 양재를 배워 마을 입구에 양재학원을 열었다. 한 번은 고모가 눈물바람하면서 신세한탄을 했다. 장차 누구를 믿고 어떻게 살아가야 할지 막막하다는 것이다. 그때 어린 나는 아무 생각 없이 "고모, 나를 믿어"했다. 나는 별 의미 없이 한 말이었지만 의지할 데 없는 고모에게는 그 말이 큰 위안이 됐던 것 같다. 고모는 두고두고 그 이야기를 하며 내 칭찬을 아끼지 않았다. 고모는 나를 정말 사랑해 주었다. 중학교 때 금산사로 수학여행 가는데 그때 수학여행은 큰 행사였다. 그런데 나는 입을 옷이 마땅치 않았다. 고모는 어떻게 교복 천을 구해 이틀 밤을 꼬빡 새워 아

중학교 졸업기념 사진. 왼쪽 위부터 시계방향으로 사촌동생 수환, 병임 고모, 김미경 숙모, 누나 장환, 종조모, 필자, 정순 고모.

침에 내가 입고 가도록 해주었다. 나는 날아갈 듯 기뻤다. 이 일도 두고두고 화제였다.

오래 뒤 고모는 숙부가 소개한 송덕선(宋德善) 씨와 재혼했다. 고모부는 상당기간 동안 숙부를 따라다녔지만 여의치 않자 한의학을 배워 한의원을 차려 운영했다. 두 분은 말년에 편안하게 지내다가 얼마 전 고모부가 별세했다.

병임 고모의 위 언니인 정순(貞順) 고모에 대한 추억도 잊을 수 없다. 정순 고모는 중매결혼 했는데 폐병 말기의 환자에게 속아서 시집가 불행을 겪고 재혼해 월산 우리집 옆에 살았다. 이 고모도 할머니 어머니 못지않게 나를 진정 사랑해 주었다. 고모는 참으로 정이 많은 분이다. 우리 남매들은 저녁을 먹고 나면 이 고모댁에 놀러갔다. 맛있는 것이 있으면 아껴 두었다가 항상 나를 먼저 부른다. 오죽하면 자기 자식들이 투정을 부릴 정도였다. 자식들이 자기들에게는 아무렇게나 해주면서 강환 형에게만 신경을 쓴다고 불평한다는 이야기를 여러 차례 들었다. 그럴 때마다 '누구보다 강환이가 잘되어야 해' 하면서 막무가내였다고 한다. 중간에 고모는 건넛마을 검암리로 이사갔다.

고교, 대학 재학 때 나는 서울에서 내려오면 할머니 어머니를 뵙고는 바로 고모댁으로 찾아가 인사드렸다. 아무리 늦게 도착해도 찾아갔다. 대학 때인가, 한 번은 서울서 내려오다 읍내에서 친구들에게 붙잡혀 과음하고 취해서 집에 들어서니 새벽 1시가 넘었다. 그날 밤 달이 대낮같이 밝았던 것으로 기억된다. 나는 그 고모가 그리도 보고 싶어 그길로 고모댁으로 달려갔다. 자다가 깨어 쫓아 나오는 고모를 얼싸안고 눈물 흘리며 반가워했다. 동네 개들이 모두 함께 짖어댔다. 고모는 그 밤에 술 깨는 음식을 준비하겠다고 야단이었다.

박강규(朴剛圭) 고모부는 할아버지가 당시 고창군수에게 부탁해 고창고교 교사로 임용되었다. 얼마 안 있어 학교를 그만두었고 읍사무소로 옮겨 근무하다가 또다시 그만두었다. 그렇게 그만둔 뒷이야기가 전해진다. 고모부는 바로 뒷집의 정건채 씨와 아주 가깝게 지냈다. 시조도 같이 배워 저녁때면 시조 읊는 소리가 낭랑했다. 나의 대고모의 아들인 정건채 씨는 언변이 좋은 마을유지였다. 당시 엄청난 6·25사변을 겪었고 뒤 이어 국군이 진주하면서 많은 피해가 발생했고 유언비어가 나돌았다. 정건채 씨는 고모부에게 '곧 또 대난리가 난다'며 공직이나 세상을 멀리하고 살아야 한다고 계속 위기의식을 주입했다. 그 영향을 받았는지 고모부는 다른 사유 없이 직장을 그만 두었다.

고모댁의 수입이 끊기고 가세가 신통치 않자 할 수 없이 동내 입구에 가게를 차렸다. 그러다보니 막걸리도 팔았다. 술을 팔고 있으니 취객들이 들락날락했다. 말하기 좋아하는 어떤 이가 "당대의 거유(巨儒) 흠재 어른의 따님이 술장사를 하는 것이 말이나 되느냐"며 시비를 했다.

그 당시 정서로는 백번 옳은 말이다. 나도 그 견해에 동조했다. 이 말을 들은 고모는 주저앉아 목 놓아 통곡했다. 그 말에 담긴 뜻이 고모 가슴을 쥐어뜯었다. 고모도 6남매나 되는 자식들을 가르치려면 별 도리가 없었다.

그 후 나는 동아일보에 근무하면서 고모를 잊고 지냈다. 어느 날 이 고모가 암에 걸려 수유리 할렐루야 기도원에 있다고 했다. 나는 정신이 번쩍 들었다. 신문사 일에 매달려 고모를 그토록 오랜 동안이나 모른 체하고 지낸 것이다. 내가 내 할 일을 못하고 있구나 하고 생각하니 고모에 대한 죄스러움이 눈앞을 가렸다. 병임 고모랑 우리 집안 식구들이 모여 기도원을 찾아갔다. 고모의 모습은 비참했다. 몰골이 아니었다. 넓은 방에 수십 명이 들어서 기도도 하고 드러누워 있기도 했다. 마치 이재민들이 몰려와 이리저리 쓰러져 있는 피난처 같았다.

이 기도원에서 더욱 기가 찬 일은 목사가 하느님의 도움을 받아 피부를 문질러 가슴속의 암덩이를 빼낸다는 것이다. 그 당시 고모네 식구들은 모두 기독교에 깊이 빠져 있었다. 그 식구들도 목사의 주장을 확신하고 있었다. 나는 화가 나고 신경질이 솟아 '말이 되는 소리냐'며 큰소리를 해 보았지만 아무 소용이 없었다. 그 예수쟁이들에게 내 말은 도무지 먹혀들지가 않았다. 교횐지, 할렐루얀지, 그것들이 사람 잡고 있었다. 다른 사람도 아닌 내 사랑하는 고모를 잡고 있었다. 나는 약간의 용돈을 드리고 탄식하면서 떠나왔다.

얼마 안 있어 고모가 별세했다는 소식이 왔다. 가슴에는 온통 피멍이 들고 온몸은 상처투성이였다고 한다. 목사의 만행이 저지른 자국이었다. 나는 눈물이 핑 돌았다. 바로 고창 고모댁으로 내려갔다. 동네 입구 가게 집에서 상(喪)을 치르고 있었다. 어두컴컴해서 도착했는데 찬송가 소리만 요란했다. 내가 생각하는 우리 집안의 그런 상가(喪家)는 전혀 아니었다. 그래도 서울에서 모든 일 제쳐 놓고 정신없이 멀리 찾아왔는데 맞는 상제도 없었다. 고모부와 아들, 딸들도 있었지만 곡소리는 없고 계속되는 찬송가 소리만 들렸다. 문상객도 없었다. 컴컴한 밤, 나 혼자서 내 슬픔을 삭이는 수밖에 없었다. 나는 그날 밤 옛날의 따스한 고모의 사랑과 베풀어 주신 은혜를 홀로 되새기다가 날이 밝자 서울로 돌아왔다. 혼자서 운전대를 잡고 돌아오는 길에 목이 메고 눈물이 가려 앞이 안 보였다. 그 후로는 그냥 잊고 살았다. 얼마 후 고모부가 고창집을 정리하고 떠났다는 소식이 들렸고 한참 지나 전남 하남에서 고모부도 별세했다는 소식이 전해졌다.

얼마 전 집안 결혼식장에서 고모의 2남인 내종동생 종언을 만났다. 고모부 별세소식을 뒤늦게 들어 상사 때도 못 가보고 미안하다는 인사말을 건넨 뒤 고모 별세와 장례식 때의 서운함을 털어 놓았다. 그랬더니 종언은 "나는 아니에요"했다. 형제들 중 자신만은 기독교 신자가 아니라는 것이다. 그래서 두 분의 묘소가 어디에 있는지 자세히 묻고 빠른 시일 안에 전남의 두 분 묘소를 함께 찾아가 보기로 약속했다.

4·18 학생혁명

고려대에 들어가 2학년 초 4월 18일 도서관에서 공부하고 있는데 전단이 날아들어 왔다. 이승만 독재타도를 위해 광화문으로 출정하자는 내용이었다. 우리는 즉각 도서관에서 밀물처럼 몰려 내려와 교문을 나섰다. 신설동에서 경찰의 저지를 당했다. 수적으로 우세한 학생들이 경찰관을 폭행하려 하자 신일철 교수가 위험을 무릅쓰고 나서 말렸다. 행동하는 지성의 모습이었다. 우리들은 휘두르는 경찰 몽둥이세례를 뚫고 동대문을 거쳐 종로로 나아갔다. 고창출신 후배로 1학년생인 서경중 군과 함께 행동했다. 우리는 플래카드를 든 대모대열 맨 앞줄에 서서 시위를 벌였다. 그 모습이 고대신문 1면 톱으로 게재됐다. 내 모습이 역력했다. 우리는 국회의사당 앞까지 진출하여 집결했다. 독재타도 구호를 외쳤고 고대 출신 이철승 의원이 연단에 올라 격려의 말을 한 뒤 해산상태에서 학교 쪽으로 돌아섰다.

학우들과 걸어가는데 평소 병후 숙부와 같이 다니던 김상영 씨가 다가왔다. 숙부가 집에서 기다리고 있다고 했다. 그래서 함께 안국동 집으로 귀가했다. 그러나 숙부는 집에 없었다. 나는 다시 뛰쳐나가 학교 쪽으로 갔다. 그런데 그때 시위대가 천일백화점 앞에서 대기하던 반공청년단의 저지에 부딪쳐 학생 1명이 희생됐다. 이튿날 4월 19일엔 서울의 거의 모든 대학 학생들이 뛰쳐나왔다. 4·19 혁명이었다. 데모는 26일까지 계속됐고 나도 계속 행진하거나 연좌하면서 독재타도 구호를 외쳤다. 일부 고등학생들도 나섰다. 이승만 대통령이 하야했다.

여기서 한 가지 짚고 넘어가야 할 가정비극이 발생했다. 그때 동아일보에 '천일백화점 앞에서 고대생들에게 테러를 자행한 것은 반공청년단이었고 임화수가 총지휘했으며 훈련부장이 조병후'라는 내용이 대문짝만하게 보도됐다. 숙부가 후배들인 고대생 테러에 개입했다는 내용이다. 그날 내가 다치지 않을까 염려되어 숙부가 김상영 씨를 내보내 나를 찾아 귀가시켰다는 것도 뒤에 알게 됐다. 숙부댁에는 이 내용이 보도된 동아일보와 내가 전면에서 데모하고 있는 사진이 실린 고대신문이 나란히 놓여 있었다. 집안에서의 내 입장이 이상해졌다. 미묘한 감정이 전신을 휘감는 듯했다.

그때 숙부한테는 여러 명의 추종자들이 있었다. 김상영 씨도 그 중 한 분이다. 집안사람들로는 막내고모부인 송덕선(宋德善) 아저씨와 정기수 내종형이 보좌했다. 나는 아주 슬펐다. 그 후 숙부의 모습을 뵐 수가 없었다. 집안에 들어오지를 않았다.

세상은 변했다. 민주당 정부가 들어섰다. 민주당 신파 구파가 다투는 등 어수선한 상태가 지속됐다. 나는 안암동 학교 앞에 하숙집을 구해 들어갔다. 신인철 군과 한방을 사용했다. 하숙집에서의 순 서울식 음식이 입에 맞지 않았으나 별 도리가 없었다. 5월 16일 아침 일찍 같은 학과 친구인 최일섭 군이 찾아와 "큰일 났다. 군사쿠데타가 일어났어. 박정희 소장이 일으켰어. 학교도 못 간다"고 알려 주었다. 학교 교정에는 군인들의 천막이 들어차 있었다. 나는 공부를 하기는 해야겠지만 강의는 듣기가 싫어 우선은 편하게 됐다는 생각이 들었다.

대학 때의 상과대학 친구로는 오동근, 윤하균, 정동귀, 최일섭, 한상인 군 등이 붙어 다녔다. 이 밖에 강해홍, 강홍대, 강홍식, 구철모, 권영노, 김종태, 박규직, 박오학, 백병선, 신명철, 안병길, 안재성, 이종원, 정규복, 정장호, 차병철, 채홍완, 최진웅, 최호식, 허천구 군 등도 친밀하게 지냈다. 그러나 대학졸업 후 유일하게 나 혼자만 신문사로 나와 친우들과 가까이 지내지 못했다. 사실상 결별상태나 다름없었다.

재미없는 경영학 강의였지만 나름대로 열심히 들었다. 그런데 문제가 생겼다. 학점을 주지 않기로 아주 유명한 교수들의 강의가 필수과목이었다. 김순식 교수의 회계학과 김효록 교수의 상업개론이다. 이 소문은 널리 퍼져 있었다. 수십 년 전통이라 했다. 경영학과 학생들의 절반 이상이 학점이 나오지 않았다. 나도 물론 학점이 나오지 않았다. 교과서에서 출제하지 않고 강의중에 이야기한 내용을 빗대어 출제한 경우도 있다. 다른 교수들 역시 학점이 까다로웠다. 모두들 많은 과목에서 학점이 나오지 않았다.

그때는 그랬나보다 했다. 그러나 나중에 졸업할 때 심각한 문제가 생겼다. 제대 후 복학하여 졸업하는데 학점 때문에 걱정이 태산 같았다. 학점은 한 학기에 취득할 수 있는 한도가 정해져 있다. 24학점이었던 것 같다. 3학년 2학기 들어 내 학점 취득상태를 살펴보니 그때부터 3개

학기 동안 최고한도까지 계속 학점을 전부 획득해야 졸업자격이 주어지는 160학점이 채워지는 극한상황에 몰려있었다. 1개 학점도 여유가 없었다. 다급하기가 이를 데 없었다. 그동안 학교공부를 열심히 하지 않은 데 대한 징벌이 다가온 것이다. 누구에게 하소연할 수 있겠는가. 나 홀로 해결할 수밖에 없는 사태다. 그래서 그때부터 학점 잘 주는 과목만을 찾아 선택하여 겨우 겨우 학점을 채워 간신히 졸업하게 됐다. 솔직한 고백이다. 그런 상황과 비슷한 처지의 악몽을 지금도 가끔 꾼다.

만약 내가 지금 다시 그때로 돌아간다면 대학생활을 그렇게 끌어가지는 않을 것이다. 훨씬 더 보람차고 내실 있고 여유 있게 영위할 것이다. 좀더 생산적이고 즐겁고 자랑스럽게 보내지 못했던 것이 너무나 후회된다. 그때 그런 상황에서 어찌해서 조언자 한 명 없었을까 하는 생각도 들었다. 외톨이였기 때문이었을 것이다. 결국 생각이 못 미쳐 그 고생을 했다.

같은 과 친구 오동근, 한상인 군 등과 여대생들과의 미팅기회도 몇 번 있었다. 오군의 집안 동생이 숙대에 다녔는데 그 친구 중에 박승미라는 여대생이 있어 몇 번 만난 적이 있다. 문학소녀로 나중에 시집도 출판해 보내왔다. 김양일 군과도 어울려 집안 동생인 조희숙 양 등 숙대생들과의 미팅도 몇 차례 있었다. 또 김명자 양 등 이화여대생들과의 미팅도 있었다. 만나면 차 마시며 이야기하고 음악 듣는 것이 거의 전부였다. 어떤 때는 함께 술을 마시기도 했다.

학보병 입대

내가 군 입대를 하게 된 데에는 그럴 수밖에 없는 사연이 있다. 4·19 이후 숙부는 더 이상 도와주지 못했고 고창에서도 학자금을 마련할 길이 막연했다. 그렇다고 대학을 포기할 수는 없었다. 나는 나머지 논을 팔까 하다가 소나무를 베어 팔기로 했다. 그 당시 시골에서는 부모 돌아가시는 것에 대비해 관을 미리 짜두는 것이 큰 효도였다. 관을 짜려면 쭉 뻗은 두터운 장송을 구해야 한다. 그런 소나무가 흔치 않다. 장송 두어 그루 팔면 등록금이 나온다. 어렵게 소나무를 팔아 등록금을 준비해서 상경했는데 숙모가 그 돈을 며칠만 사용하자며 꾸어달라고 했다. 나는 물론 그렇게 했다.

등록금 납부마감은 8월 말이다. 등록금을 납부해야 수강신청을 할 수 있다. 8월 말이 돼도 숙모는 돈을 돌려주지 않았다. 한 이틀만 기다려 달라고 했다. 다시 이틀, 다시 닷새, 그렇게 10여 차례 끌다가 2차 추가 납부기일인 9월 말이 지나버렸다. 2학기는 벌써 시작돼 강의가 이어졌지만 나는 거의 매일 숙모만 따라다녔다. 돈을 구하러 간다면서 같이 가자고 하여 그렇게 했다. 이렇게 하여 한 학기를 소모하게 되어 버리는 상황이 되자 나는 다급해졌고 미칠 것 같았다. 숙모에 대한 실망도 컸다. 물론 나로서는 그 액수의 등록금을 달리 변통할 길은 없었다.

그리하여 10월 들어 군 입대를 서둘렀다. 그 당시 군 입대가 쉽지 않았다. 5·16 군사쿠데타 이후 군 제대를 하지 않고서는 제대로 된 직장을 구할 수가 없게 되어 모두가 군 입대를 서둘렀기 때문이다. 그때는 일반병은 3년을 근무해야 되지만 대학생은 학보병으로 입대할 경우 복무기간이 1년 6개월이었다. 그 대신 최전방에서 근무해야 했다. 군번도 00으로 시작해 모두들 빵빵 군번이라고 불렀다. 나는 서둘러서 간신히 논산훈련소에 입소하게 됐고 1961년 10월 21일 0041849 군번을 받았다. 그렇게라도 입대한 것이 참 다행이었다.

그때만 해도 군 입대는 마치 자식이 전장에 나가는 상황을 연상시켜 가족들은 눈물로 전송했다. 어머니는 내가 입대하는 처지를 잘 알고 있기 때문에 뭐라 말도 못하고 계속 눈물만 흘렸다. 그 상황에서 원망을 해본들 무슨 소용이 있었겠는가. 입대하는 날 정읍의 고모댁에서 자고 정읍역에서 집합해 논산훈련소행 열차를 탔다. 비는 부슬부슬 내리는데 고모는 먹을 것을 싸가지고 역에까지 나와 열차가 떠날 때까지 하염없이 눈물을 흘렸다. 평소에도 눈물이 많은 고모가 손을 흔들며 멀리 사라져 가는 모습이 지금도 눈에 선하다.

1961년 10월 논산훈련소에 입대해 훈련이 시작됐다. 나 같은 사람은 군생활에 쉽게 적응하기가 어려웠다. 그러나 다른 선택이 없는 것이 군대다. 구보, 총검술, 사격, 고된 내무반 생활 등 훈련을 힘겹게 마쳤다. 아무리 힘든 일이더라도 시간이 모든 것을 해결해 준다. 그렇지 않으면 정말 큰일이다. 우리들은 평생 동안 논산 쪽을 향해서는 오줌도 누지 않겠다고 공언하고 한겨울에 최전선에 배치됐다. 나는 강원도 화천군 백암산 골짜기 27사단 '이기자'부대 OP(*Observation Post*)에 배치됐다. OP는 최전방 고지대에 설치해 놓은 적정(敵情) 관측소다. 해발 1천m에 가까운 OP는 온천지가 하얀 눈에 덮여 있었다. OP에서의 몇 가지 잊을 수 없는 기억이 있다.

OP에는 차량이 닿지 않기 때문에 저 아래 도로까지 온 차량에서 주식과 부식을 배정받아 짊어지고 올라와야 한다. OP에 배치된 병사들은 대체로 학력이 낮은 농촌출신들과 극소수 학보병이다. 농촌출신 병사들은 짊어지는 일에 능숙했지만 나는 그렇지가 못했다. 게다가 왜소한 약골이었다. 그 중에서도 제일 무거운 것이 고구마 가마니였다. 쌀가마니보다 더 무거웠다. 이 일은 물론 초년병 몫이다. 나는 일생 동안 힘든 일도 겪어보았지만 고구마 가마니를 짊어지고 고산을 기어 올라가야 하는 그 일보다 더 힘든 적은 없었다. 쌀가마니나 고구마가마니를 지고 비탈길을 기어오르면 다리가 후들후들 떨리는데 조금만 헛디디면 굴러 떨어져 목숨이 위태롭다.

또 있었다. OP를 증축하는 데는 목재가 필요하다. 기둥으로 쓸 통나무를 베어 어깨에 메고 산비탈을 타고 옮겨 와야 한다. 생나무여서 엄청나게 무거웠다. 어깨뼈가 으스러지는 것 같았고 발걸음을 떼어놓기조차 힘들었다. 그뿐인가. 졸병들은 땔나무를 해와야 했다. 농촌출신들은 나무를 잘 해왔지만 나는 나무를 해본 적이 없었다. 여간 힘든 일이 아니다. 적게 해오면 다시 해야 했다. 산에는 땔감이 수두룩한 것 같지만 막상 나무를 하려고 보면 나무감이 눈에 띄지 않는다. 그보다 더 심각한 것은 6·25 전쟁 때 매설된 OP 부근의 지뢰다. 아직도 많이 남아 있어 이것을 밟으면 끝장이다. 노루나 멧돼지가 밟아 터지는 경우도 가끔 있었다. 상사들이 사병들 기압을 줄때 입에 붙은 말이 있다. "너희들이 까불면 때려죽이고 상부에는 작업중에 지뢰를 밟아 죽었다고 보고하면 그만이야."

근무중인 OP는 양쪽의 절벽은 빼놓고 입구와 뒤편 초소에서 보초병이 근무해야 한다. 하루 종일 혼자서 지키고 있는 초병근무는 지겨운 임무다. 특히 뒤편 초병 근무는 들락거리는 사람이 전혀 없어 모두들 지루함을 견디지 못했다. 다른 병사들이 기피하는 이 임무를 내가 자원했다. 나는 준비해 간 책도 없어 포켓 영한사전 한 권을 구해 단어를 외우기 시작했다. 그때 외운 단어 중 지금도 생각나는 것이 있다. 형용사 'profound'다. '깊은', '심원한', '마음으로부터의' 등의 뜻이다. 그때의 내 마음의 상태와 비슷했고 무언가 내게 의미가 있는 것 같아 오래 기억에 남아 있는 것 같다.

한참을 조용히 서 있다 보면 다람쥐가 오간다. 아주 가까이까지 다가온다. 서로 꼼짝하지 않고 한참 동안을 응시한다. 이 다람쥐하고라도 같이 놀았으면 하는 생각이 들지만 다람쥐는 재빨리 달아나 버린다. 초가을 눈을 들어 앞산을 바라보면 산정에서부터 잎사귀가 노랗게 물들기 시작하더니 불그스레하게 채색되어 간다. 단풍은 위에서부터 천천히 아래로 흐른다. 하루가 다르게 번져 간다. 성급한 단풍나무는 저 아래쪽에서도 새빨갛게 물든 채 시선을 끈다. 참 고운 색깔이다. 그 색깔이야말로 이 세상에서 가장 아름다운 색깔이라고 느꼈다.

나는 하루 종일 공상에 젖어 있었다. 이런 저런 생각에 빠져 있다가 지금까지 내가 살아온 역정을 회상해 보기로 했다. 내 일생을 다시 살아보기로 한 것이다. 먼저 가장 어렸을 적 에피소드를 기억해 냈다. 그리고 그로부터 지나온 일들을 더듬어 나가기 시작했다. 가족 이야기, 친구 이야기, 사랑하는 사람 이야기, 학교 이야기, 문학, 음악에서 영화 스토리까지 무진장했다. 옛일을 회상하다가 식사시간까지 놓친 일도 있다.

OP 근무자는 야간에는 하산해서 적진 가까이 다가가 잠복근무를 한다. 적진이 멀리 보이는 위장된 초소에서 적정을 감시하는 경계근무다. 얼마 전 이곳에 북한군이 잠입해 들어와 초병들의 목을 베어 갔다고 했다. 그러면 우리측도 잠입해 들어가 북한군의 목을 베어 온다는 것이다. 그렇지 않으면 그런 일이 더 자주 일어나기 때문에 항상 응징 행위를 해왔다고 선임병사가 알려 주었다. 초소에서 약 30m거리에 철조망이 쳐져 있고 철조망에는 줄지어 깡통을 달아 놓았다. 그날 밤에도 비가 내렸는데 바람이 세차게 불 때면 깡통 울리는 소리가 났다. 우리는 총을 겨눈 채 초긴장상태에서 밤을 새우고 이튿날 아침 OP로 돌아왔다.

그때 내 신변에 아주 고통스러운 일이 벌어졌다. 사병들은 작업시간이 아니면 총기손질을 해야 한다. 총기와 대검에 기름칠하며 닦고 있는데 한 동료 사병이 내 앞에서 내가 농땡이를 친다며 나를 헐뜯는 말을 했다. 순간 나도 의식하지 못한 채 내가 손질하던 대검이 그의 얼굴로 뻗혀나가 그의 눈 밑을 그어버렸다. 피가 주르르 흘러내렸다. 순식간의 일이었다. 약 3cm 가량 찢어졌다. 모두들 깜짝 놀랐고 나도 겁이 더럭 났다. 그 중 한 선임병사가 일을 조용히 처리하자고 제안했다. 돈으로 보상하라는 얘기였다. 나는 미안하다고 사과하고 그렇게 하겠다고 약속했다.

어머니에게 편지를 해 급한 일이 있으니 돈 5천 원을 속히 보내달라고 했다. 그런데 돈이 오지 않았다. 그 병사는 물론 그 병사의 고향선배인 선임병사까지 가세해 나를 위협했다. 다시 편지를 보냈지만 역시 돈은 오지 않았다. 나는 미칠 것만 같았다. 그 선임병사는 상부에 보고해서 나를 영창에 집어넣겠다고 위협했다. 뒤늦게 돈이 와 해결은 했지만 그때 속이 얼마나 탔는지 모른다.

어머니가 내 편지를 보고 그렇게 처리할 리가 없어 뒤에 알아보았더니 놀란 어머니는 병후 숙부에게 5천 원을 맡기면서 속히 나한테 부쳐주라고 했다. 그런데 숙부가 바쁜 일상에 잊어버렸다. 어머니가 다시 이야기했지만 역시 내 입장이 어떤 상태에 놓여 있는지를 모르는 숙부는 가볍게 여겨 또 잊어버렸다. 그래서 뒤늦게 어머니가 다시 부쳐준 것이다. 전화가 설치되어 있거나 지금처럼 핸드폰이 있었으면 아무 문제가 없었을 텐데 그때만 해도 강원도 백암산 골짜기와 전북 고창 시골까지는 소통이 쉽지가 않았다.

고도를 기다리며

얼마 있어 우리 소대는 산골 깊숙한 강변초소에 배치됐다. 인적이라고는 찾아 볼 수 없는 곳, 적막강산이라더니 바로 이런 데를 말하는 것 같았다. 보이는 것은 산과 강물과 물오리 떼뿐이었다. 이 초소는 들어오는 길도, 나가는 길도 없다. 절해의 고도나 다름없었다. 봄 여름 가을에는 보트를 타고 나가 주식과 부식을 타 오고 겨울에는 얼음 언 빙판 위로 썰매를 끌고 나가 주부식을 배급받아 싣고 온다. 갔다 오면 거의 하루가 걸린다. 제일 위험한 때가 해빙기다. 여기저기 녹아 있어 살얼

추운 겨울날 들어오는 길도, 나가는 길도 없고 인적이라고는 찾아볼 수 없는 강변 초소에서 보초를 서면서 책을 들여다보고 있다.

음 위를 걷다가 강물에 빠지기도 한다. 그래서 병사들은 긴 대나무 장대를 어깨에 걸치고 걷는다. 강물에 빠지더라도 장대에 걸려 살아날 수 있기 때문이다.

그곳에서 근무할 때 아주 인상 깊게 가슴속에 오래 남아있는 음향이 있었다. 해빙기가 되면 얼음 아래 강에서 울려 나오는 이상야릇한 소리다. 저 먼 곳에서 시작해 길게 울려 퍼지는 것이 동라(銅鑼)소리 같기도 했고 뱃고동 소리 같기도 했다. 어떤 때는 얼음판 아래서 고래가 울음 우는 소리 같기도 했다. 물론 나는 고래 우는 소리는 잘 모르지만 느낌이 그랬다. 얼음과 강물 사이에 간격이 생기면서 빚어지는 것 같았다. 이 강변초소에서도 나는 보초병을 자원했다.

매서운 바람이 몰아치는 추운 겨울날에도 두꺼운 파커를 입고 총을 들고 강변에서 보초를 선다. 서서 기다린다. 하루 종일 홀로 기다린다. 아무도 드나드는 이 없는 깊은 산속, 외딴 초소에서 무엇을 기다리는가. 어머니의 편지일 수도 있고, 친구의 소식일 수도 있고, 제대날짜일 수도 있고, 새로운 학교생활일 수도 있고…. 헨리 롱펠로의 애시(哀詩) 〈에반젤린〉이 떠오른다. 그리그의 〈페르귄트〉 중 〈쏠베지의 노래〉가 스쳐간다. 사무엘 베케트의 〈고도를 기다리며〉가 연상된다. 기다리는 것이 시간일 수도 있고, 약속일 수도 있고, 환희일 수도 있고,

슬픔일 수도 있고, 애인일 수도 있고, 죽음일 수도 있고, 그냥 막연한 기다림일 수도 있고…. 살아간다는 것 자체가 끊임없는 기다림의 연속이 아닐까. 한 사람의 생애는 홀로 외롭게 기다리는 것이 전부인 것 같다.

세월이 흐르면서 부대의 '학보병 최일선 배치' 원칙이 무디어져 갔다. 나는 군수과를 지원했고 대대본부 군수과에 배치됐다. 군수과를 지원한 데에는 이유가 있었다. 군수과에서는 군 트럭을 타고 다니면서 전방 OP들에 주식과 부식을 배급해 준다. 도로변에 내려놓으면 대기하고 있던 사병들이 짊어지고 OP로 기어 올라간다. 옛날 내가 겪었던 그 아슬아슬하고 참담했던 고역이었다. 부식 중에는 빵이 들어 있었는데 졸병에게는 차지가 가지 않는다. 어쩌다가 먹어 보는 그 팥빵이 어찌나 맛이 있었는지 그곳에서 그 빵을 먹어보지 않은 사람은 그 맛을 모른다. 나는 트럭에 주부식을 싣고 꾸불꾸불 위험한 낭떠러지 산비탈 도로를 달려 각 OP에 전달해 주면서 한두 개의 빵을 먹을 수 있었다. 트럭 뒤에서 혼자 먹는 이 빵맛은 정말 기가 막혔다. 나는 골프를 치면서 라운딩 중간에 휴게식당에 들러 이따금 이 팥빵을 먹곤 하는데 그때마다 그 옛날의 일이 아련히 떠오른다.

트럭을 타고 전방지역을 다니며 주부식을 나눠주는 일도 힘들고 지쳤다. 부대에서는 상황판을 작성하는 행정병이 필요했고 내가 그 일을 맡게 됐다. 동시에 군수물자 중 제 4종인 석탄을 배급해 주는 업무를 맡았다. 각 부대 사병들이 석탄을 퍼내가는 것을 지켜보고 대충 수량만 기재하면 된다. 군수과 소속 병사들은 수통에 물은 넣지 않고 참기름을 넣고 다닌다. 밥맛이 없을 때는 밥에 고춧가루를 넣고 이 기름을 부어 비벼먹으면 맛이 일품이다. 나도 그렇게 했다.

군수품에서 1종은 식량이고 2종은 부식, 3종은 총기, 4종은 땔감, 5

종은 시신으로 기억된다. 이 중 1종 담당이 요직에 해당된다. 부대 주변 민가에서 살림하는 장교와 선임하사에게 쌀가마니라도 보내주고 어깨에 힘을 준다. 이따금 회식하는 비용도 1종 담당이 맡는다. 비용을 어떻게 마련하는지는 추측에 맡길 수밖에 없다. 이따금 이로 인해 말썽도 일으킨다.

나는 뒤늦게 고창 출신의 보안부대 간부인 일등상사를 알게 됐다. 우리대대의 보안부대장이 이등중사였으니 일등상사는 대단히 높은 직위다. 그분의 도움으로 대대보안부대로 옮겨 편안하게 지내게 됐다. 이 글을 쓰면서 이 분의 이름을 아무리 더듬어도 기억이 나지 않는다. 보안부대에서의 내 임무는 서류정리와 대대장의 부대 출입시간을 적는 일이었다. 부대장은 만나는 병사들과의 대화내용도 기록하라고 지시했다. 시간이 남아돌았다. 부대원들이 연병장에서 고된 훈련을 받고 있는데 나는 군화 끈을 푼 채 모자를 벗고 의자에 기대어 앉아 헤르만 헤세의 《유리알 유희》를 읽고 있었다.

호사다마란 말이 있듯 아주 편한 군영생활이었지만 문제가 생겼다. 우리대대 보안부대장이 형편없는 친구였다. 술만 마시면 정신이상 상태가 됐다. 이 사이코가 소리를 질러대고 욕설을 퍼붓고 부하들한테 권총을 들이대면서 위협하고 집기도 마구 내던졌다. 불안하기가 그지없었다. 아무도 말릴 사람이 없었다. 모두 피하는 것이 상책이었다. 그는 술만 깨면 배가 아프다며 하루 종일 방에 드러누워 있다. 또 한 가지 한심스런 일은 부대로 오는 모든 편지를 이 부대장이 먼저 뜯어보았다. 남의 기밀을 엿보는 것이 습성이 된 데서 비롯된 것. 내 여동생 민환이가 내게 보낸 편지를 뜯어보고는 자기가 답장을 쓰기도 했다. 자기한테 답장이 오지 않자 나보고 빨리 답장을 보내도록 하라고 다그쳤다. 이름도 기억나지 않는 이 친구가 지금은 어떻게 되었는지 궁금하다.

제대날짜가 다가왔다. 그 날짜가 다가오면 매일 매일 날짜를 계산하게 된다. 어떤 친구는 달력에 매일 오전, 오후까지 검정 칠을 해놓기도 했다. 그래서 이때부터 하루하루가 가장 긴 날이라고 한다. 정말 기나긴 하루들이 계속됐다. 그때 마침 부대장이 며칠 먼저 귀향하라고 주선해 주어 얼마나 기뻤는지 모른다. 얼씨구나 좋다하고 뛰쳐나와 트럭을 잡아타고 부대를 떠나오는데 세상에 그 이상 더 기쁠 수가 없었다. 그때는 서운하다는 감정도 느끼지 못하고 후닥닥 떠나왔다. 지금에야 그 시절, 그 골짜기가 그립지만…. 백설에 뒤덮인 OP, 단풍이 짙어가는 계곡, 물오리 떠다니는 강변초소, 언젠가는 꼭 한 번 찾아가 보고 싶다.

복학, 새 친구들, 취업준비

나는 서둘러 고창에서 입대했기 때문에 서울 하숙집에 소지품을 그대로 둔 채 떠났다. 숙모께 챙겨 달라고만 부탁했었다. 제대하고 돌아와 보니 대학 교과서만 몇 권 전해줄 뿐 내 소지품들이 모두 없어졌다. 하찮은 물건들이지만 내게는 극히 소중한 것들이다. 편지도 사진도 다 없어졌다. 입대 전이나 제대 뒤나 숙모의 표정은 냉랭했다. 등록금 이야기를 단 한 번도 꺼내지 않았다. 다시 복학해야 하고 또 등록금도 내야 하는데 숙모는 그에 대해서는 한마디도 하지 않았다. 하여튼 숙모는 평생 동안 단 한 번도 그때의 등록금 이야기는 꺼내지 않았다.

제대 후 고창집에 와보니 먹을 것도 제대로 없었다. 연로한 할머니, 어머니가 힘겹게 유지하고 있었다. 민환이는 여고를 졸업하고 대학진학은 꿈도 꾸지 못했다. 나는 농협에 근무하는 집안 아저씨께 부탁해 저리의 영농자금 융자를 받았다. 그때는 농촌의 금리가 높아 영농자금은 특혜 중의 특혜였다. 어렵게 살림을 꾸려가면서 복학준비를 했다. 또다시 관송 두어 그루를 팔아 등록금을 마련했다.

3학년 2학기에 복학해서 2년 후배들과 한학년이 되어 수업을 들었

오랜만에 만난 이명박 대통령이 파안대소하며 반가워했다.

다. 나처럼 5·16후 입대했다가 제대하여 복학한 학생들이 많았고 재학생들은 군 입대를 하지 않고 계속 다녀 경영학과 학생들이 대폭 늘어났다. 학과마다 비슷했다. 재학생 중에는 뒤에 대통령에 당선된 이명박 군도 있었다. 그를 경영학과 대의원으로 선출했던 기억도 남아 있다. 뒤에 나는 동아일보에 입사하고 그는 현대건설에 입사했는데 마침 양사 건물이 무교동에 나란히 있었다. 현대건설 간부들이 동아일보 편집국 간부 몇 명을 대접할 때 자리를 함께했다. 우리는 대학동창으로서 붙어 앉아 많은 대화를 나누었다. 그 자리에 대학 선배인 김병관 동아일보 사장도 있었다. 그 당시 부사장인지 사장인지 잘 기억이 나지 않지만 김 사장이 많이 취해 분위기가 재미있었다. 나와 이명박 사장은 동아일보와 고려대학교가 잘 되어야 한다고 열변을 토했다. 특히 김 사장의 역할과 우리들이 해야 할 일들에 관해 이런 저런 대화를 나누었다. 서울시장 때도 여러 행사장 등에서 가끔 만났고 대통령후보 때는 일산에서의 그의 출판기념회에 갔더니 반가워 어쩔 줄을 몰라 했다.

동생 선환이가 숙명여대 경영대학에 수석합격했다. 고창여고는 아무래도 시골의 여학교로 졸업생 수도 몇 명 되지 않았다. 서울로 대학 진학하는 것 자체가 어려웠는데 그것도 수석으로 입학했으니 고창여고에서는 물론 고창지역의 뉴스가 됐다. 지역신문에도 났다. 수석합격이라 등록금도 면제받는다. 나는 숙대가 있는 청파동에 셋방을 얻어 동생과 자취생활을 시작했다. 선환이는 대여 장학금까지 얻어 학비를 조달했다.

나도 복학한 뒤 열심히 학점을 따 졸업하게 됐다. 졸업은 했지만 취업이 큰 문제였다. 나처럼 5·16후 입대해 제대한 복학생과 군 입대를 하지 않은 재학생들이 한꺼번에 졸업하는 바람에 취업문은 좁고 취업 희망생은 부쩍 늘어 그 당시 큰 사회문제가 됐다. 여기에 내게는 또 한 가지 장애가 있었다. 대학시절에 학과공부를 소홀히 해 학점이 좋지 않았다. 경영학과를 졸업하면 은행과 대기업에 응시할 수 있어 유리한 입장이었으나 대부분 응시자격이 B학점 이상 취득자로 한정되어 있어 응시 자체가 불가능해졌다. 그래서 은행 입사시험을 단 한 번도 치르지 못했다.

그런데 당시 신문사 입사시험에는 그런 제약이 전혀 없었다. 문호가 활짝 열려 있었다. 시험과목도 상식과 작문뿐이었다. 응시생들이 구름같이 몰려들었다. 신문사마다 경쟁률이 100 대 1이 훨씬 넘었다. 언론사 기자직 합격은 하늘의 별따기였다. 그러나 기자직은 내 취향과도 맞아 그쪽으로 방향을 확고하게 잡았다. 시간 나는 대로 신문을 읽으면서 상식 참고서도 많이 들여다보았다.

할머니 별세

할아버지가 돌아가신 후 5년이 지난 1965년 10월 5일 할머니도 세상을 떠났다. 1890년 7월 11일 탄생했으니 향년 75세였다. 농촌에서 10월은 가을걷이가 한창이다. 며칠에 걸쳐 벼 타작을 하고 가마니에 담아 곳간에 그득 채워 놓았다. 봄부터 서둘러 그제야 1년 농사를 모두 마치고 숨을 돌렸다. 그날 곰국을 끓여 민환이가 할머니께 갖다 드렸다. 할머니는 뜨끈한 곰국에 밥을 말아 맛있게 잡수시고는 "맛있게 먹었다. 그런데 왜 이렇게 눈이 어둡냐"고 하더니 드러누웠다. 그리고는 바로 조용히 눈을 감았다. 민환이 혼자서 임종한 것이다.

어렸을 적 그토록 나를 애틋하게 사랑해 주었던 할머니가 저 세상으로 떠나셨다. 호랑이 할머니로 정평이 났고 욕심 많은 할머니로도 알려졌지만 우리 집안이 이만큼 잘 살게 된 것은 할머니 덕이다. 어떻게든 알뜰살뜰 살림을 모으고 절약해 집안을 일으킨 어른이다. 할머니는 밤마다 모시를 고르면서 이따금 자신의 시어머니 이야기를 했다. 모시를 다듬으려면 일일이 올을 비벼 고르는데 그 올을 무릎에 대고 비벼야 한다. 증조할머니는 저녁내 모시를 다듬었는데 아침에 일어나보면 그 노란 모시가 벌겋게 물들어 있다는 것이다. 무릎에 계속 비벼 대어 무릎이 헐어 피가 배어나면서 모시를 붉게 적셔 놓은 것이다.

할머니는 의외로 자상했고 정도 많은 분이다. 가난한 집이거나 여유 있는 집이거나를 가리지 않고 이웃집에서 누가 아프면 찾아가 환자를 위문하고 약이나 비방을 일러 준다. 또 상을 당하면 제일 먼저 앞장서 찾아가 시신을 둘러보고 장례를 제대로 치르도록 도와주었다. 물론 곡식이나 계란 등을 가지고 가 부조도 빼놓지 않았다. 가까운 집안이면 하루에도 몇 번씩 들러 도와주었다.

여동생 민환, 선환이가 할머니와 어머니 아래에서 자라며 학교에 다

넜다. 주변에서 할머니를 '욕심쟁이 어른'이라고 말하기도 한다. 그러나 가장 오래 동안 할머니와 어머니를 모신 민환이는 할머니를 존경한다. 할머니 아니었다면 그 어려운 때 우리 집안이 제대로 지탱해 오기가 어려웠다는 것. 어머니는 대가 물러 큰일을 감당해 내지 못한다는 것이다. 그리고 친인척들은 물론 그 대단한 숙모들, 고모들, 임실엄마 등을 꼼짝 못하게 하고 큰집을 지켜온 분은 어머니가 아니라 할머니라는 것이다. 우리집이 온전하게 보존돼 온 것은 할머니 덕이다.

민환이도 친구들을 좋아해 집으로 자주 데려왔다. 한 번은 여고 때 학교에서 집근처로 소풍왔다가 돌아가던 중 스무 명도 넘는 친구들을 집으로 데려왔다. 그때는 한 끼 식사도 쉽지 않은 시절이다. 할머니는 큰 소리로 "너 미쳤냐. 정신이 나갔구만" 하며 한참 동안 욕설까지 하고는 부엌에 대고 "수제비 쑤어 저애들 먹여 보내라"고 하시어 친구들이 잘 먹고 놀다갔다는 것이다. 이런 일을 여러 차례 겪은 민환이 친구들은 할머니의 성품을 잘 알기 때문에 모두들 킥킥대며 즐거워했다고 한다.

선환이도 할머니께 고맙게 생각한다. 그 당시 집안의 경제사정 등 모든 상황이 자신이 대학에 진학한다는 것은 큰 무리였다. 그런데도 성깔 있는 선환이는 포기하지 않고 대학입시 공부에 매달렸다. 그 시절 할머니의 생각으로는 말이 안 되는 일이었을 것이다. 말로는 "집안도 어려운데 다 큰 처녀가 대학은 무슨 대학이냐"고 하면서도 선환이가 공부할 수 있도록 도와주었다. 농촌에서 일손이 모자라 쩔쩔 매고 집안에서도 할 일이 태산 같았는데도 공부하는 선환이는 일체 일을 시키지 않고 식사까지 챙겨 주었다고 한다. 선환이는 지금도 그런 할머니의 고마움을 잊지 못해 눈물짓는다.

나는 할머니 상사를 치르자마자 서둘러 상경준비를 했다. 신문사 입사 시험일이 이틀 앞으로 다가왔기 때문이다. 상복을 벗고 양복으로 갈아입은 뒤 할머니 빈소에서 하직인사를 올리는데 눈물이 펑펑 쏟아졌다. 설움이 복받쳐 올랐다.

그 당시 상가 빈소에 들어서면 모두가 곡을 한다. 직계 존속은 '아이고, 아이고' 하며 곡을 하고 그 외에는 '어이, 어이' 하며 곡을 한다. 그러나 곡의 심도는 두 가지로 확연히 다르다. 하나는 형식적으로 소리내어 하는 곡이고 다른 하나는 슬픔에 젖어 울음 우는 것이다. 울음 우는 경우도 두 가지가 있다. 하나는 단순히 고인에 대한 애틋한 감정에서 우는 것이고 다른 하나는 제 설움을 토해 내는 것이다. 본인이 어려움을 겪었거나 겪고 있는 때에는 더욱 세차게 곡을 한다. 말 그대로 통곡(慟哭)이다. 그래서 상가에서는 '곡도 제 설움으로 한다'고 한다. 내 경우도 울음이 잘 나오지 않을 때는 고인과의 어떤 추억을 회상해 슬픔을 자아내면서 곡을 한 때도 있었다.

오랜만에 양복을 입은 채 할머니 빈소에서 하직 인사를 올리는데 고인에 대한 애틋한 감정과 죄송스러움, 그리고 내 설움이 겹쳐 눈물이 쏟아졌다. 3년상을 입는 장손으로서 겨우 장례가 끝나자마자 떠나가려니 큰 불효를 한다는 죄스러움이 앞섰고 대학을 졸업한 내가 조속히 자리를 잡아야 하는데 그것이 너무도 힘들고 어려운 상태였기 때문이다.

바늘구멍 신문사 시험과 동아일보 합격

나는 할머니 상사(喪事)를 치르자마자 상경해서 신문사 입사시험에 응시했으나 낙방했다. 상심이 컸다. 나는 아무것도 할 수 없는 무능한 인간이라는 열등감이 엄습해 왔다. 거기에 누적된 피로에 몸살까지 겹쳐 고열에 앓아눕게 됐다. 며칠 심하게 앓고 겨우 일어나 어쩔 수 없이 대한일보에도 응시했다. 1차 합격자 발표에 들어있었다. 2차도 성적으로 선발하겠지만 그때 주위에서 꼭 그렇지는 않다고들 했다. 대한일보는 한양대학교와 더불어 백씨 집안 소유다. 마침 병후 숙부, 숙모와 고려대학 같은 학과 동창인 백완 씨가 실세로 알려졌다. 평소에도 가깝게 지내는 사이였다. 두 분이 백씨와의 지난 일들을 열거하면서 걱정하지 말라고 했다. 그래서 두 분 중 한 명이 백 씨를 찾아가 당부했다. 그러나 2차 발표를 보니 떨어졌다.

이번엔 조선일보에 응시해 1차에 합격했다. 2차에 대비하고 있는데 숙부가 편집책임자인 선우휘 씨가 같은 정훈장교 출신으로 아주 가깝게 지내는 사이라며 걱정하지 말라고 했다. 집안 형편으로 보아 내가 이번에는 꼭 합격해야 한다는 것을 숙부도 잘 알고 있었다. 사실 우리 집안에 숙부 말고는 누구 한 명 찾아가 의논해 볼 사람도 없었다. 지푸라기도 잡고 싶은 심정이었다. 주변 여건이 그 당시는 여유를 부릴 여지가 없었다. 숙부가 찾아가서 힘썼지만 역시 2차에서 낙방했다.

그 당시 숙부는 한국수산개발공사에서 근무했다. 군에서 모시던 이한림 장군이 사장으로 취임해 함께 있었다. 이 장군은 숙부밖에 모른다는 이야기가 널리 알려져 있었다. 사석에서는 더욱 그랬다고 한다. 두 분간의 무용담도 많다. 가족들도 그 이야기를 듣고 또 들었다. 이 수산개발공사에서 신입사원을 모집한다는 사고가 신문에 게재됐다. 숙부가 인사과장이었는데 바로 그 소관이다. 대령 예편한 숙부가 인사과장이고 준장 예편한 분이 총무국장이다. 두 분 사이도 아주 친밀했다. 내 사정을 잘 알고 있는 숙부가 응시하라고 해서 입사시험에 응시했다. 나의 입사에 대해서는 주위에서 모두 낙관했다. 그런데 윗분에게 '인사'를 해야 한다고 했다. 돈이 필요한 것이다. 나는 누님밖에 부탁할 데가 없었다. 누님도 어려웠지만 내 취직을 위해 그때 돈 5만 원을 보내주었다. 이 돈으로 8폭 병풍을 사 이한림 사장댁에 갖다주었다. 회사는 상당한 인원을 선발했지만 역시 나는 떨어졌다.

얼마 후 숙부가 여러 명이 함께 하는 저녁식사 자리에서 취기에 이런 말을 했다. "강환이가 논문은 1등을 하고 전체로는 2등을 했는데 내가 안 뽑았어. 저 녀석이 나를 넘어설까봐 떨어뜨려 버렸지."

나는 그때 이 말을 그대로는 믿지 않았다. 우선 숙부는 주변에서 "자기회사에서 '천하의 조병후'가 조카 하나 합격시키지 못했느냐"는 힐난에 면목이 없어 그냥 한 말씀이라고 생각했다. 그리고 내 성적이 그렇게 우수했다는 데에도 확신은 서지 않았다. 그리고 나는 약간은 알고 있었다. 숙부 사무실에 들렀다가 숙부와 총무부장이 대화하는 내용을 들었다. 그 부장이 숙부에게 "국회의원들 부탁도 다 못 들어주는데 조카는 무슨 … " 하고 핀잔을 놓았다. 그때 수산개발공사는 국회에서 예산을 따내는 일이 매우 중요했다. 숙부도 매일 국회에 가 로비하고 있었고 집에서 식사할 때는 국회의원을 어떻게 매수했는지 그 방법까지 자세히 설명했었다. 그렇지만 아무리 내가 밉다고 해도 그렇게까지 말씀한 데 대해서는 서운한 감을 떨쳐낼 수가 없었다. 그 이야기는 잊으려 해도 잊혀지지 않았다. 숙부가 나를 떨어뜨리지는 않았겠지만 그 당시 나에 대한 정이 옛날과는 다르다는 것을 느꼈다.

그 후 신아일보에도 응시했다. 1차에 합격했다. 이번엔 집안에 이야기도 하지 않고 기다렸더니 2차까지 합격했다. 합격은 했어도 신명이 나지 않았다. 출근해보니 여러 가지 근무여건도 탐탁치가 않았다. 그곳에서 한 달쯤 근무하고 있는데 동아일보 견습기자 시험일정이 발표됐다. 기다리고 기다리던 발표였다. 1965년 11월이었다. 즉각 응시했다. 동아일보의 작문제목은 매년 외자로 출제됐다. 이번의 주제는 '종(鍾)'이었다. 나는 약간의 구도를 세운 뒤 생각이 이끄는 대로 정신없이 써나갔다. 지면을 다 메웠다. 그날 저녁 명동 곱창집에서 이상원 군과 그의 여자친구 김정순 양과 함께 소주를 마시면서 내가 쓴 작문내용을 외우다시피 장황하게 설명해나갔다. 그때 어떻게 요란하게 떠들어댔는지 이 군은 그 후 40여 년 동안이나 그날 저녁의 일로 나를 놀려댔다.

고진감래(苦盡甘來)라고나 할까. 나는 동아일보 편집국 견습기자 시험에 합격했다. 어머니는 말할 것도 없고 숙부모, 고모, 누나, 동생들, 친구들 모두 기뻐해주었다. 그 당시 동아일보의 영향력은 대단했다. 그 어느 신문사도 추종을 불허했다. 그때 대학가에서는 이런 이야기가 있었다. 공직은 고등고시, 금융은 한국은행, 언론은 동아일보라는 3대 고시를 공공연히 언급했다. 그 중에서도 신문기자는 '사회의 목탁(木鐸)', '무관의 제왕'으로 군림했다. '동아'는 보수나 인사 등 직장의 안정성 측면에서도 최선의 선택이었지만 내 취향에 맞는 언론에 전념할 수 있게 된 것이 참으로 즐거웠다. 솔직히 말해 내가 살아오면서 그때가 제일 기뻤다. 내 마음은 물론 내 발걸음도 신바람이 났다.

그 후 숙부가 어떤 자리에서 강환이도 잘했지만 자신이 힘써 동아일보에 합격했다는 말을 했다는 전언이 있었다. 그러나 나는 그 말을 전혀 믿지 않았다. 그때 사주의 딸도 합격시키지 않았다는 동아일보에서 누구의 부탁으로 합격시킬 리가 없다고 판단했다. 그리고 대한일보, 조선일보, 수산개발공사의 상황에서 뼈저리게 느낀 것들이 있기 때문이다. 그러나 그런 경험들이 두고두고 나의 독립의지와 경쟁력 강화에 큰 보탬이 됐다고 생각한다. 그리고 숙부도 나를 위해 나름대로 노력했을 것이라고 생각한다.

아내 강추자

1966년 1월 편집국 견습기자로 출발했다. 이렇게 30년 평생직장을 시작했다. 동아일보에 입사한 뒤 동기생인 문준호 군이 여대생들과 잘 어울려 동기생 몇 명이 집단미팅을 하는 기회가 몇 번 있었다. 또 그때 신문회관에서 각 신문사 66년도 입사자 합동이수과정이 있었는데 그 중에 여기자도 몇 명 있어 접촉할 기회가 있었다. 그 중에 현대경제일

금강산 비로봉에서 아내와 함께.

보 차은자(車恩子) 기자가 조그맣고 예쁘장했다. 독특하면서도 우수한 여기자다. 나는 차은자와 자주 만나 차도 마시고 식사도 하고 영화구경도 했다. 차은자는 이화여대 국문학과를 졸업했다. 어느 날 만나기로 약속해 현대경제일보 부근 다방으로 갔는데 거기에 대학 같은 학과 후배와 함께 있었다. 차은자가 소개해 셋이서 이런 저런 이야기를 나눴다. 그 후배는 예쁜 얼굴에 지적이면서도 조용하고 얌전한 인상의 아가씨였다. 잡지 여상(女像)의 기자라고 했다.

그 후 이 여기자와 우연히 세 번이나 마주치게 됐다. 한 번은 동아일보 앞 광화문지하도에서 지나가다 만났고, 두 번째는 동아일보 편집부의 내 책상 바로 앞에 있는 김성열 편집국장대리에게 원고청탁을 하러 왔다가 만나게 됐고, 세 번째는 시청앞길을 걷다가 마주쳤다. 내가 동아일보에서 발간하는 신동아를 보내주겠다고 했더니 이 여기자는 여상을 보내주겠다고 했다. 그래서 차를 같이 마셨고 저녁도 함께 했다. 데

이트가 시작됐다. 이 여기자가 바로 내 아내 강추자(姜秋子)다.

우리는 퇴근 후 거의 매일 만났다. 여상 사무실이 시청 앞에 있었고 집도 동아일보 건너편 세종문화회관 뒤쪽 내수동에 있어 우선 지리적으로 가까웠다. 우리는 주로 명동에서 데이트를 했는데 내 입맛에 맞는 '진고개' 음식집에 자주 가 식사를 했다. 이따금 영화관람도 했고 주말에는 정릉 뒷산과 수도권 관광지 등을 찾아 등산도 다니면서 즐거운 시간을 가졌다. 한 번은 관광버스를 타고 야외로 나가 정신없이 돌아다니다가 차를 놓쳐버려 귀경하느라 고생한 일도 있었다.

최청림, 김양일, 이상원 등 내 친구들과도 몇 차례 자리를 같이했고 얼마 뒤 그 부모와 상면했다. 그 어머니와 함께 고창에도 내려가 우리 어머니와 인사를 나누었다. 그때의 관례대로 약혼식을 했고 1968년 5월 25일 신문회관에서 고재욱 동아일보 사장 주례로 결혼식을 올렸다. 많은 하객들이 축하해주었다.

아내의 집안은 내수동에서 오래 살아온 순 서울토박이 집안이다. 재산은 없었지만 비뚤어지지 않은 집안이다. 장인, 장모는 순박한 서울사람으로 선량한 분들이었다. 나는 그때 아내 한 사람만 보았지 처가 집안의 형편이나 내력은 별로 고려대상에 넣지 않았다.

아내는 숙명여고 3학년 때 이화여대에서 주최하는 전국고교생 문예콩쿠르에서 희곡 〈녹 슬은 음계〉로 1등 없는 2등에 입선했고 즉흥시 부문에서도 2등을 해 최고득점상을 수상했다. 아내는 문예에 소양이 있었다. 이화여대 국문과에 진학해서는 연출, 조연출을 맡아 잡다한 연극 뒤치다꺼리를 마다않고 해냈다고 본인은 회고한다. 아내는 연극만 하다 졸업하는 것 같은 생각마저 들 정도로 대학생활은 연극에 빠져 있었다고 털어놓았다.

아내는 대학졸업 후 여상 기자로 근무하다가 결혼했고 어린애 셋을 낳은 후 1974년 다시 창작활동을 시작했다. 결코 쉽지 않은 일이다. 77

년 동아일보 신춘문예 희곡부문에 입선해 문단에 등단했다. 아내는 나름대로 창작활동을 계속하여 80년 국립극장 장막극에 당선했고 작품 〈공녀 아실〉이 국립극장에서 공연되기도 했다. 이어 작품 〈당신의 왕국〉으로 대한민국 신인우수상을 수상했고 희곡집 〈고양이 쥬리는 어디로 갔을까요?〉로 희곡작가협회상도 수상했다.

우리는 서울에서 결혼식을 올렸지만 고창에 내려가 전통혼례식을 올리고 친인척을 초대하는 잔치를 베풀어야 했다. 그래서 경비도 절약할 겸 신혼여행을 온양온천으로 갔다. 그때는 온양으로 신혼여행가는 경우가 적지 않았다. 온양관광호텔에서 하룻밤을 잤는데 이튿날 아침 일찍 온양 옆 아산 신창에 사는 대고모부가 방으로 찾아오셨다. 처가의 종손이 자기마을에 왔는데 다른 곳에서 지내면 되겠느냐며 집으로 데리고 갔다. 집은 큰 규모의 저택이었고 대고모를 비롯 아저씨, 한선고모 등이 아주 반갑게 맞아주었다. 이틀 동안 머물며 잘 먹고 잘 지내고 고창으로 내려갔다. 고창에서는 예정된 대로 많은 하객들이 찾아와 전통혼례를 올린 뒤 흥겨운 잔치가 벌어졌다. 아내는 가보로 보존되어 오는 원삼 족두리를 입고 쓰고 했다. 우리 집안에서는 큰 행사였다. 상사(喪事)만 계속 이어지다가 오랜만에 맞는 경사였다. 누구보다 어머니께서 기뻐했다. 아내를 데리고 할아버지 할머니 아버지 산소에가 참배하고 이틀 후 상경해 편집부 업무에 복귀했다.

신혼 무렵

그 당시 나는 경제적으로 어려웠다. 월급여액이 적어 돈을 저축할 수가 없었다. 원래 어려서부터 돈을 모르고 자랐다. 월급은 그때그때 다 써버렸다. 돈이 그토록 필요한 것이라는 것을 결혼을 앞두고 실감했다. 결혼은 해야겠는데 거처할 곳을 마련할 능력이 되지 않았다. 그때 누님은 경제적으로 상당한 여유가 있었다. 안병달(安炳達) 자형이 나를 찾아와 시골에서 국민학교에 다니는 큰딸 성림이를 서울 남산국민학교로 전학시켜달라고 했다. 그때는 국민학교부터 서울에서 다녀야 원하는 중고교 진학이 용이했다.

자형은 서울대 농대를 졸업했지만 취업이 뜻대로 되지 않자 시골벽지인 정읍군 산내면 등지로 찾아들어가 양조장 사업을 시작하여 점차 확장해나갔다. 그래서 꽤 돈을 모았다. 그때 시골에서는 양조장 사업이 호황이었다. 자형은 이전부터 서울에 오면 광화문 동아일보사로 나를 찾아오곤 했다. 자형은 너무나 외모를 갖추지 않아 수위실에서 이상한 사람이 찾아왔다고 알려줄 정도다. 빛바랜 벙거지 모자에 흙투성이 신발을 신고 찾아오면 나도 시선을 두기가 곤란했다. 그러나 그때마다 성의껏 점심을 대접하곤 했다. 자형은 극히 비사교적이고 외모에 신경을 쓰지 않는 성격이지만 나름대로 안목과 통찰력이 있었고 그 뒤로 상당한 사업수완도 발휘했다. 그러나 나와는 성격이나 취향이 전혀 달라 거의 외면하고 살아왔다.

나는 사회부의 서울시교육위 출입기자에게 부탁해 성림이의 서울 전학을 도와주었다. 그런데 서울에서 어린 성림이를 데리고 있을 적당한 사람이 없었다. 그래서 누님이 학교에 가까운 회현동에 전세방을 얻고 우리 부부가 성림이를 데리고 있으면서 숙식을 해결해주기로 했다. 그렇게 되면 양쪽의 문제가 모두 해결된다. 방은 꽤 큰 두 개다. 이렇게 신접살림이 시작됐다. 그때는 대부분의 신혼부부가 전세방에서 살림을 시작했다. 그렇지만 우리는 전세방조차 얻지 못해 누님이 도와준 것이다. 선환이는 숙명여대 재학중이고 문환이도 재수를 하게 되어 서울로 올라와 학원을 다니고 있었다. 우리 부부도 그곳에서 장녀 규미(奎美)를 낳았다. 그래서 식구가 모두 여섯 명이나 됐다.

그러나 성림이의 성질이 보통이 아니어서 아내가 오래 견디기가 힘들어졌다. 그러면서 양가에 잡음이 나기 시작했다. 우리는 결혼 후 조금씩 저축을 하게 되어 서대문구 문화촌 아파트로 옮겼다. 12평짜리 작은 아파트다. 이곳 역시 방은 둘에 부엌뿐이었지만 우리부부는 만족했다. 우리 아파트에는 그때 동아일보에 다니는 이상하 선배와 최동호 씨가 함께 거주했다. 그때는 동생 문환이와 규미 외에 규영(奎英), 규진(奎眞)까지 낳아 딸 셋이 자라고 있었고 식모아이도 있어 비좁기는 마찬가지였다.

민환이는 벌써 결혼해 고창에서는 어머니 홀로 지냈는데 선환이가 대학을 졸업하자 고창으로 내려갔다. 서울에서 취직할 생각도 해보았지만 고창여고에서 교사로 초빙한 데다 어머니도 모실 겸 내려갔다. 몇 년 후 선환이도 김제 출신의 해군대위 이송구(李松求)와 결혼했다. 선환이는 남편 근무지인 진해로 가 그곳에서도 한동안 교편을 잡았다. 해군사관학교 출신인 이 대위는 대령까지 진급하여 강력한 장성진급 후보자로 알고 있었으나 끝내 실패했다. 주변에서는 그 당시 전라도 출신으로 장성진급을 한다는 것은 거의 불가능한 일이라고 했다.

선환이가 결혼하면서 어머니는 몸도 불편한 채로 다시 홀로 지내게 됐다. 나는 결단을 내려야했다. 어머니를 서울에서 모시기로 했다. 그러나 문화촌아파트가 너무나 비좁았다. 그래서 고향집 뒷논 중 조금 떨어져있는 방아틀 논 세마지기를 팔기로 했다. 논을 팔고 저축한 돈을 합쳐 역촌동에 집을 샀다. 서울에서 처음으로 제대로 된 주택을 마련했다. 방이 4개에 거실까지 넓어 여유가 있었다. 그때 나는 무엇보다 어머니를 서울에 모시게 돼 아주 기분이 좋았다. 그때 비로소 모든 것이 정상상태에 이르렀다는 느낌이 들었다. 그 당시 어머니와 관련해 특별히 기억에 남아있는 것이 몇 가지 있다.

한 번은 어머니가 나를 부르더니 아내와 각방을 쓰라고 했다. 그것이 법도(法度)라는 것이다. 나도 그런 내용을 알고 있어 바로 각방을 썼다. 아내는 그것을 잘 이해하지 못하는 것 같았지만 어머니가 하라는 대로 했다. 우리 식구들은 모두 안방에서 함께 TV를 보고는 어머니는 어머니 방으로, 나는 서재 방으로 가서 잤다. 그렇게 한참을 지내왔다.

그런데 사고가 발생했다. 어머니는 뇌졸중 후유증으로 한쪽 발을 약간 절었다. 한쪽 손도 불편했다. 그래서 매일 밤 TV를 보고 나면 아내가 어머니 손을 잡고 어머니 방에 모셔다 드리고 나왔다. 어느 날 밤 아내가 모셔다 드리고 나온 뒤 어머니의 비명소리가 들렸다. 쫓아가 보았더니 어머니가 문 옆에 쓰러져 있었다. 넘어지면서 손을 잘못 디뎌 한쪽 손목이 부러졌다. 나는 즉각 어머니를 모시고 가까운 병원으로 달려가 치료를 했다. 치료하고 완쾌되었지만 노인이 뼈를 손상했으니 예전 같지가 않았을 것이다. 그 후 노환은 점점 심해져 어머니가 대소변을 제대로 가리지 못하게 됐다. 아내가 뒤치다꺼리를 하느라 고생이 심했다. 아내의 짜증도 심해졌다.

일이 꼬이려니까 또 한 가지 사건이 발생했다. 누님이 어머니를 뵈려고 역촌동 집에 왔는데 마침 아내는 집을 비웠고 어머니의 방문이 열리지가 않았다. 손잡이가 고장난 것이다. 문은 바로 열 수 있었지만 큰 오해를 불러일으킬 수도 있는 일이었다. 이 같은 일련의 사태로 부부싸움도 잦아졌다.

설상가상으로 시누이들 입에서 난처한 말들이 오갔다. 어머니가 혼자서 넘어진 것이 아니라 아내가 모셔다 드리면서 밀어뜨려 넘어졌다는 것이다. 아내는 펄쩍 뛰었지만 그런 이야기를 듣고 나도 처음에는 속으로 아내를 의심해보지 않을 수 없었다. 물론 어머니는 그렇게 말씀하지 않았지만 시누이들 말로는 어머니가 그렇게 말했다는 내용도 들렸다. 그러나 나는 그렇게 생각하지 않았다. 아내가 절대로 그렇게 할 사람이 아니라는 것을 믿고 있었다.

얼마 후 어머니가 고창으로 다시 내려가고 싶다고 했다. 나는 적극 반대했지만 어머니도 누님도 그렇게 하자고 했다. 나는 누님 말을 따르는 편이다. 그래서 간병인을 붙여 내려가 계시도록 했다. 나는 이따금씩 고창에 내려갔는데 뵐 때마다 노쇠해진 어머니의 모습이 너무나 안쓰러웠다. 고창에 내려가면 항상 안방에서 어머니를 모시고 잤다.

나는 요즘도 그때의 꿈을 자주 꾼다. 이부자리를 펴고 방 앞뒤 문은 물론 대청, 부엌 문고리를 단속하고 어머니와 동생들과 함께 자는 꿈을 꾼다. 안방뿐만 아니라 머릿방에서 자던 꿈도 꾼다. 그런 꿈을 수백 번도 더 꾸었다. 나는 서울에서 50여 년을 살았지만 꿈속에서는 지금도 고창에 살고 있는 것이 아닐까.

여자친구 박정자

그즈음 어느 겨울 주말, 어머니가 보고 싶어 서울을 훌쩍 떠나 고창으로 가는 급행열차 태극호에 올랐다. 열차 안에서 우연히 동아방송 성우 박정자를 만났다. 평소 회사에서 먼발치로만 알고 지내다가 고향 가는 열차에서 만나니 반가웠다. 어디 가느냐고 물었더니 친구들과 내장사, 백양사 등 정읍, 고창의 산중여행을 떠나왔다고 했다. 뚜렷한 목적지를 정해 놓지 않고 나선 〈겨울 나그네〉였다. 나는 르네쌍스에서 피셔 디스카우의 그 노래를 듣고 또 들으며 몽환 속에서 방랑했었다. 그런 기분에서 대뜸 고창 우리집으로 가자고 제안했다. 그랬더니 모두 대찬성이었다. 박정자, 오은환, 이이지, 장명희, 구향 등 '말' 같은 처녀 6명을 데리고 우리집으로 갔다.

어머니가 놀라면서도 반갑게 맞아주었다. 어머니는 아들이 하는 일은 다 존중해준다. 이 손님들을 머릿방으로 '몰아'넣었다. 저녁밥을 시골음식으로 정성껏 대접했다. 겨울밤 따뜻한 방에 펴놓은 이불속에 모두 함께 발을 파묻고 촛불아래 어머니가 내주시는 유과, 감, 식혜 등을 맛있게 먹으며 정겨운 이야기 나누고 노래를 불렀다. 이 처녀들 모두 산촌의 분위기를 너무 좋아했다. 그때 누군가 지금 눈이 내렸으면 참 좋겠다고 말했다. 내가 방문을 열었다. 밖에는 하얀 눈이 펑펑 내리고 있었다. 초가지붕과 감나무 가지 위로 소복이 쌓였다. 모두들 탄성을 질렀다.

박정자와는 그후 오랜 친분을 유지해 왔다. 우리는 아주 떳떳하고 친밀한 친구다. 그는 어디서나 나를 남자친구라며 반가워한다. 그는 아내보다 이화여대 1년 선배다. 아내도 연극 연출을 했고 희곡작가였으므로 연극인이다. 그러나 둘이서는 별로 친숙하게 지내지는 않는 것 같다. 나는 그의 남편 이지송 씨도 알고 지낸다.

나는 영화는 아주 좋아하지만 연극에 심취해 있지는 않다. 솔직히 말해 박정자 때문에 연극을 자주 보게 됐다. 그러다보니 손숙 씨나 임영웅 씨와도 친숙하게 지낸다. 연극은 아내와 함께 가서도 관람했고 많은 친구들을 몰고 가 관람하기도 했다. 내가 책임을 맡고 있던 천지로타리클럽 회원들이나 방송통신연구원 회원들이 대거 몰려가기도 했다. 그의 대표적 작품들은 대부분 관람했다. 〈어디서 무엇이 되어 만나랴〉, 〈위기의 여자〉, 〈신의 아그네스〉, 〈엄마는 오십에 바다를 발견했다〉, 〈19 그리고 80〉 등.

한 20년쯤 전 논설위원실에서 근무할 때 박정자한테서 전화가 왔다. 친구가 외롭게 연극을 하고 있는데 와보지도 않아 너무 서운하다고 했다. 여자에게 약한 나는 꼭 가보겠다고 약속했다. 그런데 마침 그날 저녁 꼭 참석해야 할 술자리가 생겼다. 술을 많이 마시고 뒤늦게 산울림극장으로 쫓아갔다. 극장에서는 한창 연극 〈엄마는 오십에 바다를 발견했다〉가 공연중이었다. 박정자가 열연하고 있었다. 관객은 그리 많지 않았다. 나는 극장안 나무계단을 뚜벅 뚜벅 걸어 앞자리까지 내려가 앉았다. 박정자는 연기하다 말고 나를 쳐다보았다. 나는 늦어서 미안하다는 생각이 들면서도 내심 약속한 것은 꼭 지킨다는 것을 확인해주고 싶었다.

박정자가 공연할 때면 으레 연극이 끝난 후 분장실로 가 포옹하면서 성공적 공연을 축하해주곤 했다. 그날도 분장실에 들렀다. 그런데 박정자가 야단이었다. 어떻게 공연중에 '군화'발로 '쿵쿵' 큰소리를 내면서 장내를 망쳐놓고 거기다 졸기까지 하느냐는 것이다. 그렇게 눈을 흘기고는 활짝 웃는다. 나는 군화는 신지 않았지만 발걸음 소리가 그렇게 들렸던 것 같다. 박정자는 참 다정한 사람이다. 우리는 둘이 나와 카페에 가 맥주 몇 잔을 마시며 담소를 나눴다. 그리고 보니 그날 저녁이 크리스마스 이브였다. '메리 크리스마스'하며 헤어져 집에 들어오니 꽤 늦었다. 아내가 어디 갔다 이렇게 늦게 오느냐고 묻기에 사실대로 이야기했다. 아내는 크리스마스 이브에 그 무슨 짓이냐며 대단히 화를 냈다.

나는 박정자 후원모임인 꽃봉지회 회원이 되어 주변의 많은 친구들도 함께 참여하도록 도왔다. 또 박정자가 이사장을 맡아 주도하는 한국연극인복지재단에도 후원을 했다. 방송위원회 상임위원으로 있을 때는 방송공익자금으로 연극도 지원하도록 힘썼다. 방송공익자금위원회는 상당한 영향력을 갖고 있다. 거액의 방송발전기금을 방송 및 문화예술계에 배분하는 권한을 갖고 있다. 상당한 인물들이 이 위원회 위원이 되기를 희망했다. 내가 박정자를 추천해 위원이 됐다. 박정자는 회의차 방송위원회에 들를 때마다 내 사무실에 와 업무가 생각보다 대단한 자리라고 했다. 그렇게 위원으로 얼마동안 활동하더니 어느 날 찾아와 그만두겠다고 했다. 자신은 연극밖에 모르는 사람인데 연극 외의 다른 일은 하고 싶지 않다는 것이다.

나는 방송위원 임기를 마친 뒤 사단법인 방송통신연구원을 설립했다. 창립기념 만찬장에 박정자는 다른 일 제쳐두고 재즈가수 윤희정과 함께 와 노래도 불러주고 후원금도 내주었다. 박정자는 연극배우지만 노래 솜씨는 가수 빰칠 정도다. 두 사람이 정성껏 도와 그 자리가 아주 빛이 났다. 다른 일정 모두 뿌리치고 온 친구 윤희정에게도 깊은 고마움을 느낀다.

박정자가 예술원 회원이 됐다. 평생 바쳐 큰 업적을 이룬 공로를 인정받았다. 그의 '연극일생'은 충분히 그럴 만하다. 축하연에도 찾아가 진심으로 축하해 주었다. 2008년 9월 동아일보 전직사원들로 구성된 동우회에서 그를 자랑스런 동우(東友)로 선정했다. 동우회보에서 박정자 인터뷰를 해야 하는데 해줄 만한 사람이 없다면서 나보고 좀 해달라고 했다. 나는 기자로서 인터뷰를 한 지 근 20년이 넘는데다 친구를 인터뷰하는 것이 좀 쑥스럽고 뜬금없기도 해 망설이다가 그에게 전화를 걸었다. "우리 좀 만납시다"고 했더니 "뭐 하게"하고는 깔깔 웃는다. 이게 바로 박정자다. 내 연구원 사무실에서 만나 이야기를 나누고 동우회보에 전면으로 인터뷰 기사를 게재했다. 거기에 고창 우리집에 함께 갔던 옛일도 기록했다. 많은 동우들이 그 기사를 읽고 안부전화를 걸어 왔다.

어머니 별세

우리 부부는 결혼하자마자 딸 셋을 연거푸 낳았다. 그런데 동아일보 사회부 근무 직원들 대부분이 딸부자들이었다. 주변에서는 술만 퍼먹고 다녀서 딸만 낳는다고들 했다. 사회부에 근무한 한우석, 이상하, 남중구, 정구종, 어경택 등 모두 딸들이 많았다. 다른 언론사에도 그런 현상이 있었다. 술을 많이 마셔서 체질이 산성이 되어 그렇다는 것.

아내가 아무리 서울사람이라 해도 우리 집안 형편이 종손의 대를 이어야 한다는 데는 이의가 있을 수 없었다. 그러나 계속 딸만 낳자 걱정이 됐다. 우리는 일단은 출산을 중지하기로 했다. 그러자 고창 집안어른들이 성화를 대기 시작했다. 거기에 우리가 이미 단산조치 했다는 헛소문이 나돌아 어른들이 심각하게 생각하고 있었다. 시누이들이 주로 그런 이야기를 하고 다녔다. 우리 부부는 절대로 그렇지 않다고 설명했다. 한 번은 숙부가 나를 찾아와 작은집을 얻어서라도 대를 이어야 한다고 정식으로 권고했다. 어머니도 한 번은 내게 조심스럽게 물어보았다. 나는 전혀 그렇지 않다고 대답했다. 어머니는 내말을 믿는다. 나는 꼭 아들을 낳겠다고 약속했다. 우리는 아들을 낳게 해주는 것으로 유명하다는 한의사를 찾아 전북 군산에까지 가 보약을 지어 아내가 복용했다. 그리고 신문 잡지 등에 게재되는 아들 낳는 비법을 스크랩해 놓았다. 그때 선환이의 남편인 이송구 대령은 리더스 다이제스트에 실린 아들 낳는 법과 자신의 노하우를 적어 보냈다. 이 대령은 아들만 둘을 두었다.

이때 고창에 계신 어머니가 위독하다는 전갈이 왔다. 바로 내려가 안방에 누워있는 어머니께 인사 드렸더니 나보고 '불쌍한 것', '불쌍한 것' 하며 탄식했다. '나보고 불쌍하다고 … ?' 나는 그때 그 말씀을 잘 이해하지 못했다. 그리고 듣기에도 마음이 편치가 않았다. 어머니는 그때까지 나에 대해 그런 식으로 표현한 적이 한 번도 없었다.

나는 그 후 그 말씀에 대해 여러 가지로 생각해 보았다. 첫째 내가 아들이 없는 것을 두고 한 것 같았다. 그랬을 가능성이 가장 높다. 그러나 우리는 집안 식구들이 단정해버린 것과는 달리 단산조치를 하지 않았고 또 그 누구보다 내 자신이 아들을 갖기를 원하고 있었다. 나는 조상도 조상이지만 내 혈통이 끊기는 것 자체를 받아들일 수 없었다. 그러나 딸 셋도 적지 않은데 또 딸을 바로 낳을 수도 있어 신중하게 접근하고 있던 중이었다.

둘째로 나는 어려서는 유복하게 자랐지만 서울에 올라와 나름대로 고생을 많이 했고 속마음도 썩힌 것을 어머니는 알고 있다. 그에 대한 연민일 수도 있겠다 싶었지만 그런 일들도 모두 지나간 이야기이고 이제는 내가 원하는 직장에서 모든 것이 자리 잡혀 나름대로는 안정된 상태다.

셋째로는 내가 부부싸움이 잦은 편인 데다 어머니가 아내에 대해 다른 생각을 갖고 계신 것은 아닌가 하는 생각 등이었다. 그러나 어머니는 평소 아내에 대해 내게 다른 말을 한 적이 없었다. 그것도 아니라면 떠나시면서 그저 자식들이 불쌍하게 느껴져 그랬던 것일까 하는 생각도 해보았다. 어떻든 아들은 빨리 낳아야겠다고 생각했다.

나는 그때 사회부에서 근무하면서 출입처 기사 쓰느라, 시리즈 연재하느라, 해외여행 다니느라 아주 바빴다. 어머니의 병세가 좀 나아지는 것 같으면 출근하기 위해 상경했다가 다시 악화되었다고 하면 바로 내려갔다. 어머니는 1978년 1월 19일 숨을 거두었다. 1909년 8월 25일 탄생했으니 향년 69세였다. 이 세상에서 나를 가장 사랑해준 마지막 분이 나를 남겨둔 채 이 세상을 떠나버렸다. 하지만 지상의 고달픔에서 벗어나 영원한 휴식을 취하시게 됐다. 나무는 가만히 서 있기를 바라지만 모진 바람이 가만두지를 않고 자식은 부모에게 효도하고 싶지만 부모는 기다려주지 않는다.

1990년 5월 논설위원 시절 어머니의 날을 맞아 돌아가신 어머니를 그리며 횡설수설을 썼다.

> '〈어머니는 어린것의 피난처요 호소처요 선생이요 동무요 간호부요 자동차 기차 대신이요 모든 것이다. 밥 주고 옷 주고 버선 주고 사탕 주고 참외 주고 떡 주고 누룽갱이 긁어두었다 주고 놀다가 돌아오면 과자주고 동네잔치 집에서 가져온 빈대떡 주고 … 모든 것을 어머니가 준다.〉 전영택(田榮澤)의 〈나의 어머니〉의 한 구절이다. 방학이 끝나 시골집을 떠나올 때면 헝클어진 머리에 허리가 나오도록 치마를 끌며 한길까지 따라 나오시다 뒤돌아보고 뒤돌아보면서 속으로

눈물지으며 자식을 떠나보내는 고향의 늙고 병든 홀어머니. 지금은 저세상에 계시는 그 어머니를 위해 내가 할 수 있는 일이 무엇이 있겠는가. 사무치게 그리운 마음에 눈물짓는 것뿐.

"우는 자식을 데리고 다니는 것은 어머니뿐"이란 말이 있다. 하늘이 무너지고 땅이 갈라져도 변하지 않는 것이 있다면 그것은 바로 자식에 대한 어머니의 사랑이다. 미국 웨스트버지니아주 웹스터라는 마을에 애너 재비스라는 여인이 어머니와 단둘이 정겹게 살았다. 어머니가 세상을 뜨고 홀로 남은 딸은 어머니가 살아 계셨을 때 좀더 잘 해드리지 못한 것이 뼈저리게 후회됐다. 어느 날 친구들을 초대한 그녀는 가슴에 하얀 카네이션을 달고 나와 단 하루라도 좋으니 어머니를 생각하자면서 울먹였다. 그녀는 10만 달러를 내놓으며 〔어머니날〕 제정을 세상에 호소했다. 1914년 미국 의회는 이에 감동해 5월 둘째 일요일을 어머니날로 공식 선포했다. …'

어머니는 돌아가시면서 상당히 고통을 겪었다. 열흘 넘게 몸부림쳤다. 아내가 내려가 어머니를 돌보았다. 어머니는 아내의 무릎 위로 기어오르면서 고통스러워했다. 그러나 아내가 고창에만 있을 수도 없었다. 내가 출근하는 것은 물론 아이들이 셋이나 있고 학교에도 다녀 그도 쉽지 않았다. 그래서 이리로 떠난 임실엄마가 와서 병간호를 하느라 고생했다. 임실엄마가 밤잠을 설치면서 정성껏 시중을 들어주었다. 마지막 봉사를 해주었다.

임실엄마는 늘 어머니께 죄송한 마음을 품고 있었다. 주변사람들에게 '자신은 그런 사람이 아닌데 중매쟁이가 잘못 소개해 이런 팔자가 되었다'고 한탄했다. 아버지마저 신병으로 고생하다가 일찍 세상을 떴으니 더욱 불행한 처지가 되어버렸다. 주변에서도 '심성은 고운 사람'이라고 입을 모았다. 뒤늦게 어머니의 아들딸들이 임실엄마에게 깊은 고마움을 느꼈다.

동아일보와 전북일보에 어머니 별세 부음을 내고 장례는 4일장으로 치렀다. 장성군 북일면의 아버지 묘소에 합장했다. 나는 복도 많았다. 다른 복이 아니라 상복(喪福)이다. 아버지가 할아버지에 앞서 별세했기 때문에 아버지 3년상, 할아버지 3년상, 할머니 3년상, 어머니 3년상을 입었다. 모두 12년상인데 나는 서울에서 학교 다니느라, 직장생활 하느라 불성실한 상주노릇을 할 수밖에 없었다. 옛날에는 시묘(侍墓)라고 해서 부모의 상중에 그 무덤 옆에 막을 짓고 3년 동안 묘를 보살피며 지냈다고 하니 그 정신에 비하면 나의 복상(服喪)은 큰 불효다.

어머니가 돌아가시고 고창집은 텅 비게 되었다. 모두가 떠나가 버렸다. 어머니가 마지막으로 고창집을 떠난 것이다. 할아버지, 할머니, 아버지, 어머니는 돌아가시고 누님, 민환, 선환이는 벌써 결혼해 출가했으며, 나는 물론 동생 문환이도 결혼해 서울에서 살고 있다. 그래서 임실엄마에게 다시 고창으로 와 큰집을 지켜달라고 했고 이리에서 고생만 하던 엄마도 쾌히 승낙해 고창으로 이사했다.

종손 중의 종손

어머니가 돌아가신 뒤 3년 지나 1981년 8월 우리 집안 10대 종손이 출생했다. 기다리고 기다리던 아들 규호(奎豪)를 낳았다. 우리 부부는 아들을 낳는다는 방법을 할 수 있는 데까지 모두 조치한 후 아내가 임신했다. 어떻게 될지 너무나 궁금했고 걱정스러웠다. 그때 경희대 주갑순 교수가 양수검사로 성별을 정확히 식별한다는 보도가 있었다. 그런데 검사 대기자가 많이 밀려 있어 검사받으려면 6개월도 더 기다려야 한다는 것. 그렇게 기다리다 보면 유산 등 다른 조치도 불가능해진다. 평소 잘 아는 경희대 조영식 총장실로 전화를 걸어 이런 이야기를 했더니 조금 뒤에 비서실장이 전화해 이틀 뒤에 검사받으라고 했다. 즉각 달려가 검사한 결과 아들로 판정 났다. 우리는 안도하면서도 한편으론 여전히 불안했다. 출산일이 가까워져 친구인 세브란스병원 정석호 박사의 소개를 받아 산부인과에 예약했다.

그날 일요일 아침 나는 한양CC에서 문상주 한국학원총연합회장과 정경진 종로학원장 등과 골프약속이 있었다. 그런데 이날 새벽부터 아내가 심상치 않았다. 나는 아내를 세브란스병원에 데려다주고 장모님이 오시게 한 후 골프장으로 갔다. 9홀을 마치는 중에 장내방송이 요란하게 울렸다. 나보고 긴급한 세브란스병원 전화를 받으라는 것이다. 나는 즉각 클럽하우스로 들어와 담당의사에게 전화를 했는데 아들을 낳았는지 아닌지를 물어볼 수가 없었다. 일단 아내의 건강상태를 물어보았다. 담당의사가 웃으면서 축하한다고 말했다. 나는 확인하고 또 확인한 후 골프를 중단하고 병원으로 달려갔다. 문 회장과 정 원장도 함께 갔다. 온통 웃음바다였다. 그분들이 참 고마웠다. 담당의사는 물론 간호사들도 모두 고마웠다. 신생아실에 가 어린아이를 보고 간호사에게 바뀌지 않도록 신경써 달라고 당부하자 또 한바탕 웃음이 터져 나왔다.

이 소식을 듣자마자 병후 숙부가 바로 병원으로 달려왔다. 숙부도 좋아 어쩔 줄을 몰라 했다. 아내보고 몇 번이나 수고했다고 말했다. 그리고 미역국에 넣어 먹으라며 홍합을 보냈다. 득남 소식을 들은 집안 식구들 모두가 기뻐해 주었다. 숙부는 규호 이름을 짓는 데까지 세심한 신경을 써주었다. 그리고 사주를 보았더니 우리 집안에서 제일 큰 인물이 될 아이라며 좋아했다.

감사원 공보관을 지낸 서원경 씨라고 있다. 사업가 김기영 씨와 함께 자주 어울리는 술친구다. 김기영 씨는 뒤에 서울시의회 의장을 지냈다. 서원경 씨는 연상이지만 친구처럼 허물없이 지내는 친숙한 사이다. 그는 매사에 거칠 것이 없는 남자 중의 남자로 알려졌다. 성격이 털털해

동생 문환 결혼식 기념사진. 왼쪽부터 필자, 아내, 어머니, 제수, 문환.

서 말도 함부로 내뱉는다. 그러나 호감이 가는 분이다. 김기영 씨와 함께 서원경 씨가 이 소식을 듣고 축하전화를 해 대뜸 "10억 벌었어"했다. 그게 무슨 말이냐고 했더니 "그런 줄로만 알아"했다. 그 당시 10억 원이면 대단한 금액이다. 그러나 득남을 돈으로 환산하는 것이 마땅치 않았지만 그도 기뻐서 축하해주는 소리였다. 우리는 웃고 또 웃었다.

동생 문환

문환이는 9년 아래 남동생이다. 고창에서 학교를 다녔고 고려대 불문학과를 졸업한 후 제일은행에 입사해 비교적 순탄한 길을 걸었다. 서울에서 입시학원이나 대학 다닐 때나 직장생활을 하면서 결혼하기 전까지는 우리와 함께 지냈다. 고려대 재학 중에는 학생운동에 열성이었다. 형사들이 항상 집 주변을 맴돌았다. 결국 강제로 군 입대를 했고 군 복무 때는 형수인 집사람과 많은 서신교환을 했다. 그 서신에서 문환이

젊은날의 고뇌의 편린들을 읽을 수 있었다. 문환이는 부지런하고 매사에 성실했으며 사교성도 좋았다. 그리고 주변을 챙겨주는 장점이 있다.

문환이는 형인 나를 위해 중요한 일을 처리해 큰 보탬을 주었다. 우리집 논은 병후 숙부의 두 차례 국회의원선거 출마로 대부분 처분돼 버렸으나 임야는 남아 있었다. 그때는 대부분 장자(長子) 상속이었다. 아버지가 할아버지에 앞서 별세해 임야 등이 할아버지 명의로 남아 있는 상태에서 할아버지도 별세했다. 그때는 이같이 고인의 명의로 되어있는 논밭이 많았다. 그래서 정부에서 임시조치법을 마련해 복잡한 상속 절차를 간소화해 처리해 주었다. 문환이가 할머니 어머니 뜻을 받들어 할아버지 명의의 임야를 대부분 내 명의로 전환시켜 놓았다. 그래서 그 임야들이 우리 집안 종손 명의로 전수되게 됐다.

문환이가 결혼할 때 나눠주어야 할 재산처분과 관련해서 나는 어머니가 하자는 대로 따랐다. 우리집에 붙어있는 텃논까지 팔 수밖에 없었다. 이 논을 팔아 문환, 명환 두 동생에게 나눠주었다. 산정리 밭도 팔아 문환에게 주었다. 그래서 우리집의 논과 밭이 모두 처분됐다. 텃논과 밭이 없어지더라도 두 동생에게 유산은 넘겨주어야 한다고 판단했다. 두 곳 모두 상당히 값어치가 나가는 토지였다. 그때는 전화 놓기가 쉽지 않아 서울집에 전화가 없었다. 산정리 밭을 판 금액 중에서 나는 전화 한 대 설치할 금액만 받아서 전화를 놓았다.

이런 과정에서 한 가지 어려운 점이 생겼다. 이 논과 밭을 팔아버리면 우리집은 집만 덜렁 남게 된다. 농촌의 고도(孤島)나 다름없게 되어 버린다. 원래 텃논은 무슨 일이 있어도 팔지 않는 것이 관례다. 그래서 상의 결과 병용 숙부가 이 논을 사고 후에 내가 돈을 벌어 되사려고 할 때는 언제든지 내게 되판다는 계약서를 작성해 이 논을 넘겼다. 나는 뒤에 이 논을 되사들일 자신이 있었다. 그리고 5~6년 뒤 이 논을 다시 샀다. 그러나 나는 고창에 문환 명의의 임야나 논밭이 없는 것이 항상 마음에 걸렸다.

문환이는 제일은행에 입사해 지점장, 부장 등을 거치며 근 30년을 봉직하고 개인회사 부사장으로 근무했다. 성품이 온순하고 매사에 열정이 있어 직장에서나 친구들 사이에서도 평판이 좋았다. 무안(務安)의 오민자(吳旻子)와 결혼해 규상(奎祥) 규정(奎禎) 남매를 두었다. 경제적 생활환경도 아주 좋은 편이다.

그런데 딱 한 가지가 걸린다. 처갓집이 독실한 기독교 집안으로 문환이 부부는 물론 조카들까지 열성신자들이다. 누구에게나 종교의 자유가 있고 모두 자기 취향대로 살아가고 있는 것을 형제간인들 뭐라고 말할 수 있겠는가. 그렇지만 우리 집안은 수백 년을 두고 명문 유가(儒家) 집안으로 이어져왔고 조상숭배 정신도 투철하며 할아버지를 중심으로 모두가 시제나 제사를 충실히 봉행해온 나름대로는 자랑스러운 전통집안이다. 만일 문환이가 특이한 성격으로 오랜 가통조차 존중하지 않는 튀는 스타일이거나 막나가는 성격이라면 또 모르겠다. 그러나 어려서부터 그런 성품이 아니었다.

문환이로서도 어려서 조부모, 아버지 돌아가시고 서울의 형 집에서 학교 다니느라 또 직장에서 경쟁하느라 혼자서 말 못할 고생도 많이 했을 것이다. 나는 고집이라도 세어서 전래 가통을 존중하고 또 그 맥을 연면히 지키겠다는 생각을 굳건히 하고 있지만 문환이는 일찍 외톨이가 되어 나름대로 살아오면서 다른 생각을 하고 있었을지도 모른다. 가통 같은 것, 조상에 관한 것들은 별 의미가 없다는 가치관을 갖게 되었는지도 모르겠다. 나는 문환이가 기독교 집안과 혼인하지 않았더라면 어떻게 되었을까 하고 생각해본 적이 있다. 할아버지, 할머니, 아버지, 어머니 제사를 지낼 때 함께 절을 하면서 한마음 한뜻으로 정겹게 지낼 수도 있었을 텐데 하는 아쉬움이 항상 가슴 한구석에 남아 있다. 그러나 지금에 와서 어찌 한단 말인가.

나는 부모 제사는 서울집에서 지내고 그 윗분들의 제사나 시제는 고창집에서 지낸다. 병용 숙부 등 작은 집 식구들과 일가들이 모여 함께 지낸다. 서울에서의 아버지 어머니 제사에는 문환이와 제수(弟嫂)가 찾아오고 설과 추석 차례 때는 조카 규상이도 참여한다. 그러나 동생집 식구들은 일체 절을 하지 않는다. 제수는 제사 자체에도 참여하지 않는다. 그때마다 나는 속으로 '천주교라도 믿었더라면 제사는 제대로 지낼 수 있었을 텐데'하고 되뇌어 보기도 했다.

한 번은 어머니 제사를 지내면서 문환이가 술잔을 올리고 절은 하지 않은 채 무릎 꿇고 앉아있을 때 나는 제상에 대고 무심코 "어머니 생전에 막내아들 문환이를 무척 사랑하셨지요"라고 했다. 문환이가 일어설 시간이 되었는데도 일어나지 않고 그대로 앉아있었다. 힐긋 쳐다보았더니 소리 없이 눈물을 뚝뚝 떨어뜨리고 있었다. 나는 아무 말도 하지 않고 그대로 두었다.

고창에서 할아버지 할머니는 물론 증조부모 고조부모 제사와 그 윗분들의 시제를 모실 때도 문환이는 일체 참례하지 않는다. 조상 산소에도 가본 지 아주 오래되었을 것이다. 물론 바빠서 가보지 못하기도 했을 것이다. 그런데 이보다 더 중요한 것이 있다. 유일한 친형제간인데도 두 집 식구들이 서로 만나게 되지를 않는다. 잘해야 한 해에 네 번 정도 만난다. 부모 제사 때와 설과 추석 때다. 시대가 바뀌었으니 그나마라도 다행이라고 생각해야 할 것 같다.

어렸을 적 사촌동생들과도 매일 함께 살다시피 했던 추억은 아스라이 먼 옛날의 이야기가 돼버렸다. 나는 로타리클럽에 나가는데 회원들은 일주일에 한 번씩 갖는 주회에서 만난다. 그때마다 나는 회원들간의 친목도모를 강조하면서 형제간보다 더 가까운 사이라는 표현을 쓰기도 했다. 그때마다 나는 속으로 씁쓰레함을 느끼곤 했다.

그렇지만 진실로 나는 내 동생 문환이를 속으로 사랑하고 있다. 나는 지금도 세딸 규미, 규영, 규진이를 부를 때 가끔 "문환아"라고 부른다. 아들 규호를 부를 때는 더욱 자주 그렇다. 아직까지도 내 생체적 습성에는 동생 '문환'이가 앞서 있는 것이다.

기독교에 대한 나의 생각

언젠가 한 번은 아내의 내종 여동생 부부가 찾아왔다. 열성 기독교 신자인 여동생은 이화여대 후배로 아주 가까운 사이고 서울법대를 나온 남편은 나와 동갑이어서 친밀하게 지냈다. 이 동서가 쌍용건설 이사로 적도 부근 인도네시아 열대지방에 가서 몇 년 동안 아주 힘든 고생을 하고 본사로 돌아와 귀국인사차 우리집에 들렀다. 이야기 끝에 고생은 많이 했겠지만 장래를 위해 저축은 많이 하게 돼서 좋겠다고 치하했더니 처제가 "저축은 무슨 저축을 해요? 하느님에게 바쳐야지요"라고 대꾸했다. 동서가 "무슨 이야기야?" 하자 여동생은 월요예배, 수요예배, 토요예배, 일요예배 등을 거론했다. 동서가 "시골 어머니한테는 얼마씩 보냈느냐"고 묻자 "보낼 돈이 어디 얼마나 있어요" 했다. 뒤늦게 모아둔 것이 별로 없다는 것을 알게 된 동서가 놀라 "지금 무얼 하고 있느냐"고 힐난했다. 그러자 여동생은 남편에게 "이 사탄!"하고 소리 지르며 벌떡 일어섰다. 예측하기 어려운 노년에 대비해 혹서의 열대지역에서 죽을 고생하며 돈을 모아 보내온 동서의 그 낙심한 표정, 일그러진 그 참담한 표정은 차마 정면으로 쳐다볼 수가 없었다. 그 동서는 나이 들어 중병을 앓게 돼 요즘 고생하고 있다.

처갓집도 그렇다. 장인 장모님은 3남 3녀를 두었다. 아내가 장녀다. 그런데 큰 처남이 기독교 집안과 결혼해 그 부부가 교회에 아주 열성이다. 돌아가신 부모제사도 저녁상에서 기도만 하고 그만이었다. 나머지 5남매가 돌아가신 부모에 대해 설 자리를 잃어버렸다. 별의별 권유를 해보았지만 아무 소용이 없었다. 그래서 하는 수 없이 다른 아들 집에서 제사를 지낸다. 큰아들 내외만 불참한 채 나머지 5남매 부부 10여 명이 참례해 정성껏 제사를 지낸다. 나도 살아계실 때 장인 장모께 제대로 효도하지 못했다는 자책감에서 제사 때마다 참례한다. 제사 지낼 때마다 장남 부부가 참여하지 않아 대화내용이 모두 그 이야기다. 모두들 서운해 하는 심정이 참으로 안됐다.

큰 처남을 대면한 지도 오래됐다. 한 번은 큰처남에게 이런 이야기를 상세히 하고 제사에 맞춰 동생집을 방문하는 것이 어떻겠느냐고 간곡하게 당부했지만 그 후로는 소식이 없다. 다른 많은 문제는 지혜를 모아 양보를 얻어내면 해결의 실마리가 보이지만 이 문제만은 그 누구도 해결할 수 없는 것이어서 더욱 안타깝다.

제사는 돌아가신 분을 그리워하고 추모하는 의식이다. 그러나 그보다 헤어져 사는 형제자매들이 생활을 꾸려가는 데 얽매여 만나지 못하는 것을 이 기회에라도 늙어가는 얼굴을 한 번이라도 더 보도록 하는 데 큰 의의가 있다고 나는 생각한다. 또 자라나는 사촌들끼리도 서로 얼굴도 모른 채 살아가서야 되겠는가. 서로 만나 대화도 하고 스킨십도 하도록 하는 기회를 어른들이 마련해주어야 하지 않겠는가.

내가 방송개혁위원회 위원으로 있을 때 강원룡 위원장, 한완상 위원과 허물없이 이야기하는 사이가 됐다. 두 분 모두 내가 좋아하는 이 시대의 지성이며 기독교계의 거목이다. 술좌석에서 내가 유치한 질문 하나 하겠다며 예수의 탄생과 부활에 대한 비판적 이야기를 꺼냈다. 마리아 성령잉태와 부활에 대한 신빙성 문제다. 여자가 잉태하는 데에는 여러 가지 길이 있고 그 많은 과정들이 숨겨질 수도 있다. 또 부활에 있어서도 처음부터, 또는 중간에 예수 바꿔치기를 할 수 있고 사후에 비슷한 모습의 대리인을 내세울 수도 있는 등 여러 가지 방법이 있지 않겠느냐는 것이다. 이에 대해 강 위원장은 한마디로 “잉태나 부활, 그 모두가 메타포어(*Metaphor*)야" 했다. 은유(隱喩), 어떤 말을 전화(轉化)된 의미로 사용하는 것이라는 것이다. 그러면서 자신은 조상을 존중하고 제사는 반드시 지내며 절도 꼭 한다고 답변했다. 그는 옹고집이란 평판도 듣지만 항상 중심이 잡혀 있고 평소 자부심이 아주 강한 분이다. 나는 그의 그 같은 답변에 고개가 숙여졌다.

존경하는 한완상 위원과도 많은 이야기를 나눴다. 몇 차례 식사도 하고 라운딩도 함께 했다. 기적 이야기가 나와 나는 기독교에서 드물게 기적을 인정하는데 내 판단으로는 기적은 없는 것이며 좀더 과학적 접근이 필요하다고 역설했다. 기적이란 인간의 생물적 인지의 한계를 벗어나는 물리적 화학적 현상일 뿐이라고 나는 생각한다. 쉽게 생각해서 우리들은 모두 영화나 마술 공연을 보면서 거기에 도취된다. 그러나 그것은 어디까지나 인간의 한정된 시력의 한계 때문에 가능한 것이다. 한정된 시력이 아니라면 영화와 마술은 존립할 수 없다. 시력뿐만이 아니다. 자연계에서는 인간의 한계를 초월하는 많은 현상이 발생한다. 그런 현상에 대해 한정되어 있는 육체적 정신적 기능으로 접근하기 때문에 기적이라는 것이 생긴다고 나는 주장했다. 우주의 현상은 더욱 그렇다. 한 위원은 자기 교회에 나와 자기 이야기를 들어보라고 강력히 권유했다. 그때 한 위원께서 더 좋은 말씀을 했겠지만 지금 기억이 나지 않아 그 의견을 옮기지 못하는 것이 아쉽다.

나는 여기에서 버트란드 러셀의 〈나는 왜 기독교인이 아닌가?〉나 리처드 도킨스의 〈만들어진 신〉의 내용들을 거론하고 싶지는 않다. 종교 없는 세상은 자살폭파범도 없고, 고대석상을 파괴하는 탈레반도, 9·11 테러도, 십자군도, 마녀사냥도, 인도분쟁도, 이스라엘과 팔레스타인 전쟁도, 세르비아와 크로아티아와 보스니아에서의 대량학살도 없었을 것이라는 이야기도 새삼스럽게 강조하고 싶지 않다. 종교가 없었더라도 또 어떤 사건, 어떤 현상들이 발생해 인류에게 어떤 고통을 안겨주었을지 모르지 않겠는가.

지난 1993년 7월 강릉에서 하계수련중인 수녀들이 파도에 휩쓸린 동료수녀를 구하려다 7명이 잇따라 익사했다. 가슴 아픈 뉴스였다. 그때 나는 횡설수설에 이런 내용을 썼다.

> '〈사랑하는 것입니다 그분처럼. 돕는 것입니다 그분처럼. 주는 것입니다 그분처럼. 봉사하는 것입니다 그분처럼. 구원하는 것입니다 그분처럼. 그분과 함께 있는 것입니다 24시간 동안. 끝까지 낮추신 고통의 인간 예수의 모습을 되새기며.〉 마더 테레사의 평생봉사기도문이다. 테레사 수녀는 교사재직중에 인도 빈민의 참혹상을 보고 봉사의 길에 나섰다. 전 세계적인 빈민구제 활동을 벌인 이 수녀에게 1979년 노벨상위원회는 "가장 고독하게 굶주리고 비참하게 죽어가는 사람들이 인간의 존엄성을 믿는 고귀한 손길의 구호를 받았다"며 노벨평화상을 수여했다. 얼굴 전체에 쪼글쪼글 주름이 잡힌, 항상 근심어린 눈매의 수녀를 직접 대해보면 어머니의 자상함을 듬뿍 느끼게 된다고 한다. …'

나는 지상의 그 어떤 성직자보다 마더 테레사를 신뢰한다. 그는 50년이란 긴 수도생활에서 하느님의 존재를 느끼지 못한 채 살았다고 고백한 적이 있다. 그는 자신의 영혼은 너무 많은 모순으로 가득 차 자신을 끌어당기지 못하고 천국도 아무 의미가 없다고 털어놓았다. 평생을 고독과 어둠 속에서 천국과 신의 존재를 향해 몸부림친 그의 삶이야말로 진실로 신뢰할 만하고 그리고 가장 정직하게 산 일생이었다고 생각한다.

지난 1991년 10월 서울시 유적지 기념표지 설치계획이 발표되면서 노량진 장승백이 삼거리에 장승백이 표지판이 세워졌다. 그러자 주민들이 자발적으로 나서 이곳에 장승을 세우려는데 개신교 목사와 신도들이 몰려와 우상숭배라며 극력반대했다. 나는 횡설수설에 이렇게 썼다.

'우리 민족의 전통적 상징물은 어떤 것일까. 초가지붕의 곡선이라고도 하고 버선코라고도 한다. 또 도깨비, 탈, 솟대, 장승이라고도 한다. 최근 들어 우리문화의 원형을 찾자는 문화행사가 활발하게 열리고 전통샤머니즘에 관한 학술회의나 공연도 눈길을 끈다. 미신으로 매도되던 본래의 우리 민간신앙의 대상들이 제 대접을 받게 됐다. 국립미술관이 펴낸 '장승솟대 신앙'은 우리 기층(基層) 문화를 다룬 것으로 주목받았다. 장승은 우리나라 민간신앙의 대표적 상징물로 마을의 수호신, 또는 이정표로 사용됐다. 지금도 전국각지에 1백여 개가 세워져있다. 높이 4m짜리 천하대장군과 지하여장군 한 쌍을 장승백이에 세우려는데 기독교신자들이 장승은 우상숭배로 기독교 기본교리에 위배되는 것이어서 절대로 안 된다며 극력반대하고 있다. 장승과 같은 전통 민간신앙의 본질적 의미는 자연과 인간을 조화시키는데 있다. …'

1992년 10월 28일은 휴거소동이 벌어졌던 날이다. 10월 29일자 횡설수설에 이런 내용을 썼다.

'기독교계 분파 중 재림심판의 시기를 가장 명확하게 설명한 것은 여호와의 증인이다. 그들은 다니엘 4장의 예언에서 '이방인의 때'는 일곱 때(한 때가 360년)로 그 기간은 2520년이라고 했다. 이때는 BC 6~7세기 바빌론의 정복으로 이스라엘이 멸망한 해부터 시작되므로 이 이방인의 때는 1914년 10월 1일경에 끝나고 하늘에 예수의 왕국이 건립된다. 이때부터 지상에 사탄이 일으킨 말세가 시작되고 이 말세는 이 세대가 가기 전에 심판받는다는 것이다. 통일교의 재림시기는 신약시대 2000년이 끝날 무렵으로 되어있고 전도관(傳道館)의 재림시기는 순교자수로 계산한다.

시한부 종말론 교회들이 이른바 휴거, '공중 들림'을 기다린 28일은 아무 일 없이 지나갔고 29일 새 아침은 조금도 변하지 않고 밝았다. 그동안 휴거 맹신 열병으로 곳곳에서 반사회적 증상이 나타났다. 가정파탄, 가산처분, 직장이탈, 학업포기, 자살 등 그 해악(害惡)이 이만저만이 아니다. 이런 현상은 사회 각 분야의 불안정이 그 요인으로 꼽힐 수 있다. 무지몽매한 맹신도 문제지만 기성 교계 지도자들에게 더 큰 책임이 있다. 사랑과 자비는 뒷전으로 밀려나고 교세확장에만 여념이 없는 기성교단의 반성이 아쉽다. 특히 장삿속 휴거에는 철퇴를 가해야 한다. …'

이렇기 때문에 이런 선언이 나오는 것이다. "누군가 망상에 시달리면 정신이상이라고 한다. 다수가 망상에 시달리면 종교라고 한다."(로버트 퍼시그)

대자연의 법칙과 자연선택

대자연의 모든 법칙이 어떤 초자연적인 힘에 의해 움직이는가, 아니면 대자연의 물리적 화학적 현상에 따라 움직이는 것인가. 어떤 이는 모든 것이 초월자의 신성(神性)에 따라 한 치의 오차도 없이 움직이고 있다고 주장한다. 물론 그 신성은 하느님이요, 예수다. 갈릴레이의 지동설은 당시 기독교계가 앞장서 불변의 진리로 내세웠던 천동설을 부인했다. 많은 탄압이 있었지만 종내는 진실이었다.

나는 대자연의 법칙은 대자연의 법칙대로 움직이고 있다고 믿는다. 그 법칙이 비록 초자연적인 힘에 의해 움직인다고 할지라도 그 초자연적 힘은 지상의 어떤 특정 종교나 그 교주와는 아무런 관련이 없는 것이라고 확신한다. 만약에 신이 있어 그 신이 모든 것을 창조했다면 그 신은 또 누가 창조했단 말인가.

나는 신의 영광이 빛나는 천국이나 죄인들이 불타고 있는 지옥 같은 것은 없다고 믿는다. 현재 내가 서 있는 바로 이 자리가 천국이고 지옥이다. 바로 이 시각, 이 장소에서 내가 생각하고 말하고 행동하는 일이 천국의 즐거움일 수도 있고 지옥의 고통일 수도 있다. 전생이나 후생을 떠나 내가 처해 있는 이 시점, 이 자리, 지금 하고 있는 일, 지금 만나고 있는 사람이 가장 중요하다고 생각한다. 그래서 이 지구, 이 우주의 주체는 바로 나, 또는 이웃들이라고 생각한다. 내가 눈을 감으면 내 주변은 물론 우주가 없어지는 것이나 다름없다. 이 세상의 주체는 신이 아니라 인간이다. 한 발 더 나아간다면 인간이라기보다 살아있는 생명체다.

천국이나 지옥을 부정하는 것, 더 나아가 신을 부정하는 것은 도덕적 타락이 아니라 연민과 우정, 애정 등 인간 본연의 자세를 찾는 것이라고 생각한다. 미국의 정치가이며 과학자인 벤저민 프랭크린은 '신앙을 통해 보는 방법은 이성의 눈을 닫는 것'이라고 지적했다.

찰스 다윈은 코페르니쿠스가 시작한 혁명을 이어받아 인류에게 인간이 우주의 중심에 서 있지 않다는 사실을 일깨워주었다. 다윈은 우주론에서 생물학으로 확장시켰다. 그는 '사람들은 지적 인류가 출현한 것이 경이로운 사건이라는 말을 자주 하는데 다른 감각기관을 지닌 곤충의 출현도 더 경이롭다'고 했다. 호모 사피엔스의 뇌만이 아니라 방향을 찾고 집을 짓는 꿀벌의 본능도 경이롭다는 것이다. 그는 인간중심주의에 맞섰다. 나는 다윈의 맵시벌과에 대한 언급에 너무나 가슴이 아팠다. 그리고 전적으로 공감한다.

'나는 자애롭고 전지전능하신 신이 살아있는 유충들의 몸속에서 그 살을 파먹겠다는 의지를 뚜렷이 드러내는 맵시벌과를 의도적으로 창조했다는 것을 도저히 납득할 수가 없다.'

다윈 사상의 핵심은 '자연선택'이다. 이 이론은 그렇게 복잡하지 않다. 생물은 살아남을 수 있는 숫자보다 더 많은 자손을 낳는데 이 가운데 환경에 부합되는 방향으로 변화한 자손만이 살아남아 자손을 퍼뜨리고 이 변이가 각 개체군에 축적된다는 것이다.

인간의 생활방식, 예를 들어 의식주 해결방안이나 정치, 문화, 종교, 전쟁, 우주에 대한 인식 등 그 모든 것은 인간이 생겨난 후 인간에 의해 만들어졌고 인식되었다고 나는 믿는다. 신(神)도 물론 마찬가지다. 그러나 우주의 대법칙은 인간이 존재하기 훨씬 이전, 1백수십억 년 전부터 진행되어 왔다. 현대우주론에 따르면 약 137억 년 전 대폭발(*Big Bang*)이란 엄청난 사건에서 시작됐으며 지금도 계속 팽창하고 있는 것으로 본다. 우리의 태양과 지구가 만들어진 시기는 50억 년이 채 못 되고 생명이 시작된 것은 40억 년 전으로 본다. 인류의 선조가 지금 우리와 비슷한 모습을 갖게 된 것은 1백만 년 전쯤으로 추정한다. 계속 팽창하고 있는 우주가 50억 년 뒤엔 태양이 거대한 크기로 부푼 적색거성으로 변해 지구 등을 태워버리고 '빅 크런치', 모든 것이 수축하여 하나의 점으로 붕괴하는 우주종말에 이른다는 학설도 있다.

인간은 정신적 육체적 한계로 인해 우주에 대해 아주 조금밖에 알지 못한다. 그러나 인간은 달에 이어 화성에도 착륙을 시도하고 있다. 인간의 노력으로 대자연의 법칙을 조금씩 더 알게 되는 과정을 깊이 존중해주고 싶다.

그러나 사람이 살아가면서 자신만의 세계, 자신만의 이상을 가질 필요가 있다. 어떤 사람이 어떤 신분, 직장, 보수, 남편, 아내라는 일상적인 것을 빼버리고 나면 아무것도 남는 것이 없다면 무의미하지 않겠는가. 아무것도 남아있는 것이 없어서야 되겠는가. 누가 박탈하려 해도 뺏을 수 없는 영원한 무엇인가를 갖고 있어야 한다고 생각한다. 그것은 신앙일 수도 있고 신념일 수도 있고 비전이나 철학일 수도 있다. 신앙이나 신념을 갖는 것은 참으로 소중한 것이다. 그러나 그 신앙이

이웃과 함께 하는 것이 아니고 배타적이어서는 안 된다고 생각한다. 천국과 지옥, 말세(末世) 위협이나 강압적 전도(傳道) 등을 일삼아서는 더욱 안 된다. 성철 스님이나 김수환 추기경은 이런 질곡에서 벗어난 훌륭한 신앙인이라고 생각한다.

나는 평생 동안 그 많은 전도의 유혹에서 용케도 헤어 나와 여기에까지 이르렀다. 우선 이 세상에 나를 있게 해주고 나를 알뜰하게 키워주고 자상하게 교육시켜 준 부모나 조상들을 외면하고 싶지 않다. 입으로만 외면하지 않는 것이 아니라 양심에서 우러나오는 대로 생각하고 행동으로 실천하고 있다. 그분들의 주문대로 가치 있는 삶을 유지하고 그분들에 대한 존중을 끝까지 계속하면서 그분들이 안겨준 생명을 진실되고 정직하고 아름답게 마치려 한다.

우리들의 인생이란 하나의 명(命)이다. 이 명이 우주의 본질인 끝없는 창조 변화 소멸의 원칙에 따라 쉼 없이 움직이므로 운명(運命)이라고 한다. 운(運)이란 움직임(動)과 연계된 역동적 의미다. 그런데도 사람들은 운명에 대해 인간의 의지와 상관없이 지배되는 개념만을 강조한다. 통속적으로 정해진 인생의 행로로 인식한다. 그것은 운명이 아니라 숙명(宿命)이다. 숙명이 정지(靜止) 상태라면 운명은 역동(力動)적이다. 운명은 다이내믹(*dynamic*)한 것이지 스태틱(*static*)한 것은 아니다. 운명은 숙명이 아니다.

사람의 운명이란 미리 정해져 있는 것이므로 도저히 어떻게 할 수가 없다고 생각하는 것은 어리석은 짓이라고 나는 생각한다. 나는 운명이든 숙명이든 믿지 않는다. 인간은 자신에게 주어진 능력, 지성, 이성, 체험을 바탕으로 운명이든 숙명이든 개척해 나갈 수 있다고 믿는다. 학문 연마와 수양과 노력에 따라 재능과 소질을 개발하고 스스로 변화 발전시켜 사회에 얼마든지 이바지할 수 있다. 어떤 사람의 운명에 대해 이야기하려면 관 뚜껑을 덮고 난 뒤에나 하라고 권하고 싶다.

임실엄마

임실엄마 소생인 동생들의 이야기도 해야겠다. 여동생 이환(怡煥)은 원만한 성품으로 서울의 윤흥렬(尹興烈)과 결혼했고 부동산에 관심이 많아 중개업에 수완을 발휘했다. 아주 잘 한 일이라고 생각한다. 남동생 명환(明煥)은 제주의 신대숙(申大淑)과 결혼했으나 한두 번 이혼을 했고 규현(奎泫), 규민(奎旻), 규원(奎原) 3남을 두었다. 임실엄마는 아버지 별세 후 이리로 떠나갔으나 하는 일들이 잘 풀리지가 않았다. 그래서 내게 많이 기대었다. 나도 월급쟁이여서 지원해주는 데도 한계가 있었다. 그러나 나는 내 나름대로 정성껏 지원했다고 생각한다. 그에 대해서는 아내가 잘 알고 있지만 동생들도 잘 알고 있다. 임실엄마가 "이젠 강환이한테는 더는 못가" 했다는 이야기도 여러 차례 전해 들었다. 내가 임실엄마와 명환이를 어떻게 지원했다고 그 구체적인 내용을 기술하고 싶지는 않다.

한때 명환이가 대한지적공사에 취직이 됐다. 우리 부부는 물론 집안 사람들 모두 좋아했다. 본인이 잘 된 점도 그렇지만 주변에서 걱정하지 않아도 됐기 때문이다. 그러나 동생은 노조 일에 전념하다가 얼마 안 있어 그만두게 됐다. 그리고 사업을 또 시작했으나 잘 풀리지 않아 고생했다. 본인도 의지할 데 없이 얼마나 힘들었겠는가를 생각하면 나도 가슴이 아프다. 내가 서울에서 지내면서 많은 어려움을 겪었기 때문에 동생의 처지를 충분히 이해한다. 고생하는 임실엄마도 못할 일이었다.

어렸을 적 아버지로부터 이런 당부를 받았었다. 이 당부는 나밖에 알지 못할 것이다. '명환이를 문환이와 똑같이 공부시켜라'는 것이었다. 나는 내 여동생들도 모두 대학에 가기를 바랐다. 그러나 민환이는 포기했고 선환이는 장학생으로 입학해 숙명여대를 마쳤다. 문환이도 고려대를 졸업했다. 나는 명환이도 대학에 가기를 간절히 바랐으나 시험에 실패했다. 이 문제에 대해 본인과 깊은 이야기를 나누지는 못했지만 나는 이 동생이 대학에 꼭 가기를 기대했다.

오래 전에 나는 명환이에게 집을 장만할 때 일부를 보조해주겠다고 말한 적이 있다. 명환이는 그 후 편지를 보내 그 이야기를 했다. 그러나 아버지가 돌아가신 후 명환이가 고창을 떠난 한참 후 문환이가 결혼할 때 고창집에 달린 유일한 텃논을 팔아 두 동생에게 똑 같이 나눠주었다. 작은 집 한 칸이라도 마련하라는 것이었다. 그러고도 나는 임실엄마와 명환이에게 계속 지원을 하지 않을 수 없었다. 언젠가 명환이가 내게 강력하게 대든 적이 있었다. 그때 나는 크게 실망했다. 그 후 아내도 심한 봉변을 당한 적이 있었다. 우리 부부는 그 이후 생각이 달라졌다. 임실엄마에게 최소한의 도리를 하는 데 그치자는 것이었다. 나는 그 후 명환이를 볼 때마다 엄마한테 갔다드리라며 용돈을 전해주었고 아프다는 연락이 오면 전주, 천안 등지로 찾아가 문안드렸다.

다시 전주로 옮긴 임실엄마가 암에 걸린 것 같다는 연락이 왔다. 나는 부리나케 내려갔으나 괜찮은 것 같았다. 그 후 한참 지나 엄마가 다시 병원에 입원했고 또 다시 위독하다는 연락이 전해졌다. 나는 아내와 문환이 부부와 함께 전주병원으로 내려갔다. 용태가 심상치가 않았다. 우리들이 지켜보고 있는데 한참동안 피를 토했다. 벌써 몇 번째라고 했다. 놀라서 의사에게 물어보았더니 달리 방도가 없다고 했다. 그런데 엄마는 의식이 또렷했고 말씀도 분명했다. 피를 토하고 나서 정신을 차린 엄마가 주변에 대고 "강환이가 서울로 올라갔느냐"고 물었다. 내가 "아니 여기 있어요" 하고 다가갔다. 엄마가 내 손을 꼭 잡고 약간 미소를 머금은 채 "정말 미안하다. 아버지가 숨을 거두실 때 내가 정신없이 슬피 울고 있었는데 어린 네가 다가와 울음을 말리면서 '내가 있으니 나를 믿어'라고 했어. 나는 지금까지 그 말을 잊지 않고 너를 믿어왔어. 마지막으로 이 말을 꼭 하고 싶었어. 바쁠 텐데 어서 올라가 봐" 했다.

엄마는 50여 년 전의 이야기를 꺼낸 것이다. 나는 얼마간 충격을 받고 말을 잇지 못하다가 "너무 상심하지 마세요"라는 인사말을 남기고 서울로 향했다.

사실 나는 임실엄마의 친자식이나 다를 바 없다고 생각한다. 전주를 떠나 천안 근처에 이르렀을 때 명환이한테서 핸드폰으로 전화가 왔다. "어머니가 형님 얼굴 보기를 기다렸던가 봐요. 조금 전에 운명하셨어요" 했다. '불쌍한 우리엄마…' 나는 하염없이 눈물을 흘렸다. 이튿날 다시 내려가 장례를 치렀다. 장성 문암리 선산에 모셨다.

부모 묘비 건립

아버지 어머니 묘비를 세워야겠는데 비문이 영 마음에 들지 않았다. 돌아가시자마자 한 학자가 급히 써놓은 것이다. 비문이 순 한문으로 되어있는 것도 그렇고 한글로 번역해 보았지만 역시 내용이 신통치가 않았다. 그나마 어머니에 관한 내용은 한 글자도 없다. 그래서 내가 새로 쓰기로 했다. 정성들여 비문을 마련했다. 비문 내용은 지금까지 기술한 내용에 담겨 있다. 모든 공직을 떠난 뒤 자유스러운 상태에서 2004년 3월 27일 '사학가 조병렬 선생과 부인 김야금 여사 묘비' 제막식을 가졌다. 이에 앞서 나는 일가 친인척들에게 제막식에 초청하는 편지를 보냈다. 세월도 흐르고 후손들도 장성했으니 다시 옛날 그 화목한 시절로 돌아가자는 내용이다. 제막식에는 많은 친인척들이 참석했다. 그때 보낸 초청편지를 소개한다.

> '벌써 갑신년(甲申年) 봄이군요. 세파에 밀려 잊은 듯했던 봄이 장밋빛 구름사이로 웃음 지으며 월산의 큰집 앞마당으로 눈부시게 다가옵니다. 봄은 소생의 계절, 생명의 계절, 동경의 계절, 만남의 계절입

니다. 그동안 우리 가족들 안녕하십니까.

작은 것이라도 이룩해 보겠다는 일념은 있었지만 그러나 분명하게 뇌리에 떠올려지지도 않는 그 무언가에 사로잡혀 먹고 자고 출근하다 보니 어언 64년이란 긴 세월이 쏜살같이 흘러가 버렸습니다. 지나고 나면 모두 아무것도 아닌 것에 그토록 애착을 갖고 아등바등 살아온 것을 돌이켜보면 허무한 마음뿐입니다.

할아버지 할머니로부터 비롯된 우리 가족들, 그 중에도 많은 분들이 이미 저 세상으로 떠났고 남아있는 사람들도 이리저리 흩어져 서로 어떻게 살고 있는지도 잘 모르는 우리들, 눈물이 앞을 가린 나날이 얼마나 많았겠습니까. 가족끼리 서로 의지하지도, 돕지도 못하고 허비한 세월, 이 모두가 누구의 책임이라고 지목하기도 그렇고 또 지목해서 무엇 하겠습니까. 그러나 돌이켜보면 할아버지, 할머니에게서 가장 사랑을 많이 받은 사람이 바로 나 자신이라고 생각되기에 내 잘못, 내 책임이 제일 크구나 하는 뉘우침이 눈앞을 가립니다.

그러나 어렸을 적 고창을 떠나 50여 년을 객지 서울에서 살면서 그 숱한 역경과 고통, 외로움과 슬픔에 젖어 불안과 위기의 세월을 겪어 왔습니다. 잠 못 이루는 날 밤 지난날을 회상하면서 나는 내 자신에게 "천지간에 의지할 데 없이 혼자의 힘으로 참으로 고생 많았구나"하는 자위의 말을 해보기도 합니다. 이 같은 생각이 어찌 나뿐이겠습니까. 우리 식구들 모두가 다 그렇겠지요. 나보다 더 어린 나이에 아버지를 여읜 내 동생들은 더욱더 외로웠을 것입니다.

그러나 한편 보람도 있었고 성취도 있었고 무엇보다 희망찬 내일이 있습니다. 우리 모두, 그리고 자식들이 힘차게 앞으로 나아가고 있지 않습니까.

이제 공직을 마치고 진정한 자유인이 되어 아버지 비문을 마련했습니다. 정홍채 선생이 급히 준비해놓은 것이 있지만 순 한문에 내용이 불충분한 것 같아 안타까워 하다가 형제들이 나보고 후손들이 편히 읽을 수 있게 직접 쓰라고 권유해서 할아버지께서 증조부 비문을 직접 쓰신 것을 본받아 마련해 놓았습니다. 제막식을 마치고 저녁에는

아버지 어머니 묘비 제막식.

선운사에서 고창의 명물 풍천장어 회식자리도 있고 숙소도 마련해 놓았습니다. 함소상희(含笑相喜), 반가운 사람을 오랜만에 만나 두 손 부여잡고 함박웃음 웃으며 기뻐할 그날을 기다리면서 가족들 집안에 항상 행복과 건강이 깃들기를 기원합니다.'

이날 제막식에서 내가 쓴 비문이 성우 권희덕 씨가 녹음한 CD에서 흘러나왔다. 참석자들 모두들 숙연했다. 비문낭송 뒤에 3녀 선환이가 준비해온 사모(思母)의 편지를 낭독했다.

'그리운 어머니, 이 따스한 봄날, 당신이 사랑한다고 말씀 한 번 못하신, 당신의 사랑하는 자식들이 이렇게 한자리에 모여 어머니 아버지를 가슴에 담습니다. 뇌졸중으로 쓰러져 반신불수가 되어 15년 동안이나 장애의 삶을 사신 어머니, 넓은 마당, 죽상에 지팡이 짚고 걸터앉아 어머니는 클레멘타인을 흥얼거리곤 하셨지요.

"넓고 넓은 바닷가에 오막살이 집 한 채, 고기잡는 아버지와 철모르는 딸 있네. 내 사랑아, 내 사랑아, 나의 사랑 클레멘타인, 늙은 에미 홀로 두고 영영 어딜 갔느냐."

어머니는 '아비'를 '에미'로 가사를 바꾸시며 이 노래를 부르시다 손등으로 눈물을 훔치시곤 하셨지요. 그리고는 꼭 말씀하셨지요.

"이 노래는 나를 두고 만든 것 같어야…."

어머니, 어머니에게 클레멘타인은 연로하신 부모님과 어린 자식들을 남겨두고 일찍 저 세상 사람이 되어버린 남편이었을 것이고 동생처럼 신주처럼 의지했던 큰 딸이기도 하고 어린 시절부터 도시로 유학을 보내 품안에서 멀어져버린 큰 아들이기도 하고. 7살 나이에 아버지를 잃고 할머니 방에서 잠자며 할머니 손자가 되어버린 막내아들에 대한 연민이었고 아버지 없이 잘 자라 시집 간 두 딸에 대한 사랑이기도 했겠지요.

어머니, 당신의 클레멘타인들이 여기 모두 와 있습니다. 어머니 떠나신 지 26년, 이제는 제가 60을 바라보며 어머니의 노래를 제가 부릅니다. 저뿐만 아니라 당신을 가슴에 품고 당신께 고백하지 못하고 오직 자신들의 삶을 사느라 정신없었던 저희 형제 모두가 이제 어머니의 노래를 부릅니다. 당신의 눈에서 눈물을 거두십시오. 어머니 평안히 주무세요. 영원히 ….'

제2부

동아일보 30년

견습기자 8기생

1966년 1월 나는 동아일보 견습기자 8기생으로 입사했다. 동기생은 이정윤, 김재곤, 박응칠, 황의방, 김정서, 강종수, 황선표, 문준호, 김영봉, 윤여준, 전성자, 이길범 등이다. 그때 사장은 고재욱, 편집국장은 천관우였다. 입사하자마자 견습기자출신 선배들이 모이라고 해서 갔더니 동아일보 공채출신 기자들의 모임인 악타 디우르나(*Acta Diurna*) 회원이 된 것을 환영한다며 반겨주었다. 악타는 기원전 59년 전부터 로마시대에 발간된 신문 비슷한 일종의 관보다.

입사하자마자 동아일보 편집국 방송뉴스부에 배치됐다. 동아방송 뉴스를 취재하는 업무다. 당시 동아방송의 영향력은 대단했다. KBS, MBC TV와 라디오가 있었지만 정부 기관매체나 다름없었다. 이 방송사들은 뉴스 자체에 비중을 두지도 않았고 교양이나 오락분야도 취약해 여러 면에서 영향력이 미미했다. 시청률이나 광고매출은 물론 급여수준도 낮았다. 대학가에서도 KBS나 MBC에 응시한다는 이야기는 별로 들어보지 못했다.

정부 각 부처에는 기자실이 있는데 방송기자는 입실조차 금지되었다. 그러나 동아방송은 정부의 각종 시책이나 정치현안에 대한 강력한 비판으로 명성을 떨쳤다. 동아방송만은 기자실에서 제 대접 받았고 오히려 선도적이었다. 그 때 CBS(기독교방송)는 나름대로 뉴스에 신경을 썼다. 나는 견습기자 근무가 시작되자마자 남대문과 용산경찰서 샅쓰

마와리(경찰출입)로 뛰었다. 새벽에 나가 형사과에서 각종 조서 등을 들춰보며 취재했다. 초년병이 형사들과 다투면서 조서내용을 취재하기는 쉽지 않았지만 언론사는 견습기자 훈련을 위해 일단 투입해놓고 스스로 배우도록 하는 것이 전통이다.

'족인(足人)', 기자는 무조건 발로 뛰어야한다고 가르쳤다. 하루 종일 경찰서 형사과 등을 뛰어다니다 저녁때 회사로 들어간다. 밤에도 교대로 취재활동을 계속한다. 방송뉴스부장은 박정하, 차장은 이정석, 서울시경 캡틴은 최재호 선배. 감히 접근하기조차 어려웠다. 신속성이 생명인 방송기사는 취재되는 대로 즉각 전화 송고한다. 신문기사는 하루 세 번 마감하지만 방송기사는 시시각각 내보내야 하기 때문에 조금도 지체할 수 없다. 늑장부리면 다른 방송에 뒤진다. 이런 면에서도 동아방송은 타방송의 추종을 불허했다. 다른 방송은 아예 경쟁상대가 되지못했다.

저녁에 회사로 들어가면 간단한 회의를 하고 바로 술집으로 향해 술 마시는 것이 일이다. 배워야 하는 것들도 이곳에서 배운다. 그 중 기억에 오래 남아있는 술자리가 박미정 선배가 데리고 나갔을 때다. 그는 우리들에겐 까마득한 선배다. 언론사 선후배 사이는 군대의 상하 위계질서와 비슷하다. 특히 경찰출입기자는 더하면 더했지 덜하지 않다. 그때는 선배들에게 직접 대고 '선배님'이라는 호칭으로 부르기조차 어려웠다. 그날 저녁 우리들이 선배님이라고 부르자 박미정 선배는 화를 내며 다시는 '님'자를 붙이지 말라고 경고했다. 그는 '박 선배'하면서 따라 부르도록 시켰다. 그래도 '님'자를 붙이자 호통을 쳤다. 그따위로 하려면 당장 회사를 때려치우라고 했다. 그리고 부장, 국장이나 사장에게도 절대로 '님'자를 붙이지 말라고 가르쳤다. 근무중에 사장이나 그 누가 오더라도 절대로 자리에서 일어나지 말라고 했다. 질문을 받거나 할 말이 있으면 앉은 채로 하라고 했다.

그 뒤에 사무실에서 보니 정말로 편집국에 사장이 왔는데도 아무도 일어서지 않았다. 사장이 질문하면 앉아서 대답했다. 처음에는 이상했지만 곧 익숙해졌다. 한 번은 내가 부장 때 김영삼 대통령 당선자가 편집국에 인사차 방문하여 돌아다니며 악수를 나눴는데 나는 물론 다른 간부들도 일어서지 않았다. 박 선배는 출입처에 나가서도 기관장에게 당연히 '김 서장', '박 장관' 하고 자신 있게 부르라고 했다. 후배들에게 기백을 넣어주고 기를 살려주었다. 그때의 기억이 잊혀지지 않는다.

그 즈음 박정희 대통령 기자회견을 TV로 시청한 적이 있다. 당시 박 대통령의 위엄이나 권위는 대단했다. 질문에 나선 청와대 출입기자들이 모두 '박 대통령 각하께서'로 호칭하며 질문을 했다. 그런데 동아일보 출입기자는 '박 대통령께서'로 호칭했다. 그 장면을 지켜보며 나는 '당연히 그래야지' 하면서 안도했다. 지금 기억으로는 유경현 선배였던 것 같다.

선배들의 무용담

언론계에서 너무나도 유명한 이정석(李貞錫) 선배 무용담이 잊혀지지 않는다. 그때 이 선배는 기자실에서 단체로 인도네시아에 갔다 와서 스카르노 대통령 인터뷰를 게재했다. 그때 독재자 스카르노는 카리스마가 충천할 정도여서 접근 자체가 어려웠다. 기자단이 공항 귀빈실 대기중 마침 스카르노가 인근에 있었고 한국에서 온 기자들이라고 소개했다. 이 선배가 한 동료기자에게 스카르노 대통령 가까운 곳에 있을 때 서로 사진을 찍어주자고 제의해 그대로 실행했다. 그 동료기자는 제대로 찍었지만 이 선배가 그 동료기자를 찍을 때는 셔터를 누르는 시늉만 했다. 그래서 이 선배만 독점 인터뷰기사를 실었다.

이 선배가 조선일보에 근무할 때 에피소드도 유명하다. 조선일보 방일영 회장은 무슨 일을 직접 하지 않고 사소한 것도 주변사람에게 시킨다고 한다. 가까이에 있는 펜이나 모자, 지팡이까지도 비서가 가져다주어야 했다. 한 번은 화장실에서 나란히 서서 소변을 보게 됐는데 이 선배가 방 회장에게 "아유, 여기는 어떻게 직접 오셨습니까"라고 물었다.

조선일보 홍종인 주필은 '시어머니' 별명으로 깐깐하기로 이름난 언론계 거목이다. 신문사에 입사하면 맨 먼저 연필로 기사 쓰지 않도록 가르친다. 어느 날 홍 주필이 편집국을 둘러보는데 사회부에서 한 기자가 연필로 기사를 쓰고 있었다. 홍 주필이 요즘 기자들은 아무리 가르쳐도 그 모양이라며 큰 소리로 개탄했다. 그래도 그 기자가 계속 쓰고 있자 홍 주필이 하는 수 없이 "이 사람아 연필로 쓰지 말라고 가르쳤잖아"하고 호통 쳤다. 그러자 그 기자가 조용히 일어서 연필을 굴리면서 "이래 봬도 이게 미제연필입니다"라고 했다. 편집국이 웃음바다가 됐다. 그 기자가 바로 이정석 선배다.

이 선배가 총리실에 출입하고 있었다. 장기영(張基榮) 한국일보 회장이 정일권 총리를 만나러 왔다가 기자실에 잠깐 들렀다. 장 회장이 들어서자 기자들이 모두 일어서 정중히 인사를 올렸다. 그런데 이 선배는 소파에 누워 있는 채로 아는 체를 하지 않았다. 다른 사람 같으면 그냥 지나쳤겠지만 '천하'의 장 회장이 가만 둘 리가 없다. 다가가서 "이 사람아 좀 일어나게"했다. 이 선배가 "누구시더라"하자 장 회장이 급한 소리로 "나 장기영이야, 장기영"했다. 그러자 "아! 종로 을구에서 출마했다가 낙선한 그 장기영(張基永) 씨인가요?" 했다. 두 사람은 동명이인이다. 장 회장은 얼굴이 붉으락푸르락하면서 뛰쳐나갔다고 한다.

1992년 1월말 KBS 제작단 사장으로 근무하던 이 선배가 논설실로 내게 전화를 했다. "오늘 횡설수설 자네가 썼다며?"하고 물어왔다. 그랬다고 하자 "횡설수설은 그렇게 써야 돼. 내가 이런 전화를 하지 않는데 이번에는 꼭 하고 싶어서 했네. 건투를 비네"하고 격려해 주었다.

그때 한국팀이 콸라룸푸르에서 열린 아시아축구 최종예선에서 중국을 격파하고 어렵게 바르셀로나 올림픽본선에 진출하게 됐다. 그 쾌거에 맞춰 쓴 횡설수설이다.

‘〈지금까지 예배당에 못나간 죄를 용서하시고, 여기에 과거를 회개하고 나왔으니 날 좀 도와주셔야겠습니다.〉 지난 1948년 제14회 런던올림픽대회에 출전했던 한국축구 골키퍼 홍덕영(洪德泳)의 기도문이다. 22세의 최연소 선수로 출전한 홍덕영의 선방으로 첫 경기에서 멕시코에 5 대 3으로 이기고 2차전에서 강력한 우승후보 스웨덴팀과 격돌했다. 체구, 속도, 개인기 모두 우리 선수와는 비교가 안 될 정도로 월등했다. 전반 스코어는 4 대 0, 큰 스코어 차로 패했다. 스웨덴 선수들은 날아다니다시피 구장을 누비고 번개같이 대시했다. 물에 젖어 무거워진 볼을 총알처럼 쏘아댔다. 경기는 마치 스웨덴 선수들의 슈팅연습장 같았다. 홍덕영은 아홉 번째 골까지는 세었지만 그 다음엔 세지도 못했다. 숨이 차고 다리에 경련까지 일었다. 넘어지면서 막고 누워서도 잡아냈다. 가슴이 뚫리는 것 같은 슈팅, 배가 터지는 것 같은 슈팅이 수없이 계속됐다. 우리 공격이 하프라인을 넘어선 것은 5, 6회 뿐이었다. 12 대 0 대패였다. 홍덕영은 부끄러워서 운동장을 떠날 수가 없었다.

그러나 그렇지가 않았다. 관중석에서 그에 대한 환호가 일고 사인해 달라는 청소년들이 우르르 몰려들었다. 그의 선방(善防)을 각 신문과 AP, UP에서 대서특필했다. 그가 화장실에 가서 보니 소변이 온통 핏빛이었다. 그로부터 44년, 한국축구가 완전자력으로 올림픽축구 본선에 진출하게 됐다. 1964년 동경올림픽은 대만의 기권으로 어부지리로 진출했고 88서울올림픽에는 주최국으로 자동진출했다.’

이정석 선배는 자상하면서도 유머와 여유가 있는 멋있는 분이다. 뒤에 방송위원으로 활약했고 대한언론인회장직도 맡았다. 내가 방송위원으로 있을 때도 많이 격려해주었다. 안타깝게도 얼마 전 별세했다.

편집기자 시절

방송기자는 취재하면서 대부분 취재대상의 말을 녹음해야 한다. 그래서 녹음기를 가지고 다녀야 한다. 그것을 '아이스케키 통'이라고 불렀다. 나는 그것을 짊어지고 다니는 것이 그렇게 싫었다. 그리고 한 번 라디오로 흘러나가면 그만인 1회용 소모품인 라디오 뉴스취재 자체가 마뜩치가 않았다. 그런 뉴스를 취재하는 데 신바람도 나지 않았고 보람도 별로 느끼지 못했다. 나는 방송기자에 적성이 맞지 않다고 스스로 생각했다. 그 당시는 누가 무어라 해도 신문이었다. 나는 역시 신문기자여야 한다는 생각에서 벗어날 수가 없었다. 신문제작을 하고 싶었다.

나는 얼마 안 있어 편집국 조사부로 옮겼다가 바로 편집국 편집부로 옮겨 정식 견습을 시작했다. 평소 전혀 모르고 지내던 편집국 권도홍 차장이 편집부로 오지 않겠느냐고 해서 옮겼다. 모든 신문기사는 각 분야별로 취재부서 담당기자들이 작성한다. 그러나 기사를 선택하여 제목을 달아 지면을 제작하는 일은 전적으로 편집부 기자들이 한다. 편집부는 신문사의 심장부다. 편집부의 기능이 신문의 사활을 좌우한다. 편집은 뉴스밸류 평가와 레이아웃도 중요하지만 제목을 잘 달아야 한다. 소재의 핵심을 극히 제한된 자수로 정확하고 매력적인 제목으로 뽑아내야 한다. 제목은 짧을수록 좋다. 그래야 힘이 솟는다. 글도 긴 문장은 힘이 빠진다.

신문기사는 정확(*Correct*)하고 간결(*Concise*)하고 명백(*Clear*)해야 한다. 이른바 3C다. 편집에는 여기에 3C가 추가된다. 선택(*Choice*)과 매력(*Charm*)과 도전(*Challenge*)이다.

외부에서는 정치, 경제, 사회, 문화, 체육 등 취재부서에 대해 잘 알고 있지만 신문사 내부에서는 편집부가 거의 모든 책임을 지고 신문을 제작한다. 외근기자는 취재부처에서는 큰소리치지만 편집부에는 대립각을 세우지 못한다. 당연히 출고되어야 할 기사를 넘기지 않으면 편집부로부터 호된 지적을 받는다. 주요 뉴스나 빠져서는 안 될 기사는 당연히 보도되지만 그렇지 못한 많은 기사들은 편집자의 재량에 맡겨져 있다. 취재부의 여건상 작은 기사라도 한 건 게재하려면 편집자에게 간절히 부탁해야 한다.

취재기자는 기사를 작성해 편집부에 넘겨버리면 일과가 끝난다. 그러나 편집기자는 자기담당 지면에 하루 종일 신경 쓴다. 편집이 완료되고 신문이 발간된 후에도 어떤 기사가 잘못되지 않았는지, 기사누락은 없는지, 문선이나 제판과정에서 과오는 없었는지 계속 관심을 가져야 한다. 게재된 기사의 흐름에도 신경 쓴다. 옛날 자유당 시절 '이승만 대통령'중 '통'자가 빠져 '이승만 대령'으로, 대통령의 대(大)자가 견(犬)자로 뽑혀 '이승만 견통령'으로 보도돼 엄청난 곤욕을 치른 이야기는 유명하다. 그 이후로는 '대통령' 활자만은 세 활자를 붙여 주조했다.

편집기자는 기사게재 여부에 대한 판단은 말할 것도 없고 기사의 내용과 방향에 대해서도 취재진에게 의견을 제시하기도 한다. 편집자가 상황을 정확하게 보는 안목을 갖고 있다면 그 견해는 당연히 존중받는다. 기사의 방향이나 시각에 관해 예리한 판단을 가진 편집기자에게 걸리면 취재부서는 곤혹을 치르기도 한다. 일반적으로 취재부서의 입장보다 편집부서의 입장이 더 객관적일 수 있다. 취재부서는 취재원과 얽히고설킨 경우가 있지만 편집부서는 그렇지 않기 때문이다. 그러나 편집부서 간부가 취재원과 연결돼 있다면 상황은 다르다. 이 간부가 취재원으로부터 내밀히 부탁을 받았을 경우는 또 다른 큰 부작용이 야기된다.

1960년대 후반이었으니까 박정희 독재정권하에서 언론이 표현의 자유와 국민의 알권리 측면에서 크게 위축되어가는 과정이었다. 편집국과 중앙정보부는 지면제작을 놓고 매일 신경전을 벌였다. 선거 때면 더욱 심했다. '중정(中情)' 직원이 편집국에 파견나와 있으면서 이런 저런 간섭을 했다. 그때 모든 언론이 다 어려움을 겪었지만 그 중에서도 동아일보가 유독 심했다. 항상 동아일보가 문제였다. 기자들을 환문, 소환, 연행, 구속하는 등 필화사건이 잇따랐다. 법적 절차를 무시하고 '문제'기사를 쓴 기자를 우선 잡아다가 족치는 탄압수법은 박정희 정권 내내 자행됐다.

1968년 신동아 12월호 차관(借款) 특집기사가 문제가 되어 필자인 정치부 김진배, 경제부 박창래 기자와 홍승면 신동아 주필, 손세일 신동아 부장 등이 중앙정보부에 불려갔다. 뒤이어 김상만 동아일보 발행인과 천관우 주필도 연행, 신문했다. 홍 주간, 손 부장은 반공법 위반으로 구속되었다가 석방되었는데 결국 천관우 주필과 함께 사표를 냈고 수리됐다. 끝내 동아일보 주필 천관우를 언론현장에서 축출한 신동아 사건이다. 그때 천 주필은 기자협회보에 '연탄가스에 중독된 신문'을 기고해 당시의 언론의 현주소를 진단하고 언론인들이 단결된 힘을 발휘할 것을 촉구했다.

권도홍 편집부장의 용기

취재기자들도 물론 언론의 자유 신장을 위해 심혈을 쏟았지만 정부 당국과 직접 부딪치는 접점은 지면을 가시적(可視的)으로 마무리하는 최종관문인 편집부였다. 그즈음 편집국장은 변영권, 국장대리 최호, 김성열, 편집부장 김준철, 차장은 권도홍. 편집기자는 이대훈, 한갑수, 박중길, 신양휴 차장대우, 견습출신으로 안성열, 장동만, 유경현, 최재욱, 민병문, 이시헌, 김욱한, 동기생으로는 이정윤, 문준호, 1년 후배로는 이경재, 이현락 등이 함께 근무했다. 그 외 외래파로는 안종필, 최성두, 이중흡, 천상기도 있었다.

김 편집부장은 그저 적당히 넘어가는, 좋은 것이 좋다는 능구렁이 스타일이었지만 권 차장은 그렇지가 않았다. 그는 사람을 대할 때 항상 웃는다. 동안(童顔)에 참 좋은 호인이지만 권력의 횡포 앞에서는 칼날 같았다. 납득이 가지 않으면 절대로 용납하지 않는다. 많은 경우 아슬아슬하게 넘어가고 있었다. 그는 '중정'측에 특히 적대적이었지만 취재부서에 대해서도 기사내용이 미진할 때는 가차 없이 지적해 시정조치했다. 그는 어쩌면 그 당시 '동아'의 마지막 보루였다. 그는 언론의 게이트키퍼로서 제 역할을 하고 있었다.

그 당시 편집부 젊은 기자들은 대부분 권 차장의 판단에 적극 동조했다. 부산 동아대학 1학년 중퇴가 그의 학력 전부다. 그러나 두뇌가 명석하고 해박한 지식을 갖춘 편집의 귀재였다. 그는 특히 제목 잘 달기로 정평이 나 있었다. 은유(隱喩)나 직유(直喩)를 구사하는 반전의 표현이 즉각 반사적으로 떠오르는 편집자다. 그는 편집은 독서량을 비롯한 지식의 총화와 감성과 표현의 기교라고 말한다. 자신은 편집자로서 차라리 부러져 죽자는 생각으로 임했다고 말했다. 그는 우리나라 신문사(新聞史)에서 '3대 명편집자' 중 한 명으로 꼽혔다. 편집은 말할 것도 없고 문장력 또한 대단한 기자다.

얼마 안 있어 국장단이 홍승면 편집국장, 박권상 국장대리 체제로 바뀌었다. 그리고 잠시 문화부 차장으로 옮겨가 있던 권 차장이 편집부장대리로 돌아왔다. 바로 그 시점, 박정희 대통령의 장기집권을 노리는 3선 개헌이 진행되고 있었다. 1969년 9월 14일 새벽 서울신문 뒤편 국회 제3별관 특별회의실에서 국회 본회의를 소집, 공화당의원들 122명의 가표(可票)만으로 3선 개헌안을 처리했다. 그때 정치부의 송고기사는 '국회통과'라는 표현으로 되어 있었지만 권 편집부장이 '변칙처리'로 표현하도록 해서 동아일보만 기사, 제목 모두 '변칙처리'로 보도됐다. 당시 3선 개헌에 대한 온 국민의 분노가 들끓었다. 그 같은 공화당 국회의원들의 작태에 대해 권 부장은 '정신의 매춘으로서의 정치'라고 표현했다.

그로부터 한 달 뒤 편집국에 또 한바탕 큰 소란이 일었다. 3선 개헌에 대한 국민투표를 앞두고 10월 14일자 동아일보 6면에 중앙정보부가 꾸민 사술(詐術)적인 전면광고가 실렸다. 투표를 앞두고 박정희 대통령 찬양일색의 광고를 내보낸 것. 광고형태가 일반 광고형식이 아니라 기사로 메워지는 지면형태로 전면을 채워 기사인지 광고인지 가늠이 안 되는 전면기사 광고다. 요즘은 이 같은 형태의 광고가 많아졌지만 그때는 그런 광고가 없었던 것으로 기억한다.

그 광고는 독자들이 기사로 오인하기 쉬워 편집국의 거부감이 강했다. 그 같은 광고가 나갈 경우 지면 상단에 〈전면광고〉라는 알림이 표시된다. 그때 이 광고 상단에도 이 표시가 되어 있었다. 그런데 '중정' 측에서 작용을 해 이 〈전면광고〉 표시 활자가 눈에 잘 띄지 않는 작은 활자로 박혀 있었다. 이런 것이 권 부장의 눈을 피해 지나갈 수가 없다. 권 부장은 즉각 눈에 잘 띄는 큰 활자로 바꿔놓았다. '중정'측이 다시 작은 활자로 바꿔놓자 권 부장이 다시 큰 활자로 바꿔놓았다. '중정' 파견원과 그 상관이 편집국에 올라와 편집국장과 국장대리 좌석 사이에 앉아 이 문제에 대해 국장단에 강력히 항의했다.

그때 국장단은 이 같은 과정을 상세히 알지 못했던 것 같다. 국장단 좌석과 편집부장석은 6~7m 거리에 마주보고 있다. 나는 그 중간 편집자 좌석에 앉아 지면구도를 짜고 있었다. 중정 간부가 "저기 권 부장이 그렇게 바꿔놓고 있다"고 항의하자, 권 부장이 벌떡 일어나 "야 이 자식아, 네가 편집국장이야? 네가 뭐야. 뭔데 이래라 저래라 해. 편집국에서 썩 꺼지지 못해"하며 달려갔다. 칼날 같던 권 부장이 도끼 같은 권 부장으로 변했다. 권 부장은 성질 급하기로도 유명하고 완력도 세다.

모두들 말려 무사했지만 그대로 두었더라면 그들은 크게 다쳤을 것이다. 그들은 찍 소리도 못하고 사라졌다. 우리들 모두 속이 시원했다. 그 일로 권 부장은 여성동아 부장으로 옮겨갔고 편집업무와도 완전 결별했다. 그는 동아사태 때 회사를 그만두었다. 그때 회사를 떠난 유일한 부장이었다.

오랜 시일이 흐른 뒤 권 부장은 "권력과의 긴장관계 내지는 쟁투에서 신문의 어느 부분은 다치게 되어 있었다. 내가 다친 것은 스스로 최전선으로 믿었던 그 소임에서 오는 피할 수 없는 대상(代償)인 것임을 나는 지금도 그렇게 알고 있다. 3군을 거느리는 장수는 사로잡을 수 있어도 한낱 사내의 뜻은 뺏을 수 없다는 격언은 내가 그럴 것이라고 믿는 말 중의 하나"라고 말했다.

그 당시 권 부장이 나를 상당히 아껴주었다. 내 능력을 인정했는지 내게 중요지면 편집을 맡겼고 일도 많이 시켰다. 하여튼 편집부 후반기에는 일에 보람을 느꼈다. 그렇게 편집부에서 약 3년 근무한 뒤 나도 1970년초 사회부 발령이 났다.

사회부 사람들

내가 사회부로 옮겼을 때 부장은 이효식, 차장은 오상원, 김중배, 박원근 차장 등이었다. 모두들 성격이 특이해 각각 별명이 있었고, 기자들끼리는 그들을 별명으로 불렀다.

목이 유난히 두터운 이효식 부장은 실베스타 스탤론 형의 인상에 항상 어깨와 목에 잔뜩 힘이 들어가 있다. 조직의 거물급 보스 스타일이다. 그래서 별명은 '목아지'다. 항상 늦게 출근하는데 좌석에 앉자마자 드링크를 찾는다. 계속 드링크를 마시면서 원고를 보았고 마감만 끝나면 사우나로 직행했다. 저녁에는 고급 술집에 다니면서 술을 많이 마셨다. 오전에 내근하면서 이 부장은 전날 밤 음주 이야기를 계속해 옆에서 귀가 따갑도록 들었다. 특히 긴타마(김현옥 서울시장)와 지냈던 이야기는 거의 매일 나왔다. 그러나 이 부장은 사리판단이 빨랐고 통솔력이 있었다.

오상원 차장은 단편 〈모반〉으로 동인문학상을 수상한 소설가다. 그런데 일찍부터 신문사에서 사건기자로 출발했다. 책상서랍 속에 소주병과 오징어를 상비할 정도의 애주가다. 시간만 나면 술을 마셔댔고 별 내용도 없고 재미도 없는 잡담을 계속 늘어놓는 스타일. 술 마시다 자기집으로 데려가서는 부인과 관련시켜 별의별 농담을 다 했다. 취중이라도 도저히 들을 수 없는 야한 내용들이다. 자신은 재미있어 하지만 유머감각과는 거리가 멀었다. 그는 일찍 세상을 떴다. 문학에 전념했더라면 좋은 결실을 맺을 수도 있었을 텐데 하는 아쉬움도 남는다. 그는 턱수염을 길렀고 계속 점퍼를 걸치고 다녔다. 턱수염 기른 모습이 카스트로와 비슷하다하여 붙여진 별명이 '오스트로'다.

김중배 차장은 필력이 뛰어난 당대의 논객이다. 그때 '한성호'든가, 여객선이 파도에 휩쓸리면서 뒤집혀 많은 승객이 목숨을 잃은 사건이 발생했다. 김 차장이 쓴 칼럼 〈파도야 어쩌란 말이냐〉가 큰 반향을 일으켰다. 시의에 적절했고 지향하는 방향도 좋았고 은유(隱喩)도 출중했다. 그때 그 칼럼은 편집국에서 큰 화제였다.

김 차장은 사회부장과 편집국장을 역임하고 논설위원이 되어 칼럼 〈그건 이렇지요〉로 명성을 떨쳤다. 서슬 시퍼런 군부독재시절 사회적 비리, 모순 등을 과감히 비판했다. 군사정부의 요주의대상 인물로 낙인찍혔고 당시 그의 칼럼은 많은 지식인들이 애독했다. 칼럼니스트로서 그의 감각과 문체가 비상했다. 그의 필법이 특유해 더욱 눈길을 끌었는데 상투적 어법이 식상한 면도 없지 않았다고 나는 생각했다.

김 차장은 기자들의 기사를 손질하는 데스크 역할도 뛰어났다. 데스크 역할의 중요성에 대해서는 두말할 필요가 없다. 그 역할에 따라 기사가 살기도 하고 죽기도 한다. 데스크 보는 스타일은 크게 두 가지로 나뉜다. 기자가 쓴 기사를 존중해 거의 그대로 출고하는 경우와 그 기사를 데스크 판단에 맞춰 마구 뜯어고치는 스타일이다. 기자들은 대부분 전자를 좋아한다. 그러나 기사가 모두 완벽하게 쓰여질 수는 없다. 미진한 내용도 많다. 이 부족한 내용을 데스크 손질로 잘 살려 빛나게 할 수 있다. 김 차장은 우선 기사 손질을 대단히 빠르게 한다. 쭈욱 보면서 잘못된 부분이나 처진 부분에 간단히 손질해 기사내용이 전체적으로 제대로 흐르게 만든다.

나는 그를 차장 부장으로 모시면서 오래 함께 근무했다. 성향은 진보적 좌파라고 느꼈다. 성품이 온순하며 인정도 있고 배려도 깊은 분이다. 어색해하고 부끄러움을 타는 표정도 자주 보였다. 그는 말도 잘 했지만 역시 술이 과했다. 술이 취하면 눈동자가 둥그레져 초점이 희미해지면서 사람이 달라진다. 술에 아주 절어 썩어있다 해서 별명이 '썩배'다. 김 부장과 우리 사회부원들은 회사 바로 옆 또순이집을 자주 찾았다. 당시 드럼통 연탄불에 구운 고기안주에 막걸리를 맥주에 타 마셨다. 그는 막걸리를 마시면서 매번 국주(國酒)라고 했다. 한 번은 내가 우리의 국주는 청주라고 이견을 제시했다. 우리는 오랜 기간 동안 청주를 생산하기 위해 술을 담아왔고 막걸리는 청주를 담은 뒤 남은 술 찌꺼기에 물을 타 만든 부산물이라고 했다. 김 부장은 그렇기는 하지만 서민들이 많이 마시는 술이므로 국주가 아니겠느냐고 했다.

군부독재시절 어느 날 저녁 맥줏집 '1번지'에서 많은 부원들과 술을 마시다가 김 부장이 정색을 하며 개탄했다. 그때 나는 경찰출입기자였다. 자신도 잘한 것이 없지만 우리 기자들이 너무나 한심하다는 것이다. 당장 내일이라도 독재체제가 꺾이고 동아일보가 자유롭게 신문제작을 할 수 있게 된다면 자기는 신문을 제작할 자신이 없다고 했다. 왜

냐하면 기자들이 눈치만 빨라져 시의에 맞는 하찮은 기사만 송고할 뿐 제대로 된 기사는 한 건도 쓰지 않기 때문이라고 했다. 보도가 될지 안 될지는 데스크에게 맡겨야 한다고 강조했다. 기자들은 독재의 잔영 속에 저질러지는 엄청난 비리를 과감히 취재 송고해야 하는데도 모두들 이를 외면해버려 지금 자기 책상서랍 속에 보류되어 있는 제대로 된 그런 기사는 단 한 건도 없다고 한탄했다. 김 부장은 말도 잘한다. 분위기가 숙연해졌다. 나도 내 잘못을 뉘우쳤다.

이튿날 새벽 나는 일찍 성동경찰서로 나가 평소 친밀하게 지내는 형사에게 접근했다. 먼저 기사가 취재되어도 제대로 보도할 수 없는 현 시국상황에 관해 격의 없이 이야기하다가 지난번에 흘린 공화당 성동 지구장 위원장 비리내용 수사가 어느 정도 진척되었는지를 물었다. 나와는 각별한 사이인 그는 보도하지 않는다는 전제로 그 공화당 위원장이 살인을 교사하고 실행하여 수 명이 구속되어 있다는 내용을 상세히 알려 주었다.

그 당시 경찰서에서 이런 정도의 '비보도' 전제는 정보제공자를 공개하지 말라는 정도의 묵계수준이었다. 그러니까 기사소스만 공개하지 않으면 된다. 나는 신바람이 나서 기사를 송고했다. 최소한 사회면 톱기사로 보도되든지, 아니면 보도하지 못하게 될 것이라고 생각했다. 그리고 의기양양했다. 그런데 때가 때인지라 김 부장도 이 기사에 대해 불안을 느꼈다. 엄청난 파문이 일지도 모르는 두려운 내용이다. 법원 출입기자 김재곤을 통해 어렵게 이들의 구속상태를 재확인하고 나서야 내게 연락이 왔다. 수고했다는 한마디다.

이 사건은 공화당 지구당위원장이라는 핵심내용이 삭제된 채 사회면 중간톱으로 보도됐다. 삭제된 부분은 그 기사의 '핵'이고 '생명'이다. 그날 저녁 김 부장의 표정이 미묘했다. 김 부장 특유의 어색한 웃음을 지으며 "사람이, 사람이 …"만 계속 되풀이했다. 기자의 노고를 지면에 제대로 보답하지 못한 아쉬움을 그렇게 표현하고 있었다. 내가 그렇게 즉각 해내리라고는 상상도 못했을 것이다. 어쩌면 나한테 한 방 당한 것이기도 하다. 김 부장은 그 후로도 이따금 그 이야기를 꺼냈다.

전남 나주 출신으로 전남대 법대를 나온 김중배 부장은 한마디로 표현한다면 '토종적 수재'라로나 할까. 하여튼 명성 떨친 글꾼이다. 그런데 그는 의외로 지역성도 강했다. 나는 그를 존경하긴 했지만 서로 스타일이 달랐다. 10여 년을 가까이서 지냈지만 평생 마음속으로 친밀하게 느낀 적은 없다. 김 부장의 단점이라면 뭐라 할까, 이따금 신파조 냄새가 풍긴다는 생각이 들곤 했다. 그렇지만 그는 훌륭한 언론인이었다.

그로부터 오랜 기간이 흘러 내가 방송위원회 부위원장, 상임위원직을 맡아 많은 일을 하고 있을 때 김중배 부장이 한겨레신문 사장을 거쳐 어렵게 MBC 사장이 되었다. 방송에 대한 전문적 식견이나 뒷받침이 없기도 했지만 그 성격 때문인지 힘들어하는 것 같았다. 방송위는 지상파, 케이블방송 등 각 분야별로 기관장을 소집해 회의를 하는데 거기서 몇 번 만났다. "잘 좀 봐줘." 농담반 진담반의 그 어색한 표정은 예나 마찬가지였다. 그리고는 만나지 못했는데 최근엔 두문불출하고 있다고 한다.

박원근 차장은 경남 남해출신으로 견습 1기생이다. 박 차장은 한마디로 서민풍의 일벌레다. 그는 지치는 줄 모르고 일에 몰두했지만 데스크 솜씨는 별로였던 것 같다. 기사내용이 자신의 기대에 맞지 않으면 바로 고치는데 그 고친 부분이 대부분 바로 다음 부분에 나오게 된다. 그러면 또 고쳐야 하기 때문에 계속 새카맣게 원고를 고쳐나가야 한다. 그래서 원고가 거의 전부 다시 쓴 내용이 된다. 이에 대해 기자들은 뒤에서만 소근 댄다. 박 차장은 성질은 급한 편이었지만 뒤끝이 없어 모두들 이해하고 나간다. 그도 역시 술자리를 좋아했고 특히 닭고기를 좋아했다. 그래서 별명이 '닭근이'다.

그 밖에도 사회부에는 한우석, 고수균, 김원기, 이연교, 홍인근, 박인섭, 이상하, 정연춘, 이시헌, 남중구, 김광협 선배와 동기생인 김재곤 등 근 30명이나 됐다. 그중 고수균 선배의 후배들에 대한 배려가 참 인상 깊었다. 그때 외근기자들은 출입처에서 나름대로 여러 가지 재미가 있었다. 그러나 내근기자들은 외근기자가 전화로 송고하는 기사를 받아 손질해 데스크에게 넘기는 것이 주업무였다. 오전 내내 전화로 실랑이를 벌이고 나면 지친다. 기사를 잘 정리해 부르는 기자도 있지만 전혀 준비가 안 된 채로 계속 고쳐가면서 부르거나 전화송고를 중단했다가 다시 부르기도 한다. 이같은 내근기자들의 사정을 유독 고 선배가 잘 이해해 주었다. 점심시간이나 저녁에 출출할 때 내근기자들을 데리고 나가 한 턱 낸다. 후배들은 고 선배와 함께 할 때 아주 편안하다. 그 당시 나는 '이 다음에 내가 여유가 있을 때 꼭 보답해야지'하고 생각했다.

김원기 선배는 별명이 '지둘려'다. 성격이 만만디여서 매사에 여유가 있어 항상 슬로우 모션이다. 사장과의 점심약속시간에도 늦게 가 그런 별명이 붙었다고 한다. 사회부에서 근무할 때 내게 다정한 감정을 표시해주었고 뒤에 지방부에서도 함께 근무했다. 전북 정읍출신인 김 선배가 정읍 고창지역 국회의원 선거에 출마했다. 김 선배가 도움을 요청해 나는 정읍 고창에 내려가 친구들과 집안 유권자들을 적극적으로 소개해주었고 집안사람들을 총동원해 많이 도왔다. 그러나 그런 것도 잘 모르는 것 같았다. 알면서 그러는지도 모르겠다.

김 선배는 노무현 대통령의 멘토로서 대통령 선거 때도 당시 방송위원이었던 내게 상당히 의지했다. 선거 때 김한길 홍보책임자는 더욱 적극적으로 도움을 요청했다. 김한길 의원은 자신의 후원회 때도 내 친구 김도진을 통해 많은 도움을 요청했고 나는 정성껏 도와주었다. 그러나 선거 끝나고는 모두 무소식이었다. 신의가 없다고 느꼈다. 후원회 기부금을 내라는 선전물만 계속 날라 온다. 대부분의 국회의원들이 그렇

《역사의 고전장》 출판 기념회에서 건배하고 있는 사회부 사람들. 왼쪽부터 이상하, 정구종, 필자, 한우석, 남중구, 정연춘, 심송무, 김재곤 기자.

다. 그래도 김원기 선배는 국회의장이 된 후 만나자고 하여 뱀부에서 둘이서 식사하면서 정담을 나눴다.

이연교 선배는 촉망된 기자였는데 교통사고를 당해 귀가 손상됐다. 그래서 우리는 필담으로 의사소통을 했다. 후배들이 여러 차례 집에 찾아가 위로하는 등 많은 배려를 아끼지 않았다. 홍인근 선배는 중앙고교와 고려대 선배다. 김병관 회장과 고교 대학 동기생으로 그 위세가 대단했다. 그의 별명은 '조두'(鳥頭)다. 김중배 부장이 지었다. 이 분과도 오랫동안 함께 근무했지만 정이 가지 않았다.

이상하 선배는 나와 가장 애증이 얽혀있는 분이다. 전남 담양 출신으로 광주고교, 서울대법대를 졸업했다. 틀림없는 '광주사람'인 이 선배는 카리스마가 강력했고 광주 전남지역 출신 및 서울대법대 출신들 위주로 줄세우기에도 대단한 역량을 발휘했다. 항상 '꼬붕'들이 뒤를 따랐다. 기사취재보다는 언변이 좋았고 기지가 넘쳤으며 통솔력도 뛰어났다. 유행가 가사는 다 외우고 술도 말술. 나는 그런 소질이나 취향과는 다른 성향이어서 사회부에서 계속 함께 근무하면서도 따로 놀았다고 할 수 있다. 그러나 나는 이 선배와 10여 년 동안 한 부에서 근무하면서 이야깃거리도 많았고 지면 제작과 관련해 일도 많이 했다. 출입처 기사는 말할 것도 없고 각종 시리즈도 엄청나게 썼다.

이상하 선배는 정치부장을 역임했고 한때 전국구 국회의원을 지냈다. 정계로 들어간 후 서로 연락도 없었고 만나지도 않고 지냈다. 만날 일이 없었다. 그 이 선배가 어느 날 나를 찾아왔다. 내가 방송위원회 상임위원으로서 많은 중대한 일들을 처리하고 있을 때다. 오랜만에 만나니 반갑기도 하고 어색하기도 했다. 그때 방송위원회에서는 위성방송 허가 심사를 준비하고 있었다. 그 당시 위성방송은 '황금 알을 낳는 거위' 업종으로 알려져 세간에서 엄청난 각광을 받았다. 위성방송을 획득하기위해 KT및 KBS 컨소시엄과 LG의 데이콤이 이끄는 컨소시엄이 사활을 건 쟁탈전을 벌였다. 이 선배는 데이콤 쪽 추진팀의 고문으로 일하면서 이문조 상무와 함께 움직였다. 책임자는 유세준 전 공보부 차관.

이 선배가 "김병관 동아일보 회장이 골프 한 번 치자고 한다"고 하여 모처럼의 기회여서 나갔다. 김 회장과 이 선배는 특별한 관계다. 이 선배는 동아사태 때도 제작파의 중추적 역할을 했다. 레이크사이드CC에 나갔더니 김 회장, 이채주 상임고문, 이상하 선배가 나와 있었다. 동아일보를 그만둔 뒤 오랜만에 만나 즐겁게 라운딩을 했고 비용은 김 회장이 썼다. 김 회장은 라운딩중 항상 '딩 동 댕' 게임내기만을 한다. 그 비용 40여만 원도 김 회장이 미리 내놓았다. 라운딩을 마치고 술 한 잔 하자고 하여 살롱으로 갔다.

나와 김병관 회장과의 인연도 보통 인연이 아니다. 여러 가지 감정도 얽혀있다. 우선 김 회장은 고창국민학교, 중앙고교, 고려대 선배인데다 신문사에서도 오랜 기간 각별히 지내 아주 친밀한 사이다. 김 회장이 상무, 전무, 부사장, 사장에 이르는 동안 여러 차례 술자리와 포커판 등에서도 접촉이 잦았다. 미원의 이태욱 상무에게도 내가 김 회장을 소개하여 국악과 관련해서도 많은 모임이 있었다. 김 회장과 연관하여 한 가지 짚고 넘어가야 할 것은 내가 고창 출신에 중앙고교, 고려대학을 졸업하고 동아일보에 입사한 것이 견제요소로 작용해 내게 디딤돌이 아니라 걸림돌이 된다는 것을 한참 후에야 깨달았다.

이채주 고문은 또 어떤가. 그가 편집국장 때 나는 조사부장 발령을 받았고 논설주간으로 있을 때는 논설위원으로 있으면서 껄끄러운 관계였다. 조사부로 발령받을 아무 연유도 없는 상태에서 발령받아 더욱 납득할 수 없는 인사였다. 이런 사정을 김 회장은 잘 알고 있다. 이 고문은 이 세상에서 김 회장을 제일 잘 모시는 사람으로 알려져 있다. 모신다는 의미가 여러 가지 뜻을 함축하고 있지만 그는 무조건 복종하고 떠받들었다. 그런데 이날 술자리에서 술을 좀 마신 김 회장은 해도 너무한다고 할 정도로 이 고문을 무시했다. 무시라기보다 학대수준이었다. 아예 사람취급을 하지 않았다. 두 분 사이에 허물이 없어 그랬을 것이라고 생각하고 싶었다. 그런 반면 이상하 선배와 내게는 아주 정겹게 대해주었다. 김 회장은 "조 위원, 여러 가지로 미안해. 나를 좀 도와줘. 나도 조 위원 일이라면 무엇이던지 힘쓸게. 옛날 글 솜씨도 살리고"라며 격려해 주었다. 그 뒤 동아일보에서 연락이 와 두 번에 걸쳐 방송관련 주제를 다룬 내 칼럼이 동아일보 지면에 게재됐다.

동아일보가 위성방송에 관심이 있었다. 이상하 선배가 관여하는 데이콤측 위성방송 컨소시엄에 참여하고 있었다. 우리가 뒤늦게 만난 것도 그와 관련해서 이 선배가 주선한 것이라는 것을 알게 됐다. 그러나 방송위원회 심사에서 그 컨소시엄은 탈락했고 KT측 컨소시엄이 선정됐다. 물론 나는 이 심사에 관여하지 않았다. KT측 컨소시엄이 선정된 후 살펴보니 지분에 여유가 있었다. 방송위원회에서 주요 일간지의 경우 어느 컨소시엄에 포함되었든지 간에 선정된 컨소시엄에 참여할 수 있도록 조치했다. 반대편에 참여한 언론사도 KT측 컨소시엄에 참여할 수 있게 됐다. 그래서 동아일보에도 통보해주었다. 동아일보는 처음에는 참여하기로 했다가 뒤에 그만둔 것으로 기억된다. 그리고 점차 위성방송이 황금알을 낳는 거위가 아니라는 것이 드러났다.

그 후 이상하 선배와는 또다시 연락이 끊겼다. 얼마 후 암으로 아산중앙병원에 입원해 있다는 소식이 전해졌다. 문병 갔더니 병중에도 내 손을 꼭 잡고 놓지를 않는다. 내 안부를 묻고 또 물었다. 얼마 안 있어 별세소식이 전해졌다. 상가에 가 부인에게 문상했다. 그 후 바로 김병관 회장도 암으로 별세했다. 고대 안암병원으로 가 문상했다. 세상사 모두 덧없는 일이다. 만나고 아끼고 미워하고 잊어버리고 사라진다.

정연춘 선배는 한학에 조예가 깊은 점잖은 분이다. 중용, 중도를 몸소 실행하는 도덕군자다. 기자로서도 무엇이든지 자신이 할 만큼만 하고 해야 할 것은 꼭 하는 '양반'기자였다. 집이 나와 같은 역촌동이어서 함께 출근했다. 나중에 문교부 대변인으로 옮겼는데 마침 내가 문교부를 출입하게 돼 인연이 더욱 깊다.

이시헌 선배도 신선 같은 인상에 만사 느긋하고 항상 여유가 있는 분이다. 아웅다웅하며 살 필요가 없다는 것이 그의 생활철학이다. 피부색이 검어 별명은 '아베베'다. 바둑이 고수여서 내가 처음에 7점을 놓고 내기바둑을 두기 시작해 나중에는 3점까지 내려갔다. 바둑은 주로 일요 당직일에 만나 두었다. 뒤에 논설위원실에서 같이 근무했고 내가 방송위원으로 근무할 때는 방송심의위원으로 위촉해 한동안 심의업무를 맡아 했다.

남중구 선배도 좋은 성품에 유능한 기자로 매사에 신중에 신중을 거듭하는 스타일. 그의 별명은 곰바우. 포커게임을 좋아했는데 지는 카드라는 것을 훤히 알 수 있는데도 끝까지 따라가 돈을 잃곤 해서 붙은 별명이다. 뒤에 논설위원실에서도 같이 근무했다. 그토록 정갈하던 분이 안타깝게도 암으로 최근에 별세했다.

나와 동기생인 김재곤도 사회부에서 10여 년, 논설위원실에서 6년을 동고동락했다. 광주 출신에 서울대법대 출신으로 이상하 선배와는 떼려야 뗄 수 없는 관계였다. 이채주 주필의 서울대 법대 후배이기도 하다. 셋이서는 끈끈한 연결고리였지만 김 위원이 논설위원실에서 근무하면서는 이 주필의 편파적 논조 등에 강력히 저항했다. 우리는 30여 년 동안 계속 우정과 갈등, 내지는 경쟁관계였다고 할 수 있지만 상호간에 애증이 겹쳤다. 음주가 과하고 성격도 과격해서 많은 화젯거리를 남겼지만 내심 다정다감한 사람이다. 박식한 언론인이다.

이 밖에 정구종, 김봉호, 심송무, 전만길, 박기정, 어경택, 이규석, 노한성, 송석형 등과도 숱한 인연이 쌓여있다.

감사원 출입과 강대진 씨 수기 연재

나는 사회부에 발령 나자마자 감사원에 출입하게 됐다. 전임 문명호 선배가 경제부로 옮겨 그 후임으로 나가게 됐다. 감사원은 기사가 많지 않은 출입처여서 어느 정도 시간적 여유가 있었다. 회사에서 거물 남파간첩의 수기를 쓰라고 했다. 수기내용은 남파간첩 강대진 대좌(대령급)가 남북한을 들락거리며 벌인 첩보활동이다. 수차례에 걸쳐 남파되어 정보수집, 고정간첩과의 접선, 이들에 대한 활동지시 및 막다른 골목에서 자수하게 된 경위 등이다. 제목은 '나는 북괴 반탐정원이었다'로 결정됐다. 북한에서는 남한 측의 모든 정보요원을 '탐정원'이라고 부르는데 이 탐정원을 저지하는 직책이 반탐정원이라는 것. 강대진 씨는 마침 나와 동향인 고창사람이다. 나는 일주일에 두세 번 호텔에서 강대진 씨를 만나 구술내용을 청취 기록해 수기로 엮어내 매일 매일 지면에 게재해야 했다.

이 수기를 계속 연재하면서 짜임새 있게 구성하려고 퍽 노력했다. 전회와 다음 회의 스토리가 끊이지 않고 제대로 잘 이어지도록 신경을 써야 한다. 강대진 씨는 내용의 흐름에 있어 두서없이 왔다갔다 하면서 구술했다. 납득이 가지 않는 내용도 적지 않았다. 그런 내용은 몇 번이고 되물어 의문을 해소해가면서 기술했다. 그리고 매일 수기 말미는 긴박한 위기가 조성된 채로 마쳤다. 간첩활동 이야기여서 스릴 넘치고 리얼하면서도 흥미를 끌도록 꾸몄다.

이 수기는 장안의 화제가 됐다. 사내에서도 야단이었다. 동료들이 다가와 다음 내용은 어떻게 되느냐고 계속 묻곤 했다. 단골로 와서 묻는 선배도 있었다. 많은 독자들이 이 수기를 읽기위해 매일 동아일보 배달을 기다렸다. 수기를 기다리는 독자들의 전화도 많이 왔다. 많은 독자들이 신문이 배달되면 맨 먼저 이 수기부터 찾아 읽는다고 했다. 판매국에서는 이 수기를 연재한 뒤 부수가 크게 늘어났다며 즐거워했다. 내게 점심도 몇 번 샀다. 연로한 분 중에 그때를 기억하는 독자가 적지 않을 것이다.

1970년 4월부터 약 3개월 동안의 수기를 마치면서 강대진 씨와 내가 수기를 연재하는 동안에 있었던 일들을 돌아보는 내용의 박스기사가 7월 9일 4면에 전면으로 게재됐다. 제목은 '붉은 사슬 17년의 회한', '자유의 소중함 절실히 느껴', '북괴, 남침기회만 노려 광분' 등이었다. 이 기사에 둘이서 파안대소하는 사진도 게재됐다. 외부에서는 이 기사를 보고나서야 내가 이 수기를 기술한 것을 알고 친지들로부터 안부전화가 밀려왔다. 나는 회사에서 노력상을 탔고 중앙정보부에서는 내게 감사장을 수여했다. 강대진 씨는 이 수기를 단행본으로 출판해 돈도 벌었다.

수기를 마치고 감사원 출입에 신경을 쏟았다. 그때 감사원은 언론이 통하지 않는 '성역'이었다. 5·16후 국가재건최고회의의 의장은 박정희, 부의장은 이주일이었다. 바로 그 이주일이 감사원장으로 있으면서 언론 창구를 차단해 접근조차 불가능하게 했다. 공무원들의 비리내용 기사가 쏟아져 나올 수 있는 출입처인데도 다른 언론사들은 아예 출입조차 하지 않았다. 나 혼자뿐이었다. 기자실도 없었다. 나는 계속 이주일 원장 인터뷰를 요청했다. 감사원장이 독재의 장막 뒤에 숨어있지만 말고 국민 앞에 떳떳하게 나오라는 것이다. 그러나 그에 대한 반응이나 인터뷰는커녕 원장의 모습조차 볼 수 없었다.

어느 날 감사원 화장실에서 이 원장을 만났다. 나는 그 자리에서 동아일보 출입기자라고 밝히고 언제 시간을 내어 인터뷰에 응해달라고 요청했다. 이 원장은 사무총장을 통해 연락하겠다고 했다. 바로 김사도 총장이 만나자고 했다. 김 총장은 "원장님은 일체 대외활동을 않고 있으니 그런 점을 이해해 달라"며 인터뷰를 계속 외면했다.

나는 감사원 책자에서 이주일(李周一) 원장이 한글 이름을 '이쥬일'로 표기하는 것을 보았다. 홍보책임자에게 그 이유를 물었더니 이주일은 '이 번 주일'의 이주일과 혼동하고 '2개 주일'의 이주일과도 같은 글자여서 '이쥬일'로 쓰고 있다는 답변이다. 그 즈음 이던가, 서울시 양 시장도 '양탁식'(梁鐸植)을 '양택식'으로 표기하고 있었다. '탁'자는 '목탁(木鐸)'할 때의 '탁'자인데 사람들이 모두 '택'으로 불러 다른 사람들이 편하도록 그냥 '택'으로 사용하고 있다고 했다. 양 시장은 시민들의 편의를 위해 그렇게 했다고 애교로 받아들일 수 있지만 이 원장은 그런 측면도 없었다. 하여튼 나는 이 내용을 사회면 휴지통란에 썼다. 국가재건최고회의 부의장을 휴지통에 구겨 넣어버린 셈이 돼버렸다. 감사원이 발칵 뒤집혔다. 김 사무총장에게서 부리나케 연락이 왔다. 비서실장 홍보실장 등 모두가 초 긴장상태가 되었다. 그래도 인터뷰는 이루어지지 않았다. 김 총장과 비서실장이 원장과 관련된 것만 제외하고는 무엇이던지 원하는 대로 해주겠다고 사정했다.

기자가 원하는 것은 기사다. 두말할 것도 없이 나한테는 기사 쓰는 것이 가장 중요한 과제다. 출입처에 나가면서 기사를 쓰지 않으면 처음엔 조바심이 나고 나중엔 극도로 초조해진다. 그때 감사원에서 발간하는 감사회보에 공무원 비위 감사처분 내용을 홍보하면서 대표적인 비리 케이스 몇 개를 적시했다. 그러나 이름 기관명 숫자 등 주요내용을 모두 OO으로 처리하여 게재해 그 내용을 알 수가 없었다. 그 내용만 알면 아주 중요한 기사가 된다. 나는 이 내용을 알려달라고 요청했다. 감사원측은 숙고 끝에 그 내용을 비공식으로 내게만 알려주기로 했다. 그래서 나는 그때부터 기사를 쓰기 시작했다. 신명이 났다.

공무원 비리내용 등 알찬 기사가 동아일보를 통해 보도되자 다른 신문사에서 긴장하기 시작했다. 그중에서도 조시형 농림부장관의 비위에 대한 감사처분 내용을 동아일보 1면 톱기사로 터뜨렸던 것으로 기억된다. 조 장관은 사퇴했고 그 기사에 대한 반향이 대단했다.

그때 다른 신문사에서는 내무부 출입기자들이 감사원 출입을 겸하고 있었다. 그 기자들은 감사원에는 아예 모습도 나타내지 않았다. 감사원에서 기자대접을 해주지도 않고 기사 자체를 쓸 수도 없기 때문이다. 이 기사가 나가자마자 타사 기자들이 벌떼같이 감사원으로 몰려들었다. 그러나 그 누구도 기사 한 줄 쓸 수가 없었다. 뒤늦게 기자들이 모두 나한테 매달렸지만 경쟁사들을 도와줄 수는 없다. 역시 동아일보는 대단했다. 기사 한줄 나오지 않는데도 계속 감사원을 출입하도록 한 연유를 그때서야 어렴풋이 알게 됐다.

어느 날 원장 비서실장이 점심을 함께하면서 무엇이든지 자신에게 심부름 시킬 일이 있으면 시켜달라고 했다. 그때 마침 평소 가까이 지내던 사진부 송호창 선배가 감사원 홍보실로 찾아와 친구일로 무엇을 좀 알아달라고 하여 비서실장에게 소개해주었다. 그때 송 선배의 친구가 비서실장과 감사에 관한 내용을 상의했던 것 같다. 나는 그후 그 일을 잊어버리고 있었는데 며칠 후 이효식 사회부장이 불러 "위 측의 지시이니 내용은 묻지 말고 내일부터 감사원에 나가지 말라"고 했다. 나는 어이가 없었다. 출입처는 부장이 결정한다. 부장이 나가지 말라고 하면 나갈 수 없다. 나는 나가지 않는 것은 좋은데 윗분 누가 어떤 이유로 그런 지시를 했느냐고 물었으나 부장은 알려고 하지 말라고 했다. 나는 윗분 중 누가 감사원, 또는 중앙정보부의 '심부름'을 했는지 궁금했으나 알 길이 없었다. 감사원은 그 일을 핑계로 눈엣가시를 제거한 것이다. 나는 내 잘못도 있다고 생각했다. 그런 어려운 시국에 그런 출입처에서 그런 사람들을 상대하면서 더욱 조심했어야 하는데 경험이 없어 송호창 선배와 친구를 소개한 것은 내 불찰이라고 생각하고 단념했다.

한참 후 을지로 입구에 있던 감사원이 삼청동에 신청사를 짓고 옮겨갔다. 총무처장관을 지낸 이석재 장관이 감사원장으로 부임하면서 감사원이 활기를 띄었다. 지독한 폐쇄상태에서 개방의 분위기로 바뀌어갔다. 부장이 나보고 다시 감사원에 출입하라고 했다. 감사원은 기자실도 제대로 만들어놓고 한국일보 출신의 염길정 씨를 특채해 대변인으로 임명했다. 융통성 있는 원장이 취임하고 언론인이 대변인이 되자 많은 기자들이 들락거렸다. 식사자리도 자주 마련했다. 그러나 원장이 아무리 개방적이라 해도 감사원으로서는 정부의 비위를 감사하면서 정부측 스스로 그 비리를 밝히는 것은 쉽지 않은 일이다. 베일에 싸여있기는 마찬가지였다. 기사를 쓸 수 있는 사람은 나뿐이다.

이석재 원장은 기자회견에서나 술좌석에서 나한테 무척 신경 썼다. 나 개인보다 동아일보 기자에게 신경 쓰는 것이다. 술좌석에서는 출입기자들 중 내가 가장 어린 기자여서 내 스스로 끝자리에 앉았다. 그러면 이 원장은 내 곁으로 와 직접 술잔을 권하거나 자기 옆에 자리를 마련해 앉혔다. 솔직히 말해 이 원장은 나한테 잘 해주었다. 고맙게 생각한다.

이 원장은 기자 만나는 것을 좋아했고 기자들과의 안면도 넓었다. 그 당시 감사원을 맡고 있는 내무부 출입기자들은 각사 수석기자 급이었다. 모든 면에서 노련했으며 특히 '복지'면에서 수완이 탁월했다. 각 출입처 기자단에는 총회라는 것이 있다. 총회란 다름 아니라 간사가 촌지를 모아 출입기자들에게 배분하는 것이다. 감사원장도 그런 측면에서는 도와주었다. 나도 출입기자로서 그 일원이 됐다. 그러나 그럴 경우 기자단은 출입부서와 상부상조해야한다. 특정 기사를 쓰지 않는 조건으로 촌지를 받아 기자실에서 배분하는 경우도 없지 않았다. 사실 그 당시 거의 모든 출입처에서 그랬다.

감사원 출입을 겸하고 있는 내무부 출입기자들은 이곳에서 촌지를 받고 감사원 기사를 쓰지 않아도 내무부 기사를 쓰면 된다. 그러나 나는 달랐다. 나는 감사원 기사를 쓰지 않으면 쓸 기사가 없어 기자직을 포기하는 것이나 다름없다. 그때 어떤 사안이 발생해 기사를 쓰려고 확인하는 과정에서 염길정 대변인이 약속에 위배된다고 쓰지 말라고 압박했다. 나는 촌지나 다른 연유로 기사를 쓰지 않는다는 것은 절대로 있을 수 없는 일이라고 믿고 있었다. 나는 염 대변인에게 기사를 쓰겠다고 단호하게 말했고 기사를 썼다. 기자 출신인 염 대변인은 감사원 기자실의 총회 이야기를 회사 간부에게 알렸다. 그래서 나는 다시 감사원 출입을 그만두고 잠시 내근하다가 경찰 출입을 하게 됐다. 그 후로 염 대변인을 만나지 못했는데 얼마 후 그는 자살했다.

경찰출입기자

서울시내 경찰서중 이른바 수석출입처라는 중부서를 나가게 됐다. 성동, 동부경찰서도 함께 출입한다. 그 무렵 한 신문사의 젊은 기자가 사고로 숨졌는데 그 영결식에서 동료기자가 낭독한 조사가 화제가 됐다. 조사에 "그 좋다는 중부서 한번 못나가 보고 …"라는 내용이 들어 있었다. 이 내용은 중부서 출입기자들에게는 존지가 많이 나온다는 이야기다. 이 내용이 언론사들에 알려져 한때 화젯거리가 됐다. 나는 1~3년 후배들인 정구종, 서권석, 심송무, 최규철 등 우리 경찰출입기자들에게 술을 많이 샀다.

그때 중부서장은 안응모 총경. 안 서장은 입지전적 인물이다. 말단 순경에서부터 출발해 총경까지 진급했다. 섬세한 성격으로 업무를 꼼꼼히 챙기면서 능률적으로 잘 처리했다. 대머리에 항상 웃는 얼굴표정에는 친근감이 흐른다. 그는 총경이 문제가 아니었다. 치안본부장을 거쳐 내무부 장관까지 역임했다. 그 후 행사장등에서 이따금씩 만났는데 어디서나 만나면 반갑게 "조강환 형"하고 불렀다. 친근감과 함께 내 이름을 잊지 않고 있다는 점을 강조하려는 것으로 느껴지기도 했다. 그렇지만 진실로 반가웠다.

기자들은 사건현장에서 뛰지만 기자실에서 대기하는 경우도 많다. 혼자서 취재한다고 엉뚱한 곳에 있다가 경찰서에 보고된 큰 사건을 놓치는 경우가 많기 때문이다. 어느 날 기자실에서 대기하던 중 포커판이 벌어졌다. 안 서장이 지나가다가 합세했다. 그는 돈을 따려는 것이 아니라 풀어 줄려고 동석한 것. 그 판에서 내가 돈을 잃고 있었다. 동아일보 기자가 돈을 잃고 있어 안 서장은 안 되겠다는 생각을 했는지 모르겠다. 우리는 파이브 드로(*Five Throw*) 게임을 하고 있었다. 한 장씩 돌려주며 베팅하는 게임이다. 돌리는 카드가 5장밖에 되지 않아 낮은 끗발로도 이길 수 있는 게임이다.

안 서장이 카드를 돌리는 차례가 됐다. 해외근무 경력이 있는 안 서장은 포커의 귀재로 국제적으로 평판이 나 있는 인물. 우리나라에서 포커를 제일 잘 하는 사람이 안응모라고도 했다. 안 서장이 카드를 돌리는데 내게 스트레이트나 플러쉬도 아닌 로열 스트레이트 플러쉬를 안겨주었다. 최고의 끗발이다. 파이브 드로우에서는 일생에 한번 잡을까 말까한 카드다. 나는 이 판으로 잃은 돈 중 일부를 회수했지만 판은 깨져버렸다. 모두들 안서장이 조작했다는 것을 모를 리 없기 때문이다. 그때 함께 출입한 멤버로는 한국일보 신상석, 중앙일보 원대연, 경향신문 홍성만, 대한일보 김부억, 서울신문 장정행, 신아일보 이차락 기자 등으로 기억된다.

내가 경찰 출입기자로 사건을 맡고 있을 때인 1972년도에 유난히 대형사건이 많이 발생했다. 제천 단양 영월지역 8·19 수해로 79명이 사망 실종되고 이재민 5만여 명이 발생했다. 진도 앞바다에서는 여객선 한성호가 침몰, 61명이 사망 실종했다. 의암호 버스 전복사고로 25명이 사망했다. 나는 이 사건들을 모두 현장에서 취재보도 했다. 취재반이 편성되기도 했다. 사건 자체 기사는 물론 스케치, 문제점, 해설기사 등 엄청난 양의 기사를 송고했고 모두 대문짝만하게 보도됐다.

그해 9월 북한적십자단 대표일행이 처음으로 서울에 왔다. 그 당시로는 엄청난 뉴스였고 화제였다. 한적측 이범석(李範錫) 수석대표와 북적측 김태희(金泰熙) 단장, 윤기복(尹基福) 자문위원 등이 남산 팔각정과 시청 앞 지하철을 둘러보고 쇼핑도 했는데 우리는 이들을 수행 취재했다. 그러나 경호문제로 접근을 통제해 대부분의 기자들이 북한 고위층에 다가가지 못했다. 나는 무턱대고 그냥 다가갔다. 동아일보 기자라고 밝히고는 허물없이 물어보면서 코멘트를 땄다. 그래서 내가 스케치한 내용이 많이 보도됐다. 남산 팔각정에서는 이 수석대표와 김 단장 사이에 내가 끼어들어 취재하는 모습의 사진이 동아일보 등 각 신문에 커다랗게 게재됐다.

1973년에는 사회부에서 기동취재반을 편성해 지방에 출장 다니면서 기획취재 보도에 치중했다. 여기에서도 많은 기사를 취재 보도했다. 그중 가장 기억에 남아있는 것은 신석기로부터 청동기에 걸친 선사시대 유적 발굴 취재다. 지금까지 발견된 것 중 가장 오래된 우리나라 최초의 원시회화인 경남 울주군 언양면 태화강 물줄기의 대암석각화를 취재한 내용이다. 태화강 수심 3m 물속에 잠겨있는 대암석각화는 1971년 동국대 불적조사반에 의해 일부 발견됐으나 강물 속에 있어 버려진 상태로 방치돼 있었다. 마침 극심한 가뭄으로 강물이 줄어 그 전체 모습이 드러났다. 높이 70m, 너비 15m가량의 암벽에 호랑이, 토끼, 고래, 거북, 남근(男根)을 드러낸 인체 등 50여종의 그림이 새겨져 있다. 한반도에서의 선사인들의 생활양식, 종교의식, 민족이동 등을 고증할 수 있는 귀중한 자료다. 보호관리 및 학술연구가 시급했다. 그 때의 고발기사로 지금은 잘 보존되어 있는 것으로 알고 있다.

또 한 가지는 병란 때의 피난처로 풍수설 속의 이상향인 지리산 청학동(靑鶴洞) 소재를 밝혀 답사한 내용이다. 하동군 청암면 묵계리 학동마을 진주암 일대로 11가구가 해발 8백m 산속에서 외부와 차단된 채 거주하고 있었다. 유불선(儒佛仙) 3교를 통합해 세계평화를 이룩한다는 유불선 합일교 교인들이다. 문명을 등지고 살아온 이들의 모습, 조선 중엽으로 추정되는 생활상을 상세히 보도해 눈길을 끌었다. 이곳을 답사 취재한지 벌써 36년이 지났다. 지금은 관광지, 서당, 학원 등으로 개방돼 부작용도 많이 발생한다고 한다.

자유언론실천운동

박정희 정권은 장기독재체제를 굳혀갔다. 박 정권은 1969년 3선 개헌으로 장기집권의 통로를 만들어 71년 세 번째로 대통령에 당선된다. 72년 박 정권은 국가비상사태를 선언한데 이어 비상계엄령을 내린 채 유신헌법이란 헌법개정안을 국민투표에 부친다. 비상계엄하의 검열된 언론통제 아래 91.9% 투표율에 91.5%라는 찬성표로 유신헌법을 공포한다. '한국적 민주주의'라고 주장한 유신헌법의 주요내용은 대통령 직선제 폐지, 간접선거 시행, 대통령에 헌법효력조차 마비시킬 수 있는 긴급조치권 부여, 국회해산권 부여, 대통령 임기연장(6년), 연임제한 철폐 등이다. 이 정도라면 대통령 책임제가 아니라 제왕제다.

이처럼 박 정권의 권력욕이 노골화되자 1973년 김수환, 장준하, 백기완, 법정, 함석헌 등 민주인사 30명이 개헌청원 100만인 서명운동을 선언하는 등 '유신' 반대여론이 들끓었다. 이에 박 정권은 74년 유신헌법을 부정, 반대, 왜곡, 비방, 폐지를 주장하거나 청원하는 행동을 한 자는 15년 이하의 징역에 처한다는 내용의 긴급조치 1호를 발동, 장준하, 백기완 등을 구속했다. 이런 상황에서 언론인들 사이에 박 정권 탄압에 저항하는 자유언론실천운동이 추진됐다.

동아일보 편집국은 광화문 사옥 3층 전체를 사용하고 있었다. 3층 사무실 한 가운데에 사회부가 자리잡았다. 74년 10월 24일 편집국 기자들이 이곳에 집결하여 동아일보 자유언론실천선언문을 채택했다. 내 기억으로는 견습 8기생으로 나와 동기인 장성원이 선언문을 낭독했다. 내용은 다음과 같다.

> '우리는 오늘날 우리사회가 처한 미증유의 난국을 극복할 수 있는 길이 언론의 자유로운 활동에 있음을 선언한다….
> 1. 신문 방송 잡지에 대한 어떠한 외부간섭도 우리의 일치된 단결로 강력히 배제한다.
> 1. 기관원의 출입을 엄격히 거부한다.
> 1. 언론인의 불법연행을 일체 거부한다. 만약 어떠한 명목으로라도 불법연행이 자행되는 경우 그가 귀사할 때 까지 퇴근하지 않기로 한다.'

뒤이어 31개 신문 방송 통신사 기자들도 자유언론 선언문을 채택했다. 이에 당황한 박 정권은 동아일보의 주거래 광고주들을 호출, 동아일보 광고를 취소하고 광고를 내지 않겠다는 서약서를 쓰도록 했다. 그러자 1974년 12월 24일부터 7개 대광고주가 일시에 광고계약을 철회했다. 동아방송도 마찬가지. 그래서 25일 이후에는 큰 광고가 들어오지 않았다. 26일 발행된 동아일보의 광고 면에 광고가 없어 광고 면을 백지상태로 인쇄했다. '백지광고'가 시작된 것이다. 광고면이 새하얗게 나왔다. 그러자 시민들이 격려광고를 게재하기 시작했다. 75년 1~2월 동안만도 격려광고가 1만 건이 넘었다.

격려광고 중에 가장 눈길을 끈 내용이 있었다. 이 광고가 바로 엄청난 격려광고를 이끌어냈다. 장준하 선생이 낸 '박 대통령에게 보내는 공개서한'이 1975년 1월 10일자 1면 광고란에 게재됐다.

'박대통령 귀하, 본인은 다음 몇 가지 사항을 당면문제로 진언합니다.

1. 파괴된 민주정치의 회복을 위해 대통령 자신이 개헌을 발의하되 민족통일의 기초가 될 수 있는 완전한 민주헌법으로 하여 이 헌법에 의해 자신의 거취를 지혜롭고 영예롭게 스스로 택함은 물론 앞으로 오고, 올 모든 이 나라 집권자들의 규범으로 삼게 할 것.
2. 긴급조치로 구속된 민주인사와 학생 전원을 무조건 급속히 석방할 것.
3. 자유언론(특히 민족수난의 증인이요, 상징인 민족지 동아일보, 동아방송 등)에 대한 비열하고 음흉한 탄압정책을 즉시 철회시킬 것.
4. 학원, 종교계, 언론계, 정계의 사찰, 탄압을 중지하고 야비한 정보정치의 수법인 이간, 중상, 분열공작으로 이 이상 더 우리 사회의 불신풍조와 배신의 습성을 조장시키지 말도록 할 것.
5. 정부의 경제적 실책으로 가중되는 당면한 민생문제를 해결하고 사회정의를 구현할 수 있는 획기적인 경제정책을 강구할 것.
6. 한반도의 긴장완화와 평화통일을 위한 이상적이고 현실적이며 적극적인 통일정책을 수립촉진하되 민중의 대표가 참여할 수 있도

록 할 것.

박 대통령 귀하, 이 지구상에는 수백억의 인간이 살다 갔습니다. 그 중에 가장이 되었던 사람들은 누구나 "내가 죽으면 내 집이 어찌 되겠는가"라는 걱정을 안고 갔었을 것입니다. 그러나 인간사회는 계속 발전하여 왔습니다. 우리들도 예외일 수는 없습니다. 끝으로 귀하의 건강과 우리국민과 우리민족의 밝은 내일을 기원하면서 이 글을 이것으로 그치고자 합니다.

1975년 1월 8일 개헌청원 백만인서명 운동본부 장준하'

많은 가장들이 자식과 집안걱정을 하면서 떠나갔지만 그 자식들은 그 집안을 더 잘 이끌어 인간사회가 발전하여 왔으니 박 대통령도 '나 아니면 안 된다'는 망상을 버리고 물러가면 나라는 더욱 발전할 것이란 내용이다. 이 광고가 나간 후 격려광고가 줄을 이었다. 동아일보 직원들도 전원이 갹출해 격려광고를 냈다. 별도로 개인적으로 낸 사람도 많다. 나도 세 딸인 '규미, 규영, 규진' 이름으로 별도로 격려광고를 냈다. 격려광고 기념 페넌트도 보존하고 있다.

박정희 전 대통령에 대해 어떻게 평가할 것인가. 그가 별세한지 30년이 지난 요즘 많은 사람들이 그를 나라를 중흥시킨 '국부'정도로 추켜세운다. 사실 그가 아니었으면 지금의 경제발전이 이루어지기가 쉽지 않았을 것이다. 불가능했을지도 모른다. 경제, 산업발전의 기틀을 마련해 놓은 업적은 인정받아야 한다. 그러나 한편 박 대통령은 쿠데타를 일으켜 헌정을 짓밟았고 3선 개헌, 유신 헌법 등으로 민주정치를 파괴했으며 야비한 정보정치로 수많은 양심적인 민주인사들을 사찰, 탄압, 투옥, 절명케 했다. 나는 그 당시를 실제로 겪었으며 내 나름대로 알만큼은 알고 있다. 그것도 신문기자로서 관찰했기 때문에 일반인보다는 심층 파악을 했다고 볼 수도 있다.

경제가 어려워지면서 최근엔 더욱 더 박 대통령에 대한 치하가 대단하다. 그가 경제발전의 토대를 마련해놓은 것은 부정할 수 없고 부정하고 싶지도 않다. 그렇지만 그가 저지른 과오에 대해서는 이야기하는 사람이 별로 없다. 박 대통령이 그토록 칭송을 받는 데에는 그 자신의 업적도 있지만 그보다 그 이후의 대통령들, 전두환, 노태우, 김영삼, 김대중, 노무현 등의 행적이 너무나 한심스런 수준이어서 상대적으로 좋은 평가를 받는 것은 아닌가 하는 생각이 든다. 내 판단은 이렇다. 박 전 대통령과 박정희시대는 분명 긍정할 부분도 있고 부정할 부분도 있다는 것을 국민들은 알아야 된다는 것이다.

남은 자와 떠난 자

박 정권의 언론탄압에 시달리던 동아일보 기자 등이 두 갈래로 나뉘어졌다. 한쪽은 신문제작을 거부하면서 강력투쟁하자는 것이고 한쪽은 신문은 발행하면서 투쟁하자는 입장이다. 양측은 각각 집회를 가졌다. 제작거부측은 강력한 저항투쟁만이 언론자유를 쟁취할 수 있는 길이라고 여겼고 제작하면서 투쟁하자는 측은 신문발행을 중단하는 것은 모든 것을 포기하는 것으로 독자들에게 신문을 보내 알리면서 투쟁하자는 것. 내가 파악하기로는 신문제작거부 측은 배후에 심재택 기자가 있었고 제작 측은 강인섭, 정종문, 이상하 선배가 진두지휘했다.

신문은 상당수 인원이 제작에 참여하지 않아도 지면을 메워 제작할 수 있다. 통신기사만도 엄청난 분량이기 때문에 지면만 메우는 일은 어렵지 않다. 그러나 공무국에서 거부하면 신문은 나올 수 없다. 제작거부파는 2층 공무국 신문제판과 문선부를 장악해 제작을 물리적으로 저지했다. 제작파는 별도로 모여 이들을 저지하는 작업에 나섰다. 제작파는 아무래도 사측과 보조를 맞추었다. 사측의 지시에 따랐다. 그래서 동아일보에 비극이 벌어졌다. 결국 공무국에 버티고 있던 제작거부파가 동료들에게 물리적으로 밀려나 별도장소에 집결해 투쟁결의를 다졌다. 이렇게 해서 남은 자와 떠난 자가 갈라섰다.

그 날 양편이 갈라져 따로 모이고 있어 3층 편집국에는 사람이 보이지 않았다. 넓은 편집국이 텅 비어 있었다. 이곳저곳에서 내게 전화가 왔지만 그때 나는 어느 쪽에도 끼고 싶지 않았다. 배중근 화백과 단 둘이서 편집국에 남아 한탄하고 있었다. 여기저기서 전화벨 소리만 요란하게 울려댔다.

동아일보 편집국, 많은 훌륭한 선배기자들과 애국지사들이 거쳐간 곳, 국민의 알 권리를 위해 심혈을 쏟은 곳, 독재에 항거해 언론자유를 쟁취한 곳, 우리 현대사를 기록한 역사의 현장이다. 나도 여기서 신문을 배웠고 기사를 썼고 회의를 했고 식사도 시켜먹고 다툼도 했다. 야간 숙직 때는 책상 위에 전화 수화기를 비집고 이부자리를 깔고 잠자는 곳이었다. 밤이면 천장에서 혹은 책상 밑에서 쥐떼들이 줄달음치는 곳이기도 하다.

모든 것이 너무 괴로웠다. 이럴 수도 없었고 저럴 수도 없었다. 그런 나의 행동이 옳은 것인지, 그른 것인지, 현명한 것인지, 답답한 것인지, 합당한 것인지, 부당한 것이었는지 그때는 물론 지금도 판단이 잘 서지 않는다. 나는 어떻게 행동해야 할지 결정을 내리지 못하다가 내 나름대로 결단을 내렸다. 한우석 지방부장에게 사표를 내버렸다. 그리고 집에서 쉬고 있었다. 정말 그만두어야겠다는 생각을 하고 있었다.

한참 후에 신용순 부국장과 한 부장한테서 차 한잔 하자는 연락이 왔다. 비각 옆 다방에 나갔더니 사표를 반려하면서 일단 신문은 만들면서 자유언론투쟁을 하자고 했다. 그러더니 누군가가 사표를 찢어버렸다. 나는 다시 출근하게 됐고 제작거부측 직원들도 상당수가 제작에 참여하게 됐다. 뒤이어 1975년 3월부터 동아일보 직원 113명이 해직되는 아픔을 겪어야 했다. 해고된 사람들은 '동아 자유언론수호 투쟁위원회'를 결성하여 투쟁했지만 참으로 힘든 생계를 이어가야 했다.

여기에서 한 가지 주목되는 것은 제작거부를 하여 해직된 기자가 대부분 내근기자였다는 점이다. 정치부 1~2명, 경제부 1~2명, 사회부는 3~4명 정도에 불과했으나 편집부, 외신부, 문화부, 과학부, 신동아부, 여성동아부 등에서는 대거 해직됐다. 그러니까 그 당시에 직접 신문에 기사를 써 지면을 메웠던 취재기자들은 거의 대부분 남았다. 이 점은 몇 가지로 해석될 수 있다. 하나는 동아일보를 대표하여 신문을 만드는 주류기자는 그대로 남았고 음지에서 신문제작하느라 고생하던 기자는 상당수가 그만둔 것이다. 다른 하나는 중요 출입처나 세칭 '좋다'는 출입처에 맛 들인 기자들은 떠나지를 않았고 동료기자 뒷바라지나 하면서 인사 등에 불만을 품었던 기자들은 상당수 그만둔 것이다. 물론 그때 제작에 참여했거나 거부한 모든 사람들이 다 그렇다는 이야기는 아니다. 자유언론 수호를 관철하기 위해 희생한 사람도 있었고 진실로 신문을 제작해 독자에게 신문을 보내면서 투쟁하자는 사람도 있었다.

또 다른 측면에서 보면 생계와 가족에 대한 강한 책임감으로 직장을 떠날 수가 없었던 사람이 있었고 언론자유투쟁을 위해서는 생계는 우선순위가 아니라고 생각한 사람도 있었을 것이다.

내근기자 외근기자

여기에서 참으로 속된 이야기를 하나 짚고 넘어가야겠다. 직장에서 인사만큼 중요한 것도 없지만 특히 신문사 편집국에서의 인사는 더욱 그렇다. 함께 신문사에 들어간 동기생인데도 배치된 부서에 따라 천양지차가 난다. 예를 들면 입사한 지 얼마 안 되는 동기생 중에서도 편집부 등 내근부서에 근무하게 되면 동기생이 넘긴 기사를 편집하고 하루 종일 공장에 다니면서 신문을 만들어놓고 나면 지친다. 퇴근길에 허름한 중국집에 들려 군만두 한 접시 시켜놓고 배갈을 마시기도 한다. 안주도 없이 몇 잔 마시게 되면 취기가 올라 큰소리가 나오게 되고 조금 심해지면 시비가 벌어진다. 내가 '천하의 동아일보' 기자인데 감히 누가 무어라고 하는가 하는 생각도 한다. 그러다보면 경찰에 신고가 되고 경찰이 와서 가차 없이 끌고 가 지린내 가득한 보호실에 처넣는다. 취중에 몇 마디 했다가 뺨까지 맞는다. 구원을 청할 수밖에 없다.

경찰에 출입하는 동기생에게 어렵게 연락이 닿아 도와달라고 부탁하게 된다. 그 동기생은 지면에 기명기사가 게재돼 출입처에서 큰 소리 뻥뻥 치고 포커를 하다가 서장이 술을 산다고 하여 관내 기생집에 가 아가씨 옆에 앉히고 서장과 거나하게 술판을 벌이고 있다가 이 연락을 받는다. "여보 김 서장, 내 친구가 술 한 잔 마시다가 잡혀갔다는데 빨리 빼줘" 하자 서장은 즉각 부하에게 연락해 석방해준다. 담당 형사는 "우리서 출입기자님 부탁이라 빼주는데 앞으로 조심해"하며 내보내준다. 컴컴한 밤 통행금지 시간에 떠 밀치다시피 경찰서를 나오면 얼마나 허탈하며 얼마나 초라해지겠는가.

사실 내근부서는 고생을 많이 한다. 내가 편집부에서 근무할 때 보면 취재부서는 매번 마감시간을 넘겨 출고한다. 참으로 무책임한 행위다. 편집자는 기사를 기다리고 기다리다 지친다. 기사가 마감시간을 넘겨 출고되면 시간에 쫓기는 편집자는 머리가 쪼개질 정도로 온 정신을 집중하여 신속히 제목을 달고 편집해 공장에 보낸다. 그리고 기름때 천지에 온통 납 냄새뿐인 공장에 내려가 제판직원과 실랑이를 벌이면서 판을 짜 강판시킨다. 이런 과정에서 조금이라도 잘못된 것은 모두 편집자 책임이다.

교정부 기자의 경우도 오랜 기간 동안 작은 글씨를 세밀히 읽으면서 오자를 찾아내다보면 눈을 버리게 된다. 엄청 두꺼운 돋보기를 쓰고도 잘 안보여 눈이 거의 신문 대장에 닿을 정도로 가깝게 대고 읽고 있는 모습은 측은하기까지 하다.

취재부서 기자들도 힘들기는 마찬가지다. 무엇보다 정확한 내용을 취재 보도해야 한다. 그러나 이들은 생활수준과 사교범위가 차원이 다르다. 기명기사로 이름 날리고 자신의 분야에서 대단한 권위를 인정받는다. 동아일보를 대표하여 고위직 인사들과 함께 지내면서 거물급으로 행세하는 출입기자가 적지 않다. 정치부 기자의 경우 실제로 국회의원이나 장관으로 나간 사람이 동아일보만 해도 수십 명이 넘는다. 경제부 기자의 경우 재벌 총수들과도 교류하면서 살아간다. 사회부 기자도 큰 차이가 없다.

신문사에서 인사발령장 한 장으로 같은 동기생이 얼마나 다르게 일생을 살아가는지 한번 깊이 생각해볼 일이다. 인사조치에 직원의 장래가, 직원의 모든 것이 달려있다. 그렇다면 인사가 얼마나 공정하게 이루어졌는지, 그 인사가 회사에 얼마나 보탬이 되었는지, 또 얼마나 해악을 초래했는지 신중하게 돌이켜보아야 할 중대과제다.

인사가 제대로 되었는지, 그렇지 않은지는 엄격히 말해 정확히 평가할 수는 없다. 그러나 인사를 단행하게 되면 그에 대해 상식적 판단에 따른 평가가 나온다. 인사내용에 대해 많은 사람들이 수긍하는 여론도 있고 비판하는 경우도 있다. 중요한 문제는 정실 또는 줄세우기 인사를 하면 그로 인한 결과도 바로 나타난다. 선두를 달리던 한 신문사가 별다른 이유 없이 다른 신문사에 비해 월등히 뒤처진다면 그 원인 중 큰 비중을 차지하는 것이 인사 잘못에서 기인한 것이라고 볼 수 있다. 아부 잘하는 사람 승진인사, 줄 세우기 인사, 지역과 학벌위주 인사의 결과는 결국 그 조직을 망친다.

동아일보 편집국 인사도 지역성과 학벌, 개인 호감도를 위주로 줄 세우기 인사가 적지 않았다고 생각한다. 몇몇 특정대 출신 간부는 그 대학 출신이 아니면 거의 절대로 인정을 하지 않는다. 더 나아가 그 대학 법대출신 간부는 그 대학 출신이라도 법대 후배가 아니면 인정하지 않는다. 이런 내용은 본인이 공공연히 발언하기도 해 주변을 놀라게 했다.

기사도 특정대학이 취재원인 기사는 그 무게를 인정해주어 다루는 비중이 다르다. 기사를 작성하다보면 코멘트를 따기 마련인데 그것조차 그 대학 교수의 코멘트가 아니면 "뭐 이런 대학 교수 것을 해왔어"하면서 핀잔을 주기도 한다. 해당분야 전문가는 꼭 그 대학에만 있는 것이 아니다. 나 자신도 그런 풍조에 영향을 받아 그 비슷한 오류를 범했을지도 모른다.

인사하는 것으로 보아 그 인사권자의 그릇과 품격을 알 수 있다. 인사 하나로 그 조직의 장래도 알 수 있다. 국가도 마찬가지다.

지방부 기자

내 기억으로는 나는 동아일보 백지광고 사태가 발생하기 전 박권상 편집국장, 김중배 사회부장 체제에서 지방부로 인사발령이 났다. 김광협, 이광석, 심재택, 성민선 등과 함께 사회부에서 지방부로 대거 몰려가는 인사발령이었다. 여성동아부에 근무하던 임채정도 그 무렵 지방부로 발령났다. 이번 인사의 명분은 중앙무대는 독재정권의 통제로 기사내용이 기백이 없고 기사 밸류가 약한 데 비해 지방은 기사의 보고로 남아 있어 전국적인 기사를 대대적으로 발굴해 신문지면에 새 바람을 일으키자는 것이다. 나는 지방으로 출장나가는 기동취재로 많은 기사를 취재 보도했던 점으로 미루어 해당이 되었는지 모르겠지만 이번 인사에 기분이 좋지 않았다. 이번 인사의 특징 중 하나는 심재택 기자가 포함된 점이다. 그는 나와 동년배인데 중앙일보에 입사했다가 2년 뒤 다시 동아일보에 입사했다. 나와는 아주 가까운 사이였고 술좌석에도 자주 어울렸다. 그는 배후에서 노조결성을 추진하고 있었다.

오상원 지방부장은 지면제작을 쇄신하는데 전혀 열정이 없었다. 의욕도 찾아볼 수 없었다. 그래서 당초 예정했던 새로운 바람은 일어나지 않았다. 그는 술을 좋아해서 지방주재 기자들과의 대화의 자리를 자주 마련했고 그저 주어진 각 지방판 메우기에 그쳤다. 그런데 그때의 인사가 결과적으로는 좀 미묘한 인사가 돼버렸다. 묘하게도 오 부장, 김광협, 이광석, 심재택 기자가 모두 이른 나이에 세상을 떴다. 그리고 얼마 후에 사회부에서 지방부로 발령이 난 김원기 차장과 임채정 기자는 뒤에 모두 국회의장에 까지 올랐다. 시쳇말로 극과 극의 현상이 빚어진 유별난 인사가 돼버렸다.

하여튼 그때 지방부에 배치되어 담당지역 '순시'에 나섰다. 나는 경남과 강원지역을 맡았다. 부산에 내려가 정인석 반장, 박성동, 이희경, 권재규, 김종진, 노길하 등 부산주재 기자들과 술자리에서 이런 저런 많은 이야기를 나누고 마산, 진주, 진해, 울산지역을 순회했다. 돌아다니면서 술 마시는 것이 일이었다. 결과적으로 지방부 발령 위로출장 비슷하게 돼버렸다. 물론 주재기자에 대해 파악하고 현장의 여건을 살펴보는 이점도 있었지만 대화내용은 대부분 회사 사람들과 회사 돌아가는 것에 관한 것들이었다. 나이 많은 주재기자들에게 취재지침 운운하면서 회의를 할 수도 없었다.

마산에서 박문재, 진주에서 여태섭, 진해에서 이규석, 울산에서는 김동범 기자 등을 만났다. 여태섭 기자는 유능한 기자다. 지방에서 송고하는 기사 중에는 부족한 내용이 많았는데 여 기자는 잘 정리된 기사를 보냈고 취재 지시한 내용도 핀트에 알맞게 송고했다. 이규석 기자도 아직 어린 편이었지만 장래가 촉망되는 기자였다. 마침 동생 선환이가 진해에 살고 있어 매제 이송구 대위와 넷이서 즐거운 시간을 보냈다. 울산에서는 별미인 고래고기 맛을 처음 대했다. 이들 중 정인석, 권재규, 박문재, 여태섭, 김동범 기자가 벌써 세상을 떴다. 너무나 일찍 떠나갔다.

강원도 춘천에서는 조동형, 강희권 기자와 만나 신문에 관한 이야기를 나눴고 원주에서는 이재화, 강릉에 가서는 김정규 기자와 만나 의견을 나눴다. 춘천에서는 소양강변에서의 쏘가리 회 맛이 기가 막혔다. 강릉에서도 경포대에서의 도다리와 오징어 회 맛이 아주 좋았다.

지방부장이 바뀌었다. 견습 1기 선배인 박원근 사회부 차장이 부임했다. 우리는 모두 긴장상태에 들어갔다. 동아일보에서 일 욕심이 가장 많은 선배를 맞게 됐다. 방송뉴스는 시시각각 내보내지만 신문지면은 하루에 서너 번 개작한다. 그 당시 신문은 대부분 석간으로 1판은 경기, 강원, 제주, 충청 일부지역에 배달되고, 2판이 서울지역에 배달된다. 3판은 부산 대구 경남북지역과 충청 일부지역에 배달되고, 4판은 전라도 지역에 배달된다. 그러나 편집국은 일단 그날 원고를 마감해 1판 신문을 만들어 놓고 나면 하루 일과가 끝난다고 생각한다. 초판이 나오면 기자들은 물론 제작간부들도 당번을 제외하고는 점심 겸해서 술을 마시고 기자실이나 사우나에 가기 마련이다. 그리고 신문을 밤에 운송해 이튿날 아침 배달하는 3, 4판은 저녁 6시경 마감하지만 경상, 전라지역에서 발생한 사고기사 정도를 간단히 추가하는데 그친다. 4판은 거의 새로 제작하지 않고 그대로 넘어간다.

내가 경북지역을 담당하고 있었는데 구미의 윤성방직에서 화재가 발생했다. 처음엔 단순 화재기사로 보도됐다. 화재기사는 시간이 갈수록 규모가 커지게 마련. 불이 계속 번져가기 때문에 피해정도가 커지면서 기사도 커진다. 불이 크게 번져가도 현지에서 송고된 기사에 내용이 별로 없고 송고된 기사분량도 적으면 어찌 할 수가 없다. 그러나 기사내용이 충실할 경우 사회면을 새로 짜야한다. 기사를 상세히 보내도록 독촉했는데도 보내온 내용이 미진하면 현지의 상황을 전화로 구두보고하도록 해 본사에서 기사를 작성한다.

박 부장과 나는 그렇게 해서 그 기사를 3판에 사회면 톱으로 게재했다. 편집국은 모두 퇴근했지만 우리는 편집자와 함께 다시 4판까지 개작했다. 9시경에야 일이 끝났다. 둘이서 나와 소주 한잔하면서 자신들의 노고를 서로 치하하며 신문제작의 보람을 느꼈다.

그 후로는 3판에서의 대대적인 지면 개작이 일상화됐다. 박원근 부장과 나와 한두 명은 항상 늦게 퇴근하게 됐다. 해당지역에서 비중 있는 사건이 발생하지 않을 경우는 미리 준비해둔 기획기사로 사회면 톱을 바꾸었다. 물론 이 기획기사는 그 지역에서는 의미 있는 내용들로 준비했다. 그동안 편하게 지내던 편집부, 교열부, 공무국 등에서 지방부, 특히 박 부장에 대한 불평이 새어나왔다. 그러나 의욕을 갖고 신문지면을 활기차게 제작하려는데 누가 뭐라 말할 수가 없다. 더구나 박 부장은 그런 것은 전혀 개의치 않는 스타일이다. 사회부에서도 떨떠름했다. 많은 인원으로 애써 제작해놓은 사회면이 지방부 한두 사람으로 인해 다 바뀌어버려 사회부 출고기사가 경상, 전라도와 충청 일부지역에는 반영되지 않기 때문이다.

나는 그때까지 어느 선배아래에서 기사취재 보도에 관해 제대로 배운 적이 없었다. 편집부에서 머리가 커 취재부에 발령난 때문이었는지, 운이 나빠서였는지, 아니면 내 스타일에 문제가 있어서였는지는 모르겠다. 취재부서에는 2진, 3진으로 출입하는 경우도 많았는데 나는 감사원 출입 등 처음부터 독불장군격으로 지내왔다. 그런데 박 부장을 제대로 만난 것이다. 사회부에서 근무할 때는 기사를 너무 많이 뜯어고치는 박원근 차장이 열성은 있지만 유능한 데스크라고는 생각하지 않았다. 사범학교와 연세대를 졸업한 이 남해출신 선배에 대해 거리감도 느껴졌다. 그러나 지방부에서 맞닥뜨려 보니 배울 점이 많았다. 참 좋은 기회였다. 좀 더 나은 신문지면을 위해 함께 열심히 노력했다. 박 부장도 나를 인정해주었고 또 진심으로 아껴주었다. 박 부장의 다른 측면은 몰라도 신문제작에 대한 열정은 충분히 감탄할 만했다.

시대상황을 상징하는 '유배지'

박 부장과 나는 거기에서 그치지 않았다. 기획시리즈를 준비해 나갔다. 내가 주로 아이디어를 냈다. 그래서 지방부에서 기획한 내용이 모두 내가 선호하는 역사 테마 시리즈다. 먼저 '유배지(流配地)'를 기획해 취재에 나섰다. 그 당시는 박정희 독재에 혹독하게 시달리는 시기여서 많은 정치인, 학자, 언론인등이 투옥되거나 고초를 겪었다. 이 테마는 간접적으로 시대적 의미가 가미된 소재다. 하여튼 우리는 선현들이 유배된 원인과 시대적 상황을 설명하고 유배지를 현장 르포하는 형식으로 격조 있는 읽을거리를 제공했다.

1975년 6월 28일 시작한 제1회는 단종(端宗)이 유배된 〈영월 청령포〉다. 물론 내가 집필했다. 박원근 부장이 욕심을 내어 한 면 전면으로 게재했다. 청령포 뒤쪽은 천애의 절벽으로 에워싸여 있고 3면은 서강이 흐른다. 내륙의 고도 같은 청령포에 들어서면 수십 그루의 노송이 단종이 거처하던 곳에 세워진 유지(遺址) 비각을 향해 구부러져 있다. 노송이 빼곡히 들어차 있는데 비각 자리만 잔디밭으로 비어있어 나무 가지가 그쪽으로 뻗어 있다. 마치 조정의 노신(老臣)들이 단종을 향해 엎드려 읍(揖)하고 있는 형상이다. 5백년 전의 그 비극을 후세에 길이 전해주고 있는 듯한 모습이다. 또 단종 묘인 장릉(莊陵)의 문인 석상 얼굴표정이 통곡하는 모습으로 새겨져 있다. 당시의 석공이 원통하게 숨진 단종을 애도하는 심정을 이 석상에 담아 놓았다. 가슴 저미는 이런 내용들을 기사와 사진으로 상세하게 보도했다. 구부러져 있는 노송과 애도하는 석상 표정을 홍성혁 사진부장이 촬영 게재했다.

그 당시 김시습(金時習), 남효온(南孝溫) 등 생육신들이 초립을 쓰고 주변을 맴돌며 배회했다는 청령포 대석이 남아 있다. 단종을 호위하고 왔던 금부도사 왕방연(王邦衍)이 여기에 올라 읊었다는 시 귀가 전해진다.

'천리 머나 먼 길에 고운님 여의옵고
이 마음 둘 데 없어 강가에 앉았으니
저 물도 내안 같도다, 울며 밤길 예노매라.'

단종이 마지막 숨을 거둔 영월군의 객사 관풍헌에는 단종이 지은 자규사(子規詞)가 걸려 있다.

'두견새 슬피 우는 달 밝은 밤에
수심을 안고 누각에 기대었노라
네 울음 그쳐야 내 수심도 사라지리라
세상에 괴로운 자들에게 고하노니
아예 춘삼월엔 자규루에 오르지 마오.'

이 시리즈는 몇 명이 나눠 취재 보도했지만 〈황희의 유배지, 남원〉, 〈연산군 유배지, 강화 교동〉, 〈광해군 유배지, 강화〉 등 대부분 내가 맡아 썼다.

두 번째 역사물 시리즈는 1976년 1월 1일 시작한 〈개항백년〉(開港百年)이다. 76년은 꼭 1백년 전인 1876년 강화유수부 연무당에서 조선대표 신헌(申櫶)과 일본대표 흑전청융(黑田靑隆) 간에 조선근대화의 기점이라고 볼 수 있는 한일 수호조규가 조인된 해다. 정한(征韓) 위협

속에 일본 측의 강압에 의해 체결된 이 조약은 치외법권, 조차지 설정, 해안 측량권 부여 등 우리 측에 극히 불리한 불평등조약이다.

그러나 이 조약은 사절(使節)의 상주(常駐) 등 근대적 외교관계를 성립시킨 의미가 있다. 또 그들이 세력확장의 전초지로 삼기위한 것이었지만 부산, 인천, 원산 세 항구를 개방하여 쇄국의 이 나라가 최초의 문호를 개방하게 됐다. 역사적 의의와 강화유수부 자리, 연무당 자리, 초지진, 영종진 등의 르포를 담았다. 이 시리즈를 시작하게 된 동기는 내가 강화도 지역 유배지를 취재하다가 1백년 전 강화지역의 귀한 사진을 구한데서 비롯됐다. 그래서 이 시리즈는 어렵게 구한 1백년 전의 희귀한 사진들을 곁들여 더욱 빛이 났다. 나는 계속 〈구미열강들의 인천상륙〉, 〈외세다툼의 현장, 인천 제3지계(地界)〉 등을 취재 보도했다.

생생하게 재현한 '역사의 고전장'

그 다음 역사 시리즈가 '역사의 고전장(古戰場)'이다. 이 시리즈는 내가 지방부에 있을 때 기획해 사회부로 발령받아 취재 보도했다. 사실은 이 시리즈가 내가 제일 하고 싶었던 내용이다. 30여회를 모두 나 혼자 집필했고 연재가 끝난 후 단행본으로 출간했다. 프레스센터에서 출판기념회도 가졌다. 출판기념회에서는 이병도 선생의 역사강의도 곁들였다. 이 저서의 서문을 소개한다.

> '열강의 틈바구니에 낀 한반도는 대륙민족과 해양민족의 끊임없는 침략 속에서도 불사조의 넋을 이어 온갖 시련을 극복하고 한민족의 역사를 연면히 이어왔다. 무수히 짓밟혔지만 끝내는 몰아내는 끈기 있는 민족, 침략자를 맞아 싸우고 쳐부순 그 불꽃 튀는 호국투쟁이야말로 이 민족의 역사를 더욱 적극적으로 창조한 원동력이다. 국가의 안

위를 위한 구국항전도 있었고 민족의 통일을 위한 결사분전도 있었으며 새 역사를 창조하려는 혁명투쟁도 있었다. 때로는 우국충정에서, 또는 본능적 지배욕에서 일어났던 수많은 투쟁과 반란의 소용돌이 속에 곳곳에서 대 혈전이 거듭됐다…. 저자는 사학자들과 함께 전국 곳곳을 찾아다니며 잊혀져가는 전적지(戰蹟地)를 찾아냈고 황폐해가는 유적의 보존을 호소했으며 사라져가는 전설과 구전을 알뜰하게 모아 담았다.'

1976년 4월 29일 제1회로 임진왜란이 시작되는 〈임진란의 첫 혈전지 탄금대(彈琴臺)〉를 게재했다. 소서행장(小西行長)의 2만 왜군이 승승장구 한양을 향해 휘몰아칠 때 조선 삼도도순변사(三道都巡邊使) 신립(申砬) 장군이 결사대 8천기를 이끌고 탄금대 기슭 저습지에 저 유명한 탄금배수진을 쳤다. 조선군은 분전했으나 조총의 위력에 전멸 당했고 신립장군도 장렬히 전사했다. 역사의 고전장 탄금벌엔 한 줌의 흙, 한 개의 돌멩이에도 8천 결사대의 장렬한 최후가 피맺혀 있다.

우륵이 가야금을 탔다는 탄금대 정상에는 탄금정이 있고 그 옆에 천하의 문장가 육당 최남선(崔南善)이 비문을 쓴 탄금대비가 세워져있다.

'… 립(砬)이 일전필사의 배수진을 금포탄두(琴浦灘頭)에 포(布)하니, 의(意)는 호전(互全·목숨만 돌봄)에 없고 지(志)는 옥쇄에 전함이라. 일군장졸이 혼연히 순국성인(殉國成仁)의 일단으로 화하고, 립은 영웅말사(英雄末死)의 심과 천지불마(天地不磨)의 한을 장강백파에 던지니 어찌 그리 장쾌하며 늠렬하며 정대광명하기 적일랑월(赤日朗月) 같으뇨…'

이 충무공의 대첩지인 〈한산대첩〉과 〈명량대첩〉에 이어 임진왜란의 마지막 회인 〈충무공의 최후 전승지 노량해협〉은 평생 잊을 수 없는 취재였다. 사실 '역사의 고전장'시리즈는 영웅 이순신 장군에게 바치고 싶은 동아일보의 기획물이라고 하고 싶다.

'차수약제 사즉무감(此讎若除 死卽無憾)', 풍신수길(豊臣秀吉)의 사망으로 왜군이 철군에 나섰다. 충무공은 선조(宣祖)와 명군(明軍) 도독 진린(陳璘)의 저지를 뿌리치고 한밤중 노량 앞바다로 출진하면서 원수기 아래 무릎을 꿇고 하늘을 향해 서약한다. '이 원수를 무찔러 나라를 구할 수만 있다면 조국의 제단 위에 피를 뿌리겠다'는 호국의 기원이다. 충무공은 임진년에 이어 정유재란까지 저지른 왜군에게 이 기회에 결정적 타격을 가해야 다시는 이 나라 백성을 얕보지 않는다고 판단했다.

'대성운해(大星隕海)', 그때 하늘에서 큰 별이 바다로 떨어졌다. 전날 명군 진도독이 "동방의 대장성이 희미해졌으니 공에게 화가 미칠 것 같은데 왜 제갈무후의 예방법을 쓰지 아니하오"라고 충고해주었던 그 별이다. 그러나 충무공은 생사화복은 천명에 맡긴 채 죽음을 염두에 두지 않고 쓰러져가는 사직(社稷)의 안위만을 생각했다.

'면주선등(免胄先登)', 적과 맞닥뜨린 충무공은 갑옷을 벗은 채 함상에 올라 손수 북채를 쥐고 선두로 나가 전군을 독전했다. 공의 신략(神略) 앞에 왜선 2백여 척이 대파되고 왜군이 관음포쪽으로 도주하자 그 뒤를 쫓다가 유탄에 맞았다. 공은 이 나라 백성들을 도탄에 빠지게 한 왜선을 단 한 척도 그냥 돌려보낼 수 없었다.

'전방급(戰方急), 신물언아사(愼勿言我死)', 적탄을 맞은 공은 급히 방패로 가슴을 가리게 한 후 "지금 싸움이 한창 급하니 내가 죽었다는 말을 하지 말라"는 그 한마디 남기고 숨을 거두었다.

'보천욕일(補天浴日)', 전승의 기쁨에 들뜬 진도독이 장군의 함선으로 다가왔다가 뒤늦게 공의 전사소식을 듣고 혼미해져 세 번이나 쓰러지며 "공이 죽은 뒤에도 우리를 구해주었구려"하고 통곡하자 조명(朝明) 수군 전군이 비로소 목 놓아 우니 그 곡성이 남해바다를 뒤흔들었

충무공의 노량해전 취재중 전라좌수영에 진열된 거북선모형 앞에서 왼쪽부터 이중현, 정기면 기자, 필자.

다. 장군의 유해가 가매장되었던 충렬사의 비각명이 '보천욕일'이다. 장군은 무너진 하늘을 꿰매고 암흑 속의 검은 태양을 씻어 세상에 빛을 비추게 했다는 뜻이다.

남해 노량나루 관음포의 이락파(李落波), 충무공이 최후를 맞은 해역이다. 공의 족적을 따라 수륙 수천 리를 헤매던 한 노 시인이 공의 발자국이 끝난 이곳에 이르러 '이제는 더 갈 곳이 없으니 어찌한단 말인가. 붓을 놓고 통곡하고 싶구나. 임은 이 하늘, 이 땅, 이 바다에 태양같이 영원하신 임이니이다'고 읊었다. 나는 충무공의 대첩지 한산도, 명량해협, 노량해협 등을 찾아 산과 들과 바다를 헤매고 다니면서 월탄 박종화 선생이 가슴속에 담고 있었던 간절한 포회(抱懷)는 곧 내 심정이었고 이 나라 온 백성의 생각이었다고 느꼈다.

일로(日露) 전쟁에서 발틱 함대를 격파하고 대승을 거둔 일본의 명장

동향평팔랑(東鄕平八郎)도 전승연에서 “자신을 넬슨제독에 비기는 것은 받아들일 수 있지만 조선의 이순신장군과 비기는 것은 도저히 감당할 수 없다”고 사양했다. 충무공은 간발의 위기에서 나라를 구한 장군이지만 도탄에 빠진 이 나라의 백성을 구하는데 온 정성을 쏟은 장군의 애민정신에 더욱 감동하지 않을 수 없다.

이 〈노량해전〉 못지않게 잊을 수 없는 곳이 〈이성계(李成桂)의 대첩지 황산(荒山) 협곡〉이다.

여말(麗末), 왜장 아지발도(阿只拔都)가 왜구 2만 대병을 이끌고 경상도 일대를 휩쓸고 전라도로 들어섰다. 안하무인의 왜구들은 전주에서 말에 죽을 먹이고 개경으로 진군한다고 호언했다. 소년장수 아지발도는 장팔모를 꼬나 쥐고 백마를 휘몰아 춤추며 좌충우돌, 고려 병사들은 낙엽처럼 쓰러졌다. 십오륙세 밖에 안 되는 어린 나이지만 용맹무쌍하고 목과 얼굴까지 온몸을 철갑으로 둘러 아무도 대적하지 못했다. 왜구들은 면도로 이마에서 가마까지 밀어 붙인 채 앞만 겨우 가린 훈도시 차림으로 지나는 곳마다 약탈, 방화, 겁탈을 일삼았다. 두세 살 어린이, 임신부 할 것 없이 무차별 살육하며 곡식을 강탈해가 조정에서는 천도론까지 나왔다.

양광(楊廣), 전라, 경상, 삼도도순찰사(三道都巡察使) 이성계 장군의 토벌군이 남원군 운봉의 이 황산협곡으로 나아갔다. 고려 존망이 걸린 대혈전이 전개됐다. 그러나 바람이 고려군 쪽으로 불고 달이 지려해 궁술이 주무기인 고려군에 절대적으로 불리했다. ‘인월인풍(引月引風)’, 이성계는 하늘을 향해 고려의 호국을 빌고 풍운조화를 일으킨다. 달을 끌어올리고 역풍을 일으켜 풍향을 바꾼다.

화살 한 개로 까마귀 5마리를 꿰뚫어 떨어뜨렸다는 신궁 이성계가 대우전(大羽箭)을 뽑아 적장을 향해 힘차게 시위를 당긴다. 장군의 화살이 아지발도의 턱밑에 잡아 맨 투구 끈을 끊어버리자 투구가 뒤로 벌렁 뒤집힌다. 놀란 적장이 입을 딱 벌리는 순간 역시 궁술에는 우열을 가릴 수 없는 명궁 이두란(李豆蘭)의 장전(長箭)이 그의 입안에 깊숙이 박힌다. 적장은 피를 쏟으며 말 아래로 굴러 떨어진다. 토벌군은 화살을 소나기처럼 쏘아대며 질풍같이 내달아 왜군을 섬멸한다. 황산대첩의 전과는 사살 1만 3천, 포로 6천명. 당시 적병들의 통곡소리는 마치 만우(萬牛)의 울음소리 같았고 협곡 하천은 왜구들이 흘린 피로 물들어 7일 동안이나 붉게 흘렀다고 한다. 아지발도를 쓰러뜨린 그 화살이야말로 뒷날 이성계가 새 왕조를 창업하는 원동력이 됐다.

혈암, 남원에서 함양으로 넘어가는 길목에 피바위(血岩)가 있다. 60여 평 넓이의 이 암반이 기이하게도 붉게 물들어 있다. 왜구들의 피로 물들여진 것이라고 전해진다. 철분 농도가 짙어 붉은색을 띠는 바위이겠지만 혈암 위에 올라서면 그 때 그 날의 호국함성이 들리는 듯하다. 아무도 찾아오는 이 없는 이 외딴 곳에서 피바위는 6백년 전 그날 황산 기슭에 메아리 친 구국의 승첩을 말없이 전해준다.

이성계장군은 이 전투에서 풍운조화를 부려 인월(引月), 전투가 끝날 때 까지 달이 비추도록 끌어올렸고, 인풍(引風), 바람이 적진 쪽으로 불게 해 화살을 쏠 수 있게 했다고 한다. 장군이 인월인풍의 조화를 부렸는지는 모르겠지만 달이 지기 전에 속전속결로 싸워 대승을 거둔 것이다. 이와 관련해 큰 의미가 있는 것은 이곳 마을의 명칭이다. 계곡 바로 옆 마을이 인월리(引月里)고 조금 떨어진 곳에 인풍(引風)의 인(引) 자가 바뀌었다는 인풍리(印風里)가 있다. 조상들의 호국의 지혜가 곁들여진 작명으로 참으로 인상적이다.

이성계는 비전마을로 불리는 화수리(花水里)에서 승전연을 베풀었다. 이 자리에서 그 곳 반월강 큰 바위에 '황산대첩기념 이단(荒山大捷紀念 李旦)'이라 새겨놓았다. 그는 이씨 조선을 창업한 후에 개명했던

〈병자호란의 비극 치른 남한산성〉 취재중 수어장대 앞에서 이병도(李丙燾) 박사와 함께.

어휘(御諱) 단(旦)을 그때 이미 이 곳에 새겨놓았다.

이 승전연은 또 한 가지 큰 의미가 있다. 이 마을 화수리는 국창(國唱)을 많이 배출한 것으로 이름 높다. 조선 창법의 중시조인 송흥록(宋興祿)에서 유럽에서도 격찬을 받은 박초월(朴初月)에 이르기까지 이 마을에서만 국창을 7명이나 배출했다. 이같이 명창의 마을이 된 데에는 대첩과 깊은 연관이 있다. 이성계가 승전연을 베푼 뒤 개경으로 개선하면서 군악기를 이 마을에 선물했다. 마을 주민들은 농사철이나 명절 때 마다 이 악기를 사용해 마을의 아악수준이 높아졌고 그에 따라 국창들이 배출되게 됐다는 것이다.

이 밖에도 계백장군의 최후 결전지 〈황산벌〉, 신라 백제 고구려 유민들이 단합하여 20만 당군을 대파한 〈매초성 전투〉, 동학농민군의 정읍 황토현(黃土峴)과 공주 우금치(牛金峙) 전투 등의 취재는 지금도 기억이 생생하다. 역사 유적지 취재는 무엇보다 고증이 중요하다. 국사학의 태두이며 당시 학술원 회장인 이병도(李丙燾) 박사가 노구를 이끌고 계속 현장답사와 고증을 해주었다. 이 박사가 몸이 불편할 때는 이현종 국사편찬위원장이 동행해주었다. 이병도 박사는 현장에서 기자와 함께 고로(古老)들한테 구비, 전설 등을 일일이 청취하면서 싸움터의 위치 등을 조사 확인했다. 취재기자로서 이 원로사학자에게 깊은 고마움을 느꼈다.

이 시리즈 신문 연재가 끝나자 많은 역사학자들이 동아일보 지면에 찬사를 보내주었다. 이병도 박사는 "〈역사의 고전장〉 연재는 현지답사로 호국의지를 북돋았고 무관심속에 방치된 우리 문화유산의 보존이 시급함을 절감케 했다. 연구란 책상위에서 이루어지는 것이 아니라 실지 답사에서 더 훌륭한 성과를 거둘 수 있다는 것을 사학도들은 명심해야 한다"고 강조했다. 이선근(李瑄根) 동국대 총장은 "국난을 이겨낸 조상들의 슬기가 한눈에 펼쳐졌다"고 했고, 신석호(申奭鎬) 박사는 "기념비 하나 없는 전적지의 현장고발을 높이 평가한다"고 했으며, 최영희(崔永禧) 박사는 "묻힌 역사를 되찾아내는 사업은 계속 이어져야 한다"고 밝혔다.

장준하 참변기사

1975년 박원근 지방부장이 사회부장으로 옮겨가고 한우석 사회부차장이 지방부장이 됐다. 한 부장은 성격이 원만하고 눈치가 빠르며 머리 회전도 비상하다. 부내에서의 조화를 잘 하는 편이고 무리 없이 이끌어 가는 스타일이다. 독단적이거나 앞장서서 이끄는 추진형이 아니라 분위기에 맞춰가면서 타협하고 절충하는 스타일이다. 한 부장은 포커의 귀재로도 널리 알려져 있다.

새로운 체제에서 지방판 담당이 바뀌어 내가 경기도를 맡게 됐다. 한 부장은 그저 무난하고 원만하게 지면을 제작했다. 박 부장과는 여러 면에서 달랐다. 업무의 열성 면에서는 그 누구도 박 부장을 따라갈 수 없다. 그해 8월 어느 날 의정부주재 장봉진 기자가 장준하 선생이 도봉산 등산을 갔다가 참변을 당한 기사를 송고해 왔다. 취재에 탁월한 장 기자는 이 기사에서 담당의사의 장준하 선생 부검내용을 비교적 상세히 보내왔다. 검시의 조철구(趙澈九) 씨에 따르면 가파른 암벽에서 떨어졌다면 크게 다쳤을 텐데 외상이나 골절상이 없고 오른쪽 귀 뒤에 함몰상이 있어 흉기로 찍힌 흔적이 있다는 내용이다. 이 내용은 아주 중요한 의미를 함축하고 있다. 장 선생이 부주의로 발을 헛디뎌 절벽 아래로 굴러 떨어졌다면 의식이 있는 상태여서 온 몸에 힘이 들어가게 돼 골절 등 상당한 상처를 입게 된다는 것. 장 선생이 타의에 의해 정신을 잃은 채 떨어졌기 때문에 별 상처가 없다는 것이다. 그날 등산에는 정체가 불분명한 동행인이 있었는데 누군가 망치로 머리를 때려 추락사시켰다는 뉘앙스가 내포되어있다.

당시는 비상시국이다. 특히 장준하 선생에 관한 내용은 신중에 신중을 기해야 했다. 나는 송고된 기사를 몇 번 확인하고 내용 그대로 잘 정리하여 한우석 부장에게 넘겼고 한 부장 역시 확인한 후 출고해 이 기사는 그대로 보도됐다. 즉각 야단이 났다. 편집국이 발칵 뒤집혔다. 우리는 모두 서빙고동으로 불려갔다. 특히 장 기자와 편집자인 성낙오 기자가 곤혹을 치렀고 한 부장도 마찬가지였다.

장준하 선생이 동아사태 때 박정희 대통령에게 유신철폐를 주장하는 광고를 냈던 내용은 앞서 기술했다. 그는 그 이전에도 1966년 재벌밀수규탄대회 강연에서 "박정희란 사람은 우리나라 밀수왕초"라고 공언했고 67년 대통령 선거기간 중에는 "우리 청년을 월남에 팔아먹은 박정희 씨는 과거 공산주의 조직책으로 활동한 사람"이라고 발언했다가 두 번이나 구속됐다. 광복군 출신인 장 선생은 평소 독립군을 토벌하는 일본군 출신(박정희 전 대통령은 일본육사 졸업)이 대통령이 된 것은 민족적 수치라고 주장했다.

장준하 선생은 언론인이며 정치사상가다. 〈사상계〉를 창간해 정치사상과 문화창달에 커다란 업적을 남겼다. 나 역시 〈사상계〉 애독자였다. 그는 범민주세력을 통합하기 위해 전력을 쏟았다. 막사이사이 언론상을 수상하기도 했다.

그로부터 30여 년이 지나 노무현 정부 때 과거사진상조사위원회에서 내게 소환장이 날라 왔다. 가능하면 장준하 사망사건 규명 진상조사에 협조해달라는 내용이다. 나는 흔쾌히 위원회에 나가 그 당시 있었던 그대로 진술했다. 의사의 부검내용으로 볼 때 타살 혐의가 짙었으며 기자들이 연행돼 곤혹을 치렀다고 털어놓았다. 일당으로 3만 원이 송금돼 왔다.

다시 사회부 발령

백지광고 사태가 어느 정도 수습되었다. 그러나 해직된 기자들이 출근시간에 회사 정문 앞에 줄지어 서서 사원들이 출근하는 모습을 지켜보아 서로 어색한 분위기가 연출되기도 했다. 성명서도 계속 돌렸다. 출근하는 기자와 해직된 기자들 간에는 점점 접촉이 끊기어 멀어져 갔다. 세월은 흐르고 시간은 많은 것을 바꾸어 놓았다.

한편 회사 내에서는 겉으로는 나타나지 않지만 내부에서는 미묘한 분위기가 흘렀다. 왕당파 같은 것이 생겨났다. 지난 제작거부 사태 때 적극적으로 회사 측에 섰던 직원들이 '득세'했다고나 할까, 어쨌든 그들의 목소리가 커져갔다.

나는 동아사태 당시 중립적 입장에서 이러지도 저러지도 못하는 상태에 놓여 있었다. 매일 함께 고생하며 일하던 가까운 동료들이 제작거부를 하는데 그들을 모른 체하면서 등 돌리기는 쉽지 않았다. 그러나 언론자유수호 투쟁도 독자들에게 신문을 배달해 돌아가는 시국을 알리면서 해야 한다고 생각했다. 나는 고심 끝에 사표를 내버렸지만 한편으로는 내가 선택한 동아일보에서 내 생각과 내 판단과 내 능력을 펴보지도 못하고 끝낸다는 것이 너무나 아쉬웠다. 결국 제작에 참여하게 된 데에는 그런 면도 작용했을 것이다. 여기에 한 가지 덧붙이고 싶은 것은 사람이란 환경 탓만 하지 말고 그 상황에서 최선을 다해 개선해 나가는 것이 중요하다고 생각했다.

나는 지방부에서 열심히 기사를 썼다. 그 누구보다 많은 일을 했다고 자부한다. 그에 대해 부장들도 충분히 인정했다. 어느 날 한우석 지방부장에게 취재부서로 가고 싶다고 했더니 "당신 좋아하는 박원근 사회부장한테 이야기 해"라고 했다. 박 부장에게 이야기했더니 얼마 후 신용순 부국장에게 가보라고 했다. 신 국장이 "2층(회장과 사장을 지칭) 에서 당신에 대해 좀 이상하게 생각하고 있어. 내가 그렇지 않다고 말씀드렸고 신문제작에 노력한 사람이라고 했어. 앞으로 열심히 해"라고 했다. 곧 이어 사회부 발령이 났다. 1976년 초순으로 기억된다. 신 부국장은 지도력을 갖춘 분이고 인정도 있는 상사였다. 그래서 많은 직원들이 그를 따랐다. 나도 그분을 좋아했다. 이따금 함께 등산도 가고 카페에 가 진토닉을 마시기도 했다.

신 부국장이 편집국장이 되었다. 신 국장 등과 몇 차례 골프라운딩도 했다. 그때는 편집국에 골프치는 기자가 거의 없었다. 1970년대 후반에 편집국 전체에서 5~6명 정도밖에 되지 않았다. 신용순 국장, 김광희 부국장, 한갑수 부국장, 조광식 차장 정도였다. 뒤에 남시욱 부국장이 합류했다.

나는 사회부에서 다시 박원근(朴原根) 부장, 그리고 옛 동료들과 일하게 됐다. 박 부장은 물론 동료들도 반갑게 맞아 환영회를 해주었다. 나는 바로 체신부에 출입하면서 계속 혼자서 〈역사의 고전장〉을 연재했다. 지방부에 있을 때 박 부장과 함께 기획한 시리즈다. 그 당시 체신부장관은 박원근(朴元根) 장관, 사회부장과 성명이 같지만 한자가 다르다. 〈역사의 고전장〉을 열심히 읽고 있던 박 장관과 전략과 작전에 관한 이야기를 자주 화제로 삼았다. 박 장관은 군단장, 2군사령관을 역임한 청와대 안보담당특별보좌관 출신이다.

그 즈음 제2차 세계대전의 영웅 몽고메리 원수가 타계했다. 세계 4대 명장에 알렉산더, 케자르, 나폴레옹은 당연히 꼽히는데 나머지 한 명이 나라마다 다르다. 이 3명은 모두 알프스를 넘어 세계를 제패한 영웅들인데 나머지 한 명이 누구냐에 대한 것이 화제에 올랐다. 그때 몽고메리원수의 측근이 2차 세계대전을 승리로 이끈 영국의 몽고메리 원수야말로 세계적 명장이 아니냐고 주장했다. 그러자 뉴욕타임스이던가 어느 신문에 '적어도 당신은 아니다'라는 의견이 보도됐다.

나는 그 명장은 당연히 칭기즈칸이라고 주장했다. 칭기즈칸은 알렉산더보다도 더 광대한 세계제국을 건설했는데도 서양인들은 동양인이 서양을 지배했다는 것을 인정하고 싶지 않아 정복자가 아닌 침략자로 규정하고 있다. 칭기즈칸은 점령지를 불태우고 살육을 자행해 악명이 높았지만 동서문화 존중, 종교 보호 등을 규정한 법령 '자사(Jassa)'를 제정하여 귀중한 문화유산으로 남아있다.

박 장관은 그 명장은 가르타고의 한니발 장군이라고 주장했다. 한니발은 포에니 전쟁 때 알프스를 넘어 강력한 로마군을 대파하고 남 이탈리아를 점령 지배한 영웅이다. 기대했던 본국의 원조가 끊기어 스키피오 장군에게 패하고 회군하여 음독사했다. 박 장관은 자신이 군수장교 출신임을 강조하면서 "한니발이 2천여 년 전에 2만 병력을 이끌고 코끼리를 앞세워 알프스산맥을 넘어 로마를 정벌했는데 지금 나보고 현대 첨단장비로 2만 병력을 이끌고 알프스를 넘으라고 해도 거의 불가능할 것"이라며 한니발 장군은 천재적인 전략가라고 역설했다.

보사부 출입

〈역사의 고전장〉 연재가 끝날 즈음 출입처가 바뀌었다. 1976년 10월부터 보사부를 출입하게 됐다. 장관은 부흥부장관을 역임한 거물급 신현확(申鉉碻) 장관, 비서관은 장영철 실장. 신 장관은 군위 성주 칠곡 선산지구 공화당 의원이기도 해서 장 실장이 지역구와 기자실을 함께 챙기는 역할을 했다. 장 실장은 기자들과 자주 보신탕을 하면서 허심탄회하게 농담을 주고받으며 능구렁이 담 넘어가듯 노련하게 관리를 잘했다. 신 장관은 일제시대에 고시에 합격한 전형적인 관료다. 그렇지만 기자들에게 후하게 대했고 그 후 총리에까지 올랐다. 장 실장도 대단한 분이다. 그 후 국회의원과 노동부 장관을 역임했다. 그는 실장 때나 장관 때나 항상 변함없는 표정으로 친숙함을 내비치는 장점이 있다.

종전에는 우리나라 복지정책에 대한 관심이 높지 않아 복지관련 이슈가 많지 않았다. 그래서 보사부가 바쁜 출입처가 아니었다. 1976년경부터 한국의 복지정책이 기지개를 펴기 시작하면서 관련기사가 많아졌다. 사회복지의 입문격인 우리나라 의료보호제도가 77년 1월부터 실시되고 의료보험제도는 그해 7월부터 개시됐다. 이에 대비하는 준비과정은 물론 시행과정에서 많은 문제들이 야기돼 관련기사들이 쏟아졌다. 의료보험시대 출범 관련 기사가 많았고 시행 직후에는 의료보험 환자 입원수속이 까다롭다는 내용, 의료수가가 안 맞아 병원에서 환자를 기피한다는 내용 등 후속 기사가 계속 이어졌다. 77년은 우리나라 복지정책의 큰 분수령이었고 그 중대한 시기에 나는 그 중심에서 복지 관련

기사를 취재보도했다. 스트레이트는 물론 해설기사, 선진국 모형제시 등 연일 지면을 메웠다.

내가 보사부에 출입할 때 조미료 싸움도 벌어졌다. 미원과 미풍의 대결전이다. 그 당시 동아일보는 삼성과 중앙일보측과 아주 불편한 관계였다. 그래서 동아일보는 아무래도 미원의 입장에 서 있을 수밖에 없었다. 그 당시 조미료는 미원이 대종을 이루고 있었으나 삼성의 특성상 경쟁상대를 그대로 두고 보지를 못했다. 제일제당은 미원을 제압하기 위해 총력을 기울였다. 당시 이병철 삼성회장이 마음대로 되지 않는 것, 세 가지가 있는데 그것은 동아일보와 미원과 자식문제라는 이야기가 나돌았다. 제일제당측에서 미원을 따라잡기 위해 여러 가지 술수를 부린 것은 사실이다. 미원측도 살아남기 위해 총력전을 폈다. 미원측은 동아일보에 광고도 많이 내는 등 동아일보의 도움을 요청할 수밖에 없는 상황이었다. 신용순 부국장이 나를 불러 지시를 했다. 당시 신부국장의 지시는 사측의 정책방향이나 다름없었다.

나는 '조미료 미풍, 소비자 우롱' 제하의 기사를 썼다. 내용은 제일제당의 조미료 '미풍'이 제조공법을 신공법인양 허위 과대선전하고 끼워팔기를 일삼았으며 가격도 변칙인상, '소비자들을 우롱하고 있다'는 것. 이 기사는 소매상과 소비자들이 중앙유해식품 특별단속대책본부에 고발한 내용이다.

그 당시 미원측은 노시평 홍보실장과 이태욱 상무가 맡아 대처하고 있었다. 아무래도 나는 이들과 만날 수밖에 없었다. 이태욱 상무는 판매 분야에서는 대단한 전략가로 권위를 인정받는 인물. 그리고 윗분을 잘 모시고 주변 사람들도 잘 챙기는 스타일이다. 나와는 동갑인데 의리와 신의가 있는 친구라고 느껴졌다.

언변 좋은 이태욱 상무는 그 후 여러 기업체를 순회하며 판매전략에 관해 강의하는 등 그 분야 전문가로 이름을 날렸다. 동아일보사 판매담당 고문직도 겸직했다. 그때 신문사에서 신문구독확장운동을 벌였다. 1970년대 후반이었으니까 30년 전 일이다. 1등 상품으로는 자동차가 걸려 있었다. 대단한 경품이다. 회사 전 임직원이 확장운동에 참여해 상당한 성과를 올렸다. 그때 이태욱 상무가 나를 도와주었다. 전국의 미원 판매점 등에서 동아일보를 구독하도록 해주었다. 구독 신청은 물론 내 명의로 했다. 나도 개인적으로도 확장 노력을 했지만 친구의 덕으로 내가 단연 1등을 차지했다. 2등은 김병건 상무였던 것 같다. 뒤에 들으니 이태욱 상무가 김병관 사장 이름으로 확장하면 어떻겠느냐고 했더니 김 사장이 내 앞으로 하라고 했다고 한다. 어찌됐던 나는 상품으로 승용차를 받았는데 운전할 줄을 몰라 아내가 운전을 배워 몰고 다니면서 신이 났다.

김병건 상무는 김병관 회장의 친동생이다. 고려대 상대를 졸업한 내 후배다. 나와는 상당히 친숙하게 지냈다. 점심도 자주 함께 했다. 일부 부동산투자도 함께 한 적이 있다. 그는 이재에 밝다는 평판을 듣지만 항상 바른 방향을 지향하고 무리를 하지 않는 성격이다. 부친을 닮아 특히 기억력이 비상했다.

이태욱 상무의 호가 청해(青海)다. 그는 내게 청산(青山)이란 호를 지어주었고 경제부 민병문 기자에게는 청당(青堂)이란 호를 지어주었다. 모두 자신의 호의 청(青)자 돌림으로 지었다. 일부는 해(海)자 돌림으로 지어주기도 했다. 민 기자의 호 '청당'은 청와대라는 뜻도 되는데 본인이 흡족해 하는 것 같았다.

나는 원래 청은(淸隱)이란 호가 있었다. 그런데 어렸을 적 할아버지가 거처하는 큰 사랑방에 청산유수(青山流水)라는 휘호가 걸려 있었다. 이 휘호 '산'자의 가운데 획이 산 모양을 하고 있었고 '수'자는 가운데 획이 한번 꺾여 내려왔다. '산'자의 의미는 알 수 있겠는데 '수'자의 의미는 납득이 가지 않아 할아버지께 물어보았다. 할아버지는 물은 항상 직선으로만 흐르지 않고 굴곡을 이루면서 흐른다는 뜻으로 멋을 부린 필법이라고 했다. '청산'이란 표현은 흔한 내용이지만 그 의미는 깊고 유장(悠長)한데다 내가 태어난 월산(月山)과도 바로 연관이 되는 내용이어서 그대로 쓰기로 했다. 그런데 60년도 훨씬 넘게 걸려있던 사랑채의 그 휘호가 닳아 없어졌다. 한참 뒤 저명한 서예가 목과(木果) 박자원(朴子元) 선생을 알게 됐다. 자초지종을 설명했더니 내 호에 맞춘 휘호 '靑山流水'를 써 주어 사랑채 그 자리에 걸어 놓았다.

나는 청산 예찬론자다. 시인 김광섭(金珖燮)은 산은 답답하면 솟아서 높은 봉우리가 되고 물소리가 듣고 싶으면 내려와 깊은 계곡이 된다고 노래했다. 산은 사람들과 친하고 싶어 기슭을 끌고 마을에 들어섰다가도 사람 사는 꼴이 어수선하면 슬슬 기어서 험한 산봉우리로 올라간다고 읊었다. 울적 할 때 심산유곡을 소요하노라면 한결 마음이 가라앉고 세파의 고뇌에서 벗어날 수 있도록 위안을 안겨 준다. 산은 아무리 험준해도 항상 포근함이 있어 인생의 비애와 번뇌를 어루만져준다. 그리고 만년에 가장 소중한 것은 건강이며 건강에 가장 중요한 것은 역시 등산이다. 그리고 마지막엔 산으로 들어간다.

보사부에 출입하면서 또 한 가지 생각나는 것은 정주영(鄭周永) 현대그룹회장 인터뷰다. 정 회장이 아산사회복지사업재단을 설립한다고 밝혔다. 정 회장은 "주식을 갖고 있는 부유계층에 이익을 주는 것보다 주식을 살 수 없는 가난한 계층에 이익을 나눠주어야겠다는 생각이 나이가 들수록 간절해진다"고 털어놓았다. 그래서 자신이 갖고 있는 현대건설 전 주식의 50%를 내놓겠다고 공언했다. 전국 곳곳에 시설 좋은 병원을 세워 극빈자들에게 현재 우리나라의 다른 어떤 의료시설보다 더 양질의 의료 혜택을 줄 수 있도록 하겠다고 밝혔다.

현대건설을 대기업으로 성장시킨 기업관에 대해 정 회장은 "기업 성장 원동력은 돈의 힘도 아니고 시설의 힘도 아니며 오직 사람의 힘입니다. 나는 능력 있는 사람은 연조에 관계없이 발탁해 그 능력을 최대한 발휘할 수 있도록 해줍니다"라고 말했다. 요즘 말만 앞세우는 경우가 많은데 진정으로 가난한 사람들을 위한 의료복지사업이 틀림없이 실행되는 것이냐고 되물었더니 정 회장은 꼭 이행할 테니 기자가 지켜보면서 감시해달라고 당부했다.

국악진흥에 큰 관심

이태욱 상무는 업무를 떠나 국악에 상당한 취미를 갖고 있어 나와 일맥 통하는 점이 있었다. 그는 국악진흥을 위해서도 많은 노력을 기울였다. 내가 그의 그런 점을 좋게 보아 이 친구를 동아일보 김병관 사장에게 소개했다. 김상만 회장 등 그 웃어른들도 옛날에 국악에 관심이 많았다. 김 사장도 이런저런 연유로 인해 국악에 큰 관심을 갖게 되었다. 우리 셋은 장충동 한정식집 화원에서 명창 조상현, 신영희, 안숙선, 성창순 등과 어울려 판소리를 청취하는 등 셋이서 자주 국악감상을 했다. 동아일보가 국악콩쿠르를 개최하게 된 것도 이로 인해서였다.

그때 우리는 이곳에서 아주 귀중한 분을 모시게 됐다. 바로 국창인 만정 김소희(金素姬) 선생이다. 중요무형문화재 제5호인 만정 선생은 춘향가, 서편제 기능보유자다. 연로한 만정 선생은 쉰 목소리로 춘향가, 수궁가 등을 기꺼이 불렀고 취기가 오르자 "옛날엔 김상만 회장, 이병철 회장 같은 분들이 국악을 깊이 이해해 많은 도움을 주었으나 지금은 그런 분이 없어 아쉬워했는데 김병관 사장이 국악에 관심을 갖게 돼 참으로 기쁘다"며 즉석에서 살풀이춤도 추어보였다. 원로 국창이 하얀 치마저고리를 입고 명주수건을 휘감으며 잔가락을 이어가는 절제의

춘향가를 열창하는 만정 김소희 선생과 함께. 왼쪽부터 필자, 만정, 김병관 사장.

미는 참으로 감동적이었다. 김 사장은 여기서 동아국악콩쿠르 창설을 결심했고 만정 선생은 얼마 후 별세했다. 나는 어린 국악인들 중 언청이 등 신체에 이상이 있는 친구들을 대학병원에 부탁해 무료수술을 받도록 도와주었다.

내가 논설위원으로 재직할 때인 92년 7월 실전(失傳)되어 제목만 알려져 있던 '무숙이 타령'의 사설 정본(定本)이 발견됐다. 횡설수설에 판소리에 대해 정리했다.

'광대 한 명이 고수의 장단에 맞춰 남도 특유의 곡조를 육성과 몸짓의 창극조(唱劇調)로 두서너 시간에 걸쳐 부르는 판소리는 우리 민족 특유의 자랑스런 민속예술이다. 진양조, 중모리, 중중모리, 휘모리, 자진모리, 엇모리, 엇중모리 장단에 맞춰 이리저리 변화시키고 아니리, 발림으로 극적효과를 높인다.

판소리는 평민문화가 꽃피기 시작한 조선 숙종(肅宗) 무렵 모두 12마당으로 꾸며졌다. 춘향가, 심청가, 홍부가, 토별가, 적벽가, 장끼타령, 변강쇠타령, 무숙이타령, 배비장타령, 강릉매화타령, 숙영낭자전, 옹고집타령 등이다. 그러나 체계가 이루어지지 않아 산만해지고 변형이 심해 신재효(申在孝)가 어구 등을 실감나게 고쳐 여섯 마당으로 정리했다. 고쳐 놓은 사설(辭說) 내용이 참으로 절묘해 신재효는 조선의 셰익스피어라고 불리기도 했다. 무숙이타령은 1860년대 것으로 국문필사본이 다소 낙장은 있으나 전체적으로 내용을 파악하는 데 지장이 없다고 한다. 줄거리는 성종(成宗) 때 한양의 대방왈자 김무숙이 방탕하여 장안 갑부 재산을 모두 탕진하자 평양기생 의양이가 그의 첩이 되어 친구들과 짜고 꾀를 내어 무숙을 개과천선시킨다는 내용. 작품성 외에도 당시 서울 시정 모습이 잘 나타나 있다.'

해외여행

보사부 기자단 총회는 요란했다. 신현확 장관도 촌지를 보내오고 간사들이 산하기관과 관련업체에서 후원금을 받아 기자들에게 나눠주었다. 여름휴가철과 추석명절, 연말 등 한 해 몇 번에 걸쳐 하는 행사다. 우리 경제생활에서 수많은 사업중에 보사부와 관련되지 않은 것이 없다고 한다. 길을 걸어가다 보면 무수한 간판을 접하게 되는데 그 간판업체의 90%이상이 보사부와 연관되어있다. 그만큼 보사행정의 범위가 넓다.

보사부 산하의 굵직한 분야는 식품업체와 약품업체다. 이 업체들은 불량식품이다, 약화(藥禍)사고다 해서 자주 사회적으로 물의를 일으킨다. 후원금은 한 해 동안 해당분야에 관한 기사를 쓰느라 고생한 언론인들에게 인사를 하는 것이다. 그러나 실제로는 앞으로 문제를 일으키더라도 잘 봐 달라는 저의가 담겨있다. '가렴(苛斂)'이나 다름없는 행위였지만 그 시절 관례가 그랬다. 배당금액도 여러 가지로 달랐다. 언론사 사세에 따라 차이를 두어 3등분하여 지급하는 것을 지켜보았다. 간사는 업체 관계자에게서 별도로 받는 것이 있다는 뒷이야기도 있었다. 그 당시 동아일보 기자는 출입처에서 간사직을 맡지 못하도록 하고 있었다. 참 잘한 조치였다.

총회 날 오후 늦게부터 기자실에서 포커판이 벌어진다. 대부분의 기자실이 모두 그랬다. 기자들은 회사에도 들어가지 않고 포커 삼매경에 빠진다. 그날 밤은 회사는 물론 집에도 들어가지 못하고 날을 샌다. 나도 그랬다. 연말 총회 때는 더욱 요란하다. 그 당시 보사부, 문교부, 내무부와 많은 경제부처가 광화문 종합청사 안에 들어 있었다. 12월 말일 연말총회가 끝나면 기자들은 기자실에서 포커를 시작한다. 그때는 양력 정초 3일이 휴일이었다. 설 차례는 대부분 음력설에 지낸다. 그래서 많은 기자들이 31일 저녁부터 시작해 이듬해 1월 3일 저녁때 까지 그 짓을 계속한다. 이따금 종합청사 수위실에서 점검하러 오면 용돈을 조금 주고 음식물을 사오도록 해 먹으면서 계속한다. 게임이 끝나고 나면 온 몸의 지방분이 모두 빠져 옷과 신발이 헐렁해지고 눈길만 초롱초롱하다. 그런 행위가 통했던 그때가 한심하다는 생각이 들지만 한편 그런 정서가 통했던 그 옛 시절이 그립기도 하다.

기자단은 해외여행도 기획해 나갔다. 보사부에 출입하면서 첫 해외여행을 가게 됐다. 대만 3박 4일 출장이다. 중앙일보 이두석, 조선일보 유정현, 한국일보 이충우, 서울신문 신동식, KBS 남승자, MBC 박우정 기자 등이 함께 갔다. 1976년이었으니까 국제교류가 극히 제한적인 상태였다. 대만의 중산(中山)으로도 불리는 고궁(故宮) 박물원 관람은 참으로 경이로웠다. 세계는 넓고 넓다는 새로운 안목을 갖게 됐고 중화(中華)의 문화가 그토록 대단한 규모라는 것을 현장에서 목격했다. 장개석이 1949년 본토를 빼앗기고 대만으로 정부를 옮길 때 가져온 중국의 문화재와 보물들이다. 송(宋)대, 원(元)대, 명(明)대, 청

(淸) 대의 중화문화 역대 국보급 유물이 전시되어 있다. 우리가 관람한 것은 그중 극히 일부다. 이 다음에 가족 친지들과 다시 찾아와 이 유익한 체험을 나누고 싶었다. 고산족 관광코스도 좋았다. 대만의 식약(食藥) 분야 단체에서 성대한 만찬접대도 해주었다. 다른 부처 출입기자들도 잇달아 해외여행을 떠났다.

거물 간첩수기 '평양의 비밀지령'

보사부를 출입하면서 보건 복지행정 등 이런 저런 기사거리가 많았는데 또 한 가지 큰 일이 내게 떨어졌다. 또 한 명의 거물간첩이 자수했는데 그 수기를 써 연재하라는 것. 강대진 씨의 수기 〈나는 북괴반탐정원이었다〉가 반응이 아주 좋아 다시 한번 그때의 분위기를 살려보자는 것이다. 사회부장은 간부회의에서 〈유배지〉, 〈개항백년〉, 〈역사의 고전장〉 등을 연재한 역량을 인정해 내가 필자로 결정된 것이라고 추켜세웠지만 속이 뻔히 들여다보이는 이야기다. 나는 앞서의 역사물 연재 외에도 사회부 관련 연재물 시리즈에는 빠지지 않고 참여했다. 〈맑은 내일을 위하여〉, 〈그늘서 땀 흘리는 이 땅의 이방인들〉, 〈이색마을을 가다〉, 〈내고향 숨결〉, 〈밝은 사회를 위한 진단과 처방〉, 〈말따라 노래따라 … 애환 30년〉, 〈약 먹기가 무섭다〉 등등. 그 후 문교부 출입할 때는 이런 저런 교육관련 시리즈까지 더욱 많았다.

어찌됐든 시키는 일이니 어쩔 수가 없다. 수기 내용은 거물 남파간첩 김용규 씨의 대남공작활동이다. 제목은 '평양의 비밀지령'. 1977년 3월부터 연재가 시작됐다. 김정일 밑에서 대남공작을 전담해오다가 끝내는 김일성체제에 환멸을 느껴 자수한 김용규 씨가 박정희 대통령 등 정부요인 암살음모, 전 중앙정보부장 이후락 씨 납치기도, 김정일의 행각, 전쟁준비에 광분하고 있는 최근의 북한실정 등을 폭로했다. 김 씨는 25년 동안 7번 남파됐고 23차례나 남파공작원을 내려 보낸 거물간첩으로 북괴군 상좌에 영웅칭호까지 받았다. 그는 거문도에 상륙해 동료간첩 2명을 쏘아죽이고 경찰에 자수했다. 이 수기도 역시 인기가 대단했다. 반향이 아주 좋았다. 독자들이 이런 내용을 선호하는 것 같다.

이 수기가 끝난 뒤 북한 공군 이웅평 대위가 전투기를 몰고 월남했다. 전투기를 저공비행해 김포공항에 기착했던가 해서 그 자체가 큰 뉴스였다. 간첩수기로 계속 재미를 본 회사측은 또다시 이웅평의 월남 수기를 동아일보가 연재하게 해달라고 중앙정보부에 요청했다. 다른 신문사들도 이 수기를 확보하려고 노력했지만 역시 우리가 연재하게 됐다. 정부당국으로서도 수기 게재의 효과면에서 볼 때 그 당시 동아일보만한 데가 있을 수 없었다. 또 다시 나보고 이 수기를 연재하라고 했다. 나는 이번엔 후배를 키우자고 제안했다. 그래서 글 솜씨가 있는 민병욱 기자가 수기를 취재하여 쓰고 내가 데스크를 보았다. 민 기자는 이 수기로 인해 뒤에 '민초'라는 별명을 얻었다. 민 기자의 글재주가 좋아 이 수기 역시 반응이 좋았다.

교통부 출입

1977년 9월 출입처가 바뀌어 교통부를 출입하게 됐다. 그 당시 기자들이 교통부 출입을 선호했다. 일 부담이 적고 기자실 대우가 좋다는 것이다. 나는 무엇보다 각종 시리즈를 많이 맡고 있어 다행이라고 생각했다. 장관은 최경록(崔慶祿) 장관. 산하에 철도청, 항만청 등이 있는데 항만청장은 그 유명한 강창성 청장. 그 시기에 이리역 참사사건이 발생했다. 역 구내에서 폭약 40톤을 적재한 한국화약 기관차가 폭발하면서 지름 30m, 깊이 10m의 웅덩이가 파이고 반경 500m에 걸쳐 건물이 파손되면서 사상자 1,300명, 이재민 7,800명이 발생했다. 엄청난 재앙이다.

사건이 터지자 최 장관이 즉각 특별열차편으로 현장으로 내려갔다. 열차 안에서 철도청 간부가 사건개요를 브리핑하면서 철도청의 잘못이 아니라 전적으로 한국화약측에 과실 책임이 있다고 보고했다. 그러자 최 장관이 대로했다. "철도역 구내에서 열차 폭발 참사가 발생하여 국민 수천 명이 신음하고 있는데 어떻게 책임이 없다고 하느냐. 복구대책은 신경 쓰지 않으면서 책임회피만 하려든다"며 질타했다. 그리고 국회에 나가 사건상황을 보고하고 장관이 모든 책임을 지겠다며 사표를 냈다. 명쾌한 처신이었다.

통상 대부분의 각료들이 책임지지 않으려고 이리 빼고 저리 피하는 것이 상례였는데 최 장관은 책임을 질줄 아는 장관이다. 신선한 충격이었다. 이에 감복한 출입기자들이 의견을 모아 물러난 최 장관 송별연을 마련했다. 전례가 없는 행사가 벌어졌다. 책임질 줄 아는 장관을 존중해주자는 의미로 마련된 자리. 참으로 의미있는 자리였다. 기자들 명의로 기념패를 만들어 최 장관에게 선물하자 그는 '일생일대의 가장 고귀한 선물'이라며 가보로 보존하겠다면서 눈시울을 붉혔다. 육군참모총장을 역임한 최 장관은 역대 군 출신들 중 존경받는 군인 중 한 분이다. 기자들은 평생 20평 남짓한 작은 집에 살고 있는 최 장관의 청렴성도 집중보도했다.

그 후 윤자중 장관이 부임했다. 윤 장관은 전투기 조종사로 명성을 떨친 공군참모총장 출신이다. 윤 장관은 기자들과의 자리에서 "전투기 조종석에 앉아 있으면 우리 집 안방에 앉아 있는 것보다 더 편안하다"고 했다. 그로부터 5~6년이 지나 윤 장관은 83년경 명성그룹과 관련된 비리 사건에 연루돼 뇌물수수 등 혐의로 구속됐다. 그 당시 명성그룹 김철호 회장이 엄청난 금융비리를 일으켜 심각한 사회문제로 비화했다.

그때 나는 사회부 차장으로 근무하고 있었는데 동아일보 편집국 간부들 중 골프 치는 사람이 몇 명 있었다. 이들이 명성CC 회원권을 할인 가격으로 매입했고 나도 매입했다. 그 후 이채주 편집국장이 부임해 와 사석에서 나보고 "신용순 편집국장과 조 차장 등 몇 명이 명성CC …"하다가 말을 잇지 않았다. 계속해서 그 뒷말을 듣고 싶었지만 들을 수 없었고 되물어 볼 수도 없어 그에 대한 답변을 할 기회를 갖지 못했다. 그 후 한성CC 회원권도 각 언론사에 제안이 들어와 남시욱 부국장 등 몇 명이 매입했으나 나는 사지 않았다. 3~4년 뒤 뉴서울CC에서도 각 언론사 등에 회원권 매입 신청을 하라고 해서 많은 사람들이 서류를 제출했다. 추첨결과 나도 당첨되어 얼마간 이득을 보았다.

교통부 산하도 대단하다. 육운, 해운, 항공, 관광 등 움직이는 것은 모두 교통부 소관이다. 기자실 활동도 활발했다. 1977년 11월 초 미주지역여행협회 총회(ASTA)가 스페인 마드리드에서 열리고 국제관광공사와 국내 여행사들이 대거 참가하는데 기자들도 모두 스페인에 출장가자고 했다. 기자단은 이 총회 취재를 내세워 유럽 투어를 기획했다. 기자들은 유럽, 특히 마드리드까지 포함되는 이 유럽 여행에 모두들 들떠 있었다. 나도 물론 그랬다.

노벨 문학상 수상자 단독인터뷰

마드리드에서부터 시작되는 유럽여행을 준비하고 있는데 그해 노벨 문학상 수상자가 발표됐다. 수상자는 스페인의 시인 비센테 알레익산드레 옹이다. 나는 이 기사를 보자마자 가슴이 뛰었다. 이 분을 꼭 만나보고 싶었고 인터뷰도 하고 싶었다. 청소년들은 현실적으로 이루어지기 어려운 꿈을 그리면서 홀로 흥분하는 경우가 적지 않다. 내가 그런 심정이었다. 그날 밤 내가 만약 이 알레익산드레 옹 인터뷰를 해오면 얼마나 행복할까, 그것이 가능할까 하는 생각에 잠 못 이루었다.

우리들은 모두 1913년 노벨문학상을 수상한 인도의 시인 라빈드라나드 타고르의 시 〈동방의 등불〉을 잊지 못한다. 1929년 타고르 옹이 캐나다에 가던 중 일본의 요청으로 동경을 방문했다. 그 당시 인도는 영국 식민지였고 우리는 한일강제합방 후 고초를 겪고 있을 때였다. 인도와 우리가 비슷한 처지였다. 그때 이태로(李太魯) 동아일보 동경지국장이 타고르 옹을 찾아가 한국의 실정을 이야기하고 한국을 방문해줄 것을 요청했다. 타고르 옹은 여행스케줄상 한국방문은 어렵다면서 〈A Lamp of the Korea〉란 시를 지어 건넸다.

> '일찍이 아시아의 황금시절에 빛나던 등촉의 하나인 코리아,
> 그 등불 다시 한번 켜지는 날에 너는 동방의 빛이 되리라.'

동아일보는 이 시와 타고르 옹을 접촉한 경위 등을 신문에 자세히 보도했고 전국적으로 뜨거운 반향을 일으켰다. 그리고 그 시 〈동방의 등불〉은 지금까지 우리의 가슴을 적시고 있다. 타고르 시인, 노벨문학상 수상자, 동방의 등불 등 그 모든 것들이 뇌리에서 떠나지 않았다.

이튿날 나는 출근하자마자 알레익산드레 옹에 관한 자료들을 찾아 모았다. 그리고 최일남 문화부장에게 내 생각을 이야기하고 그의 의중을 들어보았다. 그는 한마디로 불가능하다고 잘라 말했다. 유럽에서는 언론사에서 인터뷰를 하려면 두어 달 전에 요청을 한 뒤 승낙이 나와야 가능하다는 것과 그 시인은 프랑코총통 독재에 대한 저항시인으로 연금상태나 다름없기 때문에 접근이 어렵다는 것이다. 그래도 어떻게 인터뷰가 이루어진다면 무엇을 질문하면 좋겠느냐고 의견을 구했다. 최부장은 문인으로 명 문화부장으로 이름난 분. 논설위원 시절에는 당대의 논객으로 활약한 언론인이다. 그리고 생각도 깊은 분이다. 그는 한참 생각하더니 "이탈리아의 유명한 시인 몬탈레가 '시(詩)는 죽었다'고

선언했어. 니체가 신(神)은 죽었다고 했듯이. 그에 대한 견해를 한 번 물어봐"했다.

최 부장으로부터 비관적인 이야기를 들었지만 그 당시 나는 취재활동을 하는 데 거칠 것이 없었다. 취재에 관한 한 그 어떤 것도 내 앞에서 안 될 것은 없다는 생각까지 들었다. 취재와 기사작성에 대한 자신감이 최고조에 달했고 그 후 문교부 등을 출입하면서 내 능력을 여지없이 발휘했다고 생각한다. 그리고 기사를 취재 보도하는 데 있어서 어떤 경쟁에서도 지지 않았다고 자부한다. 그 후 최일남 부장도 나 때문에 여러 번 놀랐다. 그것은 그 당시 각사 문화부 기자나 간부들이 두문불출하고 있던 김옥길 총장, 박경리 씨 등의 인터뷰를 하기 위해 그토록 심혈을 쏟았지만 끝내 해내지 못했는데 내가 나서서 착착 해냈기 때문이다.

나는 권오기 편집국장이 신상철(申尙澈) 주스페인 대사와 친밀한 사이라는 것을 확인하고 권 국장에게 갔다. 신 대사는 군출신 외교관으로 주월남 대사도 역임했다. 내 계획을 이야기하고 신 대사에게 전화를 좀 해달라고 했다. 권 국장은 흔쾌히 약속하고 꼭 성사시키라고 격려해주었다. 나는 외무부 출입기자를 통해 알레익산드레 옹 인터뷰를 주선해줄 것을 주 스페인대사관에 요청해놓았다. 그때 사회부는 한우석 부장 체제였는데 나는 이 이야기는 사회부내에서는 아예 꺼내지도 않았다. 가능성이 희박한 내용을 앞서 이야기했다가 신뢰성만 떨어뜨릴 수 있기 때문이다.

이 여행은 국제관광공사에서 주관했다. 사장은 김좌겸 씨에 이어 하대돈 사장이 부임했다. 그때 노회한 홍보이사가 인솔책임자였다. 나는 그분에게 내밀하게 부탁했다. 함께 가는 기자들이 이 계획을 알게 되면 모든 것이 허사가 되어버린다는 것과 이번 일만 도와주면 평생 은혜를 잊지 않겠다고 약속했다. 홍보이사로서도 동아일보가 관광홍보 업무를 도와준다면 큰 보탬이 된다.

기자단이 마드리드에 도착하여 시내관광을 하고 저 유명한 톨레도 관광에 나섰다. 톨레도는 로마 이전시대부터의 고도(古都)로 서(西) 고트와 무어인왕국의 수도를 거쳐 고대 스페인의 수도였다. 전통적인 스페인식 도시로 일체 신 증축 공사가 중단된 채 4백여 년 이전의 옛 모습 그대로 보존되어온 중세도시다. 잠자는 듯 조용한 고도의 풍경이 인상적이었다. 타임머신을 타고 중세시대로 거슬러 올라가 있는 듯 했다. 역시 '관광대국 스페인'이라는 감탄사가 절로 나왔다.

그날 저녁 대한여행사 설국환 회장에게서 연락이 왔다. 그는 언론계 대 선배다. 기자 두어 명이 그를 따라 마드리드의 한 고급살롱에 가 이스파니아 처녀들과 함께 재미있게 술을 마셨다. 화제는 그의 자유당 때 기자시절 이야기와 세계각국 여행 경험담. 그 술집은 전 세계를 누비고 다니는 설 회장의 마드리드 단골살롱이었다.

이튿날 저녁 신 대사가 공관에서 만찬을 대접했다. 그때만 해도 내국인의 해외여행이 억제되어 있었기 때문에 한국 기자단이 마드리드까지 간다는 것은 대사관으로서도 큰 행사다. 나는 신 대사를 따로 만나 권오기 편집국장의 안부를 전하고 짧은 시간이라도 좋으니 알레익산드레옹 인터뷰를 성사시켜달라고 부탁했다. 신 대사도 한 번도 시도해본 일이 없는 작업이지만 연결해 보겠다고 약속했다.

만약 인터뷰가 성사된다고 하더라도 사진기자가 있어야하고 통역도 있어야 한다. 사진은 관광공사 사진담당 직원이 맡기로 해 남았고 통역은 대사관의 이준일(李準日) 영사가 맡기로 했다. 기자들은 모두 다음 행선지인 런던으로 떠나가고 나만 홀로 남았다. 해외여행 경험이 적은 나로서는 동료기자들과 떨어져 혼자서 여행해야 한다는 부담감에 마음이 무거웠고 한편으론 불안했다. 그러나 한번 시도한 것이니 끝장을 보아야겠다는 배짱이었다. 홀로 남은 나는 시내 중앙광장의 돈키호테 기

스페인의 문호 비센테 알레익산드레 옹 인터뷰 모습.

마상 주변을 배회했다. 여윈 말 로시난테를 타고 종사 산쵸 판자를 데리고 떠나가는 그 모습을 매일 보았다. 스페인은 피카소와 고야, 벨라스케스의 나라가 아닌가. 나는 혼자서 미술관 답사를 계속했다.

그렇게 며칠 지나 대사관에서 연락이 왔는데 문제가 생겼다. 알레익산드레 옹이 마드리드에서 항공편으로 1시간이 넘는 동쪽 지중해연안 발렌치아에서 휴양하고 있어 만날 수가 없다는 것이다. 나는 신 대사에게 회사의 출장명령이므로 더 먼 곳에라도 찾아 가겠다며 인터뷰만 주선해달라고 했다. 이 영사가 다시 체크해본 결과 노 시인은 치료하기위해 마드리드 근교 자택으로 돌아와 있는 것이 확인됐다. 스페인 문화성을 통해 다시 인터뷰를 부탁하고 그의 저택위치도 확인해 놓았다. 이 영사가 전화를 걸었으나 비서가 몸이 불편해 인터뷰를 할 수 없다고 거절했다. "멀리 동양의 한국에서 20시간 너머 비행기를 타고 수만리를 날아왔는데 그럴 수가 있느냐"고 했더니 다음날 오전 10시경에 다시 한번 전화를 해보라며 끊었다.

이튿날 다시 다이얼을 돌렸다. 이윽고 알레익산드레 옹이 수화기를 건네받았다. 스페인어에 능통한 이 영사가 한국의 최대신문 동아일보를 소개하고 인터뷰 취지를 설명한 다음 응해줄 것을 요청했다. 언제쯤이면 좋겠느냐고 물어 기자가 모레 떠나기 때문에 내일이 좋겠다고 하자 무슨 인터뷰를 24시간 안에 요청하느냐며 난색을 보였다. 이 영사가 스페인 문화성을 통해 여러 번 요청했었다면서 "할아버지 미안합니다. 15분이면 됩니다"고 간청하자 내일 밤 8시에 와보라고 했다. 이튿날 오전 마드리드 동북쪽 교외에 있는 저택위치를 답사한 다음 밤 8시 정각 대문의 벨을 눌렀다.

1백여 평의 아담한 정원을 지나 스페인풍의 회색단층집 현관을 들어서자 대형 초상화가 걸려있다. 노 시인의 모습이다. 뒤에 알았지만 그 초상화는 미국의 유명한 화가 울브리히트의 작품이었다. 서재에서 2~3분 기다렸을까, 홍안에 몸체가 훤칠하니 큰 백발노인이 들어서며 잔잔한 미소로 다정스럽게 맞는다. 자색 재킷에 갈색 바지, 하얀 와이셔츠에 다이아몬드 무늬가 박힌 검정빛 넥타이가 품위를 더해준다. 첫 인상은 근엄하고 지적인 노인이었다. 노 시인은 대뜸 "세뇨르 조, 당신이 내가 만난 동방의 첫 기자이군요"하면서 손을 맞잡아 소파에 앉힌다.

그는 한국에 대해 전혀 모르고 있었다. 우리는 관광공사에서 준비해간 두터운 영문판 한국 소개책자 〈Today Korea〉를 내밀었다. 이 책에는 한국의 경승지와 국보 등이 사진위주로 소개되어있다. 그는 한손을 뺨에 대고 깊은 생각에 잠겨있는 반가사유상과 석굴암, 화려한 신라 금관 등을 살펴보더니 감탄사를 연발했다. 노시인이 "한번 가보고 싶은데…" 하고 혼자 말을 하자 우리가 초청하겠다고 했더니 고개를 저었다.

나는 부드럽게 인터뷰를 시작했다. '병마와 내란의 공포와 프랑코 치하에서 시작(詩作)에 많은 어려움을 겪으셨는데…'라고 말을 꺼냈다.

"참으로 어려운 시기를 살았다. 동료들은 모두 떠나가고 나 홀로 신

장결핵과 싸우며 암울한 스페인에 머물러야 했다. 프랑코 총통 압제와 고독과 투병 속에서도 시작을 멈추지 않고 인간으로서 주어진 운명을 달성해가려고 노력했다."

스페인 내란의 와중에서 온갖 시련을 극복하며 진실되고 뜨거운 숨결로 시를 써온 애조(哀調)의 시인, 생명력의 이 노시인은 스페인의 전통적이고 토속적인 열정을 가장 적나라하게 시 안에 표현했다.

"그때 내가 죽지 않고 생명의 연장과 시작(詩作)을 계속할 수 있었던 것은 젊은 시인들이 꾸준히 찾아준 때문이다. 그들은 나한테 배우기도 했고 함께 토의도 했으며 한데 어울려 시속에 파묻혀 지낼 수 있었다."

'이탈리아의 시인 몬탈레는 시(詩)는 죽었다고 선언했는데 선생님의 생각은…' 하고 묻자 노 시인은 기자가 감탄을 금치 못할 고귀하고 아름다운 답변을 해주었다.

15분간의 약속이 1시간 20분이나 지났다. 노시인은 눈이 충혈되어 시선이 흐려졌다. 미안한 마음이 들어 더 이상 물어볼 수가 없었다. 마지막으로 사인을 부탁하자 스펠은 정확해야한다며 또박또박 써주었다. 그는 자리에서 일어나자 벽에 걸린 그림들을 마치 손자에게 하는 것처럼 자상하게 설명해주며 현관까지 배웅해 주었다. 차가운 밤공기 속으로 막 발걸음을 내디뎠을 때 등 뒤에서 카랑카랑한 목소리가 들려왔다.

"부디 잘 가시오, 동양친구"

나의 기자생활 30여 년 동안 가장 소중한 추억이 단연 이 인터뷰다. 나는 그때의 감격과 인터뷰 경위 등을 글로 남기고 싶어 이 글을 시작했는지도 모르겠다.

런던, 로마, 파리 여행

나는 이튿날 런던으로 향했다. 비행기 안에서 그 만족감, 그 성취감을 만끽하면서 인터뷰 내용을 구상했다. 마침 내 옆 좌석에는 예쁜 영국인 처녀가 앉아있어 대화가 어렵지 않게 진행됐다. 방학을 이용해 마드리드에서 투우를 구경하고 귀국 중이었다. 영국인 교사인 그녀는 친절하게도 나의 미국식 발음을 일일이 지적해주면서 영국식 발음을 일러주었다. 영국에서는 정연권 특파원이 마중나왔다. 정 특파원은 내가 편집부에서 근무할 때 바로 옆에 외신부가 있었는데 당시 외신부장을 맡았던 대 선배다. 바로 옆자리 고바우 김성환 화백과 식사도 몇 번 한 적이 있고 이따금 포커도 같이 했다.

정 특파원에게 알레익산드레 옹 인터뷰 이야기를 했더니 눈이 휘둥그레지면서 즉각 본사 권오기 편집국장에게 이 내용을 보고했다. 권 국장이 아주 좋아한다고 전해주면서 프랑코 총통 독재체제하의 스페인에서 AP나 UPI나 런던타임즈도 하지 못하는 인터뷰를 해냈다고 축하해주었다. 런던에서 웨스트민스트사원, 국회의사당, 버킹검 궁과 대영박물관을 구경했다. 대영박물관에서는 그리스에서 훔쳐온 엘긴(Elgin) 마블과 이집트에서 가져온 스톤 헤지, 미라 등을 살펴보았다. 셰익스피어에 관한 자료들도 인상에 남는다. 그리고 본사 간부가 부탁한 책을 사러 다녔다. 그러나 주문한 책을 쉽게 구할 수가 없었다. 정 특파원은 책 사달라는 부탁이 제일 어렵다고 했다.

지금 기억으로는 런던에서 로마를 거쳐 파리에서 귀국한 것으로 생각된다. 로마제국의 수도 로마는 그 어느 곳보다 가보고 싶었던 곳. 동아일보에 근무하다가 주 이태리 대사관에서 공보관으로 재직하고 있는 이경식 선배를 찾았다. 함께 식사한 뒤 혼자서 다녔다. 투우의 고장 마드리드에서 아내의 세무 털코트를 사면서 내 세무 자켓과 청바지도 샀는데 나는 이 옷을 입고 크리스챤 디오르 선글라스를 사서 끼고는 신나게 로마 천지를 휘젓고 다녔다. 로마는 소매치기, 절도, 폭력이 판치는 극히 위험한 도시인데 나는 상당한 액수의 달러를 포켓에 넣고는 마구 돌아다녔다. 오죽하면 친숙해진 호텔 지배인이 다가와 내 포켓에서 돈을 빼내는 기법을 연출하면서 조심하라고 일러주었다.

콜로세움, 판테온신전, 박물관, 바티칸 궁전 등을 열심히 돌아다녔다. 대표적 바로크 건축양식의 시스티나성당 안 통로로 걸어가면 르네쌍스시대의 미켈란젤로, 라파엘 등 대가들의 벽화가 이어져 있다. 바닥에는 세계 각국의 유명한 성당의 통로 길이가 그어져 있었다. 세계의 모든 성당의 통로가 이 성당보다는 짧다는 것. 미켈란젤로의 시스티나 성당 천정화 〈최후의 심판〉은 참으로 인상적이었다. 목이 아프도록 천정화를 바라보았다. 바티칸 궁전 입구에 있는 오페라 토스카의 무대는 유명한 관광명소다. 카바라돗시가 토스카를 그리며 부른 아리아 〈별은 빛나건만〉이 입안에 맴돈다. 내 청춘의 아리아, '에루체 발레스텔레, 에도레자 발라테라, 루시오 델 로르토…'

저녁에는 로마시내에 있는 영웅 케자르가 즐겨 다녔다는 지하주점에 들렀다. 물론 세계적 관광명소다. 일행중에 아르헨티나인 가족이 있었다. 나는 취중에 그 부인과 함께 신나게 탱고를 추었는데 도중에 그 부인이 불안해 했다. 남편의 눈빛이 이상해졌다는 것. 힐긋 돌아보며 적당히 마치려하는데 마침 곡이 끝나고 갑자기 아리랑이 흘러나왔다. 이태리 가곡과 남미 음악을 주로 연주하던 연주팀이 아리랑을 연주하기 시작했다. 동양인은 나 한 명뿐이었는데 내가 코리안이라는 것을 그들이 알고 연주해준 것이다. 취기에 나는 눈물이 쏟아졌다. 곡이 끝날 때까지 울었다. 유신시절이라 한국인의 해외여행은 억제되어 있었다. 그런데도 역시 세계적인 명소에서는 아리랑이 준비되어있구나 하는 고마운 생각이 들었다. 연주팀에 팁을 아끼지 않았다. 그들은 아리랑을 계속 연주했다.

파리에서는 장행훈 선배가 연수중이었다. 장 선배를 만나 잠시 같이 있다가 역시 혼자서 관광길에 나섰다. 다리가 아파 더 이상 걸을 수 없을 정도로 루브르박물관을 샅샅이 관람했다. 〈모나리자〉, 〈밀로의 비너스〉 등 위대한 걸작들을 코앞에서 접할 수 있었다. 에펠탑, 몽마르트등 대표적인 관광지역을 살펴보고 저녁엔 개선문 옆에 있는 무랑루쥬 쇼를 관람했다. 소문대로 쇼의 규모가 엄청났다. 무대에서 헬리콥터가 뜰 정도였다. 술 몇 잔 마시면서 시간가는 줄 모르고 이 쇼에 눈이 팔려 구경하다가 자정을 훨씬 넘겼다.

그때 숙소는 장 선배의 소개를 받아 유학길에 관광안내를 하던 미스터 심의 아파트에서 묵고 있었다. 그의 승용차편으로 안내를 받고 쇼핑도 했다. 그날 밤 극장에서 나와 보니 심야여서 전철이 끊겨 있었다. 전철이 아니면 먼 거리의 숙소까지 찾아가기가 아주 어려웠다. 택시도 없었고 비까지 내렸다. 길가에서 난감하게 서 있는데 승용차 한대가 내 옆에 멈추었다. 당황해 하고 있는 내 표정을 보고 그 운전자가 영어로 어디 가느냐고 물었다. 장소를 이야기했더니 타라고 했다. 나는 일단 탔다. 30대 후반의 스마트한 모습이어서 안심이 되었다. 그 신사는 내가 지정하는 곳까지 상당한 거리를 달려 데려다 주었다. 너무나 고마웠다. 나는 당시 그와 같은 경우에 처했을 때 보답하는 파리의 관례를 알지 못했다. 내리면서 돈을 주어야하는 것인지를 몰라 주춤거리면서 지갑을 꺼냈더니 손을 내저으며 그냥 가라고 했다. 너무나 고마웠다. 고맙다는 인사만 되풀이했다.

'江은 그 江이되 물은 항상 새 물'

파리에서 일정을 마치고 귀국길에 올랐다. 이번 여행은 여러 가지 면에서 아주 유익하고 뜻 깊은 기회였다. 솔직히 말해 혼자 여행을 하면서 속으로는 아주 불안한 상태였다. 처음 나선 길에 모든 것이 낯설었다. 그 중에서도 가장 신경이 쓰인 것은 알레익산드레 옹 취재노트와 그의 싸인과 인터뷰 사진 필름이다. 이것들 중에 한 가지라도 잊어버리면 큰일이다. 그중에서도 필름이 제일 신경 쓰였다. 수하물이 공항 검색대를 통과하면서 필름이 지워져 버릴 수도 있다는 이야기를 들었기 때문이다. 나는 그에 대한 상식이 부족했다. 그래서 공항에서는 항상 필름을 몸에 지니고 다녔다. 신체 검색대에서는 안전한 것인지, 사진이 제대로 찍혀있기는 한 것인지도 걱정이 되었다. 회사에 도착하자마자 사진부에 가서 필름을 현상해보고 나서야 안심했다.

귀국하자마자 회사에서나 집에서나 계속 장문의 인터뷰를 준비했다. 이번 인터뷰는 리드에서부터 평범하게 쓰고 싶지 않았다. 언제 어디서 누구를 만나 무슨 이야기를 들었다는 식의 상투적인 리드를 쓰고 싶지 않았다. 그래서 이렇게 시작했다.

> '-이탈리아의 저명한 시인 몬탈레(Montale)는 "시(詩)는 죽었다"고 선언했는데 선생은 아직도 이 사회에서 시가 기능을 가졌다고 생각하는지 …
>
> "나는 그 같은 견해에 동의하지 않는다. 시는 인간사이의 의사소통의 수단, 가장 정확하고 간결하고 압축된 대화인데 이처럼 꼭 필요한 시어(詩語)가 어떻게 없어지겠는가. '강은 그 강이되 흐르는 물은 항상 새물'이란 말로 대신 답변할 수 있겠다."
>
> 번뜩이는 안광(眼光), 이마에 서리는 총기(聰氣), '에스파냐'의 대문호 비센테 알레익산드레(Visente Aleixandre) 옹은 79세의 고령

에다 병마에 시달리면서도 자신의 시관(詩觀)을 피력하는 대목에서는 칼날 같은 예기가 전신에 넘친다.'

나는 이렇게 시작하는 원고를 한우석 부장에게 넘겼더니 한 부장이 "편집회의에서 3면 전면으로 쓰기로 했는데 원고는 최일남 부국장이 보기로 했어" 했다. 그사이 최 문화부장이 편집부국장이 되어 있었다. 최 국장이 원고를 보다가 나를 불렀다. "누구를 어떻게 만났다는 리드도 없이 시작하나?"라고 물었다. 그래서 "리드를 좀 달리 써보았어요. 한번 읽어보시지요" 했더니 원고는 그대로 넘어갔다. 마음속으로 신문 나오기만을 간절히 기다렸다.

동아일보 1977년 11월 28일자 3면에 "江은 그 江이로되 물은 항상 새물"이란 커다란 컷 제목에 '마드리드에서 조강환 특파원, 올해 노벨문학상수상자 알레익산드레 옹 단독회견' 역시 컷 제목으로 나왔다. 활자 제목은 '시는 가장 간결 · 압축된 대화', '시작(詩作)은 수평자세로만 가능', '홍안 · 백발의 인자한 악수', "당신이 내가 만난 동방의 첫 기자"로 나왔다. 그밖에 소제목도 8개나 뽑혔다. '건강 나빠 못 만난다', '회색 단층 작은 정원', '고독과 싸우는 시인', '내 투지는 청년의 힘', '크루즈 시를 좋아해', '한국분단 불행한 일', '엎드려 글 쓰는 버릇', '평생을 총각생활로'등으로 게재됐다.

나는 이 지면에 만족했고 커다란 성취감을 만끽했다. 그동안 신경을 쏟고 고심했던 데 대한 보상으로 충분했다. 여러 후배기자들이 찾아와 인사말을 건네고 오후에는 권오기 편집국장과 이웅희 편집국장대리가 사회부에 와 사회부장 의자에 앉아 이런 저런 이야기를 하면서 이런 기사가 계속 나와야 동아일보가 산다고 격려해 주었다. 좀처럼 칭찬을 하지 않는 권 국장이 칭찬을 아끼지 않았다.

기자실 이야기

이튿날 교통부 기자실에 나갔더니 타사 기자들의 표정이 미묘했다. "엄청난 특종을 했어", "우리를 싹 빼돌리고 혼자 한 건 했어"라며 뼈 있는 한마디씩을 했다. 타사 기자들로서는 기분 좋은 일이 아니다. 왜냐하면 교통부 출입기자들이 함께 마드리드에 갔는데 나만이 이 기사를 썼다는 것을 각사 데스크들이 다 알고 있기 때문이다. 나는 동료기자들에게 미안한 생각이 들었다.

'호사다마(好事多魔)'라고 기자실에서는 다른 문제를 트집잡아 나를 괴롭히려고 했다. 나는 귀국하자마자 항만청 산하 업체로 기억되는 한 회사와 관련된 비리내용을 단독 보도했다. 그런데 그 사건은 출입기자들도 잘 모르는 사이에 기자실 간사단이 타협을 본 사건이었다. 나는 그런 정황도 모르고 그냥 썼다. 이에 대해 항만청과 해당업체에서 중개역할을 한 기자를 통해 기자단에 항의하여 기자실에서 문제가 제기됐다.

그러나 내 스타일이 그런 문제로 당하고 있을 성품이 아니다. 오히려 동아일보 출입기자는 기자실과 협조하지 않는 것이 더 유리하다. 기사를 취재하거나 쓰는 것도 누구보다 앞설 수 있고 그 기사에 대한 반향도 타사와는 비교가 되지 않는다. 속된 말로 출입처에서의 대우도 훨씬 유리해진다. 그 당시 기자단에서 동아일보 기자를 제외시키는 행위는 거의 불가능한 상태다. 결국 기사싸움이 붙어 기사가 계속 잇달아 보도되게 되면 출입부서만 피해를 입는다. 그래서 해당부처에서 앞장서 적극 만류한다.

기자단에서 나를 어찌할 수가 없다. 솔직히 말해 나와 대결하는 구도가 성립되지 않는다. 그러나 나도 단체생활을 존중하고 또 중요시하는 사람이다. 잘 아는 동료들끼리 서로 좋게 지내고 좋은 인간관계를 맺는 것이 중요하다. 그 문제는 즉각 해소됐다.

교통부는 기사가 많은 출입처가 아니어서 대부분 오전에는 회사에서 내근하고 오후에 나온다. 기자들이 나와서 취재하는 일은 별로 많지 않다. 간부들 방에 가 환담하다가 함께 점심먹는 경우가 많고 나머지 시간엔 바둑을 두거나 고스톱이나 포커 등으로 시간을 보낸다. 출입기자는 20여 명 되지만 무슨 무슨 경제신문, 무슨 무슨 통신 등 영향력 없는 언론사 기자들이 많이 나온다. 그들은 오랜 출입경력과 업계 인맥을 내세워 오히려 기자실을 좌지우지하려고 한다. 그러나 나는 그런 상태를 인정하지 않았다.

기자실에서 나는 두 가지 원칙을 지키고 있었다. 첫째는 담합하여 재정적 이득을 보면서 기사를 쓰지 않는 것을 인정하지 않는다. 기자단을 통해 비록 어떤 종류의 이득을 취하게 되더라도 써야할 내용만은 쓰고 넘어갔다. 그런 내용은 내가 쓰지 않고 넘어가더라도 어느 과정에서 다시 드러나 문제가 되고 만다는 것을 나는 경험으로 잘 알고 있다. 또 기자가 써야할 기사를 쓰지 않는 것은 기자직을 포기하는 것이나 다름없는 일이다.

둘째는 근무시간에 기자실에서 바둑을 두거나 고스톱을 하지 않고 낮잠도 자지 않는다. 나는 항상 긴장상태가 유지되고 있는 체질이어서 기자실에서 오랜 시간에 걸쳐 바둑을 두거나 잠을 자지 못한다. 고스톱은 화투를 더 스릴 있고 도박성이 강하게 변조해 놓은 게임이다. 나는 고스톱을 본질적으로 좋아하지 않는다. 그러나 나는 포커는 좋아했다. 일과시간이 끝나는 등 시간적 재정적 여유가 허용되면 언제든지 포커는 했다. 고스톱은 패를 일단 돌려받으면 아무리 불리한 패라도 끝까지 따라가며 당하고 있어야하는 것이 불편하다. 내용도 너무 단조롭고 승패가 타의에 의해 결정되는 것이 마음에 들지 않았다. 고스톱은 상대편의 점수를 깎아내리고 상대편의 득점가능성을 미리 저지하는 데 온갖 재간을 집중시키는 게임이다. 상당한 기량이 필요한데 내가 이기는 것보다 상대편을 골탕 먹이는 데 전력을 쏟는다. 그러나 포커는 내가 받은 카드내용이 불리하다고 여겨지면 언제든지 자신의 의지대로 그만둘 수 있다. 상대편을 간파하는 능력과 예리한 판단력, 과감한 결단이 작용하는 게임이다. 확실히 서양놀음이 합리적이라고 생각됐다.

이 같은 일련의 과정을 겪으면서 나로서도 '반성'이랄까 무언가 생각되는 것이 없지 않았다. 매사에 너무 까다로운 완벽주의나 내 입장만 앞세우는 이기주의로 주변 사람들에게 피해를 주고 있지는 않는가 하는 뉘우침이다. 기자단에서 쓰지 않기로 했다면 그대로 순응하면서 서로 좋게 지내면 될 텐데 그것을 마음속에서부터 참지 못하고 꼭 다른 행동을 할 수밖에 없는 것인가. 또 고스톱도 하고 바둑도 두고 낮잠도 자면서 긴장감을 풀고 편안하게 지낼 수는 없었던 것인지 자문해 보기도 했다. 거기에 또 한 가지, 기자단에서 주는 것은 받아 챙기면서 꼭 그렇게 행동해야 하는 것인가 하는 회의도 있었다. 그러나 그 답변은 첫째는 그렇게 태어나 버린 것을 어찌 하겠는가 였고, 둘째는 그래도 기자로서 최소한의 자세는 갖추어야 하지 않을까 하는 것이었다.

교육전문기자

교통부를 출입한지 1년도 안 돼 1978년 5월 신문사에서 가장 일이 많고 또 중요한 기사들이 쏟아져 나오는 문교부를 출입하게 됐다. 여기에서부터 나는 교육전문기자의 길에 들어서게 됐다. 백년대계라는 꼬리표가 따라다니는 교육문제는 그 어떤 분야보다 중요하다. 전체 국민들 중 학부모나 학생 아닌 사람은 별로 없다. 모두가 교육문제에는 관심을 갖지 않을 수가 없다. 그런데 교육정책은 계속 바뀌어 혼란만 가중시킨다. 국민들은 모두 교육에 관해서는 일가견을 갖고 있어 교육관련 이슈는 항상 말썽이다. 여기에 복잡하고 어려운 청소년문제에다 대학은 시국문제와 엇갈려 시위 등 소요가 끊이지 않았다.

문교부장관은 박찬현(朴瓚鉉) 장관. 박 장관은 학자, 언론인, 외교관에 교통부 장관도 역임한 화려한 이력을 갖고 있다. 대변인은 동아일보 선배인 정연춘 국장. 조선일보 고학용, 한국일보 이행원, 서울신문 서건일, MBC 구본홍 기자 등, 각 언론사 출입기자들도 모두 민첩한 기자들이다. 박 장관은 원만한 성품에 합리적인 분이다. 의사소통이 제대로 되는 분이다. 그때는 어디에서나 통제가 심했다. 문교부내에서도 특히 대학 학내사태를 전담하는 부서는 기자들을 철저히 차단했다. 그러나 박 장관은 기자들에게 호의적이어서 나는 수시로 장관실에 들러 사실 확인과 의견교환을 할 수 있었다.

콩나물 교실, 국민학교 사친회 부활문제, 잡무에 시달리는 교사들, 학교 폭력서클, 중고교 의무교육, 교과서 개편, 교과서의 유신내용 삭제문제, 고교평준화 문제, 교육청의 부실한 장학지도, 인성교육, 해외유학 개방문제, 전문대학 문제, 대학입시 고교성적내신제 적용, 허덕이는 사립대학들, 대학정원 증원, 대학 3학기제, 졸업정원제, 예능교수 개인레슨 부작용, 교수부족과 대학부실, 실험대학 문제, 대학원 정원 확대, 교육TV 방영문제, 체육진흥 방안, 사회교육법 제정, 방송통신교육, 맞춤법 개정 등 교육관련 문제는 한도 끝도 없다.

나는 문교부에 출입하면서 많은 기사를 썼다. 문교부를 출입하게 되면 대부분 그렇다. 여러 가지 교육정책이 발표되고, 교육관련 이슈가 제기되고, 관련사건이 터지고, 교육분야 의제(아젠다)를 제안하는 등 기사 속에 파묻히게 된다. 교육관련 기사는 많은 학생들과 학부모와 직결되어있어 대부분의 기사가 비중 있게 다뤄진다. 회사에서도 그날 지면을 메울 적절한 기사가 없으면 제일 먼저 기사 만들어 보내라고 주문하는 곳이 문교부 출입기자이다. 문교부 관할분야에 독자 관심을 끌만한 이슈가 많기 때문이다.

사회부장은 수시로 전화를 걸어 "일단짜리는 많은데 톱 감이 없어. 하나 보내"하며 재촉한다. 항상 머릿속이나 수첩에 갖고 있는 자료 속에는 기사로서 거의 완성된 내용도 있고 확인을 거쳐야 할 미완성 내용도 있다. 그런 내용들 중에 톱 감이 될 만한 것을 골라 최종확인을 한 후 송고한다. 그럴 때마다 자신감은 더욱 충만해진다. 힘들기도 하지만 언제든지 톱기사를 쓸 수 있는 저력을 발휘할 수 있기 때문이다.

기사를 많이 쓰다 보면 부작용도 뒤따른다. 기자는 기사를 부장의 지시에 따라 지면을 메우기 위해 쓰고, 많은 기사를 보내 사내에서 자신의 위상을 확고히 하기 위해 쓰고, 또는 혹독한 경쟁에서 이기기 위해 쓰는 경우가 많다. 그렇게 쓰다보면 과장, 허위기사를 쓰기도 한다. 이런 현상은 보도에 대한 책임감이 취약한 언론사일수록, 책임진다는 의지가 약한 기자일수록 심하다. 이른바 '작문'을 남발하는 것이다.

예를 들면 기자가 국민의 관심을 끌만한 어떤 새로운 교육정책을 거론해 요란하게 기술해 놓고는 뒤끝에 '검토'란 표현을 달아놓는다. 문교당국이 그런 정책은 입안한 적이 없다며 강력히 항의하면 해당기자는 특정 간부로 부터 검토해 보겠다는 이야기를 들은 적이 있다고 주장한다. 문교부에서 그 기사로 인한 엄청난 파장을 차단하기위해 부인하는 코멘트 자료를 내면 얼굴 두꺼운 그 기자는 문교부가 정책을 입안했다가 취소했다고 또 쓴다. 심한 경우는 문교부가 중요정책을 이랬다 저랬다 해서 백년대계를 망치고 있다고 주장한다. 또 어떤 기자는 작년에 나갔던 기사를 그대로 배껴 쓰기도 한다. 이런 기사들은 많은 학생들의 진로에 큰 혼란을 안겨주어 부작용이 심각하지만 당장의 직접적인 피해당사자는 없어 그냥 넘어가버린다. 이 같은 악순환이 계속된다.

이런 악순환이 계속되는 데에는 문교부에 가장 큰 책임이 있다. 실제로 문교부가 중요한 교육정책을 추진했다가는 고치거나 바꾸거나 백지화해버린 경우가 적지 않았다. 많은 중요한 교육정책이 개정, 수정, 보완, 백지화의 소용돌이속에서 방향을 잃고 표류했다. 나는 문교부에 출입하면서 이런 자료들을 모아 두었다. 그리고 뒤에 〈백년대계, 아침에 고치고 저녁에 바꾸고〉란 긴 제목의 저서를 발간했다.

문교부를 출입하면서 교육관련 시리즈도 많이 다뤘다. 〈사설 학원〉, 〈학교의 사계(四季)〉, 〈방황하는 대학입시〉 등을 연재했고 〈교육 페이지〉를 마련해 수십 차례에 걸쳐 교육의 당면현안의 문제점을 고발하고 대안을 제시했다.

미국여행

문교부 기자실에서도 해외여행 계획을 마련했다. 대상 지역은 미국. 미국도 물론 그때 처음 갔다. 워싱턴, 뉴욕, 보스턴, 하버드대학교, 나이아가라, 로스앤젤레스, 그랜드 케니언, 라스베이거스 등지였다.

우리는 워싱턴에 도착해 경비도 절약할 겸 저렴한 호텔에 들었다. 방에 들어가자 노린내가 심하게 나 견딜 수가 없었다. 잠을 잘 수가 없었다. 호텔로비에 나왔더니 건장한 흑인청년이 예리한 나이프를 빼들고는 한국말로 욕설을 퍼부으며 5달러도 되지 않을 선글라스를 50달러에 사라고 윽박질렀다. 호텔식당에서는 밥도 먹을 수가 없을 정도였다. 그때 경험한 이후로는 그런 호텔은 절대로 들지 않았다.

우리는 의사당, 백악관, 스미소니언 자연사박물관 등을 관람하고 뉴욕으로 이동했다. 모두들 꾀죄죄한 복장에 장거리 여행에 지치고 잠도 제대로 자지 못하고 먹지도 제대로 못해 얼굴이 누렇게 떠 있었다. 공항에서 큼직한 가방을 힘겹게 챙겨 나오다가 내가 실수로 백발의 귀부인 발을 밟아버렸다. 분명히 내 실수로 그랬는데 그 부인이 먼저 목례를 하며 여유 있게 "Excuse me"한다. 영 기분이 떨떠름했다.

뉴욕에서는 통일교 박보희 씨가 기다리고 있었다. 대부분의 기자들은 의외였다. 문교부 기자단이 미리 약속해둔 것이지만 공개할 필요가 없다는 판단에서 그렇게 처리한 것 같았다. 그때 통일교는 한국에 대학을 설립하고 싶어 안달이었다. 그러나 문교부에서 인가를 해 주지 않았다. 그런 저런 측면을 고려하여 기자들의 지원도 얻고 비판도 무마하기 위해 접대하려는 것이다.

우리는 통일교에서 매입했다는 뉴요커 빌딩을 구경했다. 뉴욕 중심가에 뉴욕을 상징하는 엄청난 규모의 빌딩을 우리나라 사람이 샀다는 데에 모두 놀랐다. 이어 만찬장소로 이동했다. 우리가 가방을 들고 들어서자 한복을 곱게 차려입은 백인처녀들이 달려와 가방을 받아들고 양쪽에서 팔을 부축하여 좌석으로 안내했다. 그중에는 상원의원의 딸도 있다고 했다. 고급 포도주에 근사한 만찬을 드는 동안 처녀들은 바로 앞 무대에 올라 〈나의 살던 고향〉 등 우리 가곡과 민요를 계속 부르며 즐겁게 해주었다.

얼굴색이 누렇게 뜬 채로 지칠 대로 지치고 위축될 대로 위축된 우리들의 안색이 밝아졌다. 기분도 좋아졌다. 통일교가 대단하다는 것을 다시 한 번 절감했다. 이어 영빈관으로 이동해 계속 융숭한 접대를 했다. 그러나 나는 그곳에는 가지 않았다. 간사가 그 당시로는 상당한 액수의 여비도 돌렸다. 나는 생각이 착잡해졌다. 이렇게 대접을 받아도 되는 것인지 걱정이 앞섰다. 한편으로는 비록 통일교이긴 하지만 한국인이 천하의 강대국 미국에서 이처럼 대단하게 활약하고 있다는데 감탄을 금할 수가 없었다.

나는 통일교 영빈관은 가지 않았다. 동아방송 뉴욕특파원 신동호 선배를 만나 월드 트레이드센터에서 근사한 대접을 받고 보스턴으로 갔다. 그곳에서 하버드대에서 교환교수로 있는 송상현 서울대 교수를 만났다. 나와는 미리 약속되어 있었다. 송 교수는 동아일보 사장을 역임하고 한민당 수석총무를 지낸 고하(古下) 송진우(宋鎭禹)의 장손이며

하버드대 교정에서 송상현 서울대 교수와 함께.

국무총리를 역임한 김상협(金相浹) 총장의 사위다. 송 교수는 사법시험에도 합격하고 대학에 남았다. 송 교수가 미국의 대학교육에 대해 설명해주고 하버드대 캠퍼스를 안내하는 등 따뜻하게 대접해주었다. 숙식도 송 교수 집에서 했던 것으로 기억된다. 그는 뒤에 국제사법재판소장이 되었다.

하버드대의 한국학 대가인 에드워드 와그너 교수 연구실을 찾았다. 와그너 교수는 얼마 전 서울에서 조선조 과거급제자 명단을 확보하고 한영사전(漢英事典)을 마무리지었다. 그 밖에 이기백 교수의 한국사신론(韓國史新論) 영역작업을 하고 있었다. 나는 서울에서 와그너 교수를 만나 한국학 연구와 관련, 근황을 인터뷰해 보도했고 몇 번 식사도 함께 하며 친교를 다졌었다. 교수의 부인이 한국인이다. 와그너 교수의 안내를 받아 하버드대 도서관을 구경했는데 그 엄청난 규모에 놀라지 않을 수 없었다. 더욱 놀란 것은 우리나라 각 성(姓)씨의 족보 수천 권이 진열돼 있었다. 우리의 족보가 모두 그곳에 다가 있는 것 같았다.

나는 와그너 교수에게서 12년간의 작업 끝에 집대성한 이조지배층(李朝支配層) 연구 및 분석내용 자료를 확보했다. 조선조 5백년 동안 과거 급제자는 1만4천6백여 명(문과), 소과 급제자는 3만5천 명. 본관(本貫)별로 보면 왕족인 전주이씨를 제외하고는 안동권씨가 가장 많고

파평윤씨, 남양홍씨, 안동김씨 순이었다. 지역별로는 한양출신이 6천 5백 명으로 가장 많고 다음은 평북 정주(定州) 출신이었다. 급제자 이름 중 가장 빈번하게 사용된, 이른바 양반들이 즐겨 작명한 한자는 세(世), 원(元), 수(壽), 종(宗), 광(光), 인(仁) 자 등이었다. 이 같은 내용을 취재해 서울에 돌아와서 한바탕 요란하게 보도했다.

김옥길 장관의 자율화

우리가 귀국한 후 얼마 안 있어 10·26이 발생했다. 박정희 대통령이 김계원, 차지철 등과 함께 한 궁정동 술자리에서 중앙정보부장 김재규가 저격했다. 혼란이 거듭되던 와중에 12·12 사태가 발생했다. 엎친 데 덮친 격이었다. 이 사태에 대해 아직 확고한 정의(定義)는 내려지지 않은 것 같지만 김재규에 대한 수사를 방해하려는 정승화 계엄사령관의 시도가 마침내 별들의 전쟁이 돼 버렸다. 국가방위를 위해 굳건히 진지를 지켜야 할 전방의 최정예부대를 무단 이탈시켜 국가안보를 위태롭게 했고 국군끼리 총격전을 벌여 수십 명이 사망하는 참극을 초래했다. 그리고 뒤이어 대통령의 재가도 받지 않은 채 국방장관, 육군참모총장, 수도방위사령관을 납치 구금한 것은 명백한 쿠데타다. 그런데도 적법절차에 따른 수사과정이라고 주장하는 것은 참으로 황당한 괴변이다.

그 해 12월 21일 과도정부의 최규하(崔圭夏) 대통령이 취임했다. 그는 가급적 빠른 시일 안에 정권을 이양하겠다고 약속했다. 그러나 그럴 위인이 되지 못한데다 정치군인들에게 탈권 야욕만 키워주어 5·17 계엄확대 조치가 내려졌고 뒤이어 5·18 광주항쟁의 처절한 비극을 낳게 된다.

최규하 대통령이 취임하면서 김옥길(金玉吉) 이대총장이 문교장관으로 부임했다. 치마저고리를 즐겨 입는 자유주의자 김 장관이 부임하면서 내건 캐치프레이즈는 '모든 것을 자율에 맡긴다' 였다. 각종학교나 각급 교육기관에서 스스로 알아서하면 모든 일이 잘될 것이며 문교부는 지금까지의 주도자 입장에서 지원기관으로 남아야한다고 역설했다.

김 장관은 첫 실국장 회의에서 앞으로는 '지시', '하달', '산하', '교장문책', '엄벌', '엄단' 등 구시대적 표현은 일체 쓰지 말고 총학장이나 교육감등을 장관의 허가 없이 함부로 오라 가라 하지 말라고 했다. 또 공금은 온 국민의 혈세라는 점을 명심해 백 원 한 장이라도 어떻게 문교부에 들어와 어떻게 쓰여지는지 국민이 알도록 하고 정부예산을 각자 살림보다 더 아껴 쓰자고 했다. 그리고 앞으로 직원들은 업무를 수행하는데 있어 장관의 눈치를 살필 것 없이 각자 소신껏 판단해 결정하고 처리해 나가라고 했다.

김 장관은 "지금 우리나라의 5~6개월은 가장 중요한 시기이며 이 기간은 다른 때, 다른 나라의 50~60년보다 더 긴 세월이라는 것을 모두 통감해 자발적으로 역량을 발휘해야 한다"고 역설했다. 말만 화려한 사람이라는 비판을 듣기도 했지만 국무회의에서 총리가 입장할 때 기립하는 것을 없애자고 제의해 관철시키는 등 '유일한 남성장관'으로 여겨질 만큼 해야 할 말은 한 분이었다.

이 같은 언행에 대해 교육계는 환영과 성원을 아끼지 않으면서도 한편으로는 불안해 했다. 관료적인 직원들이 장관의 정책방향을 이해하지 못하거나 감을 잡지 못하는가 하면 장관의 풍성한 말의 성찬 뒤에는 아무것도 제대로 이루어지지 않는다는 비판도 일었다. 장관이 부임하자마자 주창했던 중고교생 교복자율화안도 처음에는 벌써 이루어졌어야할 일이라고 환영했다. 그러나 교복은 학생보호복 역할을 하고 자유복장은 학생간의 빈부격차가 드러나 감수성이 예민한 청소년들에게 피해를 줄 수 있다는 등 반대의견도 만만치 않았다. 그러나 김 장관의 자율화는 분명 새 바람을 일으켰다.

이 같은 자율화 방침은 분명 당시 군부독재 체제에 역행하는 방향이다. 출입기자들에게는 새로운 기사를 안겨주어 모두들 좋아했다. 그중에서도 동아일보로서는 신선한 충격으로 받아들였고 특히 내개는 청량감까지 안겨주는 드문 기회였다. 나는 항상 김 장관 만나는 기회를 기다렸고 시간이 나면 찾아갔다. 그리고 김 장관의 언행을 있는 그대로 지면에 반영했다. 그때 동아일보 지면은 연일 김 장관 관련기사로 넘쳐났다. 1면 톱, 사회면 톱에 박스, 특집기사도 잇달아 게재됐다.

김 장관이 어느 날 기자들과 만난 사석에서 이런 말을 했다. 그때 그는 사면초가(四面楚歌) 상태였고 그래도 문교부 출입기자들이 지면으로 그의 입장을 많이 옹호해 주었다. 김 장관은 "나는 지금까지 기자를 하찮게 보아왔어. 경찰서 출입기자들이 대학도 맡아 출입하는데 그 기자들 기사도 신통치 않고 말이나 행동하는 것도 마음에 들지 않았어. 그런데 문교부 출입기자들을 상대해본 후 기자들에 대한 생각이 확 달라졌어. 여러분 대단해요" 했다.

나는 어느새 김옥길 장관과 아주 친숙한 사이가 됐다. 친숙한 사이라기보다 스승으로 느껴졌다. 김 장관이 하는 이야기들, 그중에도 "약속은 꼭 지키되 자신에게 불리한 약속일수록 더욱 지킨다"는 '말씀'은 그 이후부터 나의 좌우명이 됐다. 나 자신이 그렇게 약속을 지킬 뿐만 아니라 내 주변에 대해서도 불리한 약속일수록 지키도록 권장해왔다. 기자가 연조가 차면 일선에서 물러나게 되고 회사도 그만두게 된다. 그렇게 되면 글 쓰는 기회보다 말하는 기회가 더 많아진다. 그 후 나는 담소하는 자리나 강연하는 자리에서 김 장관의 그 약속이야기를 많이 인용했다. 아마 수백 번도 더 사용했을 것이다.

김 장관은 뒤이어 학도호국단문제, 잇단 휴강·철야농성, 학생들의 총장실 점거, 병영집체훈련 거부 등 계속되는 학원소요사태에 시달리다가 광주항쟁사태가 터지고 국무회의에서 그에 따른 계엄확대조치를 반대했다가 그만두게 된다.

계엄령 하의 사회부 차장

김옥길 장관이 사직하면서 나도 문교부 출입을 그만두게 됐다. 그래도 2년 넘게 오랫동안 출입했다. 회사에서 인사가 있어 이상하 선배가 사회부장, 김재곤, 정구종과 내가 사회부 차장으로 승진했다. 사회부 취재업무는 크게 두 분야로 나뉜다. 행정담당과 사건담당이다. 김 차장이 사건을 맡고 나는 행정분야를 맡았다. 그러면서 체신부 교통부 등을 출입했다. 정차장은 서울시를 맡았다.

광주항쟁사태로 계엄령이 내려졌다. 군사독재 치하 언론검열은 치밀했다. 신문제작은 지면이 인쇄되기 직전에 가인쇄 지면인 '대장'으로 최종 점검을 한다. 계엄사는 각 신문사에서 신문대장을 갖고 서울시 청사에 마련된 검열단의 검열을 받은 뒤 통과된 부분만 보도하도록 했다. 기자들이 대장을 갖고 시청구내에서 줄지어 서서 검열받는 모습이야말로 추악한 언론말살의 한 단면이었다. 신문제작은 분초를 다투는 작업. 검열로 빠지게 된 부분을 다른 기사로 채워넣지 못할 경우 백지상태로 내보내야 했다. 검열단은 이것조차 제재했다. 백지상태로 나가면 독자들이 신문이 검열당하고 있음을 알게 되기 때문이다.

이런 상황에서 행간(行間)을 읽으라는 메시지가 동아일보 독자들에게 전파되기 시작했다. 신문제작 마감시간의 촉박함을 잘 알고 있는 검열관은 짧은 시간에 모든 기사를 다 읽을 수가 없어 톱, 중간톱 등 굵직한 기사 위주로 검열하고 1단짜리 기사는 대충 넘어갔다. 신문사 기자들은 이 점을 이용해 정작 꼭 나가야할 시국관련 기사는 처음부터 1단짜리로 다뤄 검열을 피해 독자들에게 전달했다. 기사작성도 엉성하게

사회부 차장 시절의 필자 모습.

하거나 내용을 빙빙 돌려 써 검열관의 눈초리를 피해가기도 했다. 주로 동아일보가 해온 방법이다. 우리 언론사에 길이 남을 '행간이용 기사작성법'이다.

그때 각 신문사에서 광주에 기자들을 파견했지만 역시 기사를 제대로 쓸 수가 없었다. 언론통제가 극심했다. 동아일보는 심송무, 어경택, 최맹호, 김충근, 김충식 기자 등을 파견했다. 나도 군 수송기편으로 광주에 내려가 상황을 둘러보고 상세한 르포기사를 쓰려고 했으나 문제가 생겼다. 계엄군당국에서 기사는 쓰되 시위자들을 '폭도(暴徒)'로 표현해야 한다고 못 박았다. 국장단과 협의한 결과 시위자를 폭도로 표현할 수는 없다는 판단이 내려졌다. 당연한 결정이다. 동아일보가 그렇게 쓸 수는 없다. 동아일보는 그때 시위자들을 '과격한 행동을 하는 일부 청년들'이란 표현으로 보도했다. 그런데 조선일보는 그때 '폭도'라는 표현을 사용해 기사를 썼다. 대부분의 다른 신문사들도 그랬다.

그때 광주항쟁사태로 희생된 인명 숫자를 놓고 설이 분분했다. 몇백 명에서 몇천 명에 이르기까지 소문이 무성해 더욱 긴장감을 고조시켰다. 광주에서 취재보도한 심송무 기자가 허위사실 유포죄로 끌려갔다. 계엄당국에서 본보기로 삼았다. 심 기자는 한참동안 고초를 당한 뒤 강제로 회사를 그만두게 됐다. 자진사퇴형식으로 처리했다. 이 과정에서 내게 곤혹스런 일이 일어났다. 이상하 부장이 행정분야를 맡고 있는 내가 심 기자 담당차장이므로 내가 가서 사표를 받아오라고 했다. 심 기자는 동아일보 입사로는 후배지만 나이나 학교 입학년도도 비슷해 나와는 친구 같은 사이다. 개인적으로도 아주 절친하게 지내왔다.

심 기자 부인이 약사여서 연희동에서 약국을 하고 있었는데 나는 퇴근길에 심 기자를 찾아갔다. 소주 한잔 하면서 시대상황을 한탄하는 등 이런 저런 이야기를 하다가 사표이야기가 나왔다. 내 입으로 사표를 받으러 왔다고 말할 수가 없었다. 나는 심 기자가 알아서 하라고 했다. 심 기자는 기다렸다는 듯이 사표를 내밀었다. 그런 일이 있었지만 우리는 그 후로도 아주 친밀하게 지냈다. 심 기자는 얼마 후 미국으로 건너갔다. 미국에서 내게 편지를 보냈다.

> '저는 이번 가을학기부터 텍사스대 대학원 광고학과에 등록하여 컴퓨터, 통계학, 마케팅, 광고 등 생소한 4과목을 이수하느라 정신이 없습니다. 녹이 슨 머리와 서툰 입, 귀 때문에 어려움이 많지만 그보다도 만학도의 가슴속에 와 부딪치는 공허감과 외로움을 더욱 극복하기 어렵습니다. 외로울 때 일수록 조형이 내게 베풀어준 여러 가지 알뜰했던 배려와 우정을 가슴속 깊이 가직하고 있습니다. 재삼 조형의 건투를 빕니다. …'

서로 편지왕래가 있었고 어쩌다 심 기자가 한국에 오면 내게 연락해 술도 한잔 하고 회포도 풀곤 했다.

서울시청 출입과 골프입문

나는 서울시 반장으로 서울시청을 출입하면서 서울판을 맡게 됐다. 예부터 서울시청은 부정과 비리가 끊이지 않는 '복마전(伏魔殿)'으로 소문나 있었다. 계엄령이 선포되면서 일부 신문사 시청 출입기자들이 잡혀가 곤혹을 치르는 등 시청 기자실이 그야말로 '쑥대밭'이 돼 있었다. '추위'를 탄 기자들이 '무서워서' 기자실에 잘 나오지도 않았다. 그러나 나는 오전에는 회사에서 서울판을 제작하고 오후가 되면 그냥 시청으로 나가 이 방 저 방으로 찾아가 간부들을 만나고 다니면서 취재도 했다. 물론 일반기사는 원용강 기자 등 2진이 맡아 처리했다.

내가 서울시를 나가게 됐을 때 서울시장은 정상천 시장이었으나 바로 박영수(朴英秀) 시장이 부임했다. 박 시장은 6년 동안이나 부산시장을 재임하면서 부산의 면모를 일신해놓은 지방행정의 달인이다. 또 2회에 걸쳐 3년여 최장수 치안국장(경찰청장)을 역임했다. 회사측은 광화문 사옥건립 문제 등이 연계되어있어 서울시와는 특수한 관계라고 할 수 있다. 나는 박 시장을 인터뷰했다. 박 시장은 "되도록 많은 시민이 시정에 참여하고 참여 속에서 이해를 구하며 이해 속에 합의에 도달하고 합의 속에서 도시가 발전하도록 힘쓰겠다"고 밝혔다. 그리고 돈 몇 푼, 쌀 몇 되 주는 것이 진정한 영세민 구호라고 생각하지 않는다며 그들이 자립할 수 있게 도와주고 고정적인 일터를 마련해주겠다고 강조했다. 그러기 위해 그들이 거주하는 지역에 그곳 주민들을 많이 고용할 수 있는 공해 없는 소규모 공장을 많이 세우는데 주력하겠다고 말했다.

박 시장은 경찰출신이지만 온화한 얼굴에 다정한 말씨가 금세 친밀감을 느끼게 했다. 오랜 경찰경력 때문인지 동아일보에 대해 특별하게 대했다. 예를 들어 어떤 시정(市政)도 동아일보의 동의가 이루어지지 않으면 추진하지 않겠다고까지 내게 말했다. 이래저래 박 시장과는 많은 대화시간을 가졌고 여러 가지로 친숙하게 지냈다. 박 시장과 오래 사귀지는 않았지만 앞뒤가 다르거나 뒤에서 다른 언행을 하는 그런 분이 아니었다. 점잖은 신사였다.

나는 이때 '닭장 골프'를 시작했다. 광화문 사옥에서 가까운 거리에 조그만 실내 골프연습장이 있었다. 비좁은 곳에 망을 쳐놓고 그 안에서 스윙연습을 한다. 한갑수 편집부국장이 함께 연습하자고 하여 둘이서 시작했다. 입사 초기 편집부에서 함께 근무했던 한 부국장은 다정한 분이다. 그러나 한번 좋게 보면 아주 친숙한 사이가 되지만 한번 눈에 벗어나면 그만인 성격이다. 한 부국장에 대한 평가는 엇갈린다. 그러나 내게는 좋은 분으로 남아있다. 한 부국장은 동경지사장을 거쳐 공무국장을 맡았다. 그때 공무국에서 노조결성 움직임이 있어 한 국장이 이를 저지하느라 고생했다. 이들을 무마하느라 연일 술타령을 했고 그로 인해 위장이 큰 손상을 입게 됐고 결국 회생하지 못하고 별세했다. 안타까운 일이다.

그 당시 나는 별다른 운동을 하지 않았다. 운동을 해야겠다는 생각만은 절실했다. 문교부 출입할 때 정연춘 선배가 테니스를 하자고 하여 몇 번 나가 연습을 했다. 그 후 여건이 여의치 않아 그만 두었다. 골프라도 해야겠다는 생각이 굳혀져 그때 시작한 것이 지금까지 골프 30년이 넘었다. 그 당시 골프는 사치스러운 운동으로 여겨져 골프를 친다고 하면 사내에서는 이상하게 보는 분위기였다. 나는 원래 그런 것들을 무시하고 내 생각대로 하는 스타일이지만 뒤에서 하는 잡다한 소리가 큰 파장을 일으키기도 했다. 그런 것들이 오해를 사 치명상을 입힐 수도 있다. 우리는 겉으로 나타내지 않고 조심스럽게 다녔다.

골프는 대부분 연습장에서 얼마동안 연습을 하고 필드에 나가게 되는데 처음 데려가는 사람이 머리를 올려주는 것이라고 한다. 친구 홍인표 군이 맨 처음 나를 데리고 나갔다. 기흥에 있는 관악CC(리베라CC)였다. 친구들과 재미있게 즐기고 클럽하우스에서 술도 많이 마셨다. 홍군의 차편으로 돌아오는데 캐디 2명이 기다리고 있었다. 넷이 함께 시내로 나와 간단히 맥주 한잔하고 헤어져 나는 바로 집으로 들어갔다. 머리를 제대로 올려주려면 캐디까지 따라 오도록 해야 한다는 것이 홍군의 지론이다.

나는 신문사에 30여 년 근무하면서 술도 많이 마셨고 취기에 여자들과의 접촉도 없지 않았다. 그러나 골프를 30여 년 치면서도 캐디와는 단 한 번도 접촉이 없었다. 다른 뜻이 있어서가 아니라 지내다보니 그렇게 됐다. 이런 말은 많은 사람들이 믿지 않지만 그래도 사실이다. 홍군은 지금도 그때의 이야기를 한다. 자신은 내게 완벽하게 머리를 올려주었다고 큰 소리를 치곤 한다.

나는 대체로 여자들에게 성의를 베풀고 예의를 지키며 여성을 우대하는 페미니스트다. 여성들과 있는 자리에서 신사도를 잊지 않는다. 또 많은 여성들에게 인기가 대단하다고 주변에서는 이야기한다. 그래서 여자 친구들도 많다. 그런데 캐디들에게는 별로 인기가 없다. 캐디들은 자신이 그 직무를 맡은 이상 그 일에 최선을 다해야 하는데 그렇지 못하는 경우가 많다. 그런 점에 대한 나의 지적이 인기를 얻지 못하는 원인이라고 생각된다.

동아일보사에서는 신문의 날 등 한 해 몇 차례에 걸쳐 OB들을 초청해 동아골프대회를 개최했다. OB들로는 이만섭, 최영철, 신동준, 유혁인, 김영수, 박경석, 최재욱, 이종율 선배 등이 참석했고, 회사에서는 김상만 회장, 오재경, 김성열 사장, 권오기, 이웅희, 신용순, 김진현 국장, 한갑수, 김광희 부국장 등이 참석했다. 그리고 제일 어린 내가 총무를 맡았다. 그때 내 별명이 생겼다. 마지막 홀에서 모두 지켜보는 가운데 칩샷이 홀에 빨려 들어가 버디를 했는데 그때부터 대 선배들이 나를 '조 프로'라고 불렀다.

김옥길 인터뷰

신군부의 압박으로 문교부장관직에서 물러난 김옥길 장관이 2년 동안 문경(聞慶) 새재 깊은 초야에 묻혀 일체 바깥출입이나 입을 열지 않고 지냈다. 많은 신문 방송 잡지사에서 계속 탐방인터뷰를 시도했으나 접근조차 시키지 않고 은둔생활을 하고 있었다. 김 장관과 나와의 친분에 대해 잘 알고 있는 회사에서 나보고 한번 인터뷰를 시도해보라고 했다. 특히 의욕이 왕성한 이상하 사회부장이 열성이었다. 1982년도 새해 지면제작 기획회의에서 만약 그 인터뷰가 성사되면 새해부터 초야에 묻혀 지내는 명사들을 찾아 탐방하는 인터뷰를 사회면 톱기사로 연재하기로 했다.

그 당시 그런 분이 또 한 분 있었다. 토지의 작가 박경리(朴景利) 씨다. 저항시인 김지하의 장모이기도 하다. 박경리 씨는 치악산 자락 원주시 단구동 자택에서 토지 4부를 집필하면서 두문불출하고 있었다. 역시 많은 신문 잡지사에서 접근하려고 안간힘을 썼으나 모두 이루지 못했다. 동아일보 문화부 기자들도 여러 번 시도했으나 모두 실패했다. 군사독재에 대한 반감이 그런 형태로 나타났다고 볼 수 있었다.

나는 새해 1월초 사진부 이중현 기자와 함께 문경새재 제 3관문에 이르는 신선봉기슭 김옥길 장관댁을 찾아갔다. 얼핏 보면 조그만 산사 같은, 담도 없는 집 안마당에 들어섰다. 처마 밑에 주렁주렁 매단 씨 옥수수 조등 밭작물 씨앗묶음이 눈길을 끌었다. 참 아름다운 정경이었다.

김 전 장관이 밀창을 열고 나와 예고 없는 방문에 놀란 듯 "조 기자, 이게 웬일이야. 험한 눈길에 …"하며 반가이 맞는다. 나는 취재부담이 있긴 했지만 우선 오랜만에 보는 김옥길 총장할머니가 반가웠다. 털모자를 눌러쓴 얼굴은 검게 타고 좀 야윈듯했지만 건강하고 밝고 총총한 눈빛은 예나 다름이 없었다. 그는 이화여대 명예총장직을 맡고 있었다. 이 총장할머니가 이끄는 대로 거실에 들어서자 동생인 김동길(金東吉) 교수와 한승헌(韓勝憲) 변호사, 송건호(宋建浩) 전동아일보 편집국장 등이 정초라 들렀다며 노변환담을 즐기고 있었다. 근황도 궁금하고 특히 김 총장이 문교장관 때 주장했던 교복자율화도 실현되고 새해인사도 드릴 겸 찾아왔다고 하자 "정말 반가워. 그렇지만 취재는 안돼. 그것은 내가 바라는 바가 아니야"라며 잘라 말했다. "신문 라디오 텔레비전 모두 보지도 듣지도 않고 있지만 통금이 해제되고 중고교생 복장이 자율화됐다는 것쯤은 알고 있어요. 전에 내가 한 말이 지금 실현됐다고 해서 내가 지금 무슨 말을 할 수 있겠어. 먼저 말하는 사람도 있고 뒤에 실천하는 사람도 있고 그런 거지" 하며 예의 그 호탕한 웃음을 한바탕 웃었다.

"여기서는 산책길에서도 만나는 사람이 없어, 봄 여름 가을 겨울 계절 따라 변하는 산의 모습이 정겨워"라며 총장할머니가 나를 데리고 집 주변 산책길에 나섰다. 김 총장댁은 신선봉, 촛대봉, 할미봉이 병풍처럼 에워싸고 있고 앞으로는 아름다운 계곡이 아스라이 펼쳐져있다. "사람이 남겨놓으면 뭘 얼마나 남겨놓겠어"라며 모든 것을 무(無)로 돌리는 총장할머니의 맑은 모습은 얼핏 신선인 것처럼 느껴졌다.

그러고 보니 신선봉이나 촛대봉, 할미봉이 모두 김 총장을 두고 하는 표현 같았다. '선생님은 평생을 촛대처럼 오뚝하고 곧게 자신을 희생하면서 교육에 몸 바쳤다'고 하자 그런 것은 아니지만 초는 스스로 태워야 빛을 발할 수 있다고 응답했다. 그는 아랫마을에 내려가 어린애들을 만

문경새재 신선봉 기슭 김옥길 총장 할머니댁에서 김 총장과 함께.

나면 손도 씻어주고 코도 닦아주고 일요일엔 서울에서 찾아온 이대생들과 주일학교를 열어 어린이들을 가르치기도 했다.

그는 그동안 인터뷰는 물론 사진도 못 찍게 해왔다. 둘이서 호젓하게 벤치에 앉자 한참동안 최근의 심경을 털어놓았다. 뒤이어 내가 "이 불행한 시기에 많은 어려운 사람들이 총장님의 목소리를 목말라 하고 있는데 그들을 위해 한마디 해주시면 어떻겠느냐"고 하자 나를 물끄러미 쳐다보더니 "조 차관, 아니 조 차장, 참 말을 잘해. 내가 못 당하겠어"라며 카메라 앞에 섰다. 정말 순결한 마음으로 인터뷰에 응해주었다. 그 순간 너무나 고마웠다. 나는 눈물을 글썽였다. 그 유명한 신촌 대신동 집 냉면보다 더 깨끗한 물로 말았다는 냉면을 대접받고 돌아서는 나에게 "난 외롭지 않아"하며 문밖까지 전송했다. 그러나 초연하면서도 그 외로운 할머니의 모습이 내 영상에서 영 지워지지가 않았다.

이 내용은 1982년 1월 9일자 동아일보 사회면 톱 '주말탐방' 제 1회로

'초야에 묻혀 사는 김옥길 전문교부 장관'제하 박스기사로 게재됐다.

주말탐방 시리즈

이 '주말탐방' 시리즈는 나와 김재곤 차장이 교대로 취재 보도했다. 나는 뒤이어 5·16 쿠데타 당시 최신장비로 무장한 40만 정예부대를 이끌던 야전군 총사령관 이한림(李翰林) 장군을 찾았다. 당시 혁명의 성패를 한 손에 쥐고 있다시피했던 이 장군은 서울 후암동 자택에 칩거하고 있었다.

"그 당시 막강한 힘을 쥐고 있던 내가 왜 빨리 달려와서 장면(張勉) 정권을 구출하지 않았느냐고 묻겠지. 그러나 나는 그때 피를 가지고 피를 씻어서는 안 된다고 생각했어. 적진 앞에서 같은 우군끼리 싸우면 어떻게 되겠어요. 하는 수 없이 적대할 생각을 접었어. 지금 생각해보면 그 당시 긴박하게 전개됐던 일이 모두 운명적이었던 것 같아."

그 당시 이 장군에게는 청와대에서 사람이 왔고 매그루더 유엔군사령관이 다녀갔으며 박정희 소장이 보낸 윤태일 장군도 들렀다고 했다. 친구이며 동기생인 박 소장과는 여러 차례 전화통화도 했다. 그러나 그는 어느 쪽에도 움직이지 않았고 끝내는 박 소장이 보낸 일당에게 연행돼 서울로 압송되는 몸이 됐다. 그는 "그때의 이틀간은 20년보다 더 긴 세월 같았다"며 만약 서울 진격명령을 내렸다면 유혈사태가 벌어졌고 휴전선 바로 아래에서 아군끼리 전투하는 참담한 비극이 빚어졌을 것이라고 했다.

다음은 5·16 직후 서슬 시퍼랬던 국가최고회의 혁명검찰부장 박창암(朴蒼岩) 대령을 찾았다. 당시 머리를 빡빡 깎아 더욱 날카롭고 찬바람이 났던 혁검부장이 정작 제3공화국에서는 초야에 묻혀 월간 〈자유〉라는 잡지를 내며 조용히 지내고 있었다. 그러나 삭발시절 '박 브린너' 특유의 매서운 눈초리는 그대로였다.

"부정축재자들을 처단하고 있을 때 재벌 한 명이 다리를 놓아 찾아와서 돈 보따리를 내놓았어요. 그때 돈으로 몇십억 원이었는데 장난삼아 계산해보았더니 수도권 3개면에 해당하는 토지를 살 수 있겠더군요. 재산도피요령까지 가르쳐주었어요. 나는 만주지도를 꺼내놓으며 이왕에 돈을 내놓으려면 우리나라가 잃어버린 이 만주 땅을 살만한 돈을 내놓으라며 호통쳐 쫓아버렸지요."

그는 당시 부정축재를 환수하기위해 거물급 재벌들을 모두 잡아들였다. "한 번은 대재벌을 잡아들여 한창 다그치는데 김종필 씨가 풀어주라고 하더군요. 절대 안 된다고 거절했어요. 그랬더니 박정희 최고회의 의장이 불러 내놓으라고 하더군요. 그래도 안 된다고 했더니 '경제건설 안 할 거야?' 하며 어쩔 수가 없는 실정을 설명했어요. 그래서 다시는 부정축재 않겠다는 서약서를 받고 풀어 주었어요. 바닥에 엎드려 서약서를 내는 모습을 찍은 사진을 지금도 보관하고 있지요."

박 씨는 반혁명사건에서 풀려나 시골에 내려가 농지를 조성하고 닭, 돼지 등을 키우며 지냈다.

다음은 농군의 아버지로 불리는 가나안농군학교 김용기(金容基) 옹을 찾았다. 70평생을 가난하고 버림받은 농민을 위해 헌신한 김 옹은 "요즘 농촌에는 세 가지 남아있는 것이 있고, 세 가지 모자라는 것이 있어요. 남아있는 것은 늙은이, 빈 집, 버려진 땅이고, 모자라는 것은 노동력, 돈, 기술입니다. 이대로 가다가는 농촌에는 과부, 불구자, 병자들만 남게 될 것입니다. 사람들이 농촌이 무너진다고 하지만 결국 도시도 함께 무너지게 돼요. 발이 썩으면 다리, 몸통, 머리까지 썩게 마련이지요." 이농현상을 막기 위해 농촌에 교육기관, 공업시설, 문화시설

확충이 시급하다고 주장했다. 농촌에 가 농사짓는 것이 바로 애국이라는 30년 전 김 옹의 주장은 지금 시점에서도 적절한 지적이다.

한일회담을 비굴하고 매국적 회담이라며 비준에 반대하여 국회의원직을 사퇴한 6선 의원 윤제술(尹濟述) 옹을 찾았다. 병석의 윤 옹은 국회의원의 본분에 대해 묻자 "자기의사를 소신껏 발표하고 구상했던 것을 확실히 펴나가야 하는데 그렇지 못하는 것 같아 아쉽다"고 했다. 윤 옹은 자신의 전력을 되돌아보면 명성이 떨어질까봐 거기에 너무 구애돼 살아온 것이 후회된다고 말했다. 그는 청렴한 정치인으로 알려져 있는데 그 점에 대해서도 "솔직히 말해 남들이 청렴한 정치인으로 알아주도록 노력한 것 같아서 부끄럽다"며 스스로 청백한 척 하지 않았나 하는 것도 뉘우치고 있다고 말했다.

뒤이어 재계 원로 김용완(金容完) 옹, 청렴 강직한 군인 한신(韓信) 예비역 육군대장, 김구(金九) 선생의 아들 김신(金信) 장군 등을 탐방하여 그들의 생각과 근황을 있는 그대로 독자들에게 전했다.

박경리 인터뷰

나는 주말탐방 기사를 계속 쓰면서 한편으로 박경리 씨 인터뷰를 성사시키는 길을 꾸준히 모색했다. 평소 저항정신이 강한 동아일보 이재화 원주 주재기자가 원주의 지학순 주교, 박경리 씨의 사위인 김지하 시인 및 박 씨의 딸 김영주 씨 등과 친숙하게 지내고 있었다. 나는 이 기자에게 주변인맥을 총 동원해 무슨 일이 있어도 이 인터뷰를 꼭 성사시켜 줄 것을 강력히 주문했다.

반년도 더 지나 8월에야 인터뷰 약속이 이루어졌다는 연락이 왔다.

소설가 박경리 여사 댁에서. 오른쪽은 이재화 동아일보 원주주재기자.

치악산이 건네다 보이는 원주시 단구동 야트막한 언덕에 자리 잡은 자택에서 집필에 몰두하고 있는 《토지》의 박경리 여사를 찾았다. 그때 가뭄이 극심했다. 널따란 잔디밭에 물을 뿌리고 있던 박 여사가 "외부와의 연(緣)을 끊고 지내는데 딸과 사위가 요즘 일본문제가 시끄러운데 이야기 좀 하라고 해서 기다리고 있었다"며 맞는다.

"요즘 쓰고 있는 토지 4부의 시대배경이 1930년대 일본이 대륙침략을 확산하던 때인데 그 당시 일본 국내사정과 지금의 일본의 상황이 아주 비슷해요. 급작스런 부의 축적, 실업문제, 에로틱한 문화 성행, 아시아지역으로 나아가려는 강력한 의지까지 너무나 흡사해요. 일본인들은 주는 것을 몰라요. 주더라도 그냥 주는 것은 없어요. 이 세상에 일본인같이 인색한 민족은 없어요. 줄 수 없다는 것은 문화가 없다는 것이지요. 인색한 자는 아름다움과 진리탐구에 관심이 없어요. 그들에게 문화가 있다면 그것은 종이꽃 같은 것입니다. 일본에 불교가 전래된 지 오래지만 고승이나 학승(學僧)도 없어요. 그들은 예술까지도 장식품으로 여기지요. 일본인들은 항상 단체로 행동하고 개성도 없어요. 창조는 개성이 하는 것이고 영혼이 하는 것인데 그들은 영혼도 없고 창조도 못해요. 일본은 참으로 불행한 나라입니다.

그러나 우리에게는 무엇이든 줄 수 있는 여유가 있습니다."

나는 《토지》를 열독한 애독자다. 《토지》가 나오지 않았더라면 우리 문학풍토가 얼마나 삭막했을까하고 생각해 왔다. 대하소설 《토지》는 궁극적으로 무엇을 이야기하려는 것이냐고 물었다.

"생명이 있는 것, 조그만 벌레나 풀 한 포기에서 흙까지도 길러주는 마음과 이어주려는 뜻이 담겨있지요. 유순한 닭도 새끼를 품었을 때는 사람에게도 마구 덤벼듭니다. 잔디도 가뭄에 물을 주다보면 물을 빼앗기지 않으려고, 물이 다른 곳으로 흘러가지 않도록 안간힘을 쓰는 것이 보여요. 이 모든 것을 창조와 사랑이라고 부르고 싶습니다. 창조에서 벗어나는 것, 사랑이 없는 상태는 생명력이 없는 것입니다. 한(恨)도 사랑입니다. 사랑이 미치지 못한 것이 한이지요. 한은 죽을 때까지 따라다니지요."

박 여사는 농민들에 대한 애착심이 강렬하다. "서구에서도 농민을 천시했고 일본의 무사들은 단순히 칼이 잘 드는지를 시험해 보기위해 농민의 목을 쳤습니다. 그러나 우리 농민사회에는 인간의 도리가 있었습니다. 그들은 전래풍습을 가장 오래 지켰고 아무리 가난해도 인간적 자존심이 있어 비굴하지 않았습니다. 그러나 지금의 농민들은 반 장사꾼으로 타락하고 있어요. 농민들에게 존엄성을 일깨워주어야 해요. 토지에서 이용(李龍)이와 같이 인간의 도리를 다하고 사는 농민을 그려보려고 애썼습니다. …"

소련의 작가 숄로호프는 '문학은 남자가 일생을 걸고 해볼 만한 일'이라고 했는데 1980년대 우리 작가들에게 하고 싶은 말을 당부했다.

"한마디로 길게 보아야 합니다. 비료와 농약으로 생산한 쌀은 생명력이 없어요. 인기에 불안해하고 독자에 영혼을 팔면 매춘부나 다름없어요. 생계를 위해서라면 장사하면 되지요. 작가는 철저한 에고이스트가 아니면 안돼요. 내 경우 스승 김동리 선생을 10년 동안이나 못 찾아뵈어 스스로 의리 없는 인간이라는 생각도 들지요. 암 수술 후 비가 오려 하면 오른쪽 가슴이 뒤틀리고 아픔으로 견딜 수가 없어요. 그러나 마지막 독자 한 명까지 등 돌리더라도 그것에 개의치 않고 쓰렵니다. 독자의 시녀가 되면 좋은 글 쓸 수가 없어요."

그는 삶의 전부를 송두리째 창작에 쏟고 있었다. 그 모습이 너무나 마음에 들었다.

이상하 사회부장도 토지 애독자다. 이 부장이 이 기사 원고를 죽 읽어보고 편집부에 넘기면서 한 말이 잊혀지지 않는다. "조 차장, 조금 더 나가면 조 차장이 박경리 씨를 사랑한다고 쓸 것 같아."

뒤이어 손기정(孫基禎) 씨를 찾았다. 1936년 베를린올림픽에서 마라톤을 제패했으나 일장기를 달고 시상식에 올라 나라 잃은 설움에 눈물 흘렸던 손 옹이 그로부터 46년 만에 백발이 되어 그때 그 경기장에 초청받아 다녀왔다. "옛 그 자리에서 일장기를 단 선수가 아니라 KOC 위원으로서 우승자를 시상할 때 벅찬 감격에 지금 이 순간 졸도해도 좋겠다는 생각까지 했습니다"고 털어놓았다.

이어 내장산에 은둔한 78세의 노 철학자 고형곤(高亨坤) 옹을 찾았다. 정읍 내장사 입구에서 순창 쪽으로 가는 오솔길을 따라 올라가면 암자 뒤에 자리한 산방에 서울대 교수, 전북대 총장, 6대 국회의원을 지낸 노 철학자가 홀로 기거하면서 미진했던 자신의 학문의 끝마무리에 마지막 열정을 쏟고 있었다. 이 산거인(山居人)의 식구라고는 종달새 한 마리와 난(蘭) 4분이 전부다.

"서구철학으로 선(禪)을 풀이해 보려 합니다. 서양철학을 원용해 선을 현대철학으로 해석하는 것이 궁극 목표입니다. 무념지일념(無念之一念), 무념상태에서 나타나는 생각, 그것이 진실입니다. 마음속에 주객대립(主客對立)이 있으면 사물을 바르게 보지 못해요. 그것을 벗어나는 순간 진실이 나타납니다. 현대철학에서도 무념상태에서 나타나는 존재를 중요시 합니다."

고 옹은 정초에 잠시 서울의 아들(고건 전 서울시장) 집에 올라갔다가 다시 내려와 설경 속에서 겨울을 나고, 봄이 오면 집둘레 밭뙈기에 상추를 심을 생각이라고 했다. 고 옹은 그 겨울에 서울에 온 길에 나를 찾았다. 우리는 보신탕집에 가 화기애애한 분위기 속에서 주객대립이 아닌 주객병립의 대화를 나눴다.

주말탐방 취재와 함께 동아인터뷰도 맡았다. 거의 전면의 와이드 인터뷰다. 시의에 맞는 인물을 찾아 전문적인 견해나 대안, 또는 처방을 들어보는 기획이다. 최광수(崔侊洙) 체신부 장관에게서는 그 당시 심각한 전화적체 해소방안, 구본석(具本錫) 서울시 교육감으로부터는 중고교생 머리모양 자율화 이후 학생지도 방안, 교육주간을 맞아서는 유형진(柳炯鎭) 대한교련 회장을 만나 교육개혁 방향에 대해 들어보았다. 이어 대학입학 학력고사와 전기 대학 입학 전형일을 맞아 김찬재(金讚宰) 문교부 대학교육국장, 교직 60을 맞은 80고령의 이규백(李揆百) 서울동산국민학교장, 학술원 신임회장 심종섭(沈鐘燮) 씨 등을 인터뷰했다. 이 와이드 인터뷰와 함께 칼럼 〈오늘과 내일〉도 계속 집필했다.

정신으로 찍는 사진 기자

그 즈음인 1983년 10월 버마 아웅산 테러사건으로 이중현(李重鉉) 사진부 기자가 순직했다. 나는 취재하러 다니면서 항상 사진기자와 함께 다녔다. 특히 홍성혁 부장, 송호창 차장, 이중현 기자, 전민조 기자 등과 자주 출장을 다녔다. 이 기자와는 〈역사의 고전장〉 취재를 자주 다녔는데 시작할 때부터 10여 차례나 함께 다녀 더욱 정이 들었다. 제1회 〈탄금대 혈전〉을 취재할 때는 신립 장군이 배수의 진을 친 역사의 현장 한 커트를 잡기위해 그는 부근 산과 들을 헤매고 다녔다. 이 기자는 앵글이 잘 잡히지 않는다며 절벽 아래로 기어 내려가 저습지를 둘러보느라 구두는 물론 바지도 온통 흙투성이였다. 뒤에 사진을 보고 알았지만 당시 배수의 진을 친 절벽, 병사들이 수장된 강물, 기념비가 있는 탄금정 등 배수의 작전을 상징하는 장면이 그대로 살아 움직이는 듯한 느낌이었다.

그때 우리는 그 멀고 험한 산간벽지, 섬 지방을 몇날 며칠씩 헤매고 다니면서 역사와 현재, 옛 사람들의 족적과 무상함을 이야기했었다. 이 기자는 이리역 폭파현장을 담은 〈11월 11일의 일기〉로 보도사진전에서 은상을 타기도 했다. 그는 눈이나 손가락이 아닌 정신으로 찍는 기자다. 그 때 기자협회보에서 내게 생전의 이중현의 모습에 대한 기고를 요청해왔다. 〈아! 아! 이중현 기자, 정신으로 찍는 기자〉를 게재, 그의 명복을 빌었다.

홍성혁 사진부장과도 많이 다녔다. 〈유배지〉 제1회분을 비롯 〈개항백년〉, 〈역사의 고전장〉 등 시리즈를 취재하면서 수십 차례 함께 다니며 고락을 같이 했다.

송호창 선배 역시 지겨울 정도로 함께 다녔다. 그는 내게 형이나 다름없었다. 임기응변에다 행동도 민첩했다. 단순한 성품이면서도 세심한 배려를 할 줄 알고 인정이 있는 기자다.

한 번은 세종문화회관에서 열리는 국경일 취재를 갔는데 단상에 박대통령 부부도 앉아 있었다. 내가 조금 가까이에서 취재하고 있는데 경호원이 나를 구석으로 끌고 가려고 했다. 그러자 송 선배가 "어이 왜 그래, 동아일보 취재를 못하게 하는 거야?"하며 큰소리로 항의했다.

그 큰 소리는 대통령 내외가 듣도록 한 것이다. 그 경호원이 슬그머니 사라져버려 나는 마음 놓고 취재할 수 있었다. 그뿐 아니라 내게 어려운 일이 생길 때마다 달려와 자기가 맡아 해결했다. 항상 웃으며 자기가 내 경호실장이라고도 했다. 나는 송 선배에 대해 항상 고맙게 생각한다.

송 선배는 오랫동안 판문점 취재기자로 활동했다. 북한측에서도 송호창 기자를 모르는 사람이 없다고 했다. 그는 취재중에 북한 기자가 저지하는 등 거치적거리면 그 기자에게 "야 우리 박 대통령 X새끼야, 너도 김일성 X새끼야 해봐" 하면 그냥 멀리 도망가 버렸다. 그는 또 악동기질이 있어 북한 기자들이 가장 원하는 것이 콘돔인데 그것을 주면서 바늘로 구멍을 뚫어 주곤 했다. 그는 월남특파원으로 활약할 때도 최전선에서 목숨 걸고 좋은 사진을 찍어 지면을 빛냈다. 그는 전쟁을 통해 빛날 수 있는 직업은 군인과 사진기자뿐이라고 했다.

전민조 기자와도 자주 다녔다. 그 역시 사진에 대한 열정이 강렬해 그야말로 제대로 된 사진 한 장 찍기 위해 죽음도 불사한다는 각오로 임했다. 알라스카 맥킨리 원정, 현해탄 요트 횡단 등 사진에 모든 것을 건다는 자세로 취재에 나섰다. 전민조 기자도 현직을 떠나서 사진전 등 행사가 있을 때 마다 꼭 내게 연락해 축사를 당부했다. 그 밖에 김영만, 오강석, 박문두 기자도 모두 취재 다니면서 고락을 함께 했다.

사회부 부회(部會)와 노래 취향

사회부는 단합 명분으로 가끔 부회를 했다. 부회란 회식이다. 이효식, 김중배, 박원근, 한우석, 이상하 부장 등이 모두 이런 자리를 좋아했다. 사회부에서 근무하는 기자치고 술 못 마시는 사람 거의 없다. 술을 못 먹는다고 해도 어떻게 해서든지 마시도록 한다. 그러다보면 술은 늘게 마련이고 나중에는 먼저 술집에 가자고 한다. 그때는 술을 마시면 노래를 불러댔다. 술값이 비싼 집에서도 그랬고 싼 집에서도 그랬다. 사회부 기자들은 무교동 맥줏집 '1번지'를 제집 드나들듯 다녔다. 저녁에 그곳에 가기만 하면 동료들을 만났다.

김중배 부장 때는 동아일보 후문 바로 건너편의 또순이 집에 거의 매일 갔다. 연탄 깡통 철판에 고기 구워 먹으면서 맥주에 막걸리 타서 계속 마셨다. 우리가 들어가면 다른 손님은 거의 들어오지 않았다. 그날의 취재 이야기도 하고 시국 이야기도 나눴지만 마시다보면 틀림없이 노래를 부르게 된다.

사람마다 단점이 있고 약점도 있다. 내게도 무수한 단점과 약점이 있지만 그 중에서도 유행가를 부를 줄 모르는 약점이 있다. 사회생활하고 친교를 다지는 데 있어 그런 것은 단순한 약점 정도가 아니라 아주 결정적인 단점이며 큰 흠이다. 모두들 〈신라의 달밤〉, 〈홍도야 우지마라〉, 〈칠갑산〉, 〈아파트〉 등을 부르면서 신명을 돋우는데, 나는 기껏해야 〈가고파〉, 〈산들바람〉, 〈여자의 마음〉, 〈아 목동아〉를 부르고 있으니 되겠는가. 그것도 가장 대중적인 곡으로 골라 부른다는 것이 그 정도다. 나중에는 '일출봉에 해뜨거든 …'이나 '나의 살던 고향은 …'으로 바꿔 불렀지만 그것도 신통치가 않았다.

김중배 부장이 노래를 즐겼지만 뒤에 이상하 부장은 더 했다. 이 부장은 유행가 가사는 전부 외우고 있었다. 부회가 아니더라도 몇 명이 모여 저녁을 먹다보면 2차를 가 술 마신 후 유행가를 불러 댔다. 하루 종일 취재하고 지면을 제작하느라 쌓인 스트레스를 풀기 위한 것이다. 그런데 꼭 그런 것만도 아닌 것 같았다. 마시고 노래 부르는 것을 좋아하는 취향인 듯싶었다. 일부 부차장이나 시니어 기자들은 고급 살롱에 가서 위스키나 꼬냑을 홀짝이면서 분위기를 즐기기도 했다. 나도 그 당시 이래저래 거의 매일 술을 마셨다.

유행가를 부르지 못하는 것은 단순히 그 자리에서만 이상한 것이 아니라 동류의식에서 벗어날 수도 있다. 그것을 느끼면서도 어쩔 수가 없었다. 나중에는 노래를 하지 않으려고 했으나 그것도 맘대로 되지 않았다. 직책이 올라가거나 대접받는 자리에 있게 되면 더욱 그렇다. 나중에는 〈영 영〉, 〈사랑이여〉, 〈친구여〉를 익혀 겨우 모면했다.

술자리에서 쓸데없는 하찮은 이야기, 동료 비방하는 이야기, 유머도 아닌 저질 여자 이야기 등도 지겨운 메뉴다. 그보다 더 큰 문제는 술을 마시다가 감정을 억제하지 못하거나 제정신이 아닌 상태에서 싸우는 모습이다. 뜻밖의 폭행사건이 발생하기도 한다. 오죽하면 이튿날 어제 저녁의 술판이야기가 나오면 "춘사(椿事)는 없었어"하는 말이 나오기도 했다. 춘사는 느닷없이 일어나는 불행한 사태다.

술자리에서 더욱 흉측한 것은 만취해 울면서 남의 입장은 전혀 고려치 않고 혼자서 되지도 않는 말을 계속 떠들어대는 것이다. 그런 사람일수록 악력(握力)은 어찌 그리 센지 붙잡은 손목을 놓지를 않고 거품을 물고 떠들어댄다. 그래서 한잔 마시면 캣(*Cat*), 두잔 마시면 도그(*Dog*), 세잔 마시면 피그(*Pig*)란 말이 있다. 약간 마시면 고양이 소리처럼 애교 있는 대화를 나누고, 더 마시면 개처럼 혼자 짖어대고, 많이 마시면 돼지처럼 먹은 음식 흘리면서 분위기를 더럽힌다는 뜻이다.

술 값 문제도 화젯거리다. 그 당시 언론인들이 그렇게 술을 마신 데에는 군사독재체제에서 탈출구를 찾으려는 몸부림이기도 했다. 그러나 그보다는 출입처에서 촌지가 생겨 이를 처분하는 방식중의 한 가지였다고도 볼 수 있다. 촌지를 받은 뒤 회사동료나 후배들에게 술을 사면 마음이 편안해진다. 그런데도 술값은 내는 사람만 계속 낸다. 술값 내지 않고 요리조리 빼는 사람 술 한번 얻어먹으려면 여간 힘들지 않다.

술값 내지 않는 스타일도 여러 가지다. 요리조리 눈치를 보아가며 항상 피해가는 약삭빠른 스타일, 술값 낸다고 큰 소리 쳐놓고는 결정적인 시기에 없어지는 스타일, 아예 철판 깔고 얻어먹기로 작정하고 덤비는 스타일등 각양각색이다.

해외기획물 '세계의 심장' 취재

1984년 1월 나는 전혀 예측하지 못했던 편집국 조사부장으로 발령났다. 이채주 편집국장의 인사였다. 조사부는 신문제작에 필요한 각종 자료를 비치해 두는 부서다. 이번 인사는 전혀 상상도 못한 인사조치였다. 사회부 차장에서 조사부로 발령 낼 때는 그런대로 납득할 만한 이유가 있어야 한다는 것이 통념이다. 어떤 과오를 저질렀다든가 무슨 비위사건에 연관되었다든가 하는 내용이 있어야 할 텐데 그런 문제가 전혀 없는 상태에서 발령이 났다. 나는 분명히 인사권자의 횡포라고 생각했다. 나는 그때 동아일보를 그만 두려고 했다. 그런데 주변에서 완강히 말렸다. 특히 이대훈 편집국장대리가 조금만 참고 기다리라고 했다. 사실 그만 두기에는 너무 이른 면이 없지 않았다.

사회부 후배들이 송별회를 열고 기념패를 해주었다. 취재부서에서 정부 각 부처를 출입하다보면 기념패들이 쌓인다. 나중에는 귀찮은 물건이 돼버려 모두 버린다. 그러나 1970년 3월 1일 사회부 발령을 받아 중간에 잠시 지방부에 있었던 기간을 제외해도 12년가량 사회부에서 근무했다. 이에 대해 후배들이 마련해준 기념패는 보관하고 있다. 내용은 판에 박은 문맥이지만 그 당시 후배들의 이름이 들어있어 보존할 가치가 있다고 생각했다.

> '투철한 기자정신으로 지면을 빛내고 후배들을 격려해온 조강환(曺康煥) 선배가 사회부를 떠나게 되어 아쉬워하면서 이 기념패를 드립니다. 동아일보 사회부 후배일동.

어경택 이규석 노한성 송석형 김차웅 이영근 김종환 이병서 민병욱 김충근 이인길 문명호 김충식 강상헌 육정수 장병수 정동우 김기만 황호택 김동철 방형남 권순택 조성하.'

나는 사회부에 있을 때도 창간기념호 제작에 자주 참여했었는데 조사부장 때도 창간 64주년 특집중 '동아 영광과 수난의 자취'와 65주년 특집 '동아 65년의 100대 뉴스, 본보에 비친 격동의 현대사'를 양면 전면으로 기획 보도했다. 그 당시 외부에서도 원고 청탁을 많이 해왔다. 글 쓰는 습성을 이어가기 위해 일일이 써주었다. 원고료도 짭짤했다. 외부 칼럼을 열심히 써오던 중 회사에서 해외기획물인 '세계의 심장'을 쓰라고 해서 해외출장을 가게 됐다.

여러 가지 테마를 정리하다가 꼭 가보고 싶었던 '악성(樂聖)들의 영원한 고향 빈'을 찾아가기로 했다. 비엔나는 요한 스트라우스와 왈츠의 고향이지만 베토벤이 잠들어 있는 곳, 그의 음악의 산실이며 그의 혼이 안식하고 있는 곳이다. 그곳을 그토록 찾아보고 싶었고 또 그곳의 음악 이야기를 쓰고 싶었다.

'잡음이 만드는 혼탁과 허망에 팔리지 않고 자신의 내부에서 일어나는 소리만 듣도록 하기위해 신이 청각을 막아버린 음악가, 베토벤. 세기의 완성자여! 은혜로운 비가 되어 이 땅을 적시고 바다위에 내리고 모든 만물위에 떠돌며 하늘을 형성하는 자…. (라이너 마리아 릴케의 〈말테의 수기〉 에서)

음악의 수도 빈, 베토벤을 비롯 세계의 악성들이 영원히 잠들어 있는 빈 중앙음악가묘지를 찾았다. 묘지 입구에서 장미꽃 한 다발을 사들었다. 보슬비가 내린다. 베토벤의 묘소, 영원한 완성자 그분이 영면하고 있는 곳, 하얀 묘비아래 장미꽃을 바친다.

음악가 묘지에는 모차르트, 슈베르트, 브람스, 요한 스트라우스, 즈페 등 세계의 악성들이 한데 모여 쉬고 있다. 묘비마다 초상, 천사들, 각종 악기, 연주하는 모습 등이 아름답게 새겨져있다. 악성들의 영혼의 선율이 흐르는 듯한 이곳 분위기에 젖어있으면 이곳에 왜 이리 늦게 당도했을까 … 하는 뉘우침이 앞선다.

본에서 태어난 베토벤은 23세 때 하이든을 따라 이곳으로 옮겨와 세상을 떠날 때까지 살았다. 빈 북동쪽 하일리겐슈타트에는 그가 창작활동을 하면서 기거하던 집들과 거닐던 산책로, 시냇가가 그대로 보존돼 있다. 경건한 마음자세로 베토벤 기념관에 들어섰다. 교향곡 3번 에로이카가 울려나온다. 일명 〈영웅〉. 베토벤이 처음 작곡할 때 첫머리에 나폴레옹에 대한 헌사가 쓰여 있었으나 그가 황제가 되었다는 것을 듣고는 격노하여 에로이카로 고친 것.

베토벤은 이곳에서 5번 〈운명〉 교향곡을 비롯 4, 7번과 오페라 피델리오를 작곡했다. 집 전시실 벽에는 검은 데드마스크, 구석에는 하얀 석고상이 방문객을 지켜보고 있다. 많은 악보와 편지, 유서 및 그의 초상이 전시돼있다. 동생들에게 쓴 편지 등에 '인생 마지막', '절망적' 등의 필체는 신경질적으로 휘갈겨 써 당시 귓병과 싸우던 참담한 모습이 엿보인다.

기념관아래 파르광장에 베토벤하우스가 있다. 6번 〈전원〉교향곡을 작곡했던 곳. 베토벤 산책로를 따라 걸어보면 그가 비엔나 숲과 시냇가를 산책하면서 느낀 새소리, 바람소리, 시냇물소리, 마을 사람들의 즐거운 모임, 소나기가 지나간 뒤 목장에 깔리는 찬란한 햇빛 등의 모습이 그대로 담겨져 있다. 피아노소나타 월광, 비창, 열정도 모두 이곳에서 작곡했다.

이 밖에 빈 시내 복판의 〈피가로의 집〉은 모차르트가 대표적 오페라 〈피가로의 결혼〉을 작곡한 곳. 하이든, 브람스가 세상을 뜬 하이든기념관과 브람스의 집, 요한 스트라우스가 비엔나숲속의 속삭임과 푸른 다뉴브 강을 작곡한 빈숲의 칼덴베르그 언덕, 모차르트가 6세 때 피아노를 연주하고 슈베르트가 빈 소년합창단원으로 노래했던 쉔브룬 궁 등 곳곳에 위대한 대음악가들의 얼이 서려있다.

슈베르트가 태어난 누스도르프가의 슈베르트의 집을 찾아 계단을 오르자 그의 연가곡집 겨울나그네가 은은히 울려 나온다. 미련과 체념을 넘어 담담해진 방랑자의 고독이 오롯이 느껴진다. 언제 들어도 발걸음을 멈추게 하고 사람을 본연의 자세로 돌이켜 세우는 피셔 디스카우의 그 음성….

모차르트의 잘스부르그, 이곳도 꼭 한 번 찾아보고 싶었다. 모차르트교를 건너 모차르트 광장을 지나 모차르트 생가에 들어서면 수많은 유품, 유고, 그림 등이 보존돼 있다. 오페라 〈마적〉과 〈돈 조반니〉의 공연무대를 비롯 세계 각국에서 공연된 모차르트의 오페라 무대를 각기 다른 해석에 따른 여러 모습으로 축소해 꾸며놓은 1백여 개가 전시돼 있다. 너무나도 부러운 모습이다.'

'세계의 심장' 다음취재는 세계 최대 물동량 규모를 자랑하는 네덜란드의 로테르담 항. 이곳 부두는 부두라기보다 수많은 초대형 선박과 육지를 연결하는 광활한 도시였다. 한 해 동안 원유, 기타 유류, 철광석, 석탄, 컨테이너, 곡물, 자동차 등 2억3천여만 톤의 화물이 들어오고 나간다고 한다. 대형 원양어선만도 3만여 척, 유럽 각 지역을 잇는 내륙바지선도 18만여 척이 드나드는 유럽대륙의 관문이다.

봄마중 취재

1985년 3월초 회사에서 1면에 사진을 곁들인 '봄마중'을 쓰라고 했다. 한 폭의 그림 같고 선율이 흐르는 듯한 미문(美文)이 잔잔히 그려지는 새봄맞이 기획이다. 홍성혁 사진부장과 동행했다. 남녘 해안 진해에서 시작해 여수, 승주, 서산, 안면도 등지를 유랑하면서 봄소식을 전했다.

'매화가 봄비에 젖어 기어이 첫 꽃망울 터뜨렸네. 생명의 환희를 안고 설레는 가슴으로 첫 상륙한 봄의 길목, 남녘해안 진해에 하얀 매화꽃잎 연분홍빛 꽃술이 세상과의 첫 상면에 부끄럼 탄다. 은은한 매향(梅香) 속의 봄의 교향악은 남쪽나라 훈풍을 타고 날아오는 화음일까, 땅속에서 대자연이 기지개를 켜며 지르는 환성일까. 보드랍고 달착지근한 봄바람은 살랑거리며 북쪽으로 춘축(春祝)의 카핏을 깔아간다.'

'서산 앞바다 갯마을에도 봄은 살금 치맛자락을 드리우며 화사한 미소를 머금는다. 양지바른 언덕배기에는 해묵은 마른 잎 사이로 보드라운 새싹이 다소곳이 고개 들고 종달새는 높이 솟아 새봄을 노래한다. 늘어선 포플러 가지마다 듬뿍 물이 올라 푸르스름하고 이 고장 주산물인 마늘밭도 날로 잎이 초록빛을 더해간다. 할머니 따라 염소에 풀 뜯기던 열댓살 손녀는 봄빛을 수줍어하고 어미 뒤를 따르던 새끼염소가 "음매-" 하며 잰걸음을 놓는다.'

'바닷가에 아이들이 모였다. 모래성 쌓는 아이, 조개껍질 줍는 아이, 소리치고 뛰뛰며 새봄을 노래하는 안면도의 소년 소녀들. 바닷가에 오면 공연히 가슴이 설레 온다. 고요히 꿈 빛에 젖어있는 봄 바다, 가없는 하늘은 그림같이 고요하고 물결은 쉴 새 없이 하얀 춤을 너울댄다. 해안에서 맞는 봄의 아침은 항상 새로운 탄생을 연상케 한다. 이제 농밀하게 펼쳐질 화려한 봄의 모습을 현기증 없이는 상상을 못한다.'

이런 기획물은 통상 편집국에서 글줄이나 쓰는 내로라하는 중진 글쟁이가 맡는다. 사진도 백전노장인 홍성혁 사진부장을 내보냈다. 종전에는 김중배, 최일남 등이 맡아온 기획물이다. 나를 조사부장으로 발령냈으면 서고나 사진, 또는 기사스크랩 정리나 감독하도록 하면 될 것이지 왜 이런 일은 맡기는가 하는 불만이 내심 불끈 솟아올랐다. 이런 생각을 하면서 나는 별 수 없는 소인이로구나 하는 생각도 스쳐갔다.

나는 조사부장이라는 직책을 잊지 않고 도서정리, 사진정리, 기사스크랩 정리를 혁신적으로 바꾸었다. 주안점은 내 경험을 살려 무엇보다 취재기자들이 자료를 쉽게 찾아볼 수 있도록 했다.

《백년대계, 아침에 고치고 저녁에 바꾸고》 출간

조사부장으로 있으면서 나름대로 여러 가지 기사와 외부원고를 쓰는 한편 그동안 준비해두었던 자료들을 모아 교육정책 관련 책 출간을 서둘렀다. 관훈클럽 신영연구기금에 응모해 출판비용을 지원받았다. 문교부 출입기자 시절과 사회부 차장으로 교육분야 데스크를 맡으면서 모아둔 자료들을 정리했다. 내용은 대학입시제도, 졸업정원제, 대학정원정책, 학원자율화, 학도호국단, 교수재임용·해직, 대학3학기제, 대학개혁사업, 전문대학개편, 대학원교육 등 대학교육정책의 잇단 변혁과 그 배경이다. 책 서문에서 이렇게 시작했다.

> '지금 우리가 잘못을 저질러 놓으면 그로인한 폐해(弊害)는 우리가 받지 않고 후세가 받는다. 잘 알지 못하여 저질러지는 잘못도 안 될 일이지만 하물며 알고 있으면서 잘못을 저지르는 일은 결코 용서 받을 수 없다. 그 일이 백년대계라면 더욱 큰일이다. 나는 근 10년 동안 교육문제를 다뤄왔지만 우리 교육정책이 너무나도 바람직하지 못하게 자주 바뀌고 있는데다 정책입안자나 실무진이 그런 과정을 대수롭

지 않게 여기고 있는데 놀랐다. 개정, 수정, 보완, 백지화의 소용돌이 속에 침로(針路)를 잃고 표류하는 한국의 대학교육 정책, 그것도 정권적 시각에서 떳떳치 못한 의도로 마구 고쳐가는 무정견(無定見)이란 이름의 고엽병이 교육의 숲을 시들게 하고 있다. 이 졸고(拙稿)가 앞으로 우리 교육정책 수립 및 시행과정에 조금이라도 도움이 되었으면 한다.'

책 제명은 권도홍 전편집부장이 지어준 《백년대계, 아침에 고치고 저녁에 바꾸고》였다. 중간 중간에 나오는 컷은 백인수 화백이 그려주었다. 호암출판사에서 출판했다. 김인회(金仁會) 연세대 교수(교육학)가 동아일보에 서평을 써주었다. 서평 내용 일부를 인용한다.

'드디어 문교정책과 관련된 〔불온서적〕이 나왔다. 이 책은 문교정책 당국자의 눈으로 본다면 압수하거나 판금 조치하는 것이 제일 속 편할 그런 책이다. 어떤 연유로 우리가 겪고 있는 교육으로 인한 고통과 좌절이 점점 더 심화되어 가는지에 대해 체계적으로 설명해줄 사람이 아무도 없었다. 교육계에 몸담고 있는 사람들은 몸조심 하느라 입 다물고, 문교정책과 행정에 관련된 사람들은 우리나라 교육이 성공의 연속이라고 강변해야만 할 처지이고, 교육정책과 행정의 이론을 좀 알만한 학자들은 치사한 교육현실을 들춰내는 것이 점잖지 못한 일이라도 되는 듯 고상한 학문적 원리만을 말하고 있으니 직접 간접으로 교육과 관계 맺고 살아야만 하는 국민들은 답답할 수밖에 없다. 이 책은 한국교육을 사로잡고 있는 고질병의 병근(病根)을 찾아낸 종합진단서라 할 수 있다. 전문이론이 아닌 구체적이고 현실적인 사실들만을 자료로 삼아 알기 쉽게 설명해놓아 누구라도 쉽게 납득할 수 있는 내용이다. 교육정책 전개과정에서 떳떳하지 못한 교육외적 요인들의 작용을 날카롭게 지적한 데에서 교육을 객관적으로 관찰할 수 있었던 언론인으로서의 저자의 날카로운 시각이 첨예하게 드러나 있다….'

생활부장

1985년 6월 편집국 생활부장 발령이 났다. 조사부장 1년여 동안 해외취재도 하고 '봄마중' 스케치도 하고 책도 한 권 써 발간했다. 나름대로 알차게 보냈다고 자위했다. 생활부는 취재영역이 넓었다. 의 · 식 · 주 전반에 걸친 생활관련 전 분야와 특히 생활경제, 소비자문제, 레저, 여성문제, 방송, 연예, 오락, 영화 등 아주 광범위했다. 담당 지면도 많았다. 군사독재 체제에서 정치 사회분야 취재가 취약 할 수밖에 없는 시대적 상황에서 생활, 레저, 오락분야가 많은 지면을 차지했다. 생활부에서 맡은 지면이 꽤 넓었지만 맡고 보니 담당영역이 다양해 더 많은 지면이 필요했다. 인원과 지면을 더 확보했다. 어떤 측면에서는 내게 일할 좋은 기회가 생긴 것이다.

나는 오랜 기간 사회부에서 근무한 사람이다. 속된 말로 사회부에서 뼈가 굵었다. 사고방식이나 지향하는 방향이 사회부 스타일일 수밖에 없다. 지면제작도 그렇고 직원 통솔 방식도 그렇다. 종전의 생활부 기자들의 취재보도 스타일이 너무나도 느슨하고 답답한데다 기백이 빠져 있는 것으로 느꼈다. 취재 시각과 방법, 기사작성, 지면구성을 사회부에서 익힌 형식으로 쇄신해 나갔다. 물론 기사 소재는 생활부에서 다루는 소프트한 것들이지만 지면에 반영하는 형식이나 문맥은 긴박감이 흐르도록 했다. 무엇보다 먼저 기사문장을 짧고 간명하게 쓰도록 했다. 기사내용도 서술적 형식을 피해 핵심부분이 앞에 나오고 뒤이어 보충해 가도록 했다. 담당편집자와도 유기적인 협조체제를 마련했다.

기자들이 처음에는 곤혹스러워했지만 견습기자 공채출신 기자들은 바로 적응했다. 결국 한두 명은 따라오지 못했지만 6~7명은 열심히 했다. 일을 철저히 하면 불만도 어쩔 수 없이 거품처럼 꺼질 수밖에 없다. 지면이 점점 활기를 띠기 시작했다.

고창 우리집을 찾은 생활부 기자들. 왼쪽부터 정성희, 김세원 기자, 필자, 김순덕, 지영선, 하준우 기자.

생활부에는 여기자가 많았다. 그 중에서도 견습출신인 김순덕, 김세원, 정성희, 이영희 기자가 잘 훈련받았다. 사회부에서 남자기자들에게 하던 그대로 몰아 세웠다. 앞서 '여기자'라는 표현을 썼는데 그 당시 나는 여기자라는 것은 있을 수 없고 오직 '기자'만 있는 것이라고 강조했다. 이들의 기사감각이나 문장이 아주 좋아졌다고 나는 자부한다. 이에 대해서는 그들 자신도 여러 차례 직접 언급했다.

그 후 이들의 계속되는 활약상은 대단했다. 김순덕 기자는 편집부로 갔다가 논설위원, 편집부국장, 동아일보의 대표 논객으로 활약했고, 김세원 기자는 정치부로 갔다가 파리특파원을 역임했으며, 정성희 기자는 사회부로 갔다가 생활부장, 논설위원으로 활약했고, 이영희 기자는 경제부로 갔다가 동경특파원을 역임했다. 이 같은 이들의 인사내용과 활약상을 볼 때마다 나는 내면으로 큰 기쁨을 느꼈다. 이들은 해외에 가서도 내게 편지를 보냈다. 지영선 기자는 센트루이스에서, 김순덕 기자는 애리조나에서, 김세원 기자는 파리에서 안부편지를 보내왔다.

그때 내가 그렇게 일할 수 있었고 열성을 부릴 수 있었던 것은 남시욱 편집국장이 부임해와 일할 여건을 만들어주었기 때문에 가능했다. 남 국장에게 고맙게 생각하고 있던 차에 한 가지 난처한 일이 발생했다. 생활부가 활기를 띠고 좋은 지면을 만든다는 평판을 듣게 됐고 일 부담도 많이 늘어나 나는 남 국장에게 생활부 격려차원에서 지영선 수석기자를 차장으로 승진시켜줄 것을 건의했다. 남 국장도 이를 받아들여 생활부의 사기가 치솟았다. 지 기자는 타사에서 동아일보에 옮겨온 케이스인데 동 연배의 동아일보 견습기자 출신보다 더 빠르게 진급하게 됐다. 그토록 배려를 받아 차장으로 승진한 지 기자가 승진하자마자 갑자기 한겨레신문 부장으로 옮겨가 버렸다. 모두들 배신감을 느꼈다. 나도 그렇지만 윗분들에 대한 남 국장의 입장이 곤란해졌다.

또 한 가지 알력 비슷한 것이 있었다. 당시 박경열, 최명우 차장과는 지면제작이나 여러 가지 면에서 취향이 맞지 않았다. 특히 박 차장은 신문사는 나보다 늦었지만 고창출신으로 선배인데다 그 동생이 나와 고창중학 동기생이었다. 그런 측면에서 더 신경을 써 대접했어야 했는데 너무 내 스타일대로, 원칙대로 밀고나가 많이 서운해 하는 것 같았다. 지금은 더욱 미안한 생각이 든다.

최 차장도 조용한 성품에 여러 면에서 능력 있는 사람이지만 매일 늦게 출근해 나한테 꾸중을 많이 들었다. 저녁마다 술이 과해 거의 매일 아침 출근시간이 2~3시간이나 늦었다. 도저히 용납할 수 없는 일이었지만 징계차원의 문제는 삼지 않았다. 그러나 좀 더 배려했어야 했는데 너무 일방적으로 대한 것 같아 안타깝게 생각한다.

당시 방송 연예담당 홍호표 기자는 전문기자로서 제 능력을 충분히 발휘했다. 그는 성실히 근무했고 인간미도 갖춘 기자다. 한 번은 홍 기

노태우 대통령 예방. 가운데는 남시욱 동아일보 편집국장.

자가 조용필이 정문 밖에서 나를 기다리고 있으니 함께 나가 술이라도 한 잔 하자고 했다. 조용필이 벤츠를 운전하고 와서 기다리고 있었다. 그의 단골 살롱으로 갔다. 제법 고급 살롱이었다. 그 당시 그는 인기 절정에 올랐다. 그때가 1987년쯤 되었는데 우스개 이야기로 술값은 20~30만 원이면 충분한데 하루 밤 야간공연을 하지 않으면 그때 돈 5백만 원이 날아간다고 하면서 술을 마시기 시작했다.

우리는 상당히 취했고 내가 〈친구여〉를 부를 것을 주문했다. 그는 취해서 10여 곡을 불렀다. 대부분 그의 곡이다. 그러나 나중에는 취한 탓에 자신의 곡 가사를 기억하지 못했다. 그때 그가 부른 노래들은 기억에 남아있지 않지만 그가 가사를 잃어버리고 어쩔 줄 몰라 하던 모습은 기억에 뚜렷이 남아있다. 그 뒤 내가 서초구 반포4동 스위스빌리지로 이사 갔는데 조용필이 바로 위층에 살고 있었다. 우리집에서 50여m 거리에 유니크라는 클래식 카페가 있어 나는 그곳을 자주 이용했다. 조용필도 그곳에 자주 와 여러 차례 동석했다.

강인섭 선배가 고교후배인 진성만 씨를 소개했다. 김지미 씨의 제부이며 지미필림 사장이다. 품성이 좋고 노래를 잘 불렀다. 원래 동아방송 성우 1기로 입사했고 자니브러더스 멤버로 한때 명성을 떨쳤던 가수다. 우리는 허물없이 친해졌다. 진성만 사장이 처형 김지미 씨를 소개했다. 역시 품성이 좋은 분으로 나와 동갑이기도 해서 셋이서 친숙하게 지냈다. 김지미 씨는 누가 뭐라해도 한국을 대표하는 영화배우다. 그가 대종상영화제 집행위원장을 맡았는데 나보고 언론계를 대표하여 영화제 집행위원을 맡아달라고 하여 수락했다. 그래서 박영준 코리아리서치센터 사장 등을 영화제 심사위원으로 추천했더니 모두들 좋아했다.

그 즈음 권도홍 선배가 대체의학 분야 권위자인 박양호 씨를 소개했다. 그는 암 세포 성장과 전이를 억제하고 면역기능을 증강시키는 생체반응조절물질을 연구하는 BRM연구소를 설립 운영하고 있다. 미국 국립보건원 암센터와 캐나다 캘거리의과대학에서 연수했고 그곳과 제휴하여 연구원들을 파견하면서 연구에 몰두하고 있다. 그는 암으로 고생하는 많은 환자들, 특히 간장병으로 고통받는 사람들에게 식이요법을 지도상담하여 상당한 효과를 거두었다. 그로 인해 간장병을 고친 환자들이 많다. 김순덕 기자가 그런 내용을 상세히 취재 보도했다. 나도 그에게 환자들을 소개했는데 큰 효험을 보았다는 인사를 받기도 했다.

어느 날 우연히 나와 진 사장과 박 소장이 자리를 같이 하게 됐는데 셋이 취향이 맞아떨어져 그때부터 지금까지 근 25년 동안 우정을 나누고 있다. 학교동창도 아니고 직업도 다르고 출신지역도 다른 셋이서 4반세기 동안 한 달에 한 번씩 만나 저녁을 먹고 차를 마시면서 정담을 나눈다. 술자리에 가면 진 사장은 〈My way〉와 〈Till〉로 우리의 귀를 즐겁게 해주고, 박 소장은 건강을 보장해주며 나는 재미있는 이야기와

위암 장지연상 시상식에서. 왼쪽부터 박권상 KBS사장, 강인섭 국회의원, 배우 김지미 씨, 필자.

Y담으로 한몫 했다. 언론계 30년을 경험했지만 기사와 관련해 만난 사람은 기사가 끝나면 그만이다. 그동안 무수한 사람을 접했지만 거의 모두가 그렇다. 우리 셋도 처음엔 기사와 관련해 만났지만 기사와는 전혀 관계가 없는 지금까지 그토록 변함없이 우정을 나누는 것은 참으로 값진 인간관계다.

한번은 홍인근 부국장이 프로덕션 씨네텔의 전옥숙 회장을 소개했다. 이 할머니가 보통 분이 아니다. 그때 '전옥숙 패밀리'가 있었다. 그 중에는 장차관 경력에서부터 신문사, 방송사 사장, 간부들에 이르기까지 저명인사가 많았고 교수와 유명 탤런트들도 많았다. 나는 동아일보에서 방송을 담당하는 부장이었기 때문인지 전 회장이 특별히 친절하게 대해주었다. 한번은 이 모임에 참석했는데 전 회장이 이애주 서울대 교수를 소개했다. 이 교수는 중요무형문화재 승무예능보유자이며 무용의 대가다. 취기에 모두 춤을 추는데 이 교수가 춤을 출줄 몰랐다. 나는 디스코나 허슬에 일가견이 있는 터여서 이 교수에게 열심히 가르쳐 주었다. 그래서 나는 서울대 무용교수이며 승무예능보유자를 제자로 둔 '무용계 지존'이 됐다. 웃자고 하는 이야기다.

전 회장은 평창동 빌라에서 살았다. 그 집의 음식 맛이 아주 좋았고 자주 포커판이 벌어져 여러 차례 합석했다. 그런데 그 위층에 탤런트 이경진이 살고 있었다. 이경진은 아주 예쁜 얼굴이다. 예쁜 여자에게는 호감이 갈 수밖에 없다. 이경진도 자주 이 집으로 내려와 함께 식사도 했다. 그는 조용한 성품에 품성도 아주 착했다. 나는 이경진과 친밀해졌다. 그즈음 이경진이 무슨 드라마 주연을 맡았는데 연기 내용이 좋아 방송담당기자가 연예면에 인터뷰를 취재해 게재했다.

이경진이 내게 전화를 해 저녁을 사겠다고 했다. 나는 기꺼이 응했다. 평창동에 있는 신라가든에서 약속했다. 전 회장도 합석할 것으로 예상했었으나 나가보니 우리 둘뿐이었다. 이 가든은 그의 언니가 경영하는 집이다. 식후에 이경진이 "부장님은 술을 좋아하시는데 눈이 있어 술집에 갈 수도 없고 우리집에 가서 하시지요"했다. 탤런트의 집으로 간다는 것이 약간 망설여졌지만 못이긴 체하고 따라갔다. 이경진 모친이 맞아 술상을 차려주고는 외출해 둘이서 술을 마시기 시작했다. 위스키 로얄살루트를 내왔다. 그 당시로는 최고급 위스키다. 이경진은 술을 잘 마시지 못해 그 좋은 술을 내가 거의 다 마셨다. 그 후 더욱 친숙해져 천지로타리클럽 모임 등 내가 주도하는 행사에 나와 자리를 빛내주었다. 내가 그를 고대 컴퓨터과학대학원에 추천해 다녔으며 이따금 골프도 같이 하는 등 오랜 우정을 이어왔다. 회식자리에서도 이경진은 오직 나한테만은 러브샷을 사양치 않았다. 나는 이경진 이야기만 나오면 항상 그를 옹호했고 그의 편을 들었다.

한번은 연예담당 김상 기자가 소개하여 한복차림의 탤런트 최명길, 이혜숙, 가수 민혜경 등에 둘러싸여 '호강'한 적도 있다. 함께 팔짱 끼

연예인들과 함께. 왼쪽부터 최명길, 필자, 민혜경, 이혜숙 양.

고 기념사진도 찍었다.

나는 생활부장으로서 지면 쇄신에 힘쓰는 한편 〈오늘과 내일〉 칼럼도 열심히 썼다. 〈대통령과 공영방송〉, 〈대학총장님의 고민〉, 〈한탕주의와 청소년〉, 〈인민대회당과 자존심〉, 〈바가지세일과 소비자주권〉 등이 기억에 남아있다. 칼럼 〈대통령과 공영방송〉 앞부분은 이렇게 시작된다.

'KBS MBC 양TV의 저녁 9시뉴스와 관련, 전두환 대통령의 호는 〔오늘〕, 이순자여사의 호는 〔또한〕이란 유행어가 나돌았다. 이는 매일 저녁 9시뉴스가 〔오늘 전두환 대통령은 … 〕으로 시작되고 바로 이어 〔또한 이순자 여사는 … 〕으로 따라붙어 일종의 국민적 야유에서 생겨난 것이다. 두 분은 9시뉴스마다 등장해 9시뉴스 연속극 주연배우라는 말까지 유행했다. 9시뉴스는 또 '땡전뉴스'라는 별칭도 갖고 있다. '땡'하고 뉴스가 시작되면 바로 전 대통령이 나오는데서 비롯된 은어다. 양 TV의 간판뉴스 프로인 9시뉴스의 톱 아이템은 거의 대통령의 동정거리였다. 그것도 뉴스가 될 만한 동정이라면 괜찮겠으나 하다못해 아프리카 어느 구석에 있는 인구 수십만 소국(小國)의 보잘 것 없는 외교관 접견도 무조건 톱이었다. 다른 내용은 아무리 대단한 빅뉴스라도 그 다음에야 나온다. 설마 대통령이 그런 것을 무조건 톱으로 다루라고 지시했겠는가. 아래 분들, 그 아래 분들이 알아서 다 처리한 것 아니었겠는가. 우리 TV가 안고 있는 가장 큰 문제점은 편파보도다. 지난번 대통령 선거 때 여당 후보(노태우)를 당선시키는

데 1등 공신 역할을 한 것은 양김(兩金), 양도(兩道), 양방(兩放)이라는 이야기가 있다. 그만큼 양TV의 역할이 대단했다. 양TV는 정부 여당의 홍보기관으로 편파보도를 일삼더니 6·29선언 이후에는 양적 편파에서 질적 편파로 방향을 전환했다….'

응창기배 바둑선수권대회 중국취재

88서울올림픽을 앞두고 8월 중순 북경에서 응창기(應昌期)배 세계바둑선수권대회가 열렸다. 바둑도 생활부 소관이다. 한국기원에서 내게 취재도 하고 북경 관광도 할 겸 함께 가자고 연락이 왔다. 그때는 중국에 들어가는 것 자체가 어려웠고 더구나 취재차 입국은 불가능했다. 그러나 이번 응창기배 바둑대회 취재만을 한정해서 취재입국이 허용됐다. 아주 좋은 기회다. 한국대표선수는 조훈현(曺薰鉉), 조치훈(趙治勳) 9단 2명이 출전했다. 한국기원 장재식 이사장과 경기위원을 맡은 윤기현(尹奇鉉) 9단 등과 함께 북경으로 떠났다.

조훈현 9단은 대만의 왕명완(王銘琬) 8단을 누르고, 조치훈 9단은 호주의 오송생(吳淞笙) 9단을 누르고 8강에 올랐다. 이어 조훈현 9단은 일본의 최강자 소림광일(小林光一) 9단에 이겨 4강에 진출했고 조치훈 9단은 중국의 최강자 섭위평(聶衛平) 9단에게 패했다. 그때 조훈현 9단이 4강에 오르자 중국은 물론 일본 대만 등 세계의 기계가 놀라워했다. 그 당시 세계 바둑판도는 일본이 최강이었고 중국 대만이 그 뒤를 따랐다. 한국바둑은 아주 취약했다. 그런데 이듬해 1989년 9월에 열린 최종결승에서 조훈현 9단이 세계최강인 중국의 섭위평 9단을 꺾고 우승했다. 세계 바둑사를 다시 쓰게 됐다. 그때 나는 논설위원으로 근무하고 있었다. 나는 89년 9월 6일자 횡설수설에서 이렇게 썼다.

제 1회 응창기배 세계바둑선수권대회 취재차 출국. 왼쪽부터 장재식 한국기원 이사장, 조훈현 9단, 조치훈 9단, 필자.

'바둑의 종횡 361로(路)는 한 해(음력)를 상징하고 네 귀는 춘하추동 4계절을, 둘레 72로는 72절후를 뜻한다. 바둑판이 모가 나는 것은 땅이요, 돌이 둥근 것은 하늘을 상징한다. 361로(路) 도처에 안개가 자욱하고 첩첩이 마(魔)가 도사리고 있는 미로다. 중국 요순시대에 만들어졌다는 바둑은 융성과 패망의 이치를 간직한 채 4천여 년을 이어왔다. 바둑은 중국에서는 고고(孤高)한 우주론(宇宙論)의 놀음이었고 우리나라에선 한가한 사대부들의 놀이였으나 일본에 가서 뼈저린 승부로 변했다. 바둑 승부는 마음의 격렬한 고통이다. 파고드는 정신의 모서리는 바늘 끝처럼 예민하고 공격하는 투지는 폭풍처럼 살벌하다. 생과 사의 순간이 지나고 잠시 마음이 아침바다처럼 평온해졌다 싶으면 계산의 치밀한 숨소리가 뒤통수로 죄어든다.

한국의 조훈현(曺薰鉉) 9단이 11억의 중국대표 섭위평(聶衛平) 9단을 눌렀다. 일본의 기라성 같은 기사들에게 12연승을 거둔 세계최강자 섭 9단을 누르고 조 9단은 이제 세계바둑 황제위에 올랐다. 조 9

단은 〔조제비〕란 별명답게 변환(變幻)의 천재다. 자유자재의 변신력과 화려한 행마(行馬), 빛살같이 빠른 감각에 포석과 전투, 끝내기 3박자를 갖춘 불세출의 국수(國手)다.'

근현대 바둑의 최고봉은 누구일까. 나는 단연 오청원(吳清源) 선생을 꼽고 싶다. 그분은 현대바둑의 정석포석, 신수(新手) 개발 등으로 바둑의 전설적 기성(棋聖)으로 추앙받는다. 우리들은 어렸을 때부터 바둑의 생사가 걸려 있을 때 입에 붙은 말이 '오청원이가 와도 못살려'였다. 나는 이 분이 벌써 타계한 것으로 느끼고 있었는데 1988년 응창기배 바둑선수권대회 취재차 북경에 갔을 때 이 분이 그 자리에 나타났다.

나는 오청원을 만나는 것 자체로 흥분상태가 됐다. 바로 인터뷰를 추진했다. 어렵게 인터뷰가 성사되어 이 분이 묵고 있는 호텔로 찾아갔다. 윤기현 9단과 중국정부 바둑분야 간부가 동행해 통역을 했다. 그때 온화한 모습의 오청원 선생(75)이 반갑게 맞아주는 모습이 지금도 눈에 선하다. 나는 가장 궁금해 했던 질문을 던졌다.

— 만약 기신(棋神), 바둑의 신이 있다면 두 점을 놓고 두어보면 어떨까 했다는데….

"인간은 아무리 완벽하다해도 실수가 있지요. 바둑이 아무리 세다고 해도 허점이 있게 마련입니다. 지금은 인간은 신과 바둑을 둘 수 없다는 결론에 도달 했습니다."

그는 기사에게 건강과 승부기질 못지않게 중요한 것은 겸허한 자세라며 한국의 조훈현, 조치훈 기사는 큰 재목이라고 평가했다.

그때 북경 인민대회당에서 베풀어진 개막식겸 연회에 한국의 기자 자격으로 초청받았다. 중국, 자유중국, 일본, 한국, 홍콩, 미국, 호주

기성 오청원 선생 인터뷰 장면.

등지에서 온 5백여 명이 참석했다. 연회장은 넓이 2천여 평, 4~5층 높이의 천장에 중간에 큰 기둥이 20개나 세워져있는 큰 홀이다. 20여 명이 앉는 헤드테이블에는 응창기, 오청원, 진조덕(陳祖德) 중국위기협회 주석을 비롯 중국과 자유중국 사람들만 앉았다. 일본의 노장 등택수행(藤澤秀行) 9단이나 한국기원 장재식 이사장 자리도 훨씬 뒤쪽에 배치했다. 식전 진행과정에서도 중화(中華) 의식이 아주 짙게 나타났다. 한국어는 단 한마디도 나오지 않았다. 그들만의 자존심인지 오만인지 분간이 가지 않았다. 그래서 조훈현 9단이 '중화'를 제치고 우승한 것이 더욱 찬란하게 느껴졌다. 나는 귀국 후 이런 내용들을 칼럼 〈오늘과 내일〉에 '인민대회당과 자존심' 제하로 썼다.

논설위원

1989년 중순 논설위원으로 발령 났다. 나는 신문사에 종사하는 언론인으로서 거쳐야하는 한 과정이라고 생각했다. 옛날에 논설위원 하면 박학다식(博學多識) 하고 인격고매한 원로라는 인상이었지만 그런 모습도 많이 변해왔다. 그렇지만 처음 접하는 논설위원실 환경은 생소했다. 모든 것을 새로 시작하는 새 일자리를 꾸려나가기 시작했다. 당장 필요한 서적을 찾아보고 기사 스크랩도 준비했다.

편집국과 논설실은 같은 신문을 제작하는 곳이지만 성격이 전혀 다르다. 신문제작의 기본 요소가 신속 정확 공정의 3대 요소라면 편집국은 신속과 정확을 기하는 곳이고, 논설실은 공정에 비중을 두는 곳이다. 편집국이 어떤 팩트(*fact*)를 재빨리 취재 보도해 독자들에게 전한다면 논설실은 보도된 뉴스 중에서 정치 경제 사회 문화적으로 이슈가 될 수 있는 내용이나 좀 더 심층 분석이 필요한 테마에 대해 논평하는 기능을 발휘한다.

편집국은 시끄럽다. 시장터나 다름없다. 그러나 생기가 발랄하다. 논설실은 조용하다. 따분하다. 그러나 연구실 같은 품격이 있다. 속보경쟁을 해야 하는 편집국과 보도된 기사를 토대로 분석하고 평가하며 의견제시, 내지는 대안을 내는 논설실은 다를 수밖에 없다. 그러나 모두 좋은 신문을 제작하기 위해 한 배를 탄 조직이고 동료들이다.

논설위원들은 사설과 칼럼을 쓴다. 사설은 발생하는 현상에 대해 회사의 입장을 대변해 그때그때 논평을 한다. 회사 사시(社是)를 벗어날 수 없다. 칼럼은 필자의 책임하에 자신의 견해를 표현한다. 칼럼은 그래서 개인 이니셜이 들어가고 집필하는 내용이나 방향에도 신축성이 있다. 그러나 회사 사원이 쓰는 것이므로 넓은 범위 안에서 회사의 방향과 다르게 기술할 수는 없다. 그래서 외부 인사가 칼럼을 쓸 경우 원고 말미에 '이 기사는 회사의견과 무관함'이란 꼬리표가 붙는다. 한마디로 논설위원의 사설이나 칼럼 모두 공명정대(*fairness and justice*)가 기본이라고 생각한다. 절대로 사사로움이 있어서는 안 된다. 그리고 정직해야 한다. 논설위원이 지향해야 하는 방향은 권력에 대한 감시, 각 분야에 걸친 비리 비판, 사회적 약자 보호, 사회공동체 발전에 기여하는 자세를 갖추어야 한다고 생각한다.

논설위원을 논객(論客)이라고도 한다. 논객의 역할을 제대로 하려면 우선 알아야 한다. 어떤 현상에 직면했을 때 그에 대한 상당한 지식이 있어야 한다. 그 현상의 주변에 대해서도 파악하고 있어야 한다. 그래서 논객은 박학다식 할수록 좋다. 필력도 갖춰야 한다. 그러나 박학과 필력보다 더 중요한 것이 있다. 어떤 현상이 발생했을 때 그 이슈를 사회통념에 어긋나지 않게 분석, 평가하고 대안을 제시하는 능력이다. 박학과 필력을 갖춰야 하겠지만 그것이 전부는 아니라고 했는데 진짜 필수적인 것이 있다. 그것은 사회정의에 어긋나지 않는 집필 자세다. 그러려면 지식보다 분별력 있는 견식(見識)을 갖춰야 한다고 생각한다.

사람은 배움과 경험에서 지식을 얻는다. 단순한 지식이란 대뇌의 말초적인 것이어서 전인적인 인간이 되려면 식견, 또는 견식이 필요하다. 견식이란 사람의 인간 됨됨의 내용을 말한다. 사람이 중요한 일을 처리할 때 더욱 견식이 중요하다. 지식은 빈약해도 어쩔 수 없지만 견식은 확고해야 한다. 학교에서 여러 가지 지식은 가르치지만 견식을 길러주는 경우는 드물다. 견식은 실제문제에 부딪치면서 수양(修養)을 거쳐 스스로 단련되어 이룩된다.

논설은 집필하는데 있어 몇 가지 유의할 점이 있다. 첫째 논설은 현학적인 글이 아니고 학술논문도 아니다. 대중을 상대로 쓰는 신문기사 중의 하나다. 대중이 읽고 이해하기 어려운 논설은 설득력이 없어 기사로서 실패한 것이다. 둘째 논설의 주장은 분명해야 한다. 논설이란 의견의 제시다. 의견이란 찬성과 반대, 긍정과 부정이 있기 마련이다. 의견의 방향을 분명히 제시하여 어떤 사건에 대한 독자들의 이해에 도움을 주어야한다. 셋째 논설의 단정과 증명은 정확하고 객관적인 자료에 의해 추출되어야 한다. 부정확한 증거는 그릇된 단정을 가져온다. 주관적 증거는 가장 중요한 공정성과 객관성을 저해한다. 넷째 논설은 순수해야 한다. 논설은 집필자 개인이나 신문사의 이익을 위해 집필되어서는 안 된다. 논설이 신문사의 사시나 입장을 반영하도록 되어있는 것은 사실이지만 그 반영은 어디까지나 공공의 이익에 기초를 두어야 정론이다. 주필이나 일부 논설위원들이 이따금 난해하고 현학적인 글을 쓰기도 한다. 자기과시의 본능에서 나온 것은 순수하지 못하다. 또 신문사의 이해가 관련된 부적절한 내용을 두루뭉술하게 엮어내기도 한다. 그 고충을 이해할 수도 있지만 논설은 어디까지나 공공의 이익에 바탕을 두어야 한다. 사적 이익이 개입된 것은 논설이라고 할 수 없다.

나는 바로 횡설수설 집필을 맡았다. 초기에 쓴 횡설수설이 오래 기억에 남는다. 소련동포 등 세계 50개국에서 1천여 명이 참석한 한민족체육대회가 서울에서 열렸고 민속경기를 끝으로 폐막됐다. 우리민족의 기원에 대해 썼다.

'우랄산맥 남쪽, 카스피해 동쪽, 천산산맥 서쪽의 중앙아시아지방. 몇 가지 설이 있지만 한족(韓族)은 이곳에서 구석기시대를 전후해 몽골지방으로 이동했고 다시 남하해 한반도에 정착했다. 우랄 알타이어족인 원시 퉁구스족의 한 갈래로 고대중국에서 동이(東夷)라고 부른 예맥(濊貊)족이 우리 조상이다. 외형상 특징은 눈에 속쌍꺼풀이 있고 두드러진 광대뼈와 중키에 몸매는 옆으로 바라졌다. 속쌍꺼풀, 실눈, 광대뼈는 오랫동안 추위와 싸우고 감기 축농증 폐렴 등을 이겨낸 사람들에게서 볼 수 있는 것. 빙하기 때 바이칼호 남동쪽에 펼쳐진

빙하에 막혀 내려오지 못하고 추위에 적응하면서 생겨났다. 머리뼈도 뒤통수에서 눈까지는 짧고 양귀 사이는 넓으며 높이는 세계 인종 중 가장 길다.

단일 혈통을 자랑하는 한민족이 세계 곳곳으로 유민(流民) 이민(移民)을 시작한 것은 불과 1백여 년전. 구한말 기근과 일본군국주의에 희생되어 조국을 떠나면서 시작됐다. 유례없는 고통과 시련의 역사였지만 현재 세계 1백여국에 5백여만 명이 낯선 민족의 틈바구니에 끼어 살아오면서도 끈질기고 굳세며 우수한 전통을 이어왔다. 중앙아시아 기원설이 옳다면 이번에 카자흐스탄 우즈베키스탄에서 온 분들은 그 옛날 선조들이 살았던 그 터전에서 살고 있는 것. 낯선 그 곳이 원적지로 느껴질리 만무하지만 인류는 부단히 이동하고 후세들은 새 터전에서 새 문화를 창조한다. 우리의 진정한 민족은 인류다.'

그때 논설위원실 구성원 면모를 보면 김진현 주간, 남시욱 실장, 이종석, 정종문, 최시중, 민병문, 남중구, 이시헌, 문명호, 강황석, 김담구, 김정서, 김재곤 위원 등이었다. 직장은 분위기가 중요하다. 당시 논설실 분위기는 참 편안했다. 모두들 취재 일선에서 갖은 풍상을 겪은 백전노장이라고 해도 과언이 아닐 듯싶다. 넓은 마음, 열린 가슴으로 친밀감이 더해 갔다. 어느 날 논설회의가 끝나고 논설위원들이 "음지에서 고생만 하는데 우리들도 위로출장 한번 갑시다"고 하여 주말에 1박 2일 코스로 고창에 내려가기로 했다. 김진현 주간을 비롯 논설실 전원을 고창 우리집으로 안내했다. 여기에 고창출신인 강인섭 전논설위원도 합세했다.

고창 숙모님이 준비해놓은 조문(曺門) 가양주, 그 기가 막힌 절묘한 술맛에 모두들 완전히 푹 빠졌다. 내 생가를 자랑하려고 데려왔다는 등 유머가 넘쳐흐르는 분위기에서 위원들은 기분 좋은 취기에 신선이 된 기분으로 선운사로 향했다. 선운사 경내를 여유 있게 산책하고 선운산

복분자주에 풍천장어 안주로 또다시 주연이 베풀어졌다. 술을 많이 마시다보니 약간의 춘사도 있었지만 곧 화기애애해졌고 나중에는 떠나갈 듯이 노래 부르며 즐거운 시간을 가졌다.

논설실에서 가끔 위원들끼리 골프를 쳤다. 한번은 정종문, 강황석 위원과 박오학 전무와 함께 관악CC에서 라운딩했다. 여기서 내가 이글을 했다. 아주 기분이 좋았다. 이튿날 강황석 위원이 이글 축하 헌시를 써주어 화제가 됐고 나는 논설위원들에게 점심을 샀다. 이글패도 받았다.

논설위원실은 분초를 다투는 편집국과 달라 시간적 여유가 있다. 산술적으로는 위원 1명이 일주일에 2건만 쓰면 된다. 그래서 그날 사설이나 횡설수설을 맡지 않은 위원은 대부분 일찍 퇴근한다. 편집국 취재경험을 쌓았다고 해서 논설위원이 만능은 아니다. 그렇다고 연조만 쌓인 퇴물도 아니다. 재충전을 위해 논설위원도 출장도 보내주고 연수 프로그램에도 참가하도록 회사차원에서 적극 지원해야 한다. 나름대로 정보원(情報源)과도 접촉하고 세상 흐름도 파악해야 시대에 뒤떨어지지 않은 판단이 서 제대로 된 논설을 쓸 수 있지 않겠는가. 물론 독서는 기본이다.

나는 일하고 있을 때가 가장 편안하다. 아무것도 하지 않고 있지를 못하는 스타일이다. 내 경우 일찍 퇴근해 귀가하는 날이 없었다. 할 일 없으면 텅 빈 사무실에서 책을 들여다보거나, 친구에게 안부전화하거나, 하다못해 저녁 술자리 약속이라도 주선했다.

1991년 봄 어느 날 교양서적을 계속 출판하는 자유문고 이준녕(李俊寧) 사장이 찾아왔다. 그때 정관정요(貞觀政要), 십팔사략(十八史略), 논어(論語) 등 동양고전을 알기 쉽게 번역하여 해설한 동양학 시리즈를 출판하고 있었다. 이 사장은 원래 고창출신으로 정홍채(鄭弘采) 선생에게서 한학을 수학했다. 나의 부친도 그분에게 수학했다. 나 역시 그분에게서 많은 것을 배웠다. 이 사장이 동양학시리즈 출판 편집위원에 참여해달라고 했다. 시간과 공간을 초월하여 영원한 고전으로 남아 있는 인류유산을 메마른 젊은이들에게 전수하는 작업이야말로 보람 있는 일이다. 나는 기꺼이 참여했다. 그래서 전체 24권중 중용(中庸), 육도삼략(六韜三略), 한비자(韓非子) 등 3권의 편저(編著)를 맡았다. 한학자가 번역한 내용에 설명을 가하고 현대감각에 맞게 해설하는 작업이다. 1년여 동안 밤잠 제대로 자지 않고 정성을 쏟은 덕에 오히려 내가 더 많은 공부를 했다. 동양사에 관한 많은 것들을 배우고 깨달았다.

김진현 주간이 얼마 안 있어 과학기술처 장관으로 옮겼다. 한 달 뒤쯤 김 장관이 논설위원들에게 식사를 대접하겠다고 하여 한자리에 모였다. 오랜만에 반가웠다. 그 자리에서 김 장관이 털어놓은 내용이 잊혀 지지 않는다.

"장관직을 맡고 있지만 그 자리가 국가적 사회적으로 영향력을 미치는 측면에서 볼 때 동아일보 논설주간 자리에 훨씬 못 미쳐요. 비교도 안돼요. 동아일보 논설위원은 참으로 중책중의 중책입니다."

김 장관은 그 후 문화일보 사장, 회장을 거쳐 장준하 선생기념사업회장, 안재홍 선생기념사업회장, 세계평화포럼 이사장 등을 지냈다.

동아일보 견습1기 출신인 남시욱 실장도 문화일보 사장을 거쳐 세종대 석좌교수로 강의를 했다. 항상 보수적 중도를 지켜온 점잖은 분이다. 관직에 몸담지 않았고 끝내 언론인의 자세를 흐트러뜨리지 않았다. 이종석 위원은 논설실장을 역임한 후 간행물윤리위원장, 장지연 선생기념사업회장을 맡기도 했다. 최시중 선배는 갤럽회장을 맡았다가 동향인 이명박 후보를 도와 17대 대통령에 당선되는데 큰 역할을 했고 방송통신위원장에 임명됐다. 민병문 위원도 동아일보 논설실장을 거쳐 헤럴드경제 주필로 43년 현역 언론인 경력을 자랑하고 있다. 시인이기도 하다.

몇 년 지나 일부 논설위원이 다른 부서로 옮기고 이경재, 김종심, 이도성, 김충식 위원 등이 논설실로 왔다.

나는 횡설수설에 맛을 붙였다. 한 주일에 두 번도 쓰고 세 번도 썼다. 한 번은 민병문 위원이 주선을 해서 정세영 회장이 논설위원들을 뉴서울CC로 초청해 골프를 쳤다. 현대자동차, 현대건설 등 현대그룹을 실질적으로 키워온 분이다. 정 회장은 소탈한 분이다. 그는 횡설수설 애독자라고 했다.

"기업인이 사업을 제대로 하려면 새로운 지식을 습득해야하고 그러려면 독서를 해야 하는데 책을 잡으면 읽히지가 않아요. 억지로 읽어보아도 실제로 큰 보탬이 되지 않아요. 신문은 열심히 보고 사설이나 칼럼도 읽지만 나는 횡설수설을 꼭 읽지요. 그 짧은 내용을 소화하고 보면 책 한 권 읽는 것보다 훨씬 보탬이 됩니다."

정 회장의 격려에 횡설수설을 쓰는데 좀 더 정성을 쏟아야겠다고 생각했다. 바로 이어 사설도 함께 쓰기 시작했다. 일단 일을 맡으면 어디서고 최선을 다하자는 게 내 신조다. 나름대로 재미도 붙였다. 사설은 그동안 편집국에서 맡아왔던 분야를 맡았다. 교육, 복지, 교통, 생활, 방송, 언론 등 맡은 분야가 아주 광범위했다. 맡은 분야를 주로 쓰지만 그때그때 논설회의에서 지명되면 국회와 관련된 것, 체육, 건강분야 등 무엇이든지 써야했다. 횡설수설과 사설을 쓰다가 1990년 1월부터 〈광화문 칼럼〉을 쓰기 시작했다. 〈광화문 칼럼〉이 92년부터는 〈동아광장〉으로 바뀌어 계속 집필했다.

사설이든 횡설수설이든 칼럼이든 논설위원은 글을 쓰는 인격체다. 쓰지 않는 사람은 논설위원이라고 할 수 없다. 이리 저리 기피하는 사람 역시 마찬가지다. 편집국 기자도 마찬가지다. 나는 항상 적극적인 자세로 일해 왔다고 생각한다. 내가 쓰고 있는 것이 하찮은 내용일지 모른다. 그러나 그 하찮은 글 속에도 위대한 전망이 포함되어 있을 수 있다. 프랑스의 문호 앙드레 지드는 '내가 감동받는 문장이란 너무 뛰어나지 않으면서도 독자의 발을 정지시키고 머무르게 하여 그 사상을 서서히 전개시키는 문장'이라고 말했다. 문장은 학식이 내재된 상태에서 정직하고 아름답고 간결하게 표현되어야 한다. 그러나 미문(美文)에만 얽매이는 것은 때에 따라 글의 타락이 될 수도 있다.

김상만 회장

글 쓰는 사람이 다 그렇지만 나도 글을 쓸 때 최선을 다했다. 부족한 사람이라고 생각되기에 더욱 그랬다. 자신이 쓴 글은 자신이 낳은 자식과도 같다는 생각을 이따금 했다. 그중에도 칼럼을 쓸 때는 더욱 심혈을 쏟는다. 기명 칼럼은 필자의 모든 것을 결집시킨다. 아무래도 집중도가 높고 정성도 더 들인다. 신문이 나오면 계속 읽어보면서 아쉬워하기도 하고 도취에 빠지기도 한다. 정부, 특히 군사정부가 기피하는 비판의 글을 썼을 경우는 잔잔한 스릴도 느낀다. 약간의 불안감도 없지 않지만 군사정권의 인권침해나 부조리를 용기 있게 고발했을 때에는 통쾌함도 느낀다. 자신의 글에 대한 다른 사람들의 평가는 대단히 중요하다. 위축시킬 수도 있고 용기를 북돋워 줄 수도 있다. 독자들의 반응 또한 소중하다. 직장인으로서 윗분의 견해 역시 중요하다.

내 경우 독자들이나 지인들의 전화를 많이 받았지만 김상만(金相万) 회장의 격려전화도 여러 번 받았다. 횡설수설이나 칼럼을 읽고는 "별고 없나? 자네 글 잘 읽었네. 건투를 비네." 대개 그런 내용이다. 어떤 경우는 "그런 일이 있었나? 나도 처음 알았네."했다. 회사의 가장 윗분이

김상만 동아일보 회장에 대한 신년인사.

란 신분을 떠나 내 글을 읽고 관심을 갖고 칭찬해 주는 전화를 걸어준 데 대해 참으로 고마움을 느꼈다. 이야기를 들으니 사무실에서나 차안에서 여비서를 시켜 읽도록 한 후 마음에 드는 글이 있으면 격려전화를 한다고 했다. 한번은 평소 김 회장을 가까이 모시던 최시중 논설위원이 내게 "회장님이 점심을 하자고 하는데 언제가 좋겠어" 했다. 아무 때나 좋다고 했더니 곧 약속이 됐다. 서울구락부에 가서 점심을 먹는데 "자네 역사공부를 언제 그렇게 많이 했어? 계속 좋은 글 많이 쓰게" 하며 격려해주었다. 이 격려는 그분의 순수한 마음이라고 생각한다. 그러나 한편으로 그런 칭찬은 아래 직원이 열심히 일하도록 하는 최선의 기술이라는 것도 느껴졌다. 그야말로 선의의 기술이다. 고래도 칭찬해주면 춤을 춘다고 하지 않는가.

1990년 5월말 노태우대통령이 일본을 방문한 후 일왕을 초청한다는 보도가 있었다. 일왕 아키히토의 속셈은 한국을 방문해 중국방문의 발판을 마련하려는 것이다. 그에 맞춰 '다시 일왕의 패악(悖惡) 을 생각한다'는 내용의 칼럼을 썼다.

'어깨에 왜도(倭刀) 맨놈, 곤봉쥔 놈, 피스톨 찬 놈 수십 명이 고종과 명성황후 침전인 건청궁으로 난입했다. 미우라 일본공사의 사주를 받은 왜적폭도들이다. 적도(賊徒)들은 잠긴 문을 부수고 침실에 들어가 국왕에게 문서를 들이대며 황후를 폐위시키라고 위협하는 한편 다른 패들은 황후침실로 침범했다. 공포 속에 신음 통곡하는 궁녀들의 머리채를 이리저리 끌고 다니며 황후를 찾다가 찔러죽이고 때려죽이고 쏘아 죽였다. 부왕과 함께 있던 왕세자는 세자의 이름을 세 번 부르고 뚝 끊기는 어머니의 처절한 외침을 들었다. 적도들은 침상에서 막 나와 궁녀들에 둘러싸여있는 여인을 난자하고 시녀를 끌고와 황후인지를 확인했다. 그들은 난자당한 채 절명하지 않은 황후를 홑이불로 싸 숲속으로 끌고가 몸에 석유를 붓고 장작더미위에 올려놓고 불을 질러 몇 조각의 뼈만 남긴 채 태워 없앴다. 조직을 위해서라면 제 배를 갈라 내장도 끄집어내는 셋푸쿠(切腹) 종족다운 만행이다. 황후 시신이 타는 순간 조선인의 혼도 함께 불타버렸다.

일왕 히로히토 생애 자체가 일본현대사다. 그는 조선침략, 만주사변, 중일전쟁, 미국 진주만습격, 대동아전쟁을 일으킨 장본인이다. 덴노헤이카라는 미명아래 무려 2천만 명을 죽음으로 몰아넣은 총책임자다. 작년 그가 죽었을 때 영국 언론들은 종전 후 즉각 처형되었어야할 〔악마의 화신〕, 〔고문 잔학, 무자비한 전쟁포로 살인자〕라고 비판했다. 우리민족이 그의 이름아래 학병으로, 정신대원으로 의미 없는 죽음과 억울한 희생을 강요당했지만 그는 자신의 죄과에 대해 한 순간도 참회의 뜻을 밝히지 않았다. 처음이자 마지막으로 언급한 것이 '양국간의 불행한 과거가 유감'이라는 모호한 한마디다. 잘못을 저지른 주체도 없는 이 표현은 한국을 끝까지 통치하지 못해 유감이란 말인가…?'

김상만 회장이 이 칼럼을 읽었다. 다른 사람들의 격려전화도 있었다. 이 칼럼이 나간 후 일본대사관에서도 연락이 왔다. 참사인가 하는 분이 좀 만나자고 했다. '어디 항의하려면 한 번 해보아라'는 생각으로 만났다. 그는 호텔에서 저녁을 대접하면서 칼럼 이야기는 한마디도 하지 않고 한국의 저명한 언론인과 사귀고 싶었는데 시간을 내주어 대단히 감사하다는 인사말만 했다. 그때 알았지만 일본정부는 한국에서 영향력 있는 언론인들과 계속 접촉하면서 '친일파'를 넓혀가고 있었다.

김상만 회장은 인품이 훌륭한 분이다. 잘난 분은 아니지만 덕망을 갖추고 명예를 소중히 하며 신사도를 지키는 우리시대에 존경할만한 어른이다. 그분에 대해 나는 그렇게 생각한다. 그분이 계실 때만 해도 동아일보는 단연 한국의 제 1신문이었으며 아시아의 대표 언론사였다. 그분이 사장, 회장으로 있을 때는 경영권과 편집권이 엄연히 분리되어 있었다. 한마디로 지면제작에 왈가왈부하지 않았다. 그것 한 가지만으로도 훌륭한 동아일보 회장이다.

1960년대 최두선, 이희승, 고재욱 사장 시절부터 김 회장에 이르기까지 단연 동아가 으뜸이었다. 김 회장은 1981년부터 명예회장으로 일선에서 물러나 있었고 대영제국으로부터 명예 코만더 훈장을 수여받았다. 1990년대 들어 동아일보가 취약해지기 시작했다. 동아일보는 92년 충정로 사옥으로 이전했고 93년 석간에서 조간체제로 바뀌었다. 그리고 그 이듬해 94년 김 회장이 별세했다. 내 30여 년 동아일보 재직중 말년의 4~5년이 그 쇠퇴기에 포함된다. 물론 나에게도 상당한 책임이 있다. 나도 더욱 분발했어야 했는데 그렇지 못했던 것이 아쉽다.

'조·중·동' 표현과 신문방송 겸영시대

내가 가장 듣기 싫어하는 표현중의 하나가 '조·중·동'이다. 가장 앞서가던 동아가 3등으로 떨어졌다. 언제부터 왜 그렇게 된 것인가. 그에 대한 설명은 복잡하다. 이른바 동아사태 때 유능한 기자가 대거 빠져나갔기 때문이라든가, 1980년대 이후 고질적인 인사 잘못으로 의욕이 저하됐기 때문이라든가, 조석간 중에 선택할 때 석간을 잘못 선택한 때문이라든가, 조선일보는 인재를 육성해 가는데 동아는 인재를 모두 방출해버렸기 때문이라든가, 사주가 아부족의 득세를 선호한 탓이라는 등 그 이유는 많다. 모두가 다 일리가 있지만 그중에도 두 가지는 확실한 것 같다.

첫째 석간체제를 선택한 것은 시대의 흐름을 잘못 짚은 결정이다. 석간은 우선 교통정체로 배달에 시간이 걸리고 독자들이 읽을 시간적 여유가 짧다. 신문이 배달되면서 바로 TV 드라마와 저녁뉴스가 이어진다. 반면 조간은 배달이 신속하고 하루 종일 읽을 수 있어 열독률이 높고 광고효과도 뛰어나다. 그러나 쟁쟁했던 한국일보도 분명히 조간을 선택했지만 훨씬 더 처지게 된 것을 보면 그것만도 다는 아니다.

둘째로는 인재 방출이다. 조선일보의 경우는 대부분의 필진이 계속 재직하면서 오래 오래 좋은 글을 쓴 반면 동아는 대부분의 필진이 떠나게 됐고 밖에서 활동할 수밖에 없었다. 그들은 우물 안에서 벗어나 신천지에서 활발하게 활동했다. 동아를 떠난 사람들이 각 분야에서 큰 역할을 해냈다. 그중 언론사 사장을 지낸 사람만도 10명이 넘는다. KBS, MBC, 문화일보, 국민일보, 한겨레신문, 한국경제신문 등에서 겹치기로 사장직을 맡았다. 옛날 동아가 번창하던 시절에는 동아일보는 사람을 내보내지 않았고 다른 신문사에서는 사람들이 계속 떠났었다. 이들은 대부분 동아일보 사원으로 발령나는 것을 간절히 바랐다.

소박한 내 견해로는 다시 '동 · 조 · 중'이 되려면 지금이라도 편집권을 존중해주고 인재를 내보내지 않으면 된다고 생각한다. 생각만 바꿔먹으면 아주 간단하다. 그리고 뉴미디어시대에 대비해야한다.

2008년 9월 동우회보에서 동아일보가 지향해야할 방향을 제시해달라는 원고 청탁이 왔다. 나는 '신문·방송 겸영시대, 동아일보의 선택과 집중' 표제아래 종합편성PP에 총력을 경주할 것을 주문했다. 물론 동아, 조선, 중앙, 한국 등 언론사에서 TV 진출을 준비하고 있다. 그러나 욕심을 낸다고 일이 성사되지 않는다. 나는 실제로 동아가 심사를 거쳐 종편PP를 획득할 수 있는 길을 제시했다. 내가 방송위원으로 6년여 재직할 때 경험했고 현재 방송통신연구원장으로서 판단하고 있는 내용을 제안했다.

간단히 설명하면 지상파방송은 이제 종말을 고하고 있다. 먼저 엄청난 인원과 송신시설을 유지하는 데 큰 비용이 든다. 시청률은 떨어지고 광고도 내리막길이다. 더 중요한 것은 전파에 의존해 비좁은 일정지역에만 방송이 되는 권역(圈域) 방송은 디지털시대에 한계에 도달했다. 지상파방송 지방계열사나 지방 민방들은 더욱 심각한 타격을 받게 될 것이다. 지역방송사들은 하루 속히 통합에 나서야 한다. 그래도 문제는 계속 남아있지만 차선책이라도 취해야 한다.

종편PP는 아주 적은 인원과 경비로 전국에 걸쳐 보도, 교양, 오락 등 지상파방송과 같은 내용을 방영할 수 있다. 지상파 방송사 인원의 10분의 1로도 가능하다. 물론 보도PP보다도 유리하다고 생각한다. 한 가지 우려되는 것은 광고다. 다름 아닌 방송광고공사를 통한 지상파들의 광고독점 현상이다. 그러나 정부가 민영미디어랩(방송광고 판매대행)을 신설한다고 발표했고 또 그 길로 갈 수밖에 없다. 세계적인 추세다.

욕심만 낸다고 되지 않는다. 컨소시엄을 구성해 응모해서 심사과정을 거쳐 허가를 획득해야 하는데 어떤 강력한 배경이 있다고 해서 되지 않는다는 것을 알아야 한다. 최근의 방송사 허가심사에서도 배경만 믿다가 낭패한 컨소시엄이 있다. 내 경험이나 판단으로는 실력을 갖추지 않으면 안 된다. 회계 및 경영 측면에서 탄탄한 컨소시엄 구성, 탁월한 제안서 작성, 심사위원 후보자 사전관리, 영민하고 깨끗한 추진주체 구성 등이 그 요체다. 얼마 전 한 행사장에서 김재호 동아일보 사장을 만나 이런 이야기들을 나눴다. 청와대나 방통위원장이 도와준다고 해서 허가가 나올 수 없다는 점과 실질적 역량을 갖추는 일이 최선의 길이라고 강조했다. 그도 실력으로 최선의 노력을 경주하겠다고 답변했다.

여기에서 한 가지 짚고 넘어가야 할 것이 있다. 신문과 방송 등 언론사의 본질적인 문제다. 인쇄매체의 사양길은 새로운 이야기도 아니다. 어떤 언론학자는 2040년경이면 인쇄매체는 지상에서 사라질 것이라고 내다보기도 했다. 지금 청소년은 물론 젊은이들도 신문을 읽지 않는다는 것을 모르는 사람 없다. 그러면 방송은 어떤가. 방송도 우리나라는 물론 전세계적으로 광고가 줄어들어 고심하고 있다. 지상파 방송 시청률도 계속 떨어지고 있다. 방송 역시 젊은이들의 시청이 줄어들고 있는 것이 사실이다. 한마디로 인터넷이 발달돼 신문 방송 등 매체를 통한 광고가 필요 없게 되어가고 있다. 매체를 통한 유통단계가 사라져 간다. 매개(媒介) 자체가 필요하지 않는 새로운 시대로 들어서고 있다. 광고주체가 인터넷에 자사제품을 선보이면 소비자가 필요한 것을 저렴한 가격에 구매하면 된다. 언론사는 이 점에 대해 특히 유의해야 한다.

방송에의 첫 발

논설실에서 내가 담당한 분야 중에 방송이 포함되어 있다. 1991년 중반 방송위원회에서 방송심의규정을 개정하는데 규정개정심의위원을 맡아달라는 의뢰가 왔다. 방송에 관한 공부도 할 겸 받아들였다. 회의 참석 수당도 나온다. 그 이듬해 방송위원회에서 방송심의위원을 전면 교체하면서 동아, 조선, 중앙일보 논설위원을 한명씩 포함시켰다. 나는 연예오락심의위원을 위촉받았다. 위원구성에 각계를 망라하는 구색도 갖추면서 언론계와 연계를 맺는 측면도 작용한 듯하다. 당시 방송위원장은 서울대 총장을 역임한 고병익 위원장, 사무총장은 나와 중앙고교 동창인 김도진이었다. 김 총장은 KBS에서 보도본부장, 방송본부장을 역임한 중견방송인이다. 이것이 내가 방송 쪽에 디뎌놓는 첫 발걸음이었다.

연예오락심의위원회는 안광식 이화여대 교수가 위원장을 맡았고 한용희, 김택환, 박영상, 이경자, 김원용 교수 등과 함께 위원으로 참여했다. 당시 방송위원회는 프레스센터에 있어 광화문 사무실에서 다니기도 수월했다. 공부도 할 겸, 회의수당도 받을 겸 심의에 열심히 참여했다. 연예오락 프로그램은 심의내용도 재미있었다. 그 즈음 방송마다 불륜드라마가 판치고 있었다. 92년 말 방송위원회에서 드라마의 선정성, 폭력성 등에 관한 세미나를 개최하는데 내게 주제 발표를 해달라는 의뢰가 왔다. 사례위주로 발표하되 대안을 제시해야 한다. 방송위 사무처에서 각종 사례 등 내용을 작성해 주고 나는 상식선에서 대안을 제시하면 됐다. 나는 흔쾌히 수락했고 최선을 다해 주제발표를 했다. 최근 드라마에서 정사장면, 여자가 속옷 벗는 장면이 부쩍 늘었고 토크쇼에서는 연예인의 성기와 광고내용을 연관 짓는 표현과 누드사진 촬영장면이 등장했으며 코미디에서는 미아리 퇴폐 유흥업소를 그대로 재현하는 등 말초적 흥미유발에만 초점을 맞추고 있다고 지적했다.

드라마의 소재선택은 자유로워야 한다. 남녀 간의 애욕이나 불륜도 소재가 될 수 있다. 그러나 이런 소재는 인간의 마음속에 잠재해 있을지도 모를 원초적 욕망을 이성으로 억제하는 갈등을 겪으면서 성숙해 가는 모습을 부각시키는 것이 바람직하다. 혼외정사를 예사로 알고 불륜관계를 미화하는 작태는 용납 받을 수 없다고 강조했다. 세미나 내용은 각 언론에서 집중보도 했다.

방송위원회에서 방송언어특별위원회 위원 위촉도 해왔다. 위원장은 이정석 방송위원, 위원은 박갑수, 박병학, 최창섭, 이계진, 최준희, 최기호 교수 등이다. 방송언어심의에서도 배울 점이 많았다.

그 이후로 내게 방송관련 직책 의뢰가 계속됐다. 방송위원회는 매월 좋은 프로그램을 선정해 시상하는데 그 선정업무를 맡는 이 달의 좋은 프로그램 심사위원회 위원 위촉이 와서 수락했다. 위원장은 유민영 방송위원, 위원은 이민웅, 이계경, 정진수 교수 등이다. 이어 1994년 방송위원회에서 어린이프로그램 자문위원회 위원장을 맡아달라고 해서 수락했다. 위원은 김호영, 성완경, 백미숙, 이순형, 이영, 윤선희, 박세형 교수 등이다. 책임을 맡고 있어 더욱 열심히 했는데 역시 배우는 내용이 더 많았다. 이 위원회는 어린이에게 미치는 교육적, 정서적 영향이 큰 어린이대상 프로그램을 심의하고 전문적인 의견도 제시해 심의의 전문성과 효율성을 높였다.

방송위 사무처에서는 천영희 부장이 안건내용을 브리핑했는데 아주 효율적으로 진행했다. 그 후 천 부장이 방송위를 그만두게 되었고 내게 선처를 부탁해 방송광고자율심의기구에 추천해 상당기간 전문위원으로 재직했다.

MBC에서도 시청자위원 의뢰가 와 역시 수락했다. 그때 상업성 짙은 MBC 프로그램의 공영성 확보를 위해 시청자들을 대신하여 바른 의견을 많이 제시했다. 선정성, 폭력성이 난무하는 저질 프로그램에 대해서는 가차 없이 비판했다. 비판을 유보하지 못하는 나의 모난 성격이 그대로 발휘됐다. 말수 적은 강성구 사장은 남의 의견을 경청할 줄 아는 분이다. 강 사장은 그 자리에서 간부들에게 일일이 시정지시를 내렸다. 평소 친하게 지내던 위호인 국장이 잠시 만나자고 하더니 비판만 하지 말고 칭찬도 좀 해주라고 당부했다. 일리 있는 충고였다.

시청자위원회에서는 나를 부위원장으로 선출했다. 그런데 얼마 안 있어 서울대 교수인 김신일 위원장이 사퇴했다. 그러자 모두들 나보고 위원장을 맡으라고 했다. 그때 연극과 방송분야의 원로 이근삼 서강대 교수가 새로 시청자위원이 되었다. 이 교수는 방송위 심의도 같이 했고 아내의 스승이기도 하다. 나는 나보다 이 교수가 위원장을 맡는 것이 합당하다고 판단했다. 위원들이 나보고 맡으라고 강력히 추천했지만 완강하게 사양했고 나 혼자 이 교수를 위원장으로 추천해 관철시켰다. 그때 내가 아주 잘 결정한 일이라고 생각하고 있다.

그 후 이 교수는 이런 말을 했다. 이 교수의 제자인 나의 아내 강추자가 신춘문예 작가로 등단했는데도 별 활동을 하지 않아 왜 그러는가 했었는데 나를 겪어보면서 알게 됐다고 했다. 우선 종부(宗婦)로서 부담이 많고 아이들을 많이 출산한 측면도 있지만 남편의 카리스마에 눌려 그랬던 것 같다고 지적했다.

그뿐 아니다. KBS에서 '심야토론' 프로그램 토론자로 나와 달라고 했다. 기획제작실 이문수 차장이 연락해 수락해줄 것을 요청했다. 동아일보에서는 타 매체에 출연하려면 회사 승낙을 받아야 한다. 그래서 회사측의 허락을 받고 출연하기 시작했다. 토론 프로그램 사회자는 방송인 김규칠 씨. 사전에 만나 담당PD 등과 대충 토론방향을 협의하고 분장한 다음 출연했는데 반응이 좋았다. 특히 KBS측에서 언론인 토론자로서 내가 맡아 발언해야 할 내용을 충실하게 제기해주어 많은 도움이 됐다고 고마워했다.

사회자가 바뀌어 이연숙 씨를 거쳐 유재건 사회자가 진행하던 때까지 계속 출연했다. 그 당시 동아일보에서는 물론 신문사 전체에서도 나 혼자만이 고정출연자로 출연했다. 토론 주제가 교육, 청소년, 복지, 교통 등 사회분야와 여성, 방송분야 등의 이슈를 다룰 때마다 불려 나갔다.

방송 못지않게 교육분야에서도 계속 위원 위촉 의뢰가 왔다. 1994년 초 중앙교육심의위원회 위원을 맡아달라는 연락이 왔다. 중앙교육심의위원회는 국가 교육정책 수립을 위한 근간을 마련한다. 정책당국에서 마련한 안을 최종 심의하여 통과시키는 교육정책 수립과 관련한 중요한 기구다. 이어 한국교원단체 총연합회 자문위원 위촉도 왔다. 한국학원총연합회에서도 자문위원 위촉이 왔다. 학교법인 상지학원 이사 요청도 왔다. 모두 수락했다. 회사로부터 대외활동 허락을 받아야 할 내용은 그 과정을 거쳐 수락했다.

논설위원실의 갈등

내가 이렇게 대외활동을 활발하게 하게 된 데는 나름대로 이유가 있었다. 첫째는 논설실 업무내용이 한 주일에 사설이나 횡설수설 두세 건 쓰고 나면 그만이어서 시간적 여유가 많았다. 한가한 것을 견디지 못해 답답하기까지 했다. 둘째는 의욕이 왕성했고 자신도 넘쳐나 무엇이든지 닥치는 대로 맡아 역량을 발휘하고 싶었다. 셋째는 미묘하게 돌아가는 회사 분위기에서 내가 할 일이 끝나가는 것 같은 느낌이 들었다. 그만둘 경우에 대비해 무언가 실마리를 잡고 싶었다. 회사 측이 나아가는 방향과 논설위원실을 운영하는 방식에 대한 반발의식도 작용했다.

그때는 김진현 논설주간이 떠났고 이채주 주필이 논설실을 관장하고 있었다. 그가 논설실로 오자 나는 가슴이 덜컹 내려앉았다. 그가 편집국장으로 있을 때의 여러 가지 불만스러웠던 일들과 나를 갑자기 사회부에서 조사부장으로 발령 냈던 지난 일이 불쾌하게 떠올랐다.

논설회의 주재자는 주필이다. 논설회의를 통해 그날의 사설이나 횡설수설의 주제를 결정하고 필자 선정과 집필방향에 대해 논의한다. 주제 결정과정에서 의견이 다를 수 있다. 필자선정에서도 마찬가지다.

집필방향에 대해서는 더욱 판단이 다를 수 있다. 최종 결정은 주필이 내린다. 그러나 그 결정에 객관성 합리성 타당성이 있어야 한다. 그 결정 과정에서 공정성이 결여될 경우 좋은 사설이나 칼럼이 나올 수가 없다. 중대한 시국에 처해 있을 때는 더욱 더 현명한 대처와 판단이 필요한데도 납득하기 어려운 미묘한 방향으로 몰아가는 경우가 있다. 이런 경우 항상 회의 주재자의 괴변이 등장한다. 그런 데에는 바람직하지 못한 의도가 내포되어있기 때문이다.

회의 흐름은 주제자의 성격에 따라 상당한 차이가 난다. 의견수렴을 충분히 한 뒤 합리적이고 상식적인 결정을 내리는 사람, 산만한 의견이 난무하는 속에 주제를 결정하지 못하다가 마감시간 임박해 어름어름 결정하는 사람, 의견을 나누되 독단적으로 처리하는 사람, 이미 결정해 놓고 간단한 형식적 절차를 거치는 사람 등.

이채주 주필이 논설회의를 주재할 때 보면 종전과는 확연히 달랐다. 우선 위원들의 얼굴이 굳어져 있다. 의견제시도 함부로 하지 않는다. 의견을 제시했다가 납득할 수 없는 독선적 반론에 상처를 입기도 했다. 선정된 주제나 집필방향이 탐탁치가 않아 위원들의 눈길이 옆으로 비키고 얕은 한숨소리가 나오기도 했다. 김재곤 위원 등 몇 명은 적극적으로 저항하기도 했다.

논설위원도 그렇지만 주필은 온화하면서도 치열한 비판의식을 갖고 많은 다양한 의견을 경청해야 한다고 생각한다. 주필은 논설위원에 대해서가 아니라 권력에 대해 비판과 견제의 역할을 도맡아야 한다. 당시 이채주 주필은 독서광이었다. 많은 분야에 해박한 지식을 갖고 있었다. 그런 점에서 배울 점이 있는 분이다. 그렇지만 주변에 대해 따뜻함과 자상함이 부족했다고 느꼈다. 솔직히 말해 지나치게 독선적이라는 점도 느꼈다.

신문사가 일반 기업처럼 윗사람 한 명에게 모든 것이 집중되어 있게 되면 그 신문의 객관성, 공정성, 다양성은 사라진다. 장래 희망도 없다. 편집 책임자나 논설 주재자의 사주(社主) 만을 향한 일방통행은 결국은 그 조직, 그 회사를 망친다.

직장에서 고위 간부들이 지켜야할 덕목은 많다. 특히 신문사 편집국장이나 논설실 주필 등이 꼭 지켜야할 것들이 있다. 나의 30년 언론 경력을 돌아보면서 그 중 두 가지만을 강조하고 싶다.

첫째는 기사에 대한 사주(社主)의 부적절한 지시를 거부할 줄 알아야 한다. 편집책임자도 아닌 사주가 기사와 관련해 자주 지시를 내리는 것은 편집권을 무시하는 것으로 언론을 황폐화시키는 행위다. 그런 지시를 받아들이는 편집책임자는 무언가 부족한 면이 많아 그것으로 대신 보상하려는 의도가 있다. 대개의 경우 사주의 그런 지시는 자신이 부탁받은 일을 지시라는 이름으로 전달한다. 지시가 잦은 사주나 편집간부는 모리배가 아니면 권력의 끄나풀 정도로 인식하면 된다. 그에 대해 기자들이 대놓고 이야기는 하지 않지만 그것이 부탁이라는 것을 모르는 기자 없다. 그렇게 해서 뒷이야기가 떠돌아다니고 조직이 취약해지고 회사가 사양길을 걷게 된다.

다음으로는 사주에게 아부(阿附)하지 말아야 한다. 아부는 권세가 오래갈 것으로 판단되는 인사권자에게 한다. 그런 사람들은 인사권자가 내뱉는 말의 속내를 헤아리는데 나날을 보낸다. 온 신경을 그쪽에만 쓰게 된다. 그분이 듣고 싶어 하는 말만 하고 그분이 원하는 일만 골라서 하려고 노력한다. 보통 사람들은 그렇게 하기가 무척 피곤할 텐데 아부 잘 하는 사람들은 몸에 배어있어 그런 것도 느끼지 못한다. 한술 더 떠서 누가 무슨 부탁을 해와도 바로 처리하지 않고 윗분이 생색을 낼 수 있도록 돌려서 처리한다. 그래서 아부는 학력 좋고 총명하고 약삭빠른 사람이 잘한다. 이런 사람들에겐 자존심 같은 것은 아예 없다. 비굴한 아첨만 있을 뿐이다. 머리 나쁜 사람이 아첨하면 본인이 바보가 되는데 그치지만 교활한 사람이 아첨하면 그 조직이 바보가 된다.

편집국장이나 주필은 회사의 윗분, 특히 사주의 옷을 들고 있거나 입혀주거나 신발을 가지런히 챙겨주고 승용차 문을 열어주고 닫아주며 큰 절하는 행위 등은 삼가야 한다. 윗분이 거동이 불편하거나 연로한 경우라면 예외가 있을 수 있다. 어떤 사람은 윗분이 동년배나 후배인데도 그런 것은 개의치 않고 과잉충성한다. 얼굴이 두꺼워 아래 직원들이 모두 뻔히 지켜보고 있는 것도 개의치 않는다. 그런 상황에서의 아첨은 더 큰 효과를 낼 수도 있다. 더욱 큰 문제는 그 같은 행태가 지면제작에도 그대로 나타나는 것이다. 아부는 결국 회사를 망친다. 이런 사람들일수록 아랫사람들에게는 혹독하게 대한다. 아래 직원들이 인사해도 받지 않는다. 언제나 거만한 표정이다.

솔직히 말해 나도 다급한 상황에 처해 있을 때 아부라도 해야 하지 않을까 하는 생각이 들기도 했다. 생각은 해보았지만 실행은 하지 않았다. 입과 몸짓과 사고방식이 전혀 따라주지 않는다. 아부는 아무나 하는 것이 아니다. 그런 능력을 타고나야 가능하다. 그런 능력도 없이 억지로 시도했다가는 되레 역효과를 본다. 그보다도 그렇게 아부하는 본인 스스로 얼마나 힘들고 괴롭겠는가.

논설위원들이 외부활동에만 정신이 팔리면 회사 본연의 임무에 소홀히 할 수도 있다. 만약 그런 현상이 나타났다면 그것은 문제다. 그러나 그런 경우는 보지도 못했고 들어보지도 못했다. 오히려 좋은 경험을 살리고 안목을 넓히게 돼 업무에 보탬이 된다고 존경받는 선배들이 입을 모은다. 논설위원이 저서도 내고 외부강의도 듣고 외부강연도 하고 방송에도 출연하는 것은 자기개발은 물론 오히려 소속 신문사의 성가를 높일 수 있다. 출연자가 TV화면에 비치고 '동아일보 논설위원' 명칭이 자막으로 비칠 때 소속 언론사 선전이 되면 되었지 피해를 주지는 않을 것 아닌가.

이채주 주필은 얼마 뒤 칼럼 필진에서 나를 제외시키더니 TV 출연도 하지 말라고 통고해왔다. 사람은 미세한 암시에도 영향을 받는다. 인간은 본디 연약한 측면이 있어 말 한마디에 상처 입는다. 글 쓰는 사람은 더욱 민감하다. 하물며 계속 집필해 오던 필자에게 아무 이유도 없이 갑자기 칼럼을 쓰지 못하게 하는 것은 충격적이다.

KBS에서 또다시 출연해달라는 요청이 왔다. 앞으로는 TV에 나가지 않겠다고 했더니 이문수 PD가 그동안 20여 차례 심야토론에 출연하면서 너무나 좋은 내용을 발표해주었고 반응도 좋았다면서 어떻게든 계속 나와 달라고 간절하게 요청을 했다. 그러나 나갈 수가 없었다. 동아일보가 '조 · 중 · 동'이 돼 버린 데에는 이런 것들이 쌓이고 쌓인 데서 비롯된 것은 아닐까.

그 즈음 고려대 경영대 출신 언론인들의 모임이 결성됐다. 내가 고려대경영대 언론인회 초대회장을 맡게 됐다. 나는 단순 친목단체에 그치지 않고 한국기업경영 상태를 진단하고 경제발전을 위한 대화의 광장을 마련해보고 싶었다. 그래서 내 주도로 '고려경영포럼'을 창설했다. 참가범위는 고려대 경영대학 및 경영대학원 전현직 교수와 경영대 및 경영대학원 최고위과정 졸업 및 이수자들로 정했다. 공동대표는 고려대 경영대학원장 지청 교수, 경영대학장 신수식 교수와 내가 맡아 추진해나가기로 했다. 매월 경영포럼을 개최, 경제현안에 대한 전문가 강연을 갖고 토론도 했으며 우수기업인 표창도 했다. 연사로는 경제부총리를 역임한 이경식 한은총재, 이우영 중소기업청장, 홍일식 고대총장, 송자 연대총장 등을 초빙했다. 이 포럼은 나름대로 대단한 성과를 거뒀고 내가 동아일보를 퇴직한 후 후배에게 넘겨주었다.

국민복지추진연합

복지분야에서도 의뢰가 왔다. 국무총리 산하에 4대 보험 통합추진기획단이 설립됐고 그 위원을 맡게 됐다. 매주 불광동의 한국보건사회연구원에서 회의가 열렸는데 나는 여기에도 적극적으로 참여했다. 기획단은 여론을 대변하는 입장인 내 견해를 존중해주어 더욱 활발하게 의견을 개진했다. 이 기획단에서 차흥봉 복지부 장관, 김상균 서울대 교수 등을 비롯 많은 복지문제 전문가들과 접촉했다. 국가복지의 격동기를 맞아 손준규 서강대 교수 등과 함께 국민복지실현을 추진하는데 한 역할을 하자는데 의견을 모았다.

1996년 우리나라 경제여건은 극히 혼란스러운 상황에 놓여있었다. 경제발전 수준은 선진국 문턱에 접어들었지만 국민복지 수준은 개도국 수준에도 미치지 못하는 부끄러운 상태였다. 이 같은 현실에서 OECD 가입으로 국정전반에 걸쳐 커다란 변화가 나타났다. 선진국의 일원으로서의 자격을 갖추기 위해 먼저 복지 분야에서 획기적인 전환과 함께 일대개혁이 시급했다. 그런데도 정부의 복지정책 구상은 국민들에게 실질 혜택이 크게 미흡한 형식논리에 그쳐 있었다. 그렇게 돼서는 절대로 안 된다고 생각했다.

손준규, 김상균, 김융일, 유광호 교수 등과 모여 우리나라가 OECD에 가입하는 시점에서 우리의 사회복지 현황과 당면과제를 재점검하고 OECD 각국들과 비교분석하여 사회복지 발전을 위한 정책방향을 제시하는 모임을 결성하기로 했다. 당시 사회복지운동에 큰 관심을 표명해온 김찬국 상지대 총장과 협의하여 김 총장, 손 교수와 내가 공동대표를 맡아 국민복지추진연합을 결성했다. 1996년 1월 29일 발기인대회에서 선진복지한국을 위한 국민복지선언식을 갖고 국민복지발전 10개년투자계획을 발표했다. 2000년까지 선진국의 1970년대 수준인 GNP

선진복지한국을 위한 국민복지 선언식 모습. 왼쪽 일곱 번째가 필자, 그 다음이 손준규 교수, 성민선 교수.

대비 10%의 복지부문 투자를 촉구하고 생계 주거 의료 교육 근로의 5대 기초보장, 의료연금 산재고용보험 전국민 적용, 최저주거기준 마련, 사치성 소비생활에 대한 복지세 부과 등의 과제를 제시했다.

국민복지추진연합 결성에 사회복지분야 원로 및 전문가들이 대거 참여했다. 고문으로 김학묵 한국뇌성마비협회장, 백창현 대한노인회장, 성규탁 연세대 교수, 신섭중 부산대 교수, 유인종 서울시 교육감, 이성재 국회의원, 이윤구 선명회장, 전대련 YMCA 회장, 조일묵 한국장애인재활협회장, 주양자 전 보사부 장관 등을 모셨다. 내가 공동대표 겸 상임운영회의 의장을 맡고, 부의장은 유광호 한국사회보장학회장(정신문화연구원 교수), 사무총장은 임춘식 한남대 교수가 맡았다.

운영위원은 권이종 한국교원대 교수, 김상균 서울대 교수, 김융일 가톨릭대 교수, 김재옥 소비자시민모임 사무총장, 박순일 한국보건사회연구원 전문위원, 박재천 전국도시빈민협의회 집행위원장, 성민선 가톨릭대 교수, 송정부 상지대교수, 유종성 경실련 사무총장, 이남진 변호사(민주사회를 위한 변호사 모임), 이영철 광주대 교수, 조흥식 서울대 교수, 조흥준 울산대 교수, 주성수 한양대 교수, 최열 환경운동연합 사무총장, 최일섭 서울대 교수, 하성규 중앙대 교수 등이 참여했다.

우리는 너무나도 취약한 국민복지 현실을 개선하지 않고는 우리의 사회통합 달성은 물론 당면한 경제적 혼란상태 개선은커녕 사회구성원의 기본적 생계보장까지도 위협받을 수 있다고 진단했다. 1996년 3월 '한국의 복지정책 이대로 좋은가' 주제로 심포지엄을 개최했다. 주제는 조흥식 서울대 교수(사회복지학)가 발표했고 토론은 관련분야 학자, 언론인, 복지단체 전문가, 4개정당 정책위원회의장(대리 포함) 등이 맡았다. 우리는 거기에 그치지 않았다. 1997년 3월부터 5월말까지 전국 주요지역을 순회하며 'OECD가입과 한국의 복지대책' 주제의 분야별 연속 심포지엄을 잇달아 개최했다. 각 분야별로 사회복지 발전을 위한 대안을 마련해 정부당국과 사회각계에 제시하고 이를 바탕으로 실천적 시민운동을 전개하여 국민복지권을 확보해 나갔다. 행사를 마치고 주제와 토론내용을 정리하여 《OECD가입과 한국의 복지대책》을 발간했다. 복지분야 전문신문은 말할 것도 없고 일부 일간지에서도 이 문제를 비중있게 다뤘다.

동아일보 퇴직

동아일보사 재정이 어려웠던지 논설위원 등 많은 직원들이 대거 명예퇴직하게 됐다. 한 사무실에 5년여 같이 있다가 떠나게 돼 모두들 서운해 했다. 그때 많은 논설위원들이 퇴직했지만 나는 기획위원으로 발령이 났다. 김병관 회장이 배려해준 것이라고 생각하고 있다. 그러나 나는 이제야말로 정말 회사를 그만둘 때가 됐다고 생각했다. 그 같은 상황에서는 누구라도 그런 생각을 하게 됐을 것이다.

신문기자 30년을 정리하고 싶었다. 무언가 다른 일을 해보고 싶었다. 그럴 때마다 〈고요한 돈강〉의 저자인 러시아의 문호 숄로호프가 떠올랐다. '문학은 남자가 일생을 걸고 해볼 만한 일'이라는 그의 명언이 또다시 뇌리에 스쳐갔다. 나는 〈역사의 고전장〉 시리즈를 마치고 단행본으로 출간한 뒤 이런 생각을 했었다. 신문사를 떠나 집필활동으로 나서보고 싶었다. 나는 어렸을 적 로망 롤랑의 〈베토벤의 생애〉, 〈톨스토이의 생애〉를 읽고 큰 감명을 받았다. 언론인으로서 글 쓰는 직업을 선택한 데에도 그 영향이 작용했다. 내가 쓰고 싶은 내용은 '이순신 장군의 생애', '고선지 장군의 생애', '원측 대사의 생애', 그리고 '나의 일생', 내지는 우리집안 이야기다.

고선지 장군은 당나라로 끌려가 파미르 고원, 곤륜 산맥, 히말라야 산맥을 넘어 55개국을 정복한 세계적 명장이지만 중국에서 이국인으로 폄하해 그에 대한 기록이 별로 남아있지 않다. 후당서에 약간 나와 있을 뿐 자료가 아주 희박하다. 오히려 영국의 스타인경이 고선지 장군의 장정(長征) 경로를 탐사해 그 기록이 거의 유일한 내용이다. 이제 중국과의 교류가 빈번해졌으므로 장군의 발자취를 꼭 한번 추적해보고 싶었다.

뒤에 방송위원으로 있을 때 KBS 교양국장 등과 자리를 같이 한 적이 있었다. 마침 역사 이야기가 나왔는데 이들이 고선지 장군 자체를 잘 알지 못했다. 장시간 동안 이들에게 장군에 대한 역사적 사실을 '강의'하면서 그의 족적을 제대로 추적하면 훌륭한 작품이 나올 것이라고 강조했다. KBS에서 뒤늦게 알아보고는 장군의 경로를 추적했다. 그후 역사스페셜이든가의 프로그램에서 2회에 걸쳐 탐방내용을 방영했다. 물론 극히 일부 내용이다.

우리 역사상 고승은 신라에서 많이 배출됐다. 혜초(慧超)의 왕오천

축국전(往五天竺國傳), 원효(元曉)의 대승기신논소(大乘起信論疏), 원측(圓測)의 해심밀경소(解深密經疏)는 세계적인 불교저작이다. 원측은 일찍이 당(唐)에 유학, 평생 그곳에 머무르면서 유식학(唯識學)의 대가로 당대 최고의 학승이었다. 그는 티베트어, 범어(梵語) 등 6개 국어에 능통해 수많은 경전번역으로 아시아 제국에 큰 영향을 미쳤다. 삼장법사의 제자로 유가론(瑜伽論)도 가르쳤으며 뒤에 대덕에 올랐다. 한국이 낳은 세계적인 불교석학이다. 이 해동의 고덕 역시 신라인으로서 중국에서 제대로 평가받지 못했다. 이 고덕의 발자취도 추적해보고 싶다. 그리고 우리 집안 이야기도 언젠가 한번 꼭 기록으로 남겨야겠다고 생각했다.

어찌됐든 나는 새로 나아갈 방향을 모색하고 있었다. 평소 친밀하게 지내던 편집국 이규석 부장과 만나 장래의 진로에 대해 상의하면서 서로 함께 그만 두자고 몇 번 의견을 나눴다. 나는 진주의 그의 생가도 방문한 적이 있다. 그의 생가 방문은 남명(南冥) 조식(曺植) 선생이 봉헌되어있는 산청의 덕산서원에서 '남명과 언로(言路)'에 대해 강의해달라고 하여 이 서원에 가는 길에 들렸다. 그때 집안동생 주환 군과 어린 아들 규호를 데리고 갔다. 규호에게 창녕 조씨 출신의 대학자인 남명 선생에 대한 인식을 심어주고 싶었다.

남명은 퇴계 이황과 함께 16세기 영남학파의 양대 산맥이다. 남명은 학문탐구에 있어 수양과 실천을 강조했다. 경(敬)과 의(義)는 남명사상의 핵심가치다. 안으로 자신을 밝히는 것은 경, 밖으로 과감하게 결단을 내리는 것은 의다. 임진왜란때 정인홍, 곽재우 등 걸출한 의병장들이 모두 남명 문하에서 배출됐다.

'천 가지 천재(天災)와 억만 갈래의 민심을 무엇으로 감당하며 어떻게 수습하겠는가'라는 남명의 을묘사직소는 유명하다. 남명은 사직상소에서 당시 실질적 권력자인 문정왕후를 과부로, 명종을 고사(孤嗣)로 부르며 퇴폐한 외척정치의 문제점을 직선적으로 비판했다. 일개처사가 절대군주 앞에서 당당하게 정치현실을 적나라하게 비판하면서 혁신을 요청했다.

내가 기획위원으로 옮겨 근무할 당시 홍인근 선배가 기획실장이었다. 홍 선배와는 사회부에서 오랫동안 함께 근무했지만 서로 생각하는 방향이 달랐다. 그렇다고 내 생각만 옳다는 것은 아니다. 어느 날 업무협의를 하던 중 의견차이가 있었다. 내 판단엔 내가 추진하는 방향이 맞는데 계속 이견을 제시해 다투다가 내가 "그만 두겠다"며 일어섰더니 "뭐? 뭐?"했다. 나는 이미 그만둘 준비를 하고 있었다. 명예퇴직은 퇴직금을 많이 준다. 나도 바로 명예퇴직을 신청해 1996년 말로 그만두었고 곧 이어 1997년 1월 내가 희구하던 방송위원이 됐다. 드디어 만 31년을 몸담은 동아일보를 떠나게 됐다. 1965년 12월 어려운 가정형편과 극심한 취업난 속에 동아일보에 합격했을 때 그렇게도 기뻤었다. 그러나 퇴로가 없던 57세 나이에 방송위원이 됐을 때 오히려 그보다 더 기뻤다.

고려대 언론대학원 최고위과정

이에 앞서 1995년 논설위원 재직 때 고려대 언론대학원 최고위과정 3기에 입학했다. 동아일보에서 1기에 김병관 회장, 2기에 권오기 사장, 3기에는 박오학 상무가 다녔는데 나는 대학측과 협의하여 별도로 장학금을 받고 3기에 입학했다. 동아일보에 입사한지 30년 가까이 되는데 재충전이 필요하다는 생각에서였다. 강의는 매주 두 번 했다. 강의도 강의지만 동기생들인 사회 저명인사들과의 교류가 큰 보탬이 될 것으로 생각했다. 실제로 유익한 교류를 했고 많은 새로운 체험도 했다.

고창 우리집을 방문한 고려대 언론대학원 최고위과정 동기생들. 왼쪽부터 김덕창, 김용로, 최열, 김영우, 안경종, 홍성목, 윤기선, 이종복, 허종회, 이청승, 필자. 앞줄은 채수삼, 임석, 최병재. 맨 뒤는 정연차 씨.

70여 명 동기생 면모도 화려했다. 우선 정치인들로는 김영삼 정부의 핵심멤버이며 국회의원, 총무처장관을 지낸 서석재 씨를 비롯 국회의원 지낸 사람만도 김명규, 김용균, 김유상, 김정숙, 김한규, 박원홍, 신중식, 안상수, 유인학, 유준상, 윤원중, 이경재, 주양자, 최재욱 등 15명이나 된다. 이 중에는 장차관이나 원내대표를 역임한 사람도 있다. 유인학 씨는 세계거석문화협회 총재로 고창 화순 등지의 고인돌을 유네스코 세계문화유산으로 지정하는 등 큰 역할을 했다. 언론인들로는 김성조 부산방송사장, 김영렬 서울경제신문사장, 김정훈 장애인복지신문사장, 장재근 한국일보사장, 허종회 민족의학신문회장, 홍남출 경상일보회장 등이 있다. 기업인으로는 김시학 청구부회장, 김영우 코실크무역회장, 김재기 전 외환은행장, 서상록 삼미그룹부회장, 신현균 대현회장, 오동빈 동원산업부회장, 윤기선 제일기획사장, 윤용남

대우인력개발원사장, 이순목 우방회장, 이양섭 명신산업회장, 이웅렬 코오롱그룹회장, 이청승 한국폴라회장, 임석 솔로몬저축은행회장, 정몽규 현대산업개발회장, 채수삼 금강기획사장(뒤에 서울신문사장 역임), 천신일 세중회장 등이 있다. 이 밖에 권도홍 도서출판 청산대표, 도동환 대동홍업회장, 최열 환경운동연합 사무총장, 최차혜 병원장, 홍성목 국제전략연구소이사장 등이 있고, 연예인으로는 길용우, 선우은숙, 이미숙, 이순재 등이 있다.

서석재 장관이 회장, 임석 씨가 총무를 맡았는데 회의나 담론 진행 등 모든 일을 내가 사회를 맡아 이끌었다. 나는 강의를 들으면서 논설위원 자격으로 언론관련 강의와 토론도 했다. 그때 강사들의 강의 내용 중에 신문을 비판하는 내용이 많았다. 강사가 신문을 비판하면 청강생들은 즉각 호응했다. 신문에 대한 적대감이 의외로 강했다. 신문에 조금이라고 피해를 본 사람은 거품을 물면서 신문의 폐해를 열거했다. 권력 주변에 있는 사람들일수록 더욱 심했다. 이들에게 신문은 동네북이다. 아침마다 열심히 신문을 찾아 읽고 또 읽으며 많은 유익한 정보를 얻으면서도 자신의 취향이나 이해관계에 조금이라도 어긋나면 가차 없이 비판해 버린다. 그러면서도 무슨 일이 발생하면 신문은 뭐하고 있느냐며 신문이 앞장서줄 것을 요구한다.

신문은 자유 민주주의 시장경제 국가에서 핵심기능을 맡고 있다. 나는 신문이 주는 혜택을 열거하면서 신문을 활용하라고 주문했다. 관심만 가지면 독자기고, 동정란, 알림란 등 얼마든지 유용하게 활용할 수 있다고 강조했다. 신문사의 기획기사나 아젠다 설정에도 많은 도움을 줄 것을 당부했다. 그리고 신문으로 인해 피해를 입게 되면 주저 말고 언론중재위에 제소하라고 했다. 제소하지 못하는 것은 스스로 공공의 이익에 반하는 행위를 저질러 신문으로부터 지적당한 것이라고 해도 할 말이 없는 것이라고 강조했다. 나는 미국의 사상가 에머슨의 명언을 인용했다. '이 땅과 바다의 구석구석에서 제각기 당신의 아침 식탁으로 나와서 자신의 이야기를 하도록 최선을 다하는 것, 그것이 신문이다.'

1993년 10월 김영삼 정부 출범이후 7개월 동안 신문사 대표 25명을 비롯 162명의 언론인이 구속됐다. 비리유형을 보면 남의 약점을 이용한 금품갈취, 이권개입, 광고강요, 간행물 강매 등이다. 처벌된 대상이 모두 유명무실한 지방언론사들이다. 사이비 언론인이라고 매도되지만 그 내용을 들여다보면 이들은 당초 언론인이라고 할 수도 없는 사람들이다. 그때 나는 횡설수설에 이렇게 썼다.

> 〈신문 잡지는 거짓말의 소굴이다. 독자의 십중팔구는 그 거짓말에 말려들 가능성이 있다〉(로망 롤랑). 〈모든 포악 중에서도 가장 한심하고 비열한 것이 신문잡지의 포악이다. 거부당하면 거리의 이곳저곳을 샅샅이 뒤져 결국 억지로 무엇인가를 강요해 빼앗아가는 걸인(乞人)과도 같은 것이다〉(키엘케고르). 〈언론의 자유를 부르짖는 것은 그것을 남용하려는 인간들뿐이다〉(괴테). 〈먼저 사실을 붙잡으라. 그리고는 마음대로 곡해(曲解)해 버려라〉(마크 트웨인). 이보다 더 심한 언론모욕도 있다. 〈저널리즘이란 빠져 나올 수 있다는 보증만 있다면 무엇에든지 앞장서 목을 디민다〉. 이 혹평대로라면 요즘 우리주변엔 빠져 나올 수 있는지 없는지도 모르고 목을 디밀었다가 덜컥 걸려드는 언론인이 너무나 많은 것 같다. … 다른 분야와 마찬가지로 언론도 잘못한 점이 없지 않다. 언론의 역할은 지대하고 책임도 무겁다. 그래서 비판의 목소리도 높다. 세계적인 저널리스트이며 작가인 월터 리프만은 이렇게 말했다. 〈보도의 자유는 어떤 특권이 아니라 위대한 사회의 기본적인 요소다. 비판도 듣지 못하고 믿을만한 지적인 보도도 없다면 정부는 통치를 할 수가 없다. 국민이 무엇을 생각하고 무엇을 원하고 무엇을 하고 있는지를 파악할 적절한 방법을 갖지 못하기 때문이다.〉

몽골 기행

언론대학원에 다니면서 여러 가지 사교모임에 빠지지 않고 참여했다. 동기생들과의 친밀도를 높여갔고 무슨 일이 있을 때마다 그들도 모두 나를 찾았다. 한번은 주양자 전 복지부 장관이 몽골에 관심이 있느냐고 해서 그렇다고 했더니 한몽 친선교류에 앞장서달라고 요청했다. 우리나라 모든 갓난아이들은 '몽골리언 스파트'(몽골반점)가 찍힌 채 태어난다. 엉덩이에 나타나는 시퍼런 점이 그것이다. 우리 민족은 중앙아시아에서 몽골을 거쳐 한반도로 내려왔다. 주양자 장관의 부군이며 전 재무부 고위관료를 역임한 이태헌(李泰憲) 한몽교류협회장이 나보고 부회장을 맡아달라고 하여 승낙했다.

1995년 7월 이 회장이 몽골 오치르바트 대통령의 초청을 받았다. 이 회장은 나보고 회원을 확장해 몽골여행을 가자고 했다. 그래서 평소 몽골의학에 관심이 많은 안재규 대한한의사협회장, 안덕균 경희대 한의학교수, 신준식 자생한방병원장과 김한규 대한물류센터회장 등을 끌어들여 함께 몽골여행에 나섰다. 몽골은 모든 분야가 뒤떨어져 있지만 인쇄분야는 더욱 그랬다. 몽골대통령 선거 때 한몽교류협회에서 오치르바트 후보 선거벽보를 한국에서 인쇄해 기증했는데 그런 후원에 대한 보답초청이다.

우리는 울란바토르 영빈관에 여장을 풀었다. 영빈관이라지만 시설이 허술했다. 우리는 오치르바트 대통령, 바크반디 국회의장, 다시제크브 보사부 차관, 바상자프 울란바토르 시장 등과 만나 경제, 문화, 의료분야 등에서 양국간 민간차원의 교류증대와 협력방안을 논의했다. 오치르바트 대통령은 면담에서 동북아의 한국 일본 중국 몽골 간 정치, 경제, 문화교류 및 몽골자원과 한국기술의 합작 필요성을 역설했다. 우리 일행은 대통령과 기념사진을 촬영했고 귀국후 동아일보 동정란에

몽골 대통령 예방. 왼쪽부터 주양자 전 보사부장관, 필자, 오치르바트 대통령, 이태헌 한몽협회장, 김한규 한몽협회 부회장.

오치르바트 대통령 후임인 몽골의 바크반디 대통령 예방. 왼쪽부터 필자, 바크반디 대통령, 김종규 삼성출판사 회장.

간단한 기사와 함께 사진을 게재했다.

그 이듬해 대선에서 바크반디 국회의장이 대통령에 당선됐다. 한몽교류협회는 또다시 초청을 받았다. 이번에는 이태헌 회장과 주양자 전 장관 부부, 삼성출판사회장이며 한국박물관협회장인 김종규 씨 부부, 그리고 우리부부 등 6명이 몽골을 방문했다. 역시 영빈관에 투숙했다. 귀국 후 동아일보 동정란에 다시 한 번 바크반디 대통령과 함께 찍은 사진을 게재했다.

우리는 몽골에서 박물관, 미술관, 사찰 등 많은 것을 보고 배웠다. 그들의 주거인 천막형 게르에서 잠도 자보고 민속춤도 관람하고 경승지 구경도 했다. 몽골은 대륙의 나라, 초원의 나라, 유목의 나라다. 아스라이 한도 끝도 없이 펼쳐져 있는 초원이 지금도 눈에 선하다. 몽골의 민속축제 씨름대회와 수천 마리의 말들이 내닫는 경마대회는 장관이었다.

김종규 회장은 나보다 1년 연상이다. 우리는 잡다한 세상사를 뒤로 하고 유목의 초원으로 탈출해왔으니 잠시라도 원시시대적 환경으로 돌아가 완전한 자유인이 되어 아무 제약을 받지 않는 천하에서 제일 편한 일상을 보내기로 했다. 대화도 그렇고 표정도 그렇고 생각도 마찬가지다. 복장부터 아무렇게나 입었고 말끝마다 욕설이 계속 이어 나왔으며 자세도 아주 흐트러져 그야말로 자유자재였다. 그리고 여유가 생기면 즉각 Y담이 이어졌다. 그때 그 시간이 오래 잊혀 지지 않았다.

중국 시안(西安) 여행

언론대학원에 다닐 즈음 골프에 빠져 있었는데 우선 골프 칠 기회가 많아서 좋았다. 이런 대학원 모임에서는 엄청난 동기회 기금을 마련했다. 서석재 장관을 의식한 점도 있었겠지만 그 당시 3천만 원씩 낸 기부회원이 여러 명 있었다. 나는 기본회비 1백만 원만 냈다. 모금은 도동환 대동흥업 회장이 맡았다. 분담금 할당과 모금에 거의 천재적 역량을 발휘해 상당액을 모았다. 이 기금으로 대학에 장학금도 내고 해외연수도 갔으며 골프도 쳤다. 그 밖에도 여유 있는 많은 동기생들이 스폰서를 자임해 모두들 즐거워했다.

언론대 동기생들의 중국여행은 아주 값진 기회였다. 언론대학원 3, 4기 합동으로 부부동반 여행이었다. 김덕룡, 김정숙, 노기태, 박원홍, 이재오, 임무성 씨 등과 함께 갔다. 김민환 교수도 동행했다. 나는 중국에 몇 번 가보았지만 이번에는 아내를 위해 동행했다. 이번 여행에서는 꼭 가보고 싶었던 시안(西安)을 방문하는 큰 의미가 있었다. 시안은 주(周)나라 때부터 당(唐)나라 때까지 1천 년간의 왕도다. 옛 이름은 장안(長安)이다. 이 장안이라는 명칭이 바로 수도라는 명칭이 되어버렸다. 1936년 장개석이 구금되는 서안사건의 발생지이기도 하다. 그보다 진시황의 무덤과 병마용을 보고 싶었다. 비림(碑林)도 살펴보고 싶었다.

이 토용은 불노장생을 꿈꾸던 진시황이 30여 년에 걸쳐 조성한 자신의 무덤 안의 병마용(兵馬俑)이다. 병마용이란 순장(殉葬)하는 사람과 말 대신 흙으로 만든 말과 인형이다. 2200여 년 동안 지하에 묻혀 있다가 얼마 전 농부 3명이 가뭄에 우물을 파다 발견했다. 2만 5천여 m^2에 6천여 점이 발굴됐는데 같은 모습이 하나도 없어 생존인물들을 모델로 해서 만들었다고 전해진다. 가히 예술품이다. 발굴당시에는 도용의 피부를 누르면 살결처럼 탄력이 있었으나 시일이 지나면서 굳어져버려 발굴을 중지했다고 알려져 있다.

이곳에서 약 2km 떨어진 곳에 야트막한 산이 있는데 이곳이 진시황의 시신이 안치되어 있을 것으로 추정되는 곳이다. 무덤 안에 조성된 강에는 수은이 많이 깔려있다는 이야기를 들은 적이 있다.

당나라 현종의 애첩 양귀비의 화청지도 눈길을 끈다. 현종과 양귀비가 나라를 도탄에 빠지게 해 왕권을 빼앗긴 곳이다. 이 화청지 안에 장개석이 구금되었던 서안사건의 현장도 보존되어있다.

북송 때 전국에 널려있는 명비 3500여 점을 모아놓은 비림, 비석의 숲이다. 역대 중국의 모든 서체를 음미할 수 있는 세계적 명소다. 이곳에서 저 유명한 왕희지, 구양순, 안진경, 조맹부 등의 절기(絶技)라 이르는 서체를 접할 수 있어 감명 깊었다. 비(飛)자, 월(越)자 등의 그 날아가는 듯한 서체에 정신이 아찔했다. 탁본을 사다가 보관해 두었다.

삼장(三藏)법사를 모신 장안사에 들렀을 때도 놀라움을 금치 못했다. 법사의 두 제자 원측(圓測)과 규기(窺基)가 그곳에 새겨져 있다. 앞서 이야기 했지만 원측대사는 신라 왕족 출신으로 우리민족이 배출한 최고의 학승이다. 그의 유식론(唯識論)은 '이 세상의 모든 것은 식(識)에 지나지 않는다. 식의 연기(緣起)가 일체의 모든 것'이라는 것. 대사는 인도 불경의 번역에 심혈을 쏟아 동양불교의 체계화에도 큰 업적을 남겼다.

방송위원

언론대 동기생 도동환 회장은 유명한 마당발로 추진력도 강력했다. 도 회장은 그때 아리랑 로타리클럽을 창립해 많은 사람들을 끌어들였다. 언론대학원 3기에서 5~6명이 찍혔고 나도 포함됐다. 로타리클럽 모임은 호텔 그랜드 인터컨티넨탈에서 주 1회 조찬으로 주회를 갖는데 아침 일찍 일어나는 것이 쉽지 않았다. 그날마다 아침 일찍 도 회장에게서 전화가 왔다. 부지런하고 적극적인 도 회장의 성화에 도리가 없었다. 그렇게 해서 나의 로타리안 생활이 시작됐다.

당시 아리랑클럽 멤버는 도 회장 외에 탤런트 길용우, 김영삼 삼정어연 회장, 김용로 유성필림 사장, 김정치 인천도시가스 사장, 박부일 다다실업 회장, 심재홍 전 경기지사, 이승규 도자기유통센터 사장, 이영일 국회의원, 이형집 대성강판인쇄 회장, 황병주 동영글로벌 회장, 황을수 대학학원 회장 등이었다. 김영삼 클럽회장이 내게 아침마다 시국 흐름에 대해 브리핑 해달라고 하여 조간에 보도된 내용을 위주로 설명하면서 그에 대해 회원들이 견해를 나누도록 유도했다.

조찬모임이 끝나면 몇몇이서 모여 티타임을 갖고 이런저런 세상 돌아가는 형국이나 각자 당면하고 있는 이야기를 나눴다. 어느 날 이영일 의원이 나보고 동아일보 논설위원 경력에 방송분야에서도 활약을 많이 했는데 방송위원에 도전해보라고 했다. 그때 방송위원 임기가 끝나가고 있어 위원회를 새로 구성해야 하는 시점이다.

이 의원은 두뇌가 비상하고 통찰력이 예리한데다 지략까지 겸비한 분이다. 민정당 국회의원, 국회 문화교육공보위원장, 민정당 총재비서실장, 국민회의 총재특보, 새천년민주당 국회의원 등을 역임했다. 그때는 국민회의 홍보위원장을 맡고 있었다.

그 당시 나는 서석재 장관, 박영식 문교장관 등을 동원해 교육방송 사장이 되려고 시도했다가 포기했었다. 방송위원을 시켜주면 좋겠지만 하늘의 별따기나 다름없는 자리다. 당시 방송위원 선임은 대통령이 3명, 국회에서 3명, 대법원에서 3명 추천하면 대통령이 임명한다. 국회에서 추천하는 3명중 야당총재가 1명을 추천하게 돼있다. 9명의 위원 중 야당 몫은 단 1명이다. 이 의원은 자신이 추천하는 것은 한계가 있다면서 방송위원 되는 길을 알려 주겠다고 했다.

그 당시 김대중 국민회의 총재는 언론계에 내밀히 친밀하게 지내는 인맥들이 있었다. 정치인으로서 당연한 일이다. 그중 가장 가까운 사람이 동아일보 정치부 출신인 이도성 논설위원과 이낙연 국제부장이라고 했다. 그중에서도 이도성 위원이 적극 추천하도록 하라고 일러주었다.

나는 먼저 국민회의 장성원 의원을 만나 상의했다. 장 의원은 동아일보 견습 8기 동기생으로 평소 가깝게 지내온 사이이다. 장 의원도 김 총재의 신임이 두터웠다. 장 의원은 자신도 나를 추천하겠지만 동기생으로서 나에 대한 조회 확인이 올 경우 적극 돕겠다고 했다. 그리고 이도성 위원을 만났다. 나는 이 의원과도 친밀한 사이여서 자초지종을 이야기했더니 약속을 했다. 그는 김 총재를 만나 추천했고 당에서는 나에 대한 검증에 들어갔다. 그 당시 추천된 후보자가 수십 명이었다. 나름대로 쟁쟁한 인사들이다.

야당 측 추천으로 고위공직에 들어갈 수 있는 자리가 두 자리 밖에 없었기 때문에 더욱 경쟁이 치열했다. 방송위원 1인과 선관위원 1인이다. 얼마 후 박지원 특보한테서 만나자는 연락이 왔다. 박 특보 안내로 여의도 국민회의 당사 김 총재실에서 면담을 했다. '면접시험'이다. 동아일보 논설위원 때의 역할을 비롯 내 경력에 대해 의견을 나눴다. 김 총재가 내가 쓴 칼럼내용과 국민복지추진연합 활동에 대해 몇마디 물어보더니 알겠다고 말했고 나는 방을 나섰다. 총재의 표정으로 보아 실망할 필요는 없겠다는 판단이 들었다. 며칠 지나 다시 불러 총재실에 갔더니 김 총재가 "방송위원은 아주 중요한 자리인데 앞으로 잘 해보자"고 했다. 긴장했던 가슴이 탁 풀리는 것 같았다.

사람의 진로나 직업은 본인에게는 그 무엇보다 중요하다. 대부분 원하는 곳은 가기가 어렵고 원하지 않는 곳은 오라고 해도 가지 않게 된다. 원하는 곳에 가게 됐을 때의 즐거움은 두 말할 필요가 없다. 내 경우 여러 곳에서 이런 저런 제의를 해와 많은 일들을 맡아 해왔고 거절도 했지만 직장으로 자리를 옮기게 되는 제의를 거절한 적이 두 번 있었다. 한번은 사회부 차장 때 이상하 부장이 정부 부처 대변인 제의가 왔는데 어떻게 하겠느냐고 물었다. 나는 단숨에 거절했다. 그 당시 내 기분으로는 대변인이란 직위는 도저히 받아들일 수 없는 제의였다.

또 한 번은 논설위원 때 김병관 회장과 아주 절친한 친구로 동아일보 법률고문으로 있는 이상혁 변호사가 "당신의 모교인 중앙고교가 지금 학교 상태가 어려운데 교장으로 가 모교를 좀 살려놓으면 좋겠다"고 조심스럽게 제의했다. 회사 윗분과는 이야기가 다 되어있다고 말했다. 이변호사는 김 회장과 함께 나의 중앙고교 선배로 나를 아껴주는 분이다. 명문고교가 대부분 강남으로 옮겨갔고 강남의 학생, 학부모 수준이 높아져 학교가 발전하고 있으나 중앙고교는 옮길 수가 없는 형편이어서 그대로 계동에 남아 어려운 상태에 놓여있다. 그 당시 재단에서 20억 정도 투자해 학교를 재건해보겠다는 것. 교육분야 전문 언론인으로서 모교발전에 밑거름이 되어달라는 것이다. 나는 아주 난감했다. 이것은 바로 김 회장이 시키는 일이었다. 이 제의를 사양하느라 꽤나 힘들었다.

제 3 부

방송위원과 사회생활

새 방송위원회 구성

1997년 2월 새 방송위원회가 구성됐다. 새 위원 9명의 면모를 보면 전 한국일보 사장 김창열, 고려대 교수 원우현, 소설가 이호철, 문화방송 전무 신정휴, 외국어대 교수 정진석, 고법 판사 권성, 숙대 총장 이경숙, 서울대 교수 하용출 위원, 그리고 유일한 야당 추천위원인 나다.

김창열(金昌悅) 위원장은 한국일보 사회부출신으로 편집국장, 논설위원, 편집위원, 논설주간, 사장까지 역임한 성공한 언론인이다. 뒤에 한국일보 고문, 장지연선생 기념사업회장을 역임했다. 김영삼 대통령과 그 아들 김현철 씨와도 친밀하다고 알려졌다. 박학다식하고 배려가 깊은 분이며 주량도 대단하다. 원우현(元佑鉉) 부위원장은 고려대 교수, 언론대학원장, 한국언론학회장을 역임했다. 내가 고려대 언론대학원을 수료할 때 원장이었다. 뒤에 헌법재판소 자문위원, 한국언론법학회장을 역임했다.

방송위원회는 위원회 본회의, 심의위원회, 시청자불만처리위원회 및 사무처 등으로 구성되어 있다. 모든 중대한 사안에 대한 최종결정은 본회의에서 하되 그에 앞서 심의위원회와 시청자불만처리위원회에서 안건들을 처리한다. 여기에서 다룬 내용 중 중요한 안건이 본회의로 넘어간다. 사무처는 이에 대한 지원업무를 맡는다. 사무처 이길범 총장은 동아일보 견습 8기 동기생이다.

위원회는 위원장을 제외한 방송위원 8명을 두 위원회에 배분한다.

방송위원회 홈페이지 개통 테이프를 끊는 방송위원들. 왼쪽부터 하용출, 필자, 이호철, 정진석, 김창열, 이경숙, 원우현, 권성, 신정휴 위원, 이길범 사무총장.

심의 소위원회는 모든 방송 프로그램을 심의하는 기구로 방송위원회 업무의 중추적 역할을 한다. 그 당시는 심의가 주된 업무였다. 이 위원회에 꼭 참여하고 싶었다. 시청자불만처리위원회도 대통령선거를 앞두고 역시 참여하고 싶은 기구다. 시청자들이 방송으로부터 다양한 방송프로그램과 서비스를 제공받으면서 방송에 대한 시청자들의 요구와 불만도 점점 다양해졌다. 또 이전의 소극적이고 수동적인 자세에서 벗어나 시청자로서의 권리와 권익보호를 위해 더욱 능동적으로 방송에 참여하려는 의지를 보이고 있다.

나는 어느 쪽을 택할 것인가를 놓고 혼자 고심하고 있었는데 김 위원장이 내 의중을 꿰뚫어 본 듯이 배치했다. 김 위원장은 나를 양 위원회에 모두 포함시킨 데다 시청자불만처리위원장까지 맡게 했다. 심의위원회는 원우현 부위원장이 위원장을 맡고 이호철, 신정휴 위원과 내가 소속됐고, 시청자불만처리위원회는 내가 위원장을 맡고 정진석, 권성, 이경숙, 하용출 위원이 소속됐다. 그 당시 이 같은 조치는 파격중의 파격이었다.

여의도 국민회의 당사 총재실에 찾아가 이 이야기를 했고 김대중 총재, 조세형 총재대행 등 간부들이 모두 고무되었다. 그 자리에서 내가 김 총재께 한 가지 부탁을 했다. 김창열 위원장에게 전화를 걸어 고맙다는 인사말을 좀 해달라는 것. 위원장과 총재와의 전화 통화는 앞으로 내가 방송위원회에서 일을 하는데 큰 보탬이 될 것이라고 했다. 김 총재가 쾌히 승낙했다.

나는 방송위원장실에 가 김 위원장에게 김대중 총재가 고맙게 생각하고 있다면서 인사 전화를 할 것이라고 귀띔해 주었다. 며칠 지나 전화가 왔느냐고 물었더니 오지 않았다고 했다. 나는 다시 박지원 특보에게 김 총재께 전화 좀 하시라고 일렀고 박 특보는 전했다고 답변했다. 그런데도 전화통화는 없었다. 한참 지나 어느 월요일엔가 위원장 실에 들어갔더니 김 위원장이 활짝 웃으며 이야기했다.

"어제 일요일 아침에 신문을 보고 있는데 아들 녀석이 수화기를 들고 뛰어오면서 '김대중, 김대중' 하기에 무슨 일인가 하고 받았더니 김 총재였어요. 나도 엉겁결에 벌떡 일어나서 전화를 받았지요."

그때 나에 대한 김 위원장의 파격적인 배려가 이해가 되지 않는 점도 있었다. 그 당시 여의도 당사에 가서 내가 방송위의 두 위원회 중 심의위원회를 지망할 것인지, 시청자불만처리위원회를 택할 것인지에 관해 협의한 적이 있다. 그때 시청자불만처리위원 쪽으로 가닥이 잡혔었다.

방송위원회로서는 위원 9명 중 나만이 유일한 야당추천 위원이어서 사실은 견제대상이다. 종전까지 계속 그랬고 알력도 심했다. 그런데도 김 위원장이 위원들을 그렇게 배분한데 대해 몇 가지 추측이 가능하다. 먼저 내 전임 야당추천위원이 사사건건 트집과 억지를 부려 골치를 앓았기 때문에 처음부터 잘 대접해주어 말썽의 소지를 없애자는 가정을 해볼 수 있다. 다음으로는 당시 김대중 총재의 대통령 당선가능성도 있다고 판단해 그런 조치를 취했을 수도 있다. 그 같은 의도적인 측면보다는 언론계 후배가 어렵게 고생하고 있는데 본인의 뜻을 살려주자는 배려차원에서 그렇게 한 것일 수도 있다. 하여튼 그 당시 나로서는 천리마에 날개를 단 기분이었다. 그 때의 김 위원장의 배려에 대해 다시 한 번 고마움을 느낀다. 김 위원장은 회의도 아주 원만하고 능숙하게 진행했다. 판단력과 통찰력이 탁월했다. 얼마 전 별세했다. 명복을 빈다.

그때 위원장과 부위원장을 제외한 위원들은 비상임 위원이어서 일주일에 한두 번 회의에 참석하는 정도였다. 그러나 나는 본회의와 심의위, 불만처리위 등 모든 위원회에 참석하느라 자주 출근하게 됐고 따라서 지급받는 회의수당도 늘어났다.

이듬해에는 방송위원들로 연차보고서 작성소위원회와 사업계획 및 예산편성소위원회를 구성했는데 연차보고서 소위원장은 원우현 부위원장이 맡았고 사업계획 및 예산편성 소위원장은 내가 맡아 처리했다. 예산편성, 그러니까 돈과 관련해서 내가 '대권'을 쥐고 있다는 농담과 함께 위원들끼리 유머가 넘치는 분위기에서 재미있게 지냈다.

통합방송법 제정

그 당시 통합방송법 제정에 관한 관심이 높았다. 그때 여야 간 합의사항은 '방송위원회는 위원장 1인과 부위원장 1인을 포함한 4인의 상근위원을 둔다. 위원장, 부위원장은 호선하고 상근위원 2명은 위원장이 임명하되 국회에서 원내교섭단체를 구성한 제1당과 제2당이 추천한 방송위원 중에서 임명한다'는 내용이다. 야당 측에서 방송위원 중 상근위원 1명을 간절히 희망하고 있었다.

나는 방송관련 이슈가 있을 때마다 그 현안에 대해 김 총재께 보고했다. 김 총재가 통합방송법의 위원구성 등에 대한 대안을 마련해보라고 해서 자료를 모아 '통합방송법에 대비한 방송위원회관련 보고서'를 마련해 보고했다. 내용은 ① 방송위원회 위원수 및 선임방식, ② 한국방송공사(KBS) 이사 추천, ③ 방송문화진흥회(MBC) 이사 추천, ④ 방송개발원 이사 추천, ⑤ 각 방송사 시청자위원회 구성 등 5개항으로 분류해 보고했다. 이 중 핵심부분인 방송위원 선임방식은 4개안으로 자료를 마련했다. A안: 1위원장 1부위원장 2상근위원제, B안: 1위원장 3부위원장 업무고정 분담제, C안: 1위원장 비상근 3부위원장제, D안: 1위원장 3부위원장 업무 통합관장 등이다.

이 중 어떤 방안이 가장 적절한가에 대한 질문에 나는 D안을 제시했다. 방송의 독립성을 보장하고 방송의 공적 책임을 높이며 공정성을 갖춰 민주적 여론형성을 도모하기 위해서는 야당 측에서 추천한 상근위원이 정부 여당 측에서 추천한 상근위원과 함께 방송전반에 걸쳐 공동관리하고 책임도 함께 진다는 의미에서 책임지는 자리에 보임시키는 것이 바람직하다고 제안했다. 통합방송위원회는 지상파방송은 물론 뉴미디어 전체에 대한 정책 입안 및 집행을 담당하게 되는데 정부나 여당 야당 측에서 추천한 상근위원이 각각 한정된 업무를 고정 분담하는 것은 방송을 통합한다는 정신에도 위배된다는 내용이다.

김 총재는 즉각 그렇게 하자며 D안에 동그라미를 그렸다. 그러더니 그 자리에서 내가 제시한 보고서 겉장에 메모하기 시작했다.

'박상천(朴相千) 총무, 문공위 각 위원 귀하, 조강환(曺康煥) 방송위원의 보고서 참조하시고 그중 특히 1, 2, 3개항의 관철에 힘써 주시기 바랍니다. 3월 7일 김대중(金大中).'

김 총재는 이 보고서를 복사하도록 하여 일일이 보내주었다. 나는 내심 놀랐다. 특정현안에 대한 이해와 판단이 그토록 빠르다는 데에도 그랬지만 그보다 내 이름 한문자를 완전 숙지하고 즉각 기술하는 데 더욱 놀랐다. 나는 그 후에도 여러 번 김 총재께 놀랐다.

방송관련 행사장에서 1시간 정도 즉석연설을 할 때 보면 우리방송의 현 위치와 각종 현안에 대해 정확히 파악하고 있었다. 앞으로의 대처방안도 내 생각과 똑 같았다. 내가 맡아 알고 있는 방송의 현안에 대해 그토록 꿰뚫고 있다는 것은 다른 모든 분야에서도 마찬가지일 것이다. 아무리 비서진에서 도와준다고 하더라도 본인이 그 분야에 정통하지 않으면 불가능하다. 김영삼 대통령이나 노무현 대통령의 방송에 관한 연설도 들어보았지만 핵심에서 벗어나고 핀트에 맞지 않은 내용들이었다. 노무현 대통령의 경우 방송이 도와 자신이 대통령이 됐다는 이야기만 장황하게 늘어놓아 비웃음만 샀다.

당사에서 간부회의가 시작되기 전 조세형 총재대행 등 몇 명이 환담하고 있던 자리다. '김 총재께서 각 분야에 걸쳐 모두 잘 알고 있는데 현재 최고의 참모는 누구입니까'하고 물었다. 조 총재대행이 즉각 나서 "아 최고참모? 김 총재의 최고참모는 바로 김 총재야"했다. 우리는 모두 웃었다.

어느 날 김 총재와 함께 있는 자리에서 신기남 의원이 약간은 당돌하게 "조 위원은 누가 추천했습니까?" 하고 물었다. 김 총재가 웃으며 "언론계 중진이 추천했어" 라고 하더니 즉각 "지금 이 시점에서 방송위원은 국회위원 대여섯 명보다 더 중요해"라고 답변했다. 김 총재는 방송의 영향력에 대해 이미 깊이 파악하고 있었다. 그때가 대선을 앞두고 있는 1997년 초다. 이제는 권력이 총구(銃口)가 아니라 브라운관에서 나온다는 것을 이미 통찰하고 있었다. 그리고 그해 대선은 결국 브라운관에서 결판났다.

방송사 사장들과의 연석회의

그해 2월 63빌딩에서 중앙지상파방송사 사장협의회가 열렸다. 신임 방송위원들과 지상파방송사 사장들 간의 상견례 겸 방송현안에 대해

협의하는 자리다. 방송위원회에서 6개 중앙방송사 책임자를 대상으로 그해 방송의 편성·운용의 기본정책과 중점 정책과제에 대해 설명하고 방송현안에 대한 의견수렴 및 협의조정하는 자리다. KBS 홍두표 사장, MBC 이득렬 사장, SBS 윤혁기 사장 등이 나왔다. 모두 우리나라 방송계의 거물들로 청와대등 집권층과 이런 저런 연결이 돼 있는 인물들이다. 당시 방송은 뉴스는 공정성을 벗어난 편파방송으로, 드라마는 불륜관계 등 심각한 선정성이 사회적 이슈가 되어 있었다.

이 회의에서의 논의내용은 내가 앞으로 활동하는데 있어 매우 중요한 의미가 있다고 느껴졌다. 대선을 앞두고 방송사 사장들에게 무언가 내 역할을 보여주고 싶었는데 마침 이 연석회의가 그 기회였다. 절호의 찬스였다. 사실 개인적으로도 방송에 대고 하고 싶은 말이 많았다. 신문기자 30년에 단련된 내 스타일이 강자한테는 강하게 대할 수 있는 자세다. 특히 취재하면서는 모진 데가 있다고 주변에서 이야기한다. 그렇지만 약자에게는 한정 없이 약한 면모가 있다고 스스로 생각한다.

마침 회의가 시작되기 전에 원우현, 신정휴 위원 등이 자신들은 하고 싶은 말이 많아도 말을 할 입장이 못 되니까 조 위원이 이 기회에 군기를 좀 잡으라고 꼬드겼다. 나는 알겠다고 했다. 위원들이 돌아가면서 인사말 수준의 한마디씩 간단히 하는데 내 차례가 왔다. 나는 칼을 빼 들었다. 그리고 휘둘렀다.

"KBS, MBC, SBS 3사 모두 방송의 공적 책임을 완전 외면하고 있어요. 뉴스는 정부 여당 대변인 같은 내용만 쏟아내고 있고 최소한의 여야 간, 내지는 국회 의석별로 배려하는 시간적 배분도 지키지 않고 있어요. 국민의 전파로 송출되는 우리 방송에서 방송의 공익성이나 공정성은 찾아볼 수가 없습니다. 왜 이렇게 되어버렸습니까. 그런 방송을 계속 하려면 자리에서 떠나는 것이 공직자의 자세이고 언론인의 도리입니다. KBS의 경우 내가 심야토론에 자주 출연했는데 주제를 왜 그리 자주 바꿉니까. 토론이슈가 이미 정해졌고 토론자도 지정돼 있는데도 정부 홍보 정책만 발표되면 그 내용으로 교체해 버려 주제에 맞춰 준비해두었다가 낭패를 겪게 돼요. 홍 사장이 멋대로 바꾼다고 하던데 그렇습니까? 소위 국민의 방송이 그래도 되겠습니까?"

홍 사장은 역시 노련하다. 즉각 대답을 했다. "예 제가 그랬습니다. 앞으로 신경 쓰겠습니다."

"MBC, SBS는 폭력이나 불륜관계 소재가 아니면 드라마 만들지 못합니까? 선정성, 폭력성, 언어폭력이 난무해 안방에서 한 가족이 낯 뜨거워 함께 시청할 수가 없습니다. 시아버지, 며느리, 손녀가 모여 편안하게 시청할 수 있는 프로그램을 제작해 내보냅시다. 공정성, 공익성을 망각한 편파방송 역시 심각합니다. 특히 MBC는 시청자위원 선정과 해촉하는 데 있어 공정성을 잃고 있습니다. 앞으로 좋은 방송 만들도록 모두 함께 노력합시다."

이득렬 사장, 윤혁기 사장은 얼굴이 벌게져 고개를 들지 못하고 있었다. 내가 너무 심했지 않나 싶었다. 김창렬 위원장이 분위기를 되살리느라 고생했다. 모두 건배를 하면서 앞으로 잘 해보자고 다짐했다.

그 후 박지원특보가 각 방송사를 방문해 편파방송을 지양해줄 것을 당부하자고 했다. 너무 나가는 것 같아 주저했지만 당에서 바라는 것이어서 함께 다녔다. KBS, MBC는 무난히 마쳤는데 SBS 윤혁기 사장이 "이렇게 다니면서 압박해도 되는 겁니까?"하고 항의조로 나왔다. 의외의 반응에 약간 당황했다. 나는 내심 손님한테 너무 하는 것 아닌가 하는 생각도 들었다. 하지만 여기에서 밀리면 압력을 행사하기 위한 방문이란 부작용도 생길 수 있겠다는 생각이 들었다. 그래서 더욱 강경하게 나갔다.

"아니 우리나라 방송이 편파방송을 벗어나 공정한 내용을 방영해서 좋은 방송이 되었으면 좋겠다는 것은 누구나 다 원하는 것 아닙니까?

시청자의 입장에서 그렇게 해달라고 당부하고 주문하는 것이 뭐가 잘못입니까?"

정색을 하고 그렇게 되물었다. 윤 사장은 멈칫 하더니 그냥 물러섰다. 그러고 나서 좋은 이야기로 화제를 삼아 환담을 하다가 앞으로 협력해서 잘 해보자고 굳게 악수하고 헤어졌다.

드라마 '파랑새는 있다'

여의도 당사에서 당 간부회의에 참석하라고 해서 몇 번 참석했다. 김 총재가 추천한 선관위원도 함께 참석했다. 아무리 야당에서 추천했다고 하더라도 일단 추천된 뒤에는 공인으로, 방송위원으로서 공정성을 벗어나지 않아야 하는데 특정 정당에 너무 깊숙이 들어가 있는 것이 아닌가 하는 회의(懷疑)가 있었다. 그러나 그 당시 상황으로는 어쩔 수가 없었다. 나는 그런 입장을 고려해 일체 발언을 하지 않고 흐름만 파악하고 있었다.

그 당시 당에서의 방송위원에 대한 기대는 그만큼 대단했다. 회의에서 방송보도에 관한 문제가 수시로 제기됐고 방송에 관한 내용이 나올 때마다 편파방송이 문제였다. 당시 지상파 3사의 보도본부장은 KBS는 김병호, MBC는 하광언, SBS는 송도균 본부장이었다. 하는 수 없이 이들과 연락을 하게 됐고 편파방송을 지양해줄 것 등을 당부했다. MBC가 특히 요란해서 하광언 본부장을 찾아가 당부했고 평소 알고 지내는 추성춘 보도국장과도 통화를 하면서 공정방송을 당부했다. 당 간부회의에서는 내가 수고하고 있다는 점을 숙지하고 있었다. 박지원 특보가 이런 내용들을 회의에서 자주 보고했다.

한번은 당 간부들이 KBS 드라마 이야기로 요란했다. 특히 박지원 특보가 비분강개했다. 문제의 프로그램은 김운경 작품인 '파랑새는 있다'였다. 밤무대 차력사, 전직 창녀, 무명가수, 사기꾼 등의 배역 탤런트가 출연하여 삶의 애환을 유쾌하게 그린 드라마다. 이 드라마에서 관장으로 출연하는 탤런트 백윤식은 평소 김대중 총재 역을 맡아왔다. 김 총재 역을 맡아온 백관장이 이 드라마에서 한쪽 발은 약간 절고 지팡이를 짚고 다니는데 이 여자, 저 여자에게 허풍을 떨면서 사기치는 내용이 담겨있다. 그 사기치는 내용 중에 사기금액이 20억 원으로 나온다. 그 당시 대통령 선거를 앞두고 김대중 총재가 노태우 대통령으로부터 중간평가를 유보시켜준다는 대가로 20억 원을 받았다는 이야기가 나돌았을 때였다. 이 드라마는 대선을 앞두고 김 총재를 절묘하게 간접 비판하는 인상을 풍겼다. KBS측에서는 우연이라고 주장했지만 관점에 따라서는 대놓고 헐뜯는 내용이다. 치명상을 안겨줄 수도 있는 프로그램이다.

KBS TV본부장에게 이런 내용을 시정해줄 것을 요청했다. 방원혁 본부장으로 기억된다. 스토리 전개나 내용에 있어 의도성이 엿보이는 그런 비유에 대해 설명하면 어렵지 않게 이해가 가는 내용이다. 방 본부장은 점잖고 합리적인 사람이다. 그는 웃으면서 일단 수긍을 했고 시정해보겠다고 답변했다. 그런데도 이미 짜여진 드라마 스토리가 시정되기는 쉽지 않았다. 그래서 더욱 강력하게 요청을 했고 결국 일부 시정됐다.

대통령선거방송 특별위원회

그 당시 모든 방송 프로그램 심의는 방송위원회에서 전담했다. 그러나 선거 때는 선거방송의 공정성을 유지하기 위한 선거방송특별위원회가 구성된다. 이 특별위원회에서 선거방송 관련 심의규정 정비 및 선거방송 프로그램 심의에 관한 업무를 수행한다. 제15대 대통령 선거방송

특별위원회 운영기간은 1997년 7월부터 12월까지다. 위원장은 원우현 방송위 부위원장이 맡았고, 위원은 신정휴, 권성, 조강환 방송위원과 각계를 대표하여 이건방 변호사, 손봉호 공명선거실천시민운동협의회 상임공동대표, 김정기 한국외대교수, 이정자 한국시민단체협의회 사무총장 등이 맡았다.

데모크라시의 의식(儀式), 그 축연(祝宴), 그 기능은 분명 선거다. 선거의 핵심은 공정성이다. 그러나 공정성 확보만큼 어려운 일도 없다. 우리는 그런 것들을 자유당, 공화당 때는 물론 5, 6공 때도 무수히 겪었다. 지난 1971년 제7대 대통령선거 때 처음으로 TV가 선거에 동원됐다. 그 후 선거 때마다 TV는 줄곧 불공정보도의 대명사였다. 집권여당에게 유리하도록 축소보도하거나 확대보도한 경우가 비일비재했다. 대통령 선거를 앞두고 후보자의 자질과 정책을 알리고 유권자들이 올바른 선택을 할 수 있도록 돕는 것은 방송의 기본자세다. 방송의 공정성 여부가 바로 대통령 당락에 커다란 영향을 미친다. 선거에서 가장 중요한 덕목이 공정성이고 방송보도에서 가장 중요한 덕목 역시 공정성이고 보면 선거방송에서의 공정성이 얼마나 중요한 것인지를 알 수 있다.

〔선거방송심의에 관한 특별규정〕을 보면 심의기준은 정치적 중립, 공정성, 형평성, 객관성을 바탕으로 하고 있다. 이 4가지 항목 모두 다름 아닌 선거방송의 공정성을 강조한 것. 공정보도는 언론기관 존립기반 그 자체다. 공정보도는 형평성을 잃지 않는 객관보도에서 비롯된다. 진실이 왜곡되지 않게 제대로 보도하는 것이야 말로 언론의 본분이다.

선거에서 후보자에 대한 인물정보와 정책홍보는 유권자들의 올바른 투표권 행사에 있어 필수불가결의 요소다. 미디어정치시대 선거에서 방송에 대해 유권자들은 다양한 정보욕구를, 후보자들은 방송접근 욕구를 표출한다. 선거과정에서 방송이 선거에 관한 정보를 어떻게 가공하여 유권자들에게 전달하고 후보자들에게 방송 접근기회를 어떻게 배분하는가에 따라 선거결과에 결정적 영향을 미친다. 선거방송은 객관성, 정확성, 공정성을 확보하여 정치의 민주화에 기여해야 한다. 특히 여론조사 보도와 방송토론 방영 등에서 공정성이 유지돼야 한다.

선거방송특별위원회는 모두 8명의 위원으로 구성되었으나 거의 모두 여당 측 인사들이었고 야당 측은 나 혼자뿐이다. 외로운 투쟁이 시작됐다. 회의는 원우현 위원장과 나와의 말싸움으로 시작돼 말싸움으로 끝났다. 여러 가지 안건이 있었지만 이 위원회의 가장 중요한 쟁점은 여론조사 결과를 어떻게 방송하느냐에 있었다. 선거법 제108조에는 '누구든지 선거에 관한 여론조사의 결과를 공표 또는 보도하는 때에는 조사 의뢰자와 조사기관·단체명, 피조사자의 선정방법, 표본의 크기, 조사지역·일시·방법, 표본오차율, 응답률, 질문내용 등을 함께 공표 또는 보도해야 한다'고 규정하고 있다.

방송위원회는 선거법을 근간으로 선거방송심의 특별규정을 제정했다. 여론조사보도의 요건을 강화하여 선거와 관련된 여론조사 결과를 보도할 경우 그 조사의 공정성이나 정확성에 상당한 의심이 있을 때는 방송해서는 안 되며 여론조사 결과를 보도할 경우 조사기관, 의뢰기관, 조사대상, 조사기간, 조사방법, 오차한계 등을 밝히도록 규정했다.

1997년 가을에 들어가면서 각종 여론조사에서 대체로 김대중 후보가 이회창 후보를 약간 앞서 갔다. TV, 라디오 등에서 여론조사 내용에 대한 보도나 여론조사로 나타난 각 후보 지지율 등이 계속 방송되었다. 방송내용은 여론조사 내용 자체를 보도하는 경우가 있었고 각종 대담이나 토론, 또는 일반 프로그램에서도 한마디씩 언급되면서 넘어가는 경우도 있었다. 자연히 김대중 후보가 앞서간다는 내용이 자주 방송될 수밖에 없었다.

문제는 바로 여기에서 제기됐다. 원우현 위원장 등 여당 측 위원들은 방송에 나오는 모든 여론조사에 관한 내용은 여론조사기관, 조사 의뢰기관, 조사대상, 조사기간, 조사방법, 오차한계 등을 밝혀야 한다는 것이다. 나의 주장은 선거법이나 선거방송심의 특별규정에서 규정했듯이 여론조사 결과를 보도할 경우는 그 같은 여론조사기관 등 6개 항목을 당연히 보도해야 하지만 각종 대담이나 토론, 일반 프로그램에서 지나가면서 한마디 하는 지지율에 대한 언급에서 그 같은 6개 항목을 모두 방송할 수도 없고 할 필요도 없다는 것이다. 일반 프로그램에서 한마디 언급되는 것은 보도라고 볼 수가 없기 때문이다. 지나가면서 한마디 나오는 지지율 언급에 어떻게 6개 항목을 추가할 수 있겠는가. 결국 방송에서 김대중 후보가 여론조사에서 앞서 있다는 표현을 할 수 없게 하는 간접제재였다.

나는 지금도 그때의 상황을 잘 기억하고 있다. 퍽이나 외로운 투쟁을 했기 때문이다. 위원 대부분이 여당 측에서 지명한 인사들로 원위원장이 주장하는 내용을 측면 지원했다. 나의 논리는 심의규정의 표현에 대한 해석을 제대로 하자는 것이다. 나도 평소 반대만 하는 위원이 되고 싶지 않았다. 그러나 이 경우 내 판단이 바른 방향이라고 생각되기에 끝까지 물러서지 않았다. 그때 유일하게 손봉호 위원이 내 의견이 옳은 것 같다는 내용의 발언을 했다. 마음속으로 얼마나 고마웠는지 모른다.

방송내용이 심의규정을 위반하면 각종 제재를 받는다. 제재에는 '주의'에서부터 '경고', '시정명령', '공개사과' 등이 있다. 결국 그 같은 내용에 대해 제재는 하되 가장 약한 '주의' 정도로 하자는 방향으로 가닥이 잡힌 것으로 기억된다.

대통령선거방송 심의위원회

산 너머 산이다. 선거방송의 정책적 방향 등에 관해서는 선거방송특별위원회에서 결정하지만 선거방송 프로그램에 대한 실질적 규제조치는 대통령선거방송심의위원회에서 맡게 되어있다. 이 위원회도 각계의 추천을 받아 위원구성을 한다. 위원은 방송사, 방송학계, 대한변호사회, 언론인단체, 시민단체 등이 추천한 사람과 국회에 교섭단체를 가진 정당이 추천하는 각 1인씩을 포함해 9인 이내로 구성한다. 위원회 구성작업은 방송위원회에서 맡는다.

국민회의측에 선거방송심의위원을 추천하라고 통보했더니 되레 나보고 맡으라고 했다. 방송위원이 비록 상임은 아니더라도 특정 정당을 대리하는 것이 모양이 좋지 않다면서 입심이 센 당직자를 추천하고 나는 뒤에서 관심을 갖고 있겠다고 했다. 그러나 총재의 뜻이 그러하니 맡으라고 했다. 하는 수 없이 내가 추천되어 선거방송 심의위원으로 나서게 됐다. 그렇게 바람직하지는 않다고 생각했다.

그때 한 가지 고마운 것은 김창렬 위원장이 나보고 선거방송심의위원장 후보를 추천하라고 했다. 나는 즉각 동아일보 주필을 역임한 시사저널 편집인 박권상 씨를 추천했다. 김 위원장도 박권상 씨와 친분이 두텁다. 김 위원장이 연락했더니 박권상 씨가 사양한다고 했다. 나는 속으로 퍽 아쉬워했다. 다시 추천하라고 하여 물색하던 중 김 위원장이 "조 위원 동아일보 선배인 조용중 씨가 어때요" 하더니 그렇게 하자고 했다. 그래서 위원장에 조용중, 위원에 3개 정당 추천자 3인, 대한변호사회 소속 노경래 변호사, 신문편집인협회장을 맡고 있는 최청림 조선일보 편집국장 등 9인 위원회가 구성됐다.

김영삼 대통령정부 때였으므로 심의위원회 역시 대부분 여당 측 인사들로 구성됐다. 이 심의위원회는 나만 조용히 있으면 일사천리로 진행된다. 그러나 나의 입장이 일단 책임을 맡은 이상 적당히 넘어갈 수는 없다. 내 성격상 그런 자세는 용납되지 않는다. 한 가지 내게 유리한 것은 나만이 현직 방송위원으로 방송심의규정은 물론 선거방송심의규정을 숙지하고 있는 점이다. 다른 위원들은 심의규정에 대해 별 관심이 없어 보였다. 한나라당 추천위원이 의견을 진술할 때 그 내용이 옳지 않다고 여겨지면 내가 나서 심의규정 내용을 읽으면서 발언하면 그 위원은 그대로 받아들였다. 그 위원은 상식과 규정을 존중하는 분이다. 그래서 예측했던 것과는 달리 그분과는 충돌이 없었다. 또 한분, 법조계 대표로 나온 노경래 변호사도 법과 심의규정에 근거해서 합리적인 견해를 제시해 상호간에 이의가 없었다. 오히려 그의 명쾌한 판정에 전적으로 수긍이 갔다.

충돌은 다른 위원과의 사이에서 일어났다. 그것도 불꽃 튀는 격렬한 충돌이었다. 그 대상은 다름 아닌 어렸을 적부터의 50년 단짝친구였다. 앞서 기술한 적이 있지만 언론인단체 대표로 나온 조선일보 편집국장 최청림 위원이다. 최 군은 머리 좋고 글 잘 쓰고 판단력도 우수한 친구다. 그러나 독선적인 면이 있다. 이북 출신으로 반 호남, 반 김대중 정서가 아주 강한 친구다.

이제는 '브라운관에서 대통령이 나온다'는 추세에서 TV와 라디오가 선거에 미치는 영향은 대단하다. 그 당시 방송은 김대중 후보 때리기와 여당후보 간접선전에 앞장섰다고 해도 과언이 아닐 정도로 편파방송이 심했다. 그래서 그런 내용들이 이 심의위원회에서 지적되고 관련자 징계 등이 내려져야 조금이라도 시정이 된다. 해당 방송사의 간부나 기자, PD가 다치지 않으려고 심의규정을 지켜주면 편파방송이 줄어들기 때문이다.

나는 사무처에서 보고한 선거관련 프로그램들을 면밀히 분석해 심의규정 위반여부를 파악해 나갔다. 내가 지적하는 것들은 모두 심의규정에 위반되는 내용이기 때문에 대부분의 위원들이 동의했다. 그런데 최청림 위원만이 정치연설을 하는 것처럼 김대중 후보를 강력히 비판하면서 문제투성이의 심의규정으로 표현의 자유를 억압하고 국민의 알 권리를 외면해서는 안 된다고 역설했다. 보수성 강한 평소의 기질을 그대로 발휘했다.

그러나 개인의 성향과 방송심의는 엄연히 구분되어야 한다. 심의위원은 심의규정대로 심의해야 한다. 최 위원은 "편집국장으로서 언론인의 입장에서 발언하는데 언론에서 이 정도 비판하는 것을 갖고 제재하는 것은 표현의 자유를 침해하는 것"이라고 주장했다. 이 정도 수준은 지금 많은 신문에서 보도하고 있는 내용인데 왜 이렇게 심하게 제재해야하는지 이해할 수가 없다고 말했다.

최 위원의 주장도 일리는 있다. 그러나 그는 신문인이지 방송인이 아니어서 방송보도에 대해 잘 알지 못했다. 한마디로 신문은 사유기업으로 구독을 원하는 독자에게 구독료를 받고 신문을 배달해주는 유료 인쇄매체다. 그러나 방송(여기서는 지상파방송)은 국민의 소유인 전파를 타고 각 가정에 일방적으로 쏟아져 들어가는 공적 매체다. 그래서 공공성, 공익성, 공적 책임이 부과된다. 미국 등 선진국에서도 신문은 특정 대통령후보를 지지한다고 공공연히 밝히지만 방송은 그렇지 않다. 방송의 공공성 때문이다. 같은 방송이라도 지상파방송과 유료방송은 확연히 다르다. 유료방송의 선정성, 폭력성에 대해 비판하는 사람이 많다. 심야방송은 더욱 그렇다. 그러나 그런 방송은 어디까지나 시청자가 선택해서 별도 요금을 지불하면서 시청하는 방송으로 지상파 방송과 심의하는 잣대가 다르기 때문에 가능하다. 신문도 유료매체로서 엄격한 방송심의와는 다른 자율심의에 그치고 있다. 나는 이런 내용들을 간략히 설명했다.

최 위원은 중진언론인으로서 자기주장이 강한 데다 이런 면을 고려하지 않아 심의과정에서 나와 계속 다퉜다. 나도 옳다고 판단되면 양보하지 않는 성격이어서 어떤 때는 극한상황으로까지 갔다. 그 후 사석에서 최 군과 만나 신문인으로서 국민의 알권리를 강조하는 것은 충분히 이해하지만 신문과 방송의 다른 점을 충분히 숙지하지 못한 것 같다며 해외사례까지 들어가며 설명했더니 그때는 최 군이 이해를 확실히 했다.

이 밖에도 방송 3사의 이런 저런 프로그램에서 김대중 후보를 간접 비판하는 내용이 이어졌다. 예를 들어 여당중진이나 경선후보가 TV에 출연해 '한(恨)을 품은 후보를 대통령으로 선출해서는 안 된다'느니, '노령으로 몸이 불편한 후보는 문제가 있다'느니, '결혼이나 배우자등 가정관계가 원만(김대중 후보는 첫 부인과 사별)해야 한다'는 등 김 후보에 부정적인 내용들을 계속 방영했다. 나로서는 이런 내용의 불공정 방송을 제재하는 것이 방송위원회의 임무라고 생각했고 방송위원으로서 가능한 한 노력을 다해 대처했다.

그해 12월 19일 대통령선거 투표일, 나는 일가친척들과 의사소통을 했고 모두 나서 투표했다. 평소 김 후보를 싫어하는 보수층 친구들도 나를 보고 찍는다며 적극 호응해주었다. 내게는 이들이 제일 고마운 분들이다. 출구조사가 발표된 데 이어 김대중 후보가 대통령에 당선됐다. 우리나라 정치 및 지역풍토에서 이루어질 수 없는 기적이 일어났다고 생각했다. 아마 김대중 후보 자신도 그렇게 생각했을 것이다. 그 즈음 김 후보와 절친한 한 언론인 간부가 내게 이런 말을 전했다. 여론조사에서 약간 앞서고 있을 때인데 김 후보가 그 언론인에게 "내가 정말 대통령에 당선될 수 있을까?"하고 묻더라는 것이다.

이듬해 2월 25일 여의도 국회의사당 앞 대통령 취임식장에 초대되어 멀지않은 곳에서 김 대통령과 눈이 마주쳤다. 나는 따뜻한 마음속의 축하의 눈길을 보냈다. 그리고 그 후에는 별로 접촉할 기회가 없었다. 선거 전엔 그토록 자주 찾더니 선거 후에는 단 한 번의 연락도 없었다. 당연한 것으로 받아들였다. 우연히 박지원 특보를 한번 만난 적이 있는데 엉뚱한 이야기를 하면서 신경질만 냈다. 박 특보가 그토록 갑자기 변한 데 대해 나는 놀라움을 금치 못했다. 자기들만의 잔치가 이루어졌다고 표현하면 좀 심한 것 같지만 그런 정치판에 부합하기위해 안간힘을 쓰면서 끼어들려고 하는 것은 더욱 추한 것 같아 깨끗이 사양했다.

학교재단 이사장 취임

방송위원이라고 하지만 비상임위원은 별로 할 일이 없다. 매일 출근하는 것도 아니고 출근해야 앉아있을 책상이나 의자도 없고 연락을 취하거나 받을 전화도 없다. 할 일도 없이 나와 있으면 눈총받기 일쑤다. 그런 측면이 작용했던지 나의 겸직 의지는 끊이지 않았다. 그 당시 고려경영포럼 공동대표, 국민복지추진연합 상임공동대표, 중국 흑룡강대 고문교수, 학교법인 상지학원 이사, 한몽교류협회 부회장 등으로 나름대로는 열의를 갖고 바삐 돌아가던 차에 은광학원 재단이사장(관선)까지 맡게 됐다. 평소 친밀하게 지내던 유인종 서울시교육감의 배려였다.

1997년 은광여중고교 전교생과 교사들이 도열해 있는 가운데 이사장으로 취임했다. 교육기자가 교육현장에 들어서게 됐다. 은광학원은 1946년 이광목 씨가 설립한 학교인데 부조리가 계속돼 그동안 관선이사가 파견되어 왔다. 먼저 학교 실태를 파악해보았다. 손 댈 곳이 너무 많았다. 우선 중학교 교사가 낡아 수업하는데 큰 지장을 주는 것은 물론 건물붕괴 등 불상사가 발생할지도 모를 위험한 상태였다. 강당 천장도 헐어 언제 무너져 내릴지 모를 상태였다. 또 운동장 안으로 철조망이 쳐져있어 어린 학생들이 뛰어놀다 다치기 일쑤였다. 급식시설도 불량했고 화장실도 엉망이었다. 교사들의 수준도 문제였다.

유인종 교육감을 찾아가 지원을 요청했다. 평소 내게 배려를 아끼지 않던 유교육감이 흔쾌히 도와주겠다고 약속했다. 먼저 위험한 강당 천정 보수공사를 시작해 안전하게 고쳐놓았다. 중학교 교사 공사비도 지원받아 신축에 착수했다. 화장실도 수리했다.

여기에서 한 가지 강조하고 싶은 것은 나는 일체의 학교공사를 직접 관장하지 않았다. 신문을 보면 학교는 항상 공사관련 비리가 문제가 돼왔다. 이사장으로서 말썽의 소지를 없애기 위해 중학교 교사신축은 최성자 여중학교장에게, 강당이나 화장실 공사는 전민홍 행정실장에게 모두 맡겨 시행했다. 특히 공사비에는 일체 손대지 않았다. 내 업무는 감독하는 일이라고 생각했다. 학교에 나가면 재단 업무추진비로 점심 먹는 것이 고작이었다.

운동장 철조망 문제는 복잡했다. 분명히 학교에 기부한 땅위에 운동장을 조성한 것인데 그 소유권이 애매하게 되어 있었다. 학교 측에서 그에 대한 근거서류를 제대로 간수하지 못했다. 변호사가 이 사건을 맡아 원래의 지주로부터 수임비를 땅으로 받아놓고는 승소한 후 운동장에 철조망을 처 놓았다. 연락해보니 80이 넘은 변호사였다. 학교 운동장 안에 있는 그 정도의 작은 땅은 학교에 기부할 수도 있을 텐데 노인이 욕심을 내고 있는 것이 참으로 안타깝게 느껴졌다. 학교 측 변호사를 동원해 타협점을 찾아 보상문제를 매듭짓고 운동장을 원상회복시켰다. 그 당시 김순종, 이종희, 최성자 교장과 염병선 교감, 전민홍 행정실장 등이 수고를 많이 했다.

고려대 컴퓨터과학 대학원

1997년 9월 주위의 권유에 따라 고려대 컴퓨터과학기술대학원에 제4기로 들어갔다. IT시대에 컴퓨터에 관해 좀더 알아야겠다는 생각이 들었다. 이곳 역시 입학생 면면이 대단했다. 김석재 제1군사령관, 김성기 한성자동차 사장, 김영삼 삼정어연회장, 김성호 줄포산업 사장, 김용찬 한국문화진흥 사장, 김홍기 삼성SDS 사장, 남영우 국제약품 회장, 박영준 코리아리서치 사장, 송훈석 국회의원, 안상수 국회의원, 양영식 통일부 차관, 이영호 영상미디어 회장, 임상황 은탑산업개발 사장, 장상웅 경기약품 사장, 정규택 한국경영진단연구원장, 정우택 새론 회장, 한영란 한아소시에 사장, 황승기 도서출판 승산 사장 등. 이 대학원은 황종선 원장이 학생 선발에서 수업, 여행, 골프 등 모든 분야를 관장했다. 수업은 참 재미있게 받았다.

어느 날 조선호텔에서 조찬강의가 있었는데 강의할 교수가 나타나지 않았다. 황 원장은 새파랗게 질려 어쩔 줄을 몰라 하다가 내게 상의를 해왔다. 나보고 대신 강의를 해달라는 것. 옆에서 그 이야기를 들은 동료들도 모두 반색이었다. 나는 하는 수 없이 연단에 올랐다. 물론 아무런 준비가 되어 있지 않았다. 언론에 관한 것을 하려다가 재미가 없을 것 같아 역사로 바꿨다. '고구려의 기상(氣像)과 한국의 장래'에 관해 평소 생각하고 이야기해오던 내용을 간추려 설명했다. 너무 광범위한 점이 있었지만 내 나름대로 독특한 관점에서 내가 하고 싶은 이야기를 풀어나갔다. 강의가 유익한 내용이어야겠지만 재미도 있어야 한다는 점을 잊지 않았다.

강의 내용을 회상해 간추려보면 고구려 광개토대왕과 장수왕의 찬란한 업적, 당시 당나라는 정치, 군사, 문화에서 엄청난 발전을 이룩해 세계 최강의 문명국이었으나 유독 고구려에는 패전을 거듭하는 등 어쩌지 못했다는 점, 그 강성한 고구려도 연개소문이 죽은 뒤 남생 남건 남산 등 자식들의 내분과 혈투로 무너졌다는 점, 전세계사에서 국가는 항상 내분으로 붕괴되어 왔다는 점, 국가뿐 아니라 모든 조직의 와해는 내분에서 비롯된다는 점, 패망 후 고구려 보장왕과 백제 의자왕 등 수십만 명이 끌려가 중국 전역에 버려졌고 엄청난 고통과 수모를 당한 내용, 그중 서역으로 끌려간 고선지 장군은 전 세계 55개국을 평정하는 등 세계사의 판도를 바꾸어놓았고 산동지방으로 끌려간 대조영은 돌아와 고구려 유민과 말갈족을 이끌고 발해대국을 건설했다는 내용, 김대중 대통령의 당선을 예언한 육관도사에 따르면 우리가 옛 고구려 만주 영토를 회복하고 국내성 부근으로 수도가 옮겨지며 철원지방에 유엔본부가 들어선다는 주장, 이 지역이 천제(天帝)가 거처한다는 자미원(紫薇垣) 자리로 바티칸, 북경과 함께 세계 3대 명당 중 하나라는 것, 지금 중국이 번성하고 있지만 중국내 56개 민족 중 한(韓) 민족이 가장 우수하다는 판정이 내려졌다는 점, 우리 민족이 세계에서 가장 강력한 국가를 건설하고 가장 위대한 문명국가가 될 것이란 점 등을 편안하고 즐겁게 설명했다.

나는 사회부를 비롯 편집국에서 25년, 논설위원실 등에서 6년을 근무했다. 첫째 교육전문기자였고 복지, 교통, 방송, 생활분야 등을 담당했지만 나 스스로는 역사기자라고 생각한다. '유배지', '개항백년', '역사의 고전장' 시리즈 집필을 비롯해서 '중용', '육도삼략', '한비자' 등도 편저로 출판했다. 횡설수설과 칼럼을 쓸 때에도 역사기록을 많이 인용했다. 역사와 관련된 내용을 쓸 때는 항상 신명이 났고 즐거웠다.

강의를 마치자 환호와 함께 존경한다는 이야기가 여기저기서 튀어나왔다. 재미있고 유익했다는 것. 무엇보다 속이 시원하고 살맛이 난다고 했다. 나는 동기생들이 진정으로 그러는 것인지 겉으로 요란을 떠는 것인지 분별해보려고 했다. 김영삼, 정규택, 김용찬, 장상웅, 황승기

사장 모두 진정으로 그러는 것 같았다. 그 후에도 동기생들은 두고두고 그때의 이야기를 화제로 삼았다.

천지로타리클럽 창립

그때 많은 사람들이 내 주변에 몰려들었다. 그럴수록 나는 그들에게 진정으로 따뜻하게 대하려고 더욱 노력했다. 대학원에서도 인기가 있는 편이었지만 정권을 잡은 김대중 '국민의 정부'측의 유일한 방송위원이었기 때문이었을 것이다. 또 방송의 영향력은 날로 강해졌다. 당시 나는 아리랑 로타리클럽의 차차기 회장으로 내정돼 있었다. 그런데 이 클럽회원들의 참여의지가 미약해 클럽 분위기가 시들했다. 주위에서 모두 나보고 로타리클럽을 새로 창립하라고 했다. 신규 로타리클럽 창립은 지구본부에서 적극 장려한다. 먼저 김용찬, 박영준 사장 등 컴퓨터과학대학원 동기생들에게 의사를 비쳤더니 모두 찬성이었다. 동기생이 아닌 선배분들도 적극 참여의사를 나타냈다. 언론대학원 동기생들도 호응했다. 그러자 여기저기에서 몰려들었다. 방송계에서도 많이 참여했다.

나는 총재특별대표가 되어 로타리클럽을 창설했다. 명칭을 놓고 고심하다가 내가 제안한대로 천지(天池)로타리클럽으로 결정했다. 백두산은 우리삼천리 강산의 시발점이요, 천지야 말로 우리 한민족의 모태라고 할 수 있다. 세심한 준비 끝에 1998년 5월 6일 리츠칼튼호텔에서 국제 로타리 3640지구 천지로타리클럽 창립총회를 가졌다. 이날 창립식에는 박현규 총재를 비롯 전임총재 10여 명이 참석해 축하해주었다. 초대회장은 내가 맡고 차기회장은 김용찬, 차차기 회장은 박영준사장이 맡았다.

국제로타리 가입은 그해 9월 9일 제임스 레이시 국제로타리 회장이 한국을 방문해 직접 승인해주었다. 국제로타리 회장이 직접 승인 장을 수여한 것은 로타리클럽으로선 대단한 영광이다. 당시 IMF이후 각 로타리클럽이 크게 위축되고 있는 판에 천지클럽에는 무려 115명이나 참여했다. 지금까지 로타리클럽을 외면해오던 언론인들까지 다수 참가해 더욱 의의가 있었다. 지구본부에서는 대환영이었다.

국제로타리 회장으로부터 천지로타리클럽 승인장을 수여받는 장면. 왼쪽부터 정규택 천지로타리클럽 부회장, 필자, 제임스 레이시 회장, 민병철 천지클럽 부회장.

나는 참여해준 회원들에게 무한한 고마움을 느꼈다. 나는 회원들에게 하는 말 한 마디 한 마디 모두 진심에서 우러나오는 말을 했고 빈말은 절대 하지 않았다. 회원들에게 건네는 좋은 말 한마디가 모두 그 말 내용 그대로 이루어지기를 진심으로 바랬다. 회원들이 입실하고 퇴실할 때 악수로 환영하고 환송했는데 진심으로 아주 정겹게 손을 잡았다.

참여회원은 강명채 삼성당 회장, 강상수 세음미디어 대표, 강희선 KBS성우, 권희덕 서울사운드 대표, 김광석 참존 회장, 김광운 명작스튜디오 대표, 김기덕 MBC부국장, 김민성 MTM 대표, 김성기 한성자동차 대표, 김성란 팬퍼시픽여행사 대표, 김성수 애드비전 대표, 김성호 줄포산업 대표, 김용찬 한국문화진흥 대표, 김인평 한국방송광고공사 영업국장, 김지현 갤러리 지현 대표, 김학철 매크로시스템즈 대표, 김환규 삼성물산 고문, 김희선 국회의원, 남영우 국제약품 회장, 민병철 어학교육연구소 이사장, 박기석 시공테크 대표, 박양호 국제건강가족 동호회장, 박준 박준미장 대표, 박영준 코리아리서치 대표, 박영춘 선영메디칼 회장, 박진홍 여수문화방송 사장, 백상균 수목토건 대표, 서동택 이안교역 대표, 서명원 서서울병원 이사장, 설경일 태송산업 대표, 성경훈 우리들병원 연구소장, 성병태 서양화가, 손석화 모라양행대표, 송이호 라인건축 대표, 송종구 영화엔지니어링 회장, 신동진 공인회계사 대표, 신박문 세역산업 대표, 신승철 광혜병원장, 신준식 자생한방병원장, 안국정 SBS 제작본부장, 안명숙 계산산업 대표, 안상수 국회의원, 양영식 통일부 차관, 오상기 변호사, 오택섭 고려대 언론대학원장, 유승호 미디어파크 대표, 윤영관 MBC교양제작국 부장, 윤의권 서울신용정보 대표, 이경남 모델파크 대표, 이남기 SBS보도본부장, 이동준 탤런트, 이병민 연세성형외과 원장, 이복희 H. I. S. 코리아 대표, 이상욱 KBS특임본부장, 이수창 삼성화재 사장, 이영직 정은건설 대표, 이영호 영상미디어 회장, 이원구 변호사, 이인한 어미출판사 대표, 이종복 포름디자인 대표, 이철희 세무회계사 대표, 이충건 진풍물산 대표, 이형원 서명상사 대표, 인보길 디지털조선 대표, 임무성 아이에스디 회장, 임상황 은탑산업개발 대표, 장상웅 경기약품 대표, 장종현 세무사, 장준영 국민회의강남을지구당 위원장, 전성환 일요신문 부사장, 정규택 한국경영진단연구원장, 정균환 국민회의사무총장, 정을섭 화양훼밀리 대표, 조강환 방송위원, 주광일 국민고충처리위원장, 주영종 에이스전자 대표, 지영모 제너럴애드 부회장, 채수삼 금강기획 대표, 최성자 은광여고 교감, 최승무 천도관광 대표, 최정호 성형외과원장, 최종덕 비전마스타 대표, 최풍남 한성선박 대표, 하성호 서울팝스오케스트라 상임지휘자, 한광옥 청와대 비서실장, 한영란 한아소시에 대표, 홍순호 치과원장, 황승기 도서출판승산 대표, 황인형 세계영상 대표, 황종선 고려대컴퓨터과학대학원장 등이다.

그 당시 천지로타리클럽의 대규모 창립은 한국 로타리 역사에 새로운 장을 열었다. 클럽회원들은 우리 민족과 삼천리강산의 시원(始原)인 백두산 천지에 가서 창립신고식을 하기로 했다. 천지에 가려면 중국 연길을 거쳐야하는데 연길에 중국동포들로 구성된 연길 로타리클럽 창립도 추진하기로 했다. 이영호 회장이 앞장서 연길의 동포 등과 연결하여 명단까지 확보하고 창립총회를 추진했다. 그러나 중국의 정치체제상 로타리클럽 창립이 불가능해 추후 변화를 지켜보기로 했다.

그러나 천지 기념방문은 추진했다. 마침 나를 포함해 천지클럽 회원 상당수가 소속된 고려대 컴퓨터과학대학원 4기생들의 백두산 여행이 거론되어 경비도 절약할 겸 함께 가기로 했다. 우리는 '천지로타리클럽 창립기념 천지방문'이란 플래카드 등을 만들어 백두산으로 떠났다. 백두산 장백폭포아래에 이르렀으나 비바람이 몰아치는 데다 마침 산사태가 나 천지로 올라가는 등산로 일부가 무너져 진입은 물론 접근이 차단되었다. 큰 낭패였다. 그러나 우리는 거기에서 물러설 수 없었다. 백두산 관리당국과 협의하고 회원들을 설득해 모두들 우의를 차려입고 등산을 강행했다. 그런데 하늘이 도왔는지, 천지신령이 도왔는지 휘몰아치던 비바람이 그치고 쾌청한 날씨로 바뀌었다. 우리는 아주 기쁜 마음으로 푸른 하늘아래 펼쳐진 천지를 찾아 천지로타리클럽 창립 신고식을 가졌고 기념사진도 촬영했다.

로타리의 목적은 봉사의 이상을 모든 가치 있는 사업활동의 기초가 되도록 고취하고 육성하는 것이다. 봉사의 기회를 마련하기 위해 교우범위를 넓히고 사업과 전문직업의 도덕적 수준을 높이며 모든 유익한 직업의 진가를 인식하는 것. 로타리언들은 개인생활이나 사업 및 지역사회 생활에 있어서 항상 봉사의 이상을 실천한다.

나는 로타리의 4가지 기준에 깊은 감동을 받았다. '우리가 생각하고 말하고 행동하는데 있어서 ① 진실한가? ② 모두에게 공평한가? ③ 선의와 우정을 더하게 하는가? ④ 모두에게 유익한가?'

가정에는 가훈이 있고 회사에는 사훈이 있고 국가에는 국정지표가 있다. 신문사에도 물론 사훈이 있다. 많은 가훈과 사훈을 보아왔지만 대부분 정직, 성실, 인화, 인내, 단결, 협동, 창의, 하면 된다 등의 덕목들이 열거되어 있다. 그러나 이 같은 내용들은 머릿속에 도덕적 가치의 단어로만 남아있지 가슴에 와 닿지는 않는다. 많은 사람들이 가훈을 만들어 자식들에게 전수하거나 새 가훈을 마련하기도 하는데 실행과는 동떨어진 '공자말씀'에 별 흥미를 느끼지 못한다. 논설위원 재직 때 경희대학교와 한국외국어대학교에서 취재보도론을 강의했었다. 그때 언론사들이 지향하는 바를 파악하기 위해 각사의 사훈을 조사한 적이 있는데 대부분 그 내용이 그 내용이었다.

로타리의 4가지 기준을 처음 읽어보고는 이 기준은 지금부터 내가 지키면서 살아가야 할 내용이라고 생각했다. 첫째 내가 생각하고 말하고 또 행동하는데 있어 진실하게 하고 있는지를 자문해 본다. 둘째 내가 모든 일에 항상 페어플레이를 하고 있는지를 자문해 본다. 셋째 내가 접촉하는 사람들에게 항상 선의로 대하고 우정을 향상시키는 방향으로 나아가고 있는지를 자문해 본다. 넷째 나의 언행이 다른 사람들에게 유익한 것인지를 스스로 자문해 보는 것이다.

로타리의 핵심가치는 봉사와 우정이다. 배타적 이기주의에서 벗어나 봉사 프로젝트를 통해 지역사회를 좀 더 안전하고 건강하게 개선해 나가자는 것. 또 친교와 동료애로 좋은 일을 친구와 함께 하며 즐겁게 살아가자는 것이다. 그리고 다양성과 함께 리더십을 발휘하여 좀 더 나은 세상을 구축하자는 것. 로타리클럽은 전 세계적으로 소아마비 박멸에 총력을 기울여 122개국의 20억 어린이들이 소아마비 백신을 복용할 수 있게 도와 오늘날 소아마비는 극히 일부국가에서만 발병한다.

국제적으로 로타리를 빛낸 인물들도 많다. 노벨상 수상자 슈바이처 박사, 구스타프 아돌프 스웨덴 국왕, 레니에 모나코 국왕, 처칠 영국 수상, 후버, 트루먼, 아이젠하워, 케네디 미국 대통령, 맥아더 장군 등이 로타리언이다. 국내에도 이명박 대통령, 반기문 UN 사무총장 등이 있다. 한국에서도 처음으로 세계 로타리 회장을 탄생시켰다. 이동건 부방산업회장이 2008~09 국제로타리 회장을 맡았다. UN 사무총장과도 비견할 수 있는 직책이다. 그는 지구총재, 국제 로타리 이사를 역임했고 32개 신생클럽을 창립했으며 1,800여 명의 신입회원을 영입했다. 한국 소아마비 박멸 민간부문이니시어티브위원장도 맡아 평생 로타리 봉사활동에 공헌했다. 이 회장은 천지 로타리클럽 창립 등 나의 로타리클럽 활동에 적극 찬사를 보냈으며 내가 한국기네스위원회 총재에 취임했을 때는 고문으로 지원해주었다.

천지 로타리클럽은 순항했다. 우정과 봉사, 두 가지의 로타리클럽 이상(理想)을 나름대로 실천해 나갔다. 회원들은 상호 좋은 친교가 이루어져 지금까지 경험해보지 못했던 새로운 인생설계에 들어가기도 했다. 새로운 사교의 지평을 열기도 했다. 또 불우이웃 돕기 음악회나 미술전시회를 열어 수천만 원을 불우이웃돕기 성금으로 냈다. 회원들은 월례행사로 직접 영세민 거주지역을 찾아가 쌀, 의류, 생필품을 전달했다. 모두 회원들이 적극 나서 실행할 수 있었다. 한번은 이복희 H.I.S. 코리아 사장이 어느 모임에서 TV를 탔는데 회장님 생각이 나서 갖고 왔다고 해서 함께 달동네에 찾아가 전달했다. 어느 병원장 회원은 가난한 동네에 가서 어린이들을 무료 치료해 주었다.

부정적인 측면도 있었다. 회원들끼리 금전관계가 얽혀 일부 피해를 보았거나 벤처기업 투자유치로 인해 손해를 본 경우도 있었다. 회원들 중에는 우정과 봉사보다는 자신의 기업활동에 보탬이 되는 측면에만 신경을 쓰거나 골프나 여행 등 즐기는 데에만 관심을 갖는 경우도 없지 않았다.

거짓말은 안 한다

로타리클럽 활동을 하면서 진실성과 성실성을 강조하게 됐지만 돌이켜보면 청소년 시절부터 지금까지 내가 지향하는 가치, 내지는 방향이 조금씩 바뀌어갔다. 많은 사람들이 그럴 것이다. 청소년 시절에는 진리, 정의, 젊은 시절에는 자유, 탐미(耽美), 나이 들어서는 정직, 성실 등이 강조된 것 같다. 그러나 지금까지 내가 줄곧 지향하는 제 1의 덕목은 역시 진실이다. 특히 신문사에 근무하면서 진실과 정확과 공정은 아주 중요한 가치였다.

나는 70평생 살아오면서 거짓을 저지르지 않았다고 자부하고 싶다. 무슨 일이 있어도 거짓말은 하지 않았다고 생각한다. 거짓말을 하지 않았다고 하는 그 말이야말로 가장 큰 거짓말일 수도 있다. 그래도 나는 거짓말을 하지 않으려고 노력했고 또 그렇게 살아왔다고 생각한다. 그렇다보니 답변하기 어려운 상황도 없지 않았다. 이발소에서 안마를 받으면서 전화 받는 경우도 있다. 상대편이 지금 어디에서 무엇을 하는 중이냐고 묻기도 하는데 나는 사실대로 답변한다. 마사지걸이 놀라 그렇게 대답하는 손님은 처음 보았다고 했다. 식사 때나 화장실에 있을 때도 마찬가지다.

처음에는 나 혼자 정직하게 행동하면 된다는 생각으로 지내왔지만 나이가 들면서 주변에서 거짓말하는 것도 그냥 넘기기가 어려웠다. 차 안에서 같이 동행하는 일행이 전화를 받으면서 사무실에 있다고 하거나 대화중에 내가 다 알고 있는 내용을 전혀 다르게 이야기하는 경우를 종종 겪게 된다. 그때마다 나는 지적하지 않을 수 없었다. 허물없는 후배에게는 호통을 쳤다. 거짓을 목격하고 그냥 지나치는 행위도 거짓이 아닌가 하는 생각이 들었다. 그러나 모든 경우 다 지적할 수는 없다. 그냥 넘어가기도 하는데 그때마다 마음에 걸렸다.

또 한 가지 걸리는 것이 있다. 아내에 대한 나의 여자관계 '진술'이다. 나는 이런 저런 일로 많은 여성들과 접촉해온 편인데 이따금 아내로부터 추궁 받는 경우도 있다. 그 경우도 나는 사실대로 답변한다. 아내도 그 점에 대해 잘 알고 있다. 그러나 아내가 알고 싶어 하는 내용이라고 생각되지만 아내가 직접 물어 보지 않은 내용에 대해서는 답변하지 않았다. 바로 이런 행위야말로 교활한 거짓이 아닌가 하고 양심에 가책을 느끼기도 했다. 그러면서도 절대로 거짓말을 하지 않는다고 감히 언급할 자신이 있느냐고 자문해 보기도 했다. 역시 아내에 대한 다른 여자관계 '진술', 그것만은 예외로 해야겠다는 부질없는 생각도 해 보았다.

선의의 거짓말도 있다. 그런 거짓말은 이따금 소설이나 드라마 등에서 오히려 칭찬을 받고 감동을 주기도 한다. 그런 측면도 있을 수 있다. 그러나 나는 그렇게 생각하지 않는다. 거짓말이 그 순간에는 빛을 발할 수 있을지 모르나 진실과 정직이라는 큰 덕목, 인류의 위대한 그 가치를 해치는 것은 그 어떤 명목으로도 대체할 수 없다고 생각한다. 나는 비록 국가를 위하는 것일지라도 거짓을 저질러서는 안 된다는 가치관을 갖고 있다. 많은 사람들이 진실에는 얼음같이 차면서도 거짓엔 불처럼 뜨거워진다. 하나의 거짓은 열개의 거짓을 낳는다. 그러나 하나의 진실은 열개의 거짓을 이긴다.

거짓말은 어떤 때는 장난으로 시작된다. 그러나 나중에는 자기 자신까지를 속이는 엄청난 거짓으로 발전한다. 한 가지 거짓말을 해놓고 나면 그로 인해 얼마나 무서운 짐을 계속 지게 되는지를 전혀 예상치 않는다. 한 가지 거짓말이 계속 통하게 하기위해서는 다른 많은 거짓말을 만들어내지 않으면 안 된다. 거짓말은 눈덩이 같은 것으로 오랫동안 굴리면 굴릴수록 커져 나중에는 도저히 감당할 수가 없게 된다.

진실을 바탕으로 할 때 모든 일이 더욱 값지고 아름답다. 진실은 나의 신앙이나 다름없다. 어떤 때는 내가 거짓말 하지 않는 것을 즐기고 있지는 않는가 하는 생각도 든다. 그런 모습으로 살아가면서 너무 모나게 행동하는 것은 바람직하지 않다는 점도 알고 있다. 그래도 거짓말은 않기로 했다. 신념을 저버릴 수는 없다.

방송개혁위원회

1998년 8월 어느 날 천지 로타리클럽 차차기 회장인 박영준 코리아리서치센터 사장이 내게 그 회사 회장으로 취임해달라고 했다. 박 사장은 사려 깊고 점잖은 신사다. 방송위원은 비상임 명예직이어서 다른 위원들도 나름대로 직업을 갖거나 사업을 하기도 했다. 물론 방송사업 분야 종사는 안 된다. 현대는 여론의 시대이기도 하다. 여론은 입법부나 행정부 못지않게 강력한 힘을 갖고 있다. 민주주의를 여론주의라고 하면 지나친 표현일까. 예부터 백성의 입을 막는 것은 쏟아져 나오는 물을 막는 것보다 더 어렵다는 말이 있다. 여론에 대해 공부도 할 겸 회장으로 취임했다. 월급이 나오고 자동차도 배정돼 가계와 사회활동에 큰 도움이 됐다. 그러나 여론조사 일감을 따와야 하는 부담감이 생겼다. 물론 겉으로는 그렇지 않지만 가만히 앉아 월급만 받을 수 없었다. 한 1년쯤 하다가 방송위원회 업무가 늘어나면서 그만두었다.

방송개혁위원회가 구성됐다. 1998년 12월 17일 출범해 약 3개월간 운영됐다. 현직 방송위원으로선 내가 유일하게 참여했다. 위원장은 강원룡 목사, 부위원장은 강대인 계명대교수, 위원은 한완상 전부총리,

한정일 건국대 교수, 박명진 서울대 교수, 이경자 경희대 교수, 소설가 박범신 씨 등이 참여했고 국회에서는 최재승, 이긍규 의원 등이 나왔다. 개혁위 산하에는 방송관련 각계 전문가와 방송사, 노조, 시청자 단체등이 참여하는 실행위원회가 운영되었다. 개혁위원회에서 처리하는 안건들은 배후에서 최 의원이 주도했고 회의에서는 내가 많은 의견을 제시해 방향을 잡아 갔다. 회의가 계속되면서 강 위원장과 한완상 위원이, 박명진 교수와 이경자 교수가 의견이 달라 충돌하는 경우도 있었다.

개혁위에서 제시한 방송개혁의 주요 실천과제는 방송위 위상강화와 방송의 독립성 보장, 방송매체별 위상정립, 공익성 제고, 유선방송 정상화, 위성방송 조기실시를 통한 뉴미디어 활성화, 액세스 프로그램 의무화 등 시청자 권익신장에 관한 내용이 포함됐다. 특히 방송위원회의 위상이 강화됐다. 방송정책권, 방송사 인·허가 추천권, 방송발전자금 관리 운영권, 공영방송사 인사권과 예·결산 승인권 등을 갖도록 했다. 방송위원은 9인으로 하되 대통령이 3분의 1, 국회가 3분의 1, 나머지 3분의 1은 국회 방송분야 소관 상임위원회가 시청자 대표성을 고려하여 2배수를 추천하고 대통령이 임명하는 절차를 제안했다. 상임위원은 위원장, 부위원장을 포함한 4인으로 하며 위원회 운영재원은 국고사용을 원칙으로 했다. 개혁위는 1999년 2월 27일 방송개혁 10대 기본방향을 정립해 대통령에게 최종자문보고서를 제출했다.

새 방송법에 의해 구성될 방송위원회는 지상파방송, 유선방송, 위성방송, 전광판 방송 등 다양한 뉴미디어방송을 모두 관리 감독하는 방송총괄기구로서의 위상을 갖게 됐다. 명실상부한 독립규제위원회로서 자리매김하게 됐다. 그러나 KBS의 예·결산 승인권과 MBC 공적 기여금 환수 등의 문제로 방송사의 심각한 반발에 부딪쳤다. 또 방송위원회에 정책권 부여, 독립적 기구의 성격, 위원 구성 등에 관한 여야 간의 입장차이 등으로 조속히 입법화되지 못한 채 시일을 끌었다.

방송위원회 부위원장

1999년 봄이던가 원우현 부위원장이 사임하고 고려대로 돌아갔다. 얼마 후 김창렬 위원장과 권성위원도 그만두었다. 모두 방송위원 임기는 남아있었다. 정권이 교체되면서 정치적 입김이 직접 작용했는지, 또는 돌아가는 흐름을 읽고 스스로 그만두었는지는 확실히 모르겠다. 새로 김정기 한국외국어대 부총장과 이홍복 서울고법 부장판사, 오숙희 김포여성민우회 대표 등이 보궐위원으로 추천됐다. 방송위원회는 새 위원장에 김정기 위원, 부위원장에 나를 선출했다. 나는 취임사에서 '과도기의 방송일수록 문제점들이 많이 발생한다. 오락프로그램 위주의 편성이나 프로그램의 선정성, 폭력성이 심화되고 있다. 질 좋은 방송의 구현을 위해 최선을 다하겠다'고 밝혔다. 나는 상임체제로 들어가 매일 출근했다. 먼저 방송위 업무 전반을 파악하고 각 실국에 들러 직접 해당분야 현안에 대해 청취했다.

방송위원회 본회의는 국가적으로도 비중 있는 회의다. 위원이 9명이나 되고 보니 생각이나 판단이나 시각이 다른 견해가 자주 제기된다. 각 분야를 망라해 추천하다보니 위원들의 출신이 다 달라 더욱 각양각색이다. 현황이나 실태를 제대로 파악하지 못한 채 발언을 하거나 위원 자신이나 추천 기관에 유리한 방향으로 몰고 가는 경우도 적지 않았다. 어떤 경우는 속이 훤히 들여다보이는 의견을 제시해 사무처 직원들로부터도 빈축을 사기도 한다. 그런 반면 사무처에서 제시하는 방향은 대부분 크게 빗나가는 경우가 드물었다. 본회의에 내놓는 정책방향을 아무렇게나 제시할 수는 없다. 어떻든 그들은 해당 분야의 전문가다. 위원들 중에는 사무처를 불신하는 경우도 있지만 나는 사무처 직원들을 신뢰한다. 그들의 견해나 판단을 긍정적으로 보면서 업무의 내용 진행에 문제점은 없는지 살펴본다. 문제가 있다고 판단될 때도 그들의 견해를 충분히 들어본 후 합리적인 방향으로 개선해 나갔다. 그것이 위원장과 부위원장의 역할이라고도 할 수 있다. 나는 김정기 위원장과 함께 겸허한 자세로 열심히 일하면서 방송위원회를 이끌어갔다. 김 위원장은 학자 출신으로 원만한 성품에 모든 일을 합리적으로 처리했다. 대부분의 업무추진에 나와 이견이 없었다.

내가 김 위원장에게 이야기해 김창렬 전위원장 등 전임 위원들을 초청해 저녁을 함께 했는데 그것이 김 전위원장을 마지막 본 것이 돼 버렸다. 얼마 후 김 전위원장이 지병으로 별세했다. 좀더 자주 보고 싶었는데 그럴 수가 없게 됐다. 저승은 내가 은혜 입은 사람만을 먼저 데려가는 것 같아 안타까움을 금치 못한다.

통합방송위원회 상임위원

그해 12월 28일 드디어 국회는 어렵게 새 방송법을 통과시켰다. 방송개혁위가 대통령에게 보고했던 내용에 약간 변질된 부분이 있었지만 대부분 그대로 반영되었다. 2000년 2월 12일 김대중 대통령은 새 방송법에 의거하여 통합방송위원회 방송위원 9명을 임명했다. 우리는 모두 청와대에 가서 직접 대통령에게서 임명장을 받고 간담회도 가졌다. 새 위원은 김정기 전 한국외대 부총장, 강대인 계명대 교수, 조강환 전 동아일보논설위원, 김형근(김석야) 방송작가, 민병준 한국광고주협회장, 고홍숙(고은정) 언어예술원장, 임형두 전 SBS상무, 강영구 전 마산MBC사장, 이경숙 한국여성민우회 공동대표 등이다.

새로 임명된 위원들은 법적 절차에 따라 위원장에 김정기, 부위원장에 강대인, 상임위원에 조강환, 김형근 위원을 선출했다. 위원장을 비롯한 4인의 상임위원은 정무직 국가공무원으로 규정되어 위원장은 장관급, 나머지 3인은 차관급 대우를 받게 됐다. 사무총장에는 나형수 전 KBS제작단 사장이 임명됐다.

새 방송위원회는 많은 일을 했다. 정책실명제를 도입하고 회의공개를 추진했으며 시청자 권익보호제도를 정착시켰다. 시청자 권익보호는 시청자 참여 프로그램을 도입하고 옴부즈맨 프로그램의 내실화를 기했다. 방송프로그램 등급제를 시행했고 방송평가에 관한 규칙을 제정해 방송평가 제도를 도입 시행했다. 방송편성기준을 마련해 편성비율을 준수하도록 지도 감독했고 방송통신 융합에 따른 능동적 대응을 위해 방송법제 정비를 서둘러 준비했으며 21세기 방송 중장기정책방안도 마련했다.

디지털 방송전환을 위한 종합계획을 마련, 지상파TV 디지털방송전송방식 비교실험을 지원했고 지상파TV 디지털방송 허가 추천을 완료했다. 방송사업자 간 공정경쟁을 위한 장단기대책을 마련해 불공정 거래행위를 단속했고 위성방송사업자 허가 추천과 본방송을 실시했다. 중계유선사업자의 종합유선방송사업 전환을 승인하고 불법방송은 철저 단속했으며 종합유선방송사업 이용약관을 마련해 시행했다. 방송채널사업자 등록제를 시행하고 홈쇼핑채널을 추가 승인했으며 지상파 지역민방 심사허가도 처리했다. 지상파 및 종합유선방송사업자 재 허가를 실시했으며 남북방송교류 기반도 조성했다. 방송시장 개방을 위해 노력했고 국제교류 및 협력을 활성화했다.

이때 내 나이 60세였다. 인간의 수명이 길어져 요즘은 평균수명이 대폭 늘어났고 장수하는 사람도 많아졌다. 그래서 자기 나이에 0.7을 곱해야 한다고 한다. 그럴 경우 나는 겨우 42세밖에 되지 않는다. 어찌됐든 나는 이때가 가장 일을 많이 해야 할 때라고 생각했고 또 열심히 일했다. 그리고 아직은 고혈압이나 당뇨, 관절, 위장병 등 성인병도 없었다. 술도 마실 만큼 마실 수 있었다. 일단 임무를 맡으면 능력이 닿는 한 최고의 노력을 다해야한다고 생각했다. 내 힘이 닿는 한 국가와 사회, 특히 방송발전을 위해 봉사해야겠다고 생각했다.

방송위 업무는 상임위원이 열성과 전문성을 갖고 자신의 책임 하에 성실하고 꾸준하게 진행시켜야 한다. 그래야 보좌하는 사무처 직원들이 침체되거나 실망하지 않고 보람을 갖고 열심히 일하게 되며 업무 효율화도 기할 수 있다. 같은 상임위원인 김형근 위원이 연로한데다 자신은 방송행정은 잘 모른다며 업무를 맡기를 사양해 모든 과제가 내게 떨어졌다. 솔직히 말해 나 자신은 일을 맡아 책임을 지고 추진해가는 것을 선호했다. 신문기자 시절에도 그랬지만 내 자신이 무슨 일이든 맡아 해낼 수 있다고 생각했다. 그래서 많은 굵직한 과업을 도맡아 진행시켜 나갔다.

프로그램 등급제와 방송평가제 시행

2000년 5월 먼저 방송프로그램 등급제실행위원장을 맡아 프로그램 등급제 업무를 진행시켰다. 위원은 강남준 한양대 교수, 하종원 선문대교수, 최영묵 민언련 정책위원, 김윤택 방송협회 기획조사팀장, 김성수 온미디어 본부장 등이다. 프로그램 등급제는 어린이, 청소년들이 폭력적이거나 선정적인 프로그램에 노출되어 정서발달에 막대한 악영향을 미친다는 우려에서 출발했다. 어린이, 청소년들이 이런 프로그램에 과다 노출될 경우 TV를 통해 방영되는 폭력기법을 모방하게 되고 스스로 쉽게 폭력을 행사하게 되며 폭력이 가져오는 반사회적 결과에 무관심해지기 쉽다. 선정성도 마찬가지다. 프로그램 등급제는 어린이, 청소년에 해로운 영향을 미칠 수 있는 내용(폭력성 · 선정성 · 언어사용 정도)을 기준으로 프로그램의 등급을 분류하고 이 등급을 일정한 기호로 TV화면에 표시하여 어린이·청소년 TV시청 지도에 활용하는 것이다.

등급제는 우리나라 최초로 2001년 2월 1일 영화, 수입드라마, 뮤직비디오, 애니메이션 등 4개 장르를 대상으로 시행됐고 5월부터는 국내제작 드라마에도 적용했다. 프로그램표시 등급분류기준은 '모든 연령 시청 가', '7세 이상 시청 가', '12세 이상 시청 가', '19세 이상 시청 가' 등 4단계로 구분했다.

이 제도 실험시행단계에서부터 방송사측의 반발이 심했다. 특히 각사 TV제작본부장들이 등급제 실행위원장인 내게 이런 저런 어려움과 문제점을 열거했다. 들어보니 방송사의 입장에서 자사의 편익성에 약간의 지장이 있는 정도였다. 그런 정도의 어려움은 등급제의 긍정적 효과에 비하면 아무것도 아니라고 판단했다. 내가 앞장서 일체의 반발을 차단해 버렸다. 시행기일을 약간 연기해달라는 것조차 받아들이지 않았다. 처음 시행하는 제도여서 미흡한 점이 없지는 않았을 것이다. 그러나 바로 자리를 잡아가 지금은 완전히 정착되었다. 물론 앞으로 어느 정도 보완작업은 필요할 것이다.

2000년 9월 방송평가위원회가 설치됐다. 내가 위원장을 맡았고 위원은 이경숙 방송위원, 유수열 MBC제작본부장, 박용식 KBS경영본부장, 홍기선 고려대교수, 임동진 변호사, 박현준 연세대 경영대 교수, 김훈순 이화여대 교수, 김용호 부경대 교수 등 각계 전문가들에게 위촉했다. 방송법에 근거한 방송평가는 방송위원회가 방송사업자의 방송프로그램 내용 및 편성과 방송사 운영 등에 관해 종합적으로 평가하는 법정 행정행위다. 방송평가 결과는 방송사업자 재허가 및 방송채널사용사업자 재승인 때 심사에 반영한다. 세밀한 조사연구 끝에 방송평가를 위한 규칙을 제정했다. 세부내용이 아주 복잡하다. 많은 전문가들이 동원돼 심혈을 쏟아 마련했다.

2001년부터 41개 지상파방송사업자에 대한 방송평가가 시행됐고 2002년부터는 4개 보도 및 홈쇼핑부문 방송채널사용사업자와 77개 종합유선방송사업자에 대한 방송평가도 시행됐다. 처음 평가규칙을 마련할 때 방송사측은 그 많은 방송 프로그램 내용과 편성과정을 어떤 잣대로 평가하려 하느냐면서 부정적 견해를 제시했다. 그러나 우리는 전문가들을 동원하여 치밀한 작업 끝에 적절하고도 합당한 평가규칙을 마련했다. 나는 방송사들에 대한 평가가 시행되는 과정을 점검하고 지켜보면서 아주 만족했다.

방송평가는 지상파 TV방송은 1000점 만점에 방송내용(350점), 편성(350점), 운영(300점) 부분으로 나눠 평가하고 라디오는 500점 만점에 방송내용과 편성(300점), 운영(200점) 부분으로 평가했다. 평가 결과 100점 만점 환산점수가 65점 미만인 방송사에 대해서는 문제점 개선을 위한 이행각서를 제출받은 뒤 재허가 해주었다. 2001년도 평가결과 내용이 미비한 11개 방송사 14채널로부터 이행각서를 받았다. 뒤이어 방송채널사용사업자와 종합유선방송사업자들도 라디오방송과 비슷하게 500점 만점으로 평가하여 그 결과에 따라 조건부 재허가 승인을 해주었다. 이제 이 방송평가제도는 완전 정착되었다.

디지털방송 추진

방송 디지털화 추진은 중대한 국가적 과제다. 방송위는 지상파TV 디지털방송을 추진하기위해 2000년 7월 제1기 디지털방송추진위원회를 구성했다. 역시 내가 위원장을 맡았다. 위원회는 반년동안의 작업 끝에 그해 12월 지상파TV의 디지털 전환을 위한 종합계획을 마련, 발표했다. 비로소 우리나라 방송이 아날로그에서 디지털방송으로 전환하게 됐다.

디지털방송추진 종합계획에 따라 2001년 10월 26일 SBS가 지상파 TV 디지털 본방송 첫 전파를 발사했다. 이어 KBS1, KBS2, MBC, EBS도 디지털 본방송을 시작했다. 각 방송사는 본방송 실시 첫해부터 디지털방송의 큰 장점인 고화질(HD) 프로그램을 주당 10시간 이상 방송했다. 우리 방송이 새로운 전기를 맞게 됐다. 방송이 아날로그에서 디지털로 발전하는 것은 흑백TV에서 컬러TV로 바뀐 전환점보다 더 큰 의미가 있다고 할 수 있다.

이어 제2기 디지털방송추진위원회를 발족시켜 지상파에 이어 케이블방송의 디지털 전환과 데이터방송에 관한 정책방안을 수립했다. 2002년 말에는 제3기 디지털방송추진위원회를 운영, DAB(*Digital Audio Broadcasting*) 도입, DMC(*Digital Media Center*) 법적 위상 마련 및 데이터방송 활성화 방안을 마련했다. 또한 지상파 HDTV 인정기준 및 최소방송시간도 확정했다. 이 인정기준은 HDTV방송에는 인력과 제작비가 많이 들어 방송사에서 겉핥기 프로그램을 방영하는 것을 방지하기 위한 조치다. 1, 2, 3기 디지털방송추진위원장을 모두 내가 맡아 우리방송의 디지털화를 실현시켰다. 참으로 보람 있는 과업이었다.

그 당시 방송사업자들은 거의 모두 디지털방송으로의 전환을 반대했다. 방송디지털화 자체는 찬성하지만 너무 서두를 필요가 없다는 것. 고음질 고화질 HDTV를 방영하려면 종전의 프로그램 제작비의 2~3배가 들고 인력도 더 소요된다. 그래서 지상파방송사들은 재정부담을 내세워 지연작전을 폈다. 케이블TV도 마찬가지다. 그중에도 홈쇼핑방송사들은 극력 반대했다. 디지털방송은 양방향 방송으로 자연히 모든 방송이 어느 정도 홈쇼핑 기능을 할 수 있게 돼 홈쇼핑방송사업자로서는 치명타를 입을 수 있다. 당시 홈쇼핑방송사 사장들이 내 사무실로 찾아와 디지털화를 연기해야 한다고 호소하기도 했고 반대성명서를 내겠다며 강력히 저항했다. 나는 이 같은 사업자들의 요청을 일체 받아들이지 않았다.

방송위원회에서는 모든 중대정책 결정은 최종적으로 본회의 의결을 거쳐야 한다. 그런데 위원회가 임기 말에 이르면 골치 아픈 어려운 사안들은 해결하지 않고 차기위원회로 넘기려 하는 경향이 있다. 제3기 디지털방송추진위원회가 마련한 방송디지털화 최종방안을 놓고 본회의에서 차기위원회로 넘기자는 의견이 제기됐다. 나는 그 같은 의견에 강력히 반대했다. 일부 위원들이 그런 의견을 제기하는 배경도 짐작하고 있었다.

내가 차기로 넘기자는 데에 반대하는 이유는 첫째 선진 기술도입은 1년 늦으면 그로 인한 영향은 5~10년 간다는 점, 둘째 방송사업자들이 당장은 제작비가 더 들어 힘들지 모르지만 새로운 디지털 콘텐츠 등으로 국내외 시장에서 선점효과가 있어 장차 훨씬 더 큰 이득을 볼 수 있다는 점, 셋째 지금 처리하지 않으면 차기 방송위원회는 새로 디지털추진위원회를 구성하여 처음부터 다시 작업하느라 비용도 들고 시일만 끌게 돼 우리방송 발전에 큰 지장을 준다는 점, 넷째는 우리 위원회가 힘들여 해놓은 중요한 업적을 스스로 포기할 수는 없다는 점 등이었다. 위원 몇 명이 반대했지만 강대인 위원장이 내 의견에 동조하여 디지털방송추진방안을 의결했고 시행에 들어갔다. 아주 다행스런 결과였다.

그 후 몇 년 지나 당시 디지털방송추진위원으로 참여했던 방송기술분야 전문가인 최성진 교수(서울산업대) 등 몇 명과 만나 그때의 이야기를 나누는 기회가 있었다. 최 교수 등은 "그때 조 위원장이 강력히 추진하지 않았더라면 지금 우리 방송이 어떤 수준에 머물고 있을까를 생각하면 끔찍하다"며 당시의 결단을 치하했다.

케이블TV 정비

우리 방송사업 분야에 시정해야할 것들이 많지만 그중에도 가장 시급히 정비해야할 분야가 있었다. 난맥상을 이루고 있는 케이블TV방송시장의 정비 및 활성화다. 전파상등이 유선으로 라디오방송을 중계하는 것으로 시작된 소위 중계유선방송이 전국 곳곳에 난립되어 있어 주먹구구식으로 운영되면서 부작용이 속출했다. 바로 이 중계유선을 정비하지 않고는 방송시장이 제 자리를 잡을 수 없다. 그래서 능력 있는 중계유선방송사업자는 종합유선방송 사업으로 전환해주어 케이블TV 시청기회를 확대하는 등 제도권 틀 안에서 발전하도록 지원하고 그렇지 못한 중계유선은 정비하기로 했다.

그동안 종합유선방송과 중계유선방송 사업자간에는 갈등과 왜곡된 경쟁구조로 마찰이 극심했다. 양측 사업자간에 비방과 인신공격이 계속됐다. 중계유선의 종합유선방송 사업으로의 전환 논리는 방송개혁위원회에서 유선방송 시장 통합 및 M&A 촉진을 위해 중계유선업자에 대해 종합유선방송사업 자격을 부여하도록 건의한 데 따른 것이다. 그때 단계적 통합방안도 마련해 놓았다.

중계유선방송사업자의 종합유선방송사업자 전환승인 심사위원회가 구성됐다. 내가 위원장을 맡았다. 심사위원은 방송, 경영, 회계, 법률, 기술전문가 및 시청자 대표 등 해당분야 전문성을 감안해 위촉했다. 중계유선이 종합유선방송사업자로, 즉 정통 SO로 전환되면 수백억, 내지 수천억 원의 자산이 생기고 여기에서 탈락하면 몰락하게 되는 그런 엄청난 심사였다. 아마도 지금까지 방송위원회에서 심사한 과제 중 가장 시끄럽고 골치아픈 심사였을 것이다. 로비가 없을 수 없었다. 별의별 제의가 다 있었다.

나는 일체의 외부접촉을 끊었고 심사위원들도 통보하자마자 소집하여 핸드폰을 거둔 뒤 호텔에 투숙시켰다. 대외연락도 완전 차단했다. 그리고 나는 심사진행과 관리감독만 하고 정작 본 심사에는 참여하지 않았다. 그때 직접 심사하지 않았던 것이 두고두고 잘 한 일이라고 생각됐다. 왜냐하면 심사가 끝난 후에도 상당기간 말썽이 이어졌기 때문. 사실 그때까지 내게는 중계유선방송 쪽은 생소한 분야였고 관심도 없었다. 중계유선은 방송이라고 할 수도 없는 상태였다. 나는 중계유선방송 자체를 잘 알지 못하고 있었다.

심사는 중계유선방송사업자의 통합규모, 유선방송사업의 활성화 및 관련시설 투자 가능성, 출자자와 임원의 건전성, 수신자 보호계획의 적정성에 대해 분석하고 평가했다. 지역별로 절대평가와 비교평가를 병행하여 지역별로 1개 이내 사업자를 선정하되 1000점 만점에 650점 이하는 탈락시켰다. 복수사업자 신청지역은 650점 획득 이상 업체가 복수일 경우 비교평가를 실시했다. 청문심사도 병행하여 사업계획의 적절성, 성실성을 확인했고 보완이 필요한 사항이나 신청서류 검토만으로 평가가 어려운 사항에 대해서는 신청법인의 의견을 청취했다.

심사결과 1차 종합유선방송사업구역에서는 38개사를 승인대상으로 선정해 최종적으로 33개사에 승인장을 교부했고, 2차 종합유선방송사업구역에서는 8개 사업자를 승인대상자로 선정해 승인장을 교부했던 것으로 기억된다.

승인장 교부업무와 관련해서 사무처 간부들의 잘못이 드러나 강경한 징계조치가 내려졌다. 그중 해당업무담당 정순경 국장이 큰 실책을 저질렀다. 상임위원 회의에서 정 국장을 파면하자는 의견이 제시됐다. 위원들 중 내 경우는 방송위원을 연임해서 업무를 맡고 있었기 때문에 정국장과는 오랜 기간 동안 함께 일해 온 사이다. 강대인 위원장이 내게 의견을 물었다. 나는 파면은 너무 가혹하므로 정직으로 처리하자고 했더니 강 위원장도 그렇게 생각한다고 하여 정직으로 결정됐다. 과오는 밉지만 직원을 자르는 것만은 피하고 싶었다.

그 당시 종합유선과 중계유선의 과도한 경쟁으로 불법, 탈법적 사례가 심각했다. 특히 중소기업상품전과 유사 홈쇼핑 등 불법광고방송 송출로 시청자들이 피해를 입는 경우가 잦았다. 유선방송 시장의 질서확립과 시청자 보호를 위해 불법방송 등에 대해 지속적으로 단속하고 강력한 행정처분을 부과했다. 그래서 사업자간 불공정 경쟁을 막고 준법운영을 유도하는 성과를 거두었다.

당초 케이블TV 활성화를 위해 종합유선방송사업자가 다양한 채널상품을 구성해 판매할 수 있도록 해주었다. 모든 채널을 다 내보내는 기본형 외에 일부 채널만 내보내 수신료가 싼 국민형, 보급형, 선택형 등 다양한 채널상품을 운영하는 채널 티어링 제도가 실시됐다. 이 제도를 실시해본 결과 종합유선방송사업자 이용약관이 지나치게 사업자 중심으로 작성되어있어 시청자들이 피해를 입는 사례가 발생했다. 사업자들 간에 서비스 내용이나 이용요금 격차도 심했다. 시청자들이 자의로 선택할 수 있는 채널구성 및 이용요금체제 구축이 시급해졌다. 이에 따라 소비자 선택권을 확대하고 다양한 서비스를 제공하기위한 이용약관의 표준화, 서비스의 다양화, 이용요금의 합리화를 위한 약관 표준화 작업이 필요해졌다.

방송위는 종합유선방송사업의 질서를 바로 잡고 방송 소비자 권익보호를 위해 이용약관심사위원회를 구성했다. 내가 위원장을 맡았고 위원은 이은영 한국외대 법대학장, 설승현 한국소비자보호원 생활경제국장, 이상식 계명대 교수, 이태희 국민대 교수 등이었다. 이 분야 전문가인 이상식 교수팀에게 이용약관 표준화방안을 마련하도록 했다. 방송사업자 실무대표와 소비자 대표등과 간담회 및 공청회를 거쳐 종합유선방송이용약관을 확정했다. 그렇게 해서 전국 109개 종합유선방송사업자의 이용약관을 개선했고 부작용도 없앴다. 약관심사위원회는 정기적으로 회의를 개최, 각 사업자가 제시한 이용요금을 승인하고 불공정 계약관행을 제재하는 등 여러 가지 문제점을 해결해나갔다.

강원민방 허가

전국 각 지역에 지상파TV 민영방송이 설립되어 있으나 강원과 제주 지역에만 없었다. 이 지역의 민영방송 시청에 대한 소외감을 해소하고 정보욕구 충족과 지역격차 해소 및 지역문화 발전을 위해 방송매체가 필요하다는 지역주민들의 요구에 따라 민영방송 허가가 추진됐다. 2000년 방송위는 민영방송의 전국화를 의결했다. 바로 강원지역 민영방송사업자 허가추천계획을 수립하고 허가추천 신청공고를 통해 가칭 '강원민방'의 신청을 접수했다. 주요주주에 대해 환경관련 법규위반여부는 환경부, 신청법인 대표자와 편성책임자 결격사유 여부는 경찰청, 최근 3년간 납세실적, 법인 성실도, 세무조사 여부, 변칙상속, 부동산 투기 여부는 국세청, 최근 3년간 공정거래관련 법규 위반여부 및 조치 내용은 공정거래위원회에 조회했다.

강원민방 허가심사위원장 역시 내가 맡았고 법조계, 학계, 언론계, 기술, 경영 등 각계전문가들로 심사위원회를 구성했다. 신청내용 및 사업의지에 대한 사실 확인을 위해 지배주주와 법인대표 예정자를 상대로 청문심사를 하고 방송의 공적 책임과 공정성 공익성, 조직과 인력 운용계획의 적정성, 자금조달 및 경영계획의 적정성, 방송프로그램 편성 수급계획의 적정성 등을 총 1000점 만점으로 평가했다. 심사결과 713점을 획득해 커트라인을 넘었으나 최종판정단계에서 유동성 부족문제가 제기됐다. 이 문제를 해결하기위해 지배주주사인 대양 측에 40억 원 이상을 증자하는 조건으로 허가하기로 결정했다. 강원민방은 2001년 12월 춘천에서 첫 전파를 발사했다. 뒤이어 제주도에서도 신청이 들어와 심사를 거쳐 2002년 5월 제주지역에서도 첫 전파를 발사했다.

강원민방 허가가 난지 4년 뒤인 2004년 10월 1일자 한겨레신문 1면에 '강원민방 회장 지분초과소유, 차명으로 위장 분산…, 방송위상대 금품도 건네'제하 기사가 보도됐다. '한겨레가 입수한 강원민방 설립추진위 경비내역을 보면 당시 방송위 상임위원으로서 심사위원장을 맡은 조아무개 씨 등에게 2001년 2월 26일 500만원을 건넨 것으로 돼있다. 아울러 조 씨 등에게 2000년 3~5월 10여 차례에 걸쳐 630만원에 이르는 접대 및 선물제공을 한 것으로 나와 있다. 이에 대해 조 전위원은 식사대접을 받기는 했지만 현금을 받은 적은 없다고 부인했다'고 보도했다. 무책임한 신문의 황당한 보도다. 나는 즉각 언론중재위에 제소했다.

강원민방 허가당시 사장은 언론계 대선배인 박기병 씨였다. 기자협회장도 역임한 박 사장은 언론인으로서 모르는 사람이 없을 정도로 교제범위가 넓었다. 마침 나와 함께 방송위 상임위원으로 근무하고 있는 이긍규 위원도 기자협회장을 역임해 모두 잘 아는 사이다. 그래서 박 선배, 이 위원과 함께 식사를 한 적이 있고 식사대금은 돌아가면서 냈다. 허가심사와는 전혀 관련이 없는 자리였다. 나는 중재위에 나가 의견을 진술했다. 한겨레측도 나와 진술했다. 나는 한겨레신문의 무책임한 졸속 허위보도에 대해 강력히 항의했다.

방송위원으로 근무할 때도 유독 한겨레신문 출입기자만 내 사무실을 찾아와 상식이하의 엉뚱한 내용을 비치면서 설왕설래해 몇 차례 호통을 친 일이 있었다. 그야말로 어처구니없는 트집이다. 언론중재위의 결정에 따라 한겨레신문은 2004년 10월 14일자 2면에 다음과 같이 반론보도문을 실었다.

'본지 10월 1일자 1면 〈강원민방회장 지분 초과소유-차명으로 위장 분산, 방송위 상대 금품도 건네〉 제하의 기사와 관련하여 당시 방송위 상임위원으로서 강원민방허가 심사위원장을 맡았던 조 아무개 씨는 "강원민방 측으로부터 허가와 관련하여 일체의 금품이나 선물제공, 식사 접대 등을 받은 사실이 없다"고 밝혔습니다.'

당시 한겨레신문은 대부분 동아일보 사태 때 신문제작을 거부하며 극한투쟁을 일삼다가 해직된 사람들이 종사하고 있었다. 내가 방송위 부위원장, 상임위원으로 활약할 때인 국민의 정부 시절에는 옛날 동아사태 때 제작에 참여한 인사들은 대부분 앞서 공직에 진출했다가 현직에서 물러나 거의 활동을 하지 않고 있었다. 그 당시는 나 혼자 공직에서 많은 일을 하고 있었다고 할 수 있다. 방송위를 출입하는 한겨레신문 기자가 몇 번에 걸쳐 나에 대한 부정적 측면을 캐려고 노력했다. 일면식도 없는 어린 여기자가 이따금 찾아와 상식 이하의 이야기를 꺼냈다. 한 번은 공청회 등에서 노조와 관련해서 내가 언급한 내용까지 재확인하려고 했다.

상임위원은 차관급 정무직으로 재산을 공개한다. 한번은 한겨레 기자가 찾아와 재산 중에 하림 주식을 갖고 있는데 하림 측에서 주식을 상납했다는 이야기가 있다며 턱도 없는 내용을 물어왔다. 하림은 농수산홈쇼핑TV를 소유하고 있다. 이야기를 들어보니 주식에 대한 상식이 전혀 없는 그런 수준의 기자였다. 나는 현대증권 방배지점을 이용하고 있었고 주식은 10여 종목 소유하고 있었다. 많지도 않은 액수다. 방배지점의 담당자가 내게 자주 전화를 해와 친밀해졌다. 유능하고 믿을만하다고 생각이 되어 그 담당자에게 내 주식거래 일체를 맡겨놓고 있었다. 당시 소유주식 종목 중에 하림 주식이 포함되어 있었다. 물론 주식내용은 공직자 재산공개에 상세히 나타나 있다. 나는 그 기자에게 "현대증

권 방배지점에 가서 취재하면 모두 상세하게 나올 텐데 그런 내용을 내게 물어 취재가 되겠느냐"며 내 계좌를 담당하는 직원을 알려주었다. 연락하면 지금이라도 그 증권사 지점에서 해당주식을 주식시장에서 매입한 날짜와 매도한 날짜, 수량, 금액 등 리스트를 팩스로 상세히 알려준다고 말해주었다. "기자가 도대체 주식거래의 '주'자도 모르고 취재의 '취'자도 모르고 다니는 것 아니냐"고 추궁했다. 하기야 그 어린 여기자가 무슨 죄가 있겠는가. 사내의 간부가 나에 대해 언급을 하니까 무턱대고 찾아온 것이 아니겠는가.

지상파 재허가와 방송통신통합법제 정비

방송위는 모든 방송사의 재허가 추천 업무를 맡고 있다. 3년마다 한 번 씩 재허가 심사를 한다. 40개 지상파 방송사업자 허가기간이 2001년 12월말로 만료되어 통합방송법에 의해 최초로 시행되는 지상파방송사업자 재허가 추천 업무를 담당하는 심사위원회가 구성됐다. 역시 내가 위원장을 맡고 각계 전문가들로 8인 심사위원회를 구성했다. 심사결과 대부분의 방송사업자들이 100점 만점에 60~70점대에 집중되어 있었다. 재허가 심사의 목적이 방송사의 서열화나 등급화에 있는 것이 아니라 재허가 추천에 합당한 사업자인지를 판단하는데 있다.

심사위원회 심사(40%)와 방송평가내용(60%)을 합산하여 100점 만점에 65점 이상 획득한 사업자에게는 재허가 추천을 해주고 65점미만 사업자에 대해서는 점수가 낮은 항목을 중심으로 보충하겠다는 이행각서를 받은 후 재허가 추천을 했다. 그때 부족한 점이 드러나 이행각서를 제출한 사업자는 12개사 18개 채널로 대구방송, 광주방송, 대전방송, 울산방송, 전주방송, 청주방송, 경인방송, CBS FM, CBS 청주FM, CBS 대전FM, CBS 춘천FM, BBS 청주FM, 극동 AM, 극동 창원

FM, 극동 대전FM, 극동 제주FM, 원음방송 FM, TBS FM 등이었다.

방송위원회 임기 마지막 과제로 방송통신 통합을 위한 준비작업이 남아 있었다. 미디어 기술의 신속한 발달과 산업영역의 획기적인 변화에 따라 방송과 통신의 융합현상이 가속화 되어갔다. 기존의 방송과 통신 개념으로는 설명하기 어려운 신규매체가 나오고 새로운 서비스도 등장했다. 방송에 관한 것은 방송위에서 방송법에 따라, 통신에 관한 것은 정통부가 전기통신기본법과 전기통신사업법에 따라 각각의 영역을 규제해왔는데 이처럼 이원화된 법 제도와 행정기관 체제에서는 방송통신 융합현상을 효율적으로 규제하거나 지원하기가 어렵게 됐다. 선진국들도 이미 방송통신 통합기구를 구성하고 통합법제를 마련, 시행하고 있다.

두 기관을 통합하는 데는 먼저 법제정비가 이루어져야 한다. 2002년 6월 방송통신통합 법제체계 마련과 방송통신통합위원회 위상 및 기능 등 쟁점들에 대한 연구검토를 위해 방송통신법제 정비위원회를 발족시켰다. 역시 내가 위원장을 맡고 각계 대표들로 위원회를 구성했다. 위원회는 통합법규 기본체계 연구분과와 쟁점 연구분과로 구분해 각각 현실적인 쟁점에 대해 연구했다.

방송통신법제 정비방향은 방송법중 기본법적인 내용과 전기통신기본법을 통합한 방송통신기본법, 방송법의 사업법적인 내용과 전기통신사업법을 통합한 방송통신 사업법, 전파법 등을 정리한 방송통신 설비법으로 가닥을 잡았다. 방송통신위원회 위상은 독립기관, 대통령산하, 국무총리산하 중에서 택일하도록 했으며 기능은 경제기술적 규제와 문화기술적 규제 및 지원업무를 혼합하거나 그중 일부만 맡는 방향으로 정리했다. 최종적으로 위원회 위상은 대통령소속기관, 기능은 경제기술적 규제와 지원기능을 수행하는 방안을 채택했다.

홈쇼핑 채널 추가승인

홈쇼핑채널도 추가 승인했다. 방송환경과 유통환경 변화에 따른 홈쇼핑산업의 활성화를 위해 추진됐다. 기존의 2개 홈쇼핑 사업자에게만 특혜를 줄 필요가 있느냐는 측면도 작용했다. 공개토론회와 공청회를 거쳐 방송 산업 육성과 유통구조 개선을 위한 방향으로 정리했다. 대기업은 제외하고 중소기업 위주로 허가하되 낙후되어 있는 농산품과 수산품 판매문제도 배려하기로 했다. 그때 방송위 상임위에서 홈쇼핑채널 허가심사 역시 내가 맡아서 하도록 결정했다. 그래서 신규허가방향을 제시하는 주제발표를 내가 맡아 했고 공청회 때도 내가 사회를 맡아 최종적으로 3개 홈쇼핑채널을 추가승인하기로 했다. 승인신청 접수를 받은 결과 12개 법인이 신청했다.

그 당시 홈쇼핑채널은 황금알을 낳는 거위였다. 심사위원회가 구성되기도 전에 내게 예비사업자들이 몰려들기 시작했다. 이 문제와 관련된 모든 것에 정확성을 기하기 위해 그 당시 있었던 내용을 사실 그대로 기술하려 한다. 그때 내게 네 군데서 연락이 왔다. 농수산홈쇼핑 쪽의 김홍국 회장, 연합홈쇼핑 차용규 대표, 신세계홈쇼핑 손숙 대표, 이름이 기억나지 않는 고려대 상대 후배인 한솔홈쇼핑 대표 등이다.

어떤 곳은 전화로 이야기를 끝낸 곳도 있고 어떤 곳은 피치 못할 장소로 찾아와 직접 만나게 된 경우도 있었다. 나는 일관되게 그들에게 한마디, '시험을 잘 보라'고만 했다. 심사는 해당 사업 주체의 사업능력과 사업의지를 비롯한 사업계획서 및 실현가능성을 분석 평가한다. 제안서를 잘 써야하고 그에 대한 실현가능성을 보여야하며 청문회도 잘 마쳐야 한다. 나는 그들에게 오직 시험을 잘 보라고만 했다. 뒤에 보니 '시험을 잘 보라'는 내 말을 그대로 믿고 추진한 업체는 대부분 선정됐다. 뒤에 김홍국 회장과 차용규 대표는 시험을 잘 보라고 해서 그렇게 했더니 합격했다고 털어놓았다.

그런데 그때 내가 롯데 홈쇼핑컨소시엄과 깊이 연계되어있다는 소문이 나돌았다. 그 소문은 방송위에서도 인지돼 상임위원 회의에서까지 거론됐다. 그 당시 롯데 측은 나와는 면담은커녕 전화 한 통화도 한 적이 없었다. 전화 통화라도 한번 한 적이 있으면 나와 보라고 하고 싶다. 나로서는 억울했지만 어찌하는 수가 없었다. 그래서 상임위에서 김정기 위원장 등과 대책을 논의하다가 내가 심사위원장을 맡지 않겠다고 했고 강대인 부위원장이 맡기로 해 진행시켰다.

그 후 8년이 지난 2008년 여름, 우리홈쇼핑 허가심사 때부터 사장을 맡았고 롯데로 팔린 뒤 롯데홈쇼핑 사장을 역임하다가 그곳도 그만둔 정대종 사장과 술을 한잔 한 적이 있었다. 옛날이야기가 나와 이런 저런 이야기를 하다가 정 사장이 그때의 일을 털어놓았다. 그 당시 내가 심사위원장이 된다고 알려져 있었고 여러 컨소시엄 중 롯데가 가장 강력한 후보로 떠올랐다. 우리홈쇼핑 컨소시엄 측은 이에 대한 대책을 논의하다가 '조강환 위원이 롯데를 밀고 있다'는 거짓소문을 내기로 의견을 모아 인터넷 등에 올렸다고 정 사장이 뒤늦게 확인해 주었다. 화가 치솟았지만 오래전 일을 어찌할 수도 없었다. 정 사장은 활짝 웃으며 내게 "형님, 때리려면 때리시오" 했다. 우리는 웃고 말았다.

또 한 가지 일화가 있다. 3개 홈쇼핑채널이 선정된 후 방송위원회에서 내주는 허가장이 나오기 직전 농수산홈쇼핑에서 대주주와 경영진간에 알력이 있었다. 경영진이 "대주주가 뭐 한 일이 있느냐"며 물러날 것을 강력하게 압박하자 대주주인 김홍국 하림 회장이 견디지 못하고 대주주 주식을 다른 사람에게 넘기는 계약을 체결해 버렸다. 김홍국 회장은 주식을 저렴한 가격에 팔아놓고는 내게 문의를 해왔다. 그들은 대주주가 바뀐 사실이 밝혀지면 채널허가가 취소된다는 것을 알지 못했다. 그렇게 될 경우 모든 것이 물거품 된다. 방송위로서도 곤란한 지경에 처하게 된다. 내가 그런 내용을 김 회장에게 상세히 알려주었고 그는 뒤늦게 그 계약을 파기했다. 그는 결국 경영진을 내보내고 농수산홈쇼핑을 차지했다. 그는 수천억 원을 잃을 뻔 했다. 그는 내가 은인이라며 고마움을 잊지 않고 있다가 내가 방송위원을 그만둔 뒤 몇 년 지나 비상임 고문으로 위촉했다. 고문료는 월 3백만 원. 생활에 상당한 보탬이 되었다.

그 당시 강대인 부위원장은 홈쇼핑허가심사위원장 외에도 일반방송채널사용사업자 심사위원장, 방송정책기획위원장, 위성방송허가 심사위원장 등을 맡아 처리했다.

방송 국제교류에 적극 참여

나는 방송의 국제교류에도 큰 관심을 가졌다. 방송위는 우선 새롭게 출범한 위원회를 국제사회에 알리는데 주력했다. 이즈음 세계 각국은 통신기술 개발속도와 맞물려 방송과 통신의 융합현상에 대해 고민하기 시작했다. 그와 함께 새롭게 대두된 경계 영역 간 서비스에 대한 대응 방안과 기구 단일화 등 규제기관 구조전환에 대한 논의가 활발하게 진행되었다. 주요 국가들은 방송통신융합 현상에 대비, 방송법을 개정하고 그에 맞는 각종정책을 제시했다.

2000년 10월 뉴질랜드 웰링턴에서 열린 '제5차 아시아 태평양 방송 규제기구 라운드테이블'에 내가 한국대표로 참가했다. 나는 '방송통신 융합과 규제기구의 미래' 제하의 주제를 발표했다. 영어 연설이었는데

2002년 10월 시드니에서 열린 제7차 아시아 태평양 방송규제기구 라운드테이블에서 한국대표로 참가해 주제발표를 하고 있는 필자.

발표는 그런대로 했지만 질의응답에서 진땀을 뺐다. 내 유전자는 외국어 회화에 유독 허약하다고 생각해왔다. 몇 개 국어를 모국어처럼 능숙하게 하는 사람도 많은데 나는 노력을 해도 잘 되지가 않았다.

뉴질랜드주재 대사가 관저로 초청해 만찬을 베풀었다. 관저는 경치 좋은 산비탈에 한국전통 건축물로 축조해 특징을 살렸다. 뉴질랜드의 풍물, 교포들의 실태 등에 관해 많은 내용을 듣고 배웠다. 관례대로 약간의 성금도 놓고 나왔다. 주말에 대사가 골프를 초대해 세계 50대 골프장 중 하나라는 명문CC에서 라운딩 하는 기회도 가졌다. 필드 여기저기 아름드리 노거수 수백그루가 인상 깊었고 맑디맑은 시냇물이 정겨웠다.

2002년 10월에도 호주 시드니에서 열린 제7차 아시아 태평양 방송규제기구 라운드테이블에 한국대표로 참가해 역시 주제발표를 했다. 주제는 '디지털 전환의 효과에 대한 규제측면의 고찰'이다. 이때는 유머까지 섞어가며 약간 여유 있게 영어로 발표했다. 민병준, 고홍숙 방송위원이 동행했고 주제발표에 따른 토론에도 참가했다.

이 같은 국제적 동향에 따라 우리나라도 디지털화와 함께 방송·통신융합 방향으로 조속히 전환해야한다는데 확신을 가졌고 방송·통신 통합을 위한 법제 정비도 서두르게 됐다. 우리 일행은 미국에도 들러 미 연방통신위원회를 방문, 미국식 디지털TV송신방식에 대해 청취하기도 했다.

미국에서는 뉴욕에서 아들 규호를 만났다. 버몬트의 샌 마이클 대학에 유학중인 규호를 뉴욕으로 나오도록 했다. 여위어 까칠한 모습이다. 함께 엠파이어 스테이트빌딩과 '그라운드 제로'(월드 트레이드센터 붕괴된 자리) 등을 둘러보고 식사도 했다. 식사할 때도 그랬지만 공항까지 따라 나온 아들과 헤어지면서 눈물이 자꾸 나와 어찌 할 수가 없었다. 모든 것이 생소한 이 먼 곳에서 혼자 고생하고 있는 것을 생각하니 너무나 안쓰러웠다. 자식은 어려서는 부모 양팔의 부담이 되고 자라서는 마음의 부담이 된다더니 역시 자식에 대한 애틋한 마음은 어찌 할 수가 없었다. 내 마음이 약해졌는지 아무리 눈물을 참으려 해도 억제할 수가 없었다. 당시 내가 할 수 있는 것이라고는 용돈 몇 푼 쥐어주는 것이 전부였다. 규호 모습이 멀리 사라져 보이지 않을 때까지 지켜보면서 눈물을 흘렸다.

함께 귀국하던 고흥숙위원이 '눈물 젖은 방송위원'이라고 놀려댔다. 세월이 흐를수록 눈물이 자꾸 많아지는 것을 어찌 할 수 있겠는가. 그때 나는 이 세상에서 가장 아름다운 사랑은 자식에 대한 사랑이라는 것을 느꼈다. 아들이 없다면 이런 사랑의 진미를 알 수 없겠지 하며 내 자신을 위로했다.

문화예술진흥원 이사

방송위원이 겸직하는 자리가 몇 개 있다. 문화관광부에 설치되어있는 한국문화산업진흥위원회 위원과 한국문화예술진흥원 이사다. 두 군데 모두 내가 맡게 됐다. 지금 생각해 보면 욕심도 많았다. 문화산업진흥위원회는 표현 그대로 정부 각 부처가 협조해 문화산업을 진흥시키자는 것이다. 위원장은 박지원 문화관광부 장관이었고 위원은 정부 주요부처차관과 문화계 인사 몇 명이 포함되었다. 나는 방송 분야를 대표해서 참여했다. 위원들 중 가장 기억에 남아있는 위원은 외교통상부 차관인 반기문 위원이다. 모두들 무뚝뚝하게 앉아 있는데 반위원이 항상 먼저 반갑게 인사했다. 단순한 인사 외에 '요즘 방송위원회 일이 많던데 고생 하시지요' 하는 등 적극적인 자세를 보였다. 서로 얼굴이 익어 면식만 있는 사이지만 오래 동안 친숙하게 지내온 사람처럼 대했다. 친화력이 뛰어났다. 그런 자세, 그런 성품이 부럽기도 했다. 그가 뒤에 유엔 사무총장이 되었다. 나는 속으로 진심으로 축하했다.

한국문화예술진흥원은 동숭동 사무실에서 자주 이사회를 개최해 이사들이 식사도 같이 하면서 모두 친숙하게 지냈다. 이사장은 평소 잘 알고 지내는 원로연극인 김정옥 씨, 이사는 문학분야 허영자 한국시인협회장, 음악분야 장혜언 이화여대 교수, 미술분야 화가 권옥연 씨, 무용분야 무용가 정승희 씨, 학계는 연극평론가 서연호 고려대 교수, 감사는 '하숙생'으로 유명한 가수출신 최희준 씨, 그리고 방송분야는 내가 대표로 나왔다. 회의진행은 슬로우 모션이지만 분위기는 참 부드러웠다. 회의도 회의지만 이사들은 점심시간의 대화를 더 좋아했다. 이사들 모두가 문화계의 거목으로 각 분야를 대표하는 명망가들이다. 동숭동 한식집에 자리잡고 술도 한잔 하면서 제각기 제 분야를 털어놓는다.

김정옥 이사장은 연극영화학 교수, 연출가 등으로 우리나라의 대표적인 연극인이다. 아내와도 친숙한 연극계의 대선배다. 그의 연극 연출이야기, 허영자 씨의 문학이야기, 장혜원 씨의 음악 이야기 등 모두 유익하고 재미있는 내용이다. 그중에서도 가장 기억에 남아있는 이야기는 화가 권옥연 씨의 토로다. 그는 음악을 좋아하고 노래도 잘한다. 우리 화단의 대표화가인 그의 말에 따르면 인류에게 미술은 없어도 되지만 클래식 음악은 없어서는 안 된다는 것. 그는 항상 클래식을 들으며 작업하는데 클래식을 듣지 않으면 아무것도 할 수가 없다는 것이다. 화가가 하는 말이 이 세상에 미술은 없어도 되지만 음악은 없어서는 안 된다는 이야기가 잊혀 지지 않는다.

기네스 한국위원회 총재

방송위원으로서 한국문화산업진흥위원회 위원과 한국문화예술진흥원 이사직도 맡아 나름대로 활동하고 있는데 세계기네스위원회 한국기네스 편집위원장을 맡고 있는 지영모 씨가 기네스 한국위원회 총재직을 맡아달라고 내게 간곡하게 요청했다. 기네스 한국위원회는 정치, 경제, 사회, 문화, 예술, 스포츠 등 각계 다양한 분야에서 최고의 기록에 도전하는 한국인의 의지 및 그 노력의 산물을 기록화하는 기네스 월드레코드의 고유업무를 지원한다. 그러나 한국위원회는 자리를 잡지 못하고 우왕좌왕하고 있어 한국에서 새롭게 이루어지고 있는 값진 기록들이 사장, 또는 폐기되고 있다는 것.

그 분야 몇 분을 만나보았더니 그동안 정치인들이 총재직을 맡아왔지만 기네스 기록에 깊은 관심을 갖지 않아 한국위원회가 피폐 일로에 있어 한국의 새 기록 인정이 이루어지지 않고 있다는 것이다. 참신한 언론계 인사가 맡아 중심을 잡아달라고 했다.

기네스한국위원회 총재 취임인사.

2000년 3월 기록 인정과 관련해 공정성을 확보하고 위원회 재정비만 해놓고 그만둔다는 생각에서 총재직을 수락했다. 수락인사에서 인간의 한계에 도전하는 한국인의 위상을 재정립하고 기록보유자의 권익보호와 국제교류 증진을 도모하는데 일조를 하겠다고 다짐했다. 감경철 옥산레저 회장, 강인섭 전 국회의원, 김광석 참존 회장, 김대성 제주일보 회장, 김영삼 삼정CPI 회장, 김재기 한국관광협회장, 문상주 한국학원 총연합회장, 민병철 어학연구소 이사장, 서준모 동신유리 회장, 신석균 한국발명학회장, 안상수 국회의원, 유장희 이화여대 교수, 이대봉 참빛그룹 회장, 이대원 제일모직 사장, 이동건 국제로타리 이사, 이민희 KBS영상사업단 사장, 임석 솔로몬신용정보 사장, 정균환 민주당 총재특보단장, 정진원 국제로타리 3640지구 총재, 조일묵 한국장애인재활협회장, 주광일 국민고충처리위원장, 허진규 일진 회장, 황병주 동영물산 회장 등이 고맙게 참여해주었다.

사회적으로 공인받을 만한 인사들로 심사위원회를 구성하고 몇 가지 새로운 기록들을 엄정하게 심사해 인정해준 후 기네스북을 출판했다. 나와 친분이 있는 많은 인사들이 출판기념회에 참석해 상당한 분량의 기네스북을 매입해 주어 출판비용을 충당하도록 도와주었다. 기네스북은 청소년들에게 유익하고 교육적 가치가 충실한 다양한 내용을 담고 있다. 판매대금등 재정에 관한 것은 지영모 씨가 전담했고 나는 회계문제에는 일체 관여하지 않았다. 한국기네스위원회가 정상괘도에 진입한 것 같았고 방송위 상임위원으로서 할 일이 많아져서 오래 붙잡고 있는 것이 바람직하지 않을 것으로 판단돼 얼마 후 그만두었다.

그만 두기도 어려운 상임위원

2000년 10월 김형근 상임위원이 별세, 후임으로 이긍규 전 국회의원이 보궐위원으로 추천돼 상임위원이 됐고 2002년 1월 김정기 위원장이 갑자기 사퇴해 김동선 전 정통부차관이 보궐위원으로 추천됐다. 그래서 위원장은 강대인, 부위원장은 김동선 위원이 맡게 됐다. 이런 과정에서 나도 그만두고 싶은 생각이 간절했다. 방송위원을 5년 동안이나 역임했으니 그만둘 때도 됐다고 생각했다. 방송위원회 측에 그만두겠다는 의사를 비쳤다. 일도 많이 했고 열심히 했고 또 할 만큼 했다. 더 무엇을 해보겠다는 의지도, 미련도 없어졌다. 나에게는 진짜 내가 해야 할 일이 남아 있다고 여겨졌다.

30여 년 재직한 동아일보를 그만 둘 때도 내가 해야 할 일을 하고 싶었지만 현실적 여건이 허락하지 않아 미루고만 있었다. 그것은 앞서도 기술했지만 이순신, 고선지 장군이나 원측대사의 생애, 또는 업적을 추적하는 작업과 내 일생을 기록하는 작업이다. 막상 그런 작업을 시작하려고 하면 내심 겁도 났다. 얼마나 제대로 해낼 수 있을지 확신이 서지 않았다. 시작했다하면 제대로 끝맺음해야 한다. 그와 관련해서 생계유지문제도 신경이 쓰여 미루어졌다.

그런데 방송위원을 도중에 그만두는 것이 간단치가 않았다. 내가 무슨 잘못을 저질러 책임지고 물러나면 문제가 없겠지만 아무 이유도 없이 그만 두려고 하니 예상 밖의 야단법석이 났다. 물론 내가 불만이 있다는 것쯤은 청와대에서 알고 있을 것이다. 어쩌면 아주 잘 알고 있을 것이다. 박지원 청와대 수석비서관이 전화를 걸어 말렸고, 한광옥 청와대 비서실장도 전화를 걸어 말렸다. 박지원 수석과의 친분관계는 말할 것도 없고 한 실장은 전주사범부속국민학교 동기동창으로 그동안 가끔 만나 저녁도 하고 이런 저런 협의도 해왔다. 그는 내가 로타리클럽을 할 때 참여해주었고 그가 지역구에 출마했을 때는 내가 쫓아가 지원해주었다. 또 고려대 컴퓨터과학대학원을 같이 수료했고 함께 '참 좋은 친구' 모임을 결성해 상호간의 유대를 강화하고 우정을 돈독히 했다.

한 실장이 간곡히 말리는 내용은 내가 아무 이유 없이 그만두면 임명자인 대통령의 입장이 어찌 되겠느냐는 것과 우리가 대통령을 잘 모셔야지 중도에 하차하면 항명으로 간주돼 절대로 안 된다는 것이다. 남궁진 문화관광부장관도 만나자는 연락이 왔다. 남궁 장관은 중앙고교 1년 후배다. 커피숍에서 만나 차 한 잔 마시면서 더욱 간곡하게 만류했다. 그 역시 대통령의 입장을 고려해 참아달라는 것. 나는 방송위 상임위원 한 명이 그만두는데 무슨 대통령의 입장까지 고려해야 되는 것이냐고 응대했다. 남궁 장관은 조금만 참고 있으면 선배님이 원하는 자리를 마련해보겠다고 까지 했다. 그래서 나는 가고 싶은 자리가 없다고 잘라 말했다.

한 실장, 남 장관까지 간곡하게 말리는 판에 갑자기 신건 국가정보원장이 전화를 해 식사를 좀 같이 하자고 했다. 하는 수 없이 나갔더니 역시 같은 소리였다. 제발 좀 참아달라는 것이다. 대통령에게 누를 끼치지 말자는 것. 자신이 왜 직접 나섰겠느냐면서 대통령을 위해 참아달라는 것이다. 내가 그만두는 것이 대통령에게 누를 끼치는 것인지는 잘 모르겠지만 어떻든 김대중 대통령에게 누를 끼치고 싶지는 않았다. 그렇지만 상임위원 한 명 그만두는데 왜 이리 야단일까 싶었다. 도대체 이해가 가지 않았다. 그렇지만 한편으론 그들이 의견을 모아 나를 위해 생각해주는 면도 느껴졌다. 주변에서 하도 야단을 떨어 얼마 남지 않은 임기를 채우기로 했다.

김대중 대통령, 노무현 대통령

2002년은 제16대 대통령 선거의 해로 온통 요란스러웠다. 민주당 홍보책임자 김한길 의원이 내게 지원을 요청했고 김원기 의원도 도와달라고 했다. 김한길 의원은 지상파 방송 3사가 뒤늦게 출발한 노무현 후보를 도와주지 않는다면서 불만이 대단했다. 우선 이회창 한나라당후보가 TV화면에 비칠 때는 배후에 수많은 군중이 운집해있는 밝은 모습으로 비치고, 노무현 민주당후보를 비칠 때는 배경이 컴컴한데다 사람이 몇 명 나오지 않아 썰렁한 느낌을 준다고 주장했다. 그리고 뉴스시간 배분도 노 후보에게 불리하게 되어있다고 했다.

김 의원이 박권상 KBS 사장에게 전화를 걸어 그런 현상에 대해 항의했더니 박 사장이 되레 'KBS에서 왜 그렇게 차별해 방송하느냐'고 묻더라는 것. 김 의원이 이회창 후보 산하 특보들이 KBS출신이 많아 평소 KBS 보도제작진을 대접하는 등 인간관계를 구축해놓아 그렇다고 하자, 박 사장이 '그러면 당신들도 그렇게 하지 왜 못했느냐'고 하더라는 것이다. 김한길 의원은 박 사장에 대한 이런 저런 원망의 목소리를 쏟아냈다. 그 후 박 사장을 만나 김 의원이 그런 이야기를 하더라고 하자 박 사장은 그랬었다고 답변했다. 김 의원은 이 밖에도 몇 가지 도움 요청을 해와 나는 지상파방송 보도 및 제작책임자들에게 다른 것은 몰라도 편파방송은 하지 말고 공정방송 하자고 촉구했다.

노무현 대통령이 당선돼 2003년 2월 취임했다. 나는 내심 패배를 두려워하지 않는 그의 용기를 높이 샀다. 그 후 박권상 사장이 몇 차례 내게 세상이 어떻게 돌아가느냐고 물어왔다. 도대체 자신에게는 아무 연락도 없고 이야기해주는 사람도 없어 감감 무소식이라고 했다. 그러더니 얼마 안 있어 박 사장은 사표를 냈다. 방송위원들의 임기는 2003년 2월에 끝나는데 새로 취임한 노 대통령의 후임 방송위원 임명이 늦어져 그해 5월에야 그만두게 됐다.

김대중 전 대통령이나 노무현 전 대통령에 대한 평가는 다양하다. 이념, 지역, 성향에 따라 천차만별이다. 최근엔 보수진영에서 두 분을 모두 좌파대통령으로 치부해 두 분의 임기동안을 잃어버린 10년으로 표현한다. 그러나 내 판단으로는 두 분은 여러 측면에서 다르다고 생각한다.

김대중 전 대통령은 재임 때 신자유주의 정책도 받아들여 중도개혁, 내지는 중도진보 노선이었다고 생각한다. 반면 노무현 전 대통령은 중도좌파, 내지는 진보노선이었다고 생각한다. 또 김대중 전 대통령은 국가가 IMF의 수렁에서 헤어나는데 큰 역할을 했고 정치, 외교, 경제, 사회, 문화 등 각 분야 국정수행에서 수준급은 됐다고 생각한다. 햇볕정책에 대한 평가는 더 두고 보아야겠다. 퍼주기 주장도 일리가 있지만 북한의 핵과 관련해서는 연임까지 한 부시행정부의 잘못이 크다고 생각한다. 김 전 대통령에게 아쉬운 것은 인사잘못과 노사문제와 자식문제다. 내가 가장 안타깝게 생각하는 것은 퇴임 후의 적절치 못한 언행이다. 내가 보기에도 퇴임 후의 발언은 재임 때와는 확실하게 차이가 난다. 퇴임 후에 이따금 언급한 좌파성향의 무분별한 내용으로 잃어버린 10년에 동참하게 돼 버렸다고 생각한다. 모든 것이 다 그렇지만 대통령

방송위원 때 김대중 대통령 예방. 그 옆은 이희호 여사.

은 특히 퇴임 이후가 더욱 중요하다. 그러나 김 전 대통령의 민주화의 지나 남북화해를 위한 줄기찬 노력은 위대한 업적으로 남을 것이다.

노무현 전 대통령은 최초의 인터넷대통령이다. 선거 때 막강한 경쟁자를 물리친 것도 그렇지만 청와대에 들어간 후에도 인터넷에 홈페이지를 열고 국민과 소통했으며 인터넷신문을 우대한 누리꾼 대통령이다. 재임 때는 막말을 함부로 해 저급한 수준임을 스스로 확인시켜 주었다. 대통령 노릇 못해먹겠다느니, 국가의 정통성을 부정하는 등 국정최고책임자로서 해서는 안 될 말을 아무렇게나 내뱉었다. 노 전 대통령은 권위주의의 타파, 지역정치 배제 등 기본노선은 훌륭했다. 그러나 입이 문제였다. 말이란 마음속의 생각을 나타낸다. 그는 말로써 뜻을 이루었지만 종내는 말로써 비극을 자초했다.

내가 생각하는 노 전 대통령의 가장 큰 '죄악'은 가난하고 어려운 청소년들에게 씻을 수 없는 실망을 안겨준 것이다. 상고(商高) 출신에다 보잘 것 없는 경력에 부역한 장인이 처형당한 그가 대통령이 되어 많은 불우 청소년들, 가정이 어려워 학교를 제대로 다니지 못했거나, 어쩌다가 실수를 저질러 헤어나기가 힘들게 됐거나, 사상적으로 낙인이 찍혀 앞날이 막혔다고 체념하게 된 많은 청소년들에게도 기회가 있다는 것을 실증으로 보여주었다. 누구라도 정직하게 노력만 하면 대통령이, 국가원수가 될 수 있다는 것을 확인시켜 주었다. 그런 면에서 노 전 대통령은 위대한 값진 승리를 기록한 것이다. 참으로 자랑스러운 대통령이었다.

그러나 인간 노무현은 결국 그런 희망과 비전을 스스로 깡그리 뒤엎어놓고 말았다. 오히려 그런 사람이 대통령이 되면 절대로 안 된다는 것을 확인시켜 주었다. 결국 노무현 게이트로 그의 위장된 도덕주의 허상이 적나라하게 드러났다. 저급한 위선이 꼬리를 드러내고 말았다. 그리고 처참한 폐족(廢族)으로 전락했다.

또 한 가지 많은 사람들은 물론 언론에서도 그를 '레토릭'의 달인이라고 표현한다. 그런데 그의 대통령 재임 때나 퇴임 후의 연설, 또는 언급에서 나는 그런 점을 인정할 수가 없었다. 오히려 생각보다 수준이 낮구나 하는 확고한 판단이 들었다. 거기에 얼굴 표정, 머리 모양, 걸음걸이 등에서 3류 인생의 냄새가 짙게 풍겼다. 재임 때의 언행이나 노무현 게이트가 그냥 생겨난 것이 아니라고 느껴졌다. 그러나 그의 마지막 결단은 참으로 안타까웠다. 하지만 그다운 결행이었다. 그는 필사즉생(必死卽生)을 거두었다.

방송통신연구원 창립

나는 지금까지 방송위원회 상임위원으로 있으면서 직접 맡아서 수행했던 내용을 위주로 기술했다. 얼핏 느끼기에 방송위원회 일은 내가 다 한 것처럼 보일 수도 있을 것이다. 그렇다. 나는 주저 않고 많은 업무를 자원하다시피 즐겁게 맡아 최선을 다해 처리했다. 그리고 내가 맡은 대부분의 위원회 업무를 합당하게 진행시켰고 성공적으로 마무리 지었다고 자부한다.

얼마 전 김정기 전위원장이 내게 전화를 했다. 자신의 방송위원장 재직시절의 업무수행 업적을 모아 '전환기의 방송정책'이란 저서를 발간 중이었다. 그는 "평소 조 위원이 많은 일을 한 것은 잘 알고 있었지만 자료들을 들여다볼수록 과제마다 조 위원이 모두 맡아 일을 처리한데 또 한 번 놀랐다"고 했다. 나로서도 당시 내가 많은 일을 맡아 최선을 다해 처리했기에 더욱 그 기록을 남겨놓고 싶어 이 글을 시작했는지도 모르겠다.

나는 방송위원회 백서를 참고로 해서 기억에 남아있는 내용만을 여기에 적시했다. 그런데 백서에도 빠져있는 내용이 많았다. 나의 부위원장 시절 등 어떤 기간은 상당기간 동안이 송두리째 빠져 있다. 기억하는 내용도 조심스러워 확신할 수 있는 내용을 위주로 기술했다. 공적인 사항은 더욱 정확성을 기해야 한다.

나는 언론사 출신이다. 정확하고 정직하고 정밀한 언론인으로 남고 싶다. 내가 제일 싫어하는 것이 거짓과 허위다. 이 글도 모두 사실에 근거해서 사실만을 기술했다. 처리한 업무내용이나 사건들을 있는 그대로 썼다. 이 글에 등장하는 단 한 명도 가명이나 익명으로 처리하지 않았다. 모두 실명으로 적었다. 스스로는 자신하지만 혹시라도 내 기억이 잘못 돼 틀린 내용이 있을지도 모른다. 그렇지 않을 것이라고 생각하지만 만일 착오가 있다면 물론 그 모든 책임은 내게 있다.

방송위원 임기를 마친 후 2003년 7월 15일 강남 신사동 보이스에서 제3기 디지털방송추진위원회 해단식이 있었다. 여기 위원 중에는 제1기 때부터 계속 수고한 위원도 있다. 위원들 대부분이 방송통신 융합과 관련 디지털방송 전문가들이다. 대학교수, 연구원, 방송위 정통부 방송사간부들, 기술분야 책임자등이다. 해단식이 마치 위원장인 나의 방송위원 송별식 비슷하게 돼버렸다. 그 자리 참석자들이 모두 나서 방송통신 융합관련 연구원을 차리라고 했다. 그러면 모두 참여하겠다고 입을 모았다. 물론 공직자는 어렵겠지만 하여튼 적극 지원하겠다는 것이다. 그 자리에서 방송통신개발원 준비위원장에 나를 내세웠다. 이어 8월 21일 총회를 열고 원장에 조강환, 부원장에 최충웅 경희대 교수, 최성진 서울산업대 교수를 선임하고 이사와 감사를 선출했다. 뒤에 명칭을 방송통신연구원으로 바꾸었다. 창립취지문 내용은 다음과 같다.

> '오늘날 방송환경은 급변하고 있다. 방송통신의 융합현상과 디지털화, 국제화로 새로운 정책수립이 요청된다. 디지털시대의 방송산업은 다매체 다채널화와 함께 양방향 부가서비스를 제공하는 복합매체로 변모하고 있어 아날로그시대의 전통적 방송틀과 사고방식으로는 새 시대에 대처할 수 없다. 우리나라는 무한한 방송통신산업 성장 잠재력을 갖고 있다. 전자통신연구원이 조사한 2003년~2007년까지의 우리 디지털 방송 산업의 경제적 기대효과를 보면 생산유발효과 179조원, 취업유발효과 30만 명, 방송기기 수출액 455억 달러나 된다. 우리는 CDMA, 초고속 정보통신망에 이어 양방향방송을 비롯 방송통신의 융합 및 디지털화를 국가 프로젝트로 추진해야한다. T-거번먼트도 뒤따를 것이다. 그래서 방송통신융합 기술 선도국으로 부상, 세계 제1의 정보산업국가로 자리 매김될 것이다. 이야말로 우리경제가 한걸음 도약할 수 있는 최고의 가치다. 이런 현실에서 연구원이 발

족되어 방송통신 융합과 디지털화에 조금이라도 도움이 되어 국가경제발전에 기여할 수 있도록 최선의 노력을 기울일 것을 다짐한다.'

창립기념행사로 2003년 8월 28일 프레스센터 기자회견장에서 세미나를 개최했다. 나는 인사말에서 '지금까지의 방송통신은 별개의 개념이었으나 IT기술발전과 방송 통신매체의 기능확장으로 상호 경계가 없어지고 양 영역 매체가 상호융합하여 서비스도 유기적으로 작용하는 멀티캐스팅 시대로 접어들었다. 디지털시대의 방송정책은 통신과의 융합, 뉴미디어의 출현 등 새로운 방송환경에 적절하고 기민하게 대처해야겠고 또 매체 간 균형발전에 기여해야한다. 방송통신 정책연구 및 산업발전전략 개발을 통해 이 분야 발전에 보탬이 되도록 노력 하겠다'고 말했다.

제1부는 최충웅 경희대 교수 사회로 김국진 정보통신정책연구원 책임연구원이 '방송 · 통신 융합시대의 정책방향과 방송법' 주제발표를 했고 토론은 김동욱 서울대 교수, 김창현 방송위정책총괄부장, 손석춘 한겨레신문 논설위원, 유재홍 드림시티방송 대표, 이재홍 정보통신부 방송통신과장, 정초영 KBS DMB추진단장, 최민희 민주언론운동시민연합 사무총장 등이 나섰다. 제2부는 유세준 수원대 교수 사회로 성열홍 한국데이터방송협회장이 '뉴미디어시대의 신규매체 위상정립' 주제발표를 했고 토론은 박선규 한국위성방송 기술기획 센터장, 박성덕 한국디지털케이블 미디어센터 대표, 조은기 성공회대 교수, 최성진 서울산업대 교수, 홍찬식 동아일보 논설위원이 나섰다.

이날 세미나는 대성황이었다. 방송위원, 방송학자, 방송사업자 등 100여 명이 참여해 새 시대를 맞는 열띤 토론의 장이 됐다. 표현 그대로 성공적 출발이었다. 많은 신문 방송에서 이 세미나 내용을 비중있게 다뤘다.

연구원 창립기념 세미나를 마치고 저녁에 프레스센터 프레스클럽에서 연구원 이사 및 회원, 세미나 발표자 토론자등이 참석한 가운데 연구원 창립축하 연회가 베풀어졌다. 전 현직 방송위원들, 손병두 서강대 총장 등 학계 인사, 안상수 의원 등 국회의원들도 참석해 축하해주었고 나의 여자친구인 연극배우 박정자, 재즈가수 윤희정 등이 나와 노래를 선사했다. 화기애애한 분위기속에 치른 성대한 만찬이었다.

연구원을 만들려면 가장 시급한 것이 자금확보이고 사무실 마련과 함께 사단법인 등록을 마치는 일이다. 내가 먼저 2천만 원을 기부하고 많은 회원들이 회비를 냈다. 2천만 원은 적은 액수지만 공직자 출신으로 처음부터 거액을 내는 것은 여러 면에서 모양이 좋지 않게 여겨져 그렇게 결정했다. 이수영 동양화학 회장, 황병주 동영물산 회장, 권희덕 서울사운드대표가 각 500만원, 김영삼 삼정CPI 회장, 박기원 서정한의원장, 신준식 자생한방병원장, 정우택 (주)새론 회장이 300만원을 내주었고, 강보원 전일상호저축은행 이사, 고영일 우리회계법인 대표, 구남회 한국서비스경영진흥원장, 구자형 울산중앙케이블 사장, 구태균 ING부지점장, 김매자 창무예술원 이사장, 김수범 우리한의원장, 김영식 변호사, 김은옥 월간마이셀프 사장, 김종필 OSBTV 대표, 김중한 이래안삼풍치과 원장, 노학영 컴택코리아 사장, 맹보영 맥스페이스 대표, 민병철 어학교육연구소 이사장, 박기병 강원민방 사장, 박문규 피엠케이 회장, 박영준 코리아리서치센터 회장, 연극배우 박정자씨, 이경삼 한민식품 회장, 이대봉 참빛그룹 회장, 이복희 HIS 부회장, 이상진 평화정보통신 대표, 이승규 한국도자기유통센터 대표, 이영진 동구건설 대표, 이영호 영상미디어 회장, 이장연 미래세계 대표, 이종복 포름디자인 대표, 이효림 농수산홈쇼핑 사장, 임병석 세븐마운틴해운 대표, 임상황 은탑산업개발 대표, 장재석 노아테크놀로지 대표, 장중식 성욱전기 대표, 정을섭 화야훼밀리 대표, 조현욱 C&S 대표, 최성진 서울산업대 교수, 최정식 현대종합물산 회장, 최정호 성형외과원장, 최충웅 경희대 교수, 한영란 한아소씨에 대표, 허준영 한국마이팜그룹 대표, 홍성목 국제전략연구소 이사장, 황인우 길성건설 대표, 황하준 배광그라비아 회장 등이 100만원 이상 내주었다. 그 외에 많은 교수 방송인 친구 친지등이 정성껏 회비를 내주었다.

참으로 고마운 분들이다. 방송위원을 그만둔 뒤에 도와주어 더욱 감사한 일이다. 오래지않아 이 은혜는 꼭 보답하겠다고 다짐했다.

의미 없는 견제

연구원 창설과정에서 황병주 회장이 회비와는 별도로 창설에 따른 경비지원을 해주었고 박기원 원장이 자신의 사무실 한편 공간을 이용, 사무실(서울 강남구 대치동 983 해암빌딩 8층)을 마련해주었다. 남은 것은 사단법인 등록이다. 이 법인허가는 방송위원회 승인사항이다. 법인신청서류가 아주 까다로웠다. 방송위에서 서류양식을 가져와 완벽하다고 생각될 만큼 서류들을 꼼꼼히 작성해 방송위에 제출했다. 시일이 지났는데도 소식이 없어 전화를 해보았다. 기다리라고 하더니 서류가 반송됐다. 반송내역을 살펴보았으나 별 내용이 아니었다. 그래도 주문한 대로 다시 제출했는데 역시 소식이 없었다. 방송위 직원들을 통해 알아보았더니 담당부장이 움켜쥐고 일을 진행시키지 않고 있다는 것이다.

방송위 실무책임자는 양한열 부장이다. 양 부장은 구 방송위원회 노조위원장을 맡았었다. 정권이 바뀌면서 통합방송위원회로 전환될 즈음 내게 면회신청을 했다. 프레스센터 커피숍에서 만났는데 새 방송위원회로 개편될 때 현 노조직원들이 탈락되는 일이 없도록 도와달라고 부탁했다. 나는 결정권자가 아닌 입장이지만 힘닿는 데 까지 최선을 다해 돕겠다고 했고 양 위원장도 고맙다고 했다. 그 후 개편과정에서 탈락 등의 문제는 없었다. 그 뒤 방송위 인사가 있었는데 정・부위원장이 결정한 후 나한테 상의를 했다. 인사내역을 보면서 양 위원장이 일 잘하는데 왜 지방으로 내보내느냐고 이의를 제기했더니 한번 씩 거쳐 가는 순회인사라고 했다. 그런 배경에서 양 부장이 내게 뭔가 오해가 있는 것 같다. 그가 참으로 신의 없는 사람이란 생각이 들었다.

그런데 이번엔 방송위 본회의에서 걸려 계속 승인이 되지 않고 있었다. 노성대 위원장, 이효성 부위원장 체제다. 노 위원장과 친밀하게 지내는 임동훈 전EBS 부사장에게 경위를 알아보아달라고 했다.

노 위원장은 MBC사장 선거 때 당시 박진홍 여수MBC 사장 등을 통해 내게 간절하게 부탁을 해왔다. 그때 사장을 선출하는 방송문화진흥회 이사들은 내가 추천한 분들이 많았다. 이성림 예총회장도 그 중 한 분이다. 모두들 도와 그는 간신히 사장이 되었다. 사장 재직 때도 까닥하면 내게 전화로 부탁을 해왔다. 노 사장은 나서기를 주저하는 유순한 성품이다. 선량한 인품으로 여겨져 도와주었다. 노 사장은 일찍 자고 일찍 일어난다. 사장 재직 시 9시 뉴스데스크도 제대로 시청하지 않고 자고 있어 특정뉴스를 본 청와대에서 확인과정에서 야단이 난 적이 있었다. 사장직을 도중에 그만둔 것도 그 때문이라고 알려졌다. 나는 그것도 변명해 주었다.

임 전 부사장은 나와는 절친한 사이다. 부사장 때 방송위에 오면 내 사무실에 와 고충을 토로했고 지원을 요청했다. 당시 EBS는 예산확보와 사옥 마련이 최대과제였다. 이 문제를 해결하는데 나도 도왔고 임 부사장의 역할이 지대했다는 것을 EBS측은 인정해야한다. 임 전 부사장이 알아보고 내게 전해주는 이야기가 별 내용이 없어 더욱 답답했다. 방송통신연구원 명칭이 장래 방송통신위원회를 고려한 내용 같아서 신경 쓰는 것 같다는 정도였다.

하는 수 없어 내가 노성대 위원장에게 직접 전화를 걸어 따졌다. 제대로 대답을 못하더니 영문표기가 이상하다고 했다. 참으로 답답한 응답이었다. 방송통신연구원의 영문표기는 KBCCI(*Korea broadcasting and communication convergence institute*)였다. 원래 광주방송의 영문표기가 KBC였는데 방송위도 뒤늦게 KBC로 사용하기로 했다. 이 영문표기와 비슷하다는 것이다. 한심스런 이야기였지만 K와 I를 뺀 BCC로 글자 2자를 빼고 다시 제출했다. 그런데도 승인이 떨어지지 않았다. 아무 힘도 없는 나를 견제해서 무엇하겠다는 것인지 방송위원들의 행태가 참으로 한심스러웠다.

계속 지연시키다가 방송위 본회의에 이 안건이 다시 올라왔다. 방송위원들이 모두 묵묵부답하고 있는데 법률가 출신인 조용환 위원이 '아무 하자가 없는 법인신청을 계속 허가해주지 않으면 행정소송에서 백전백패한다'고 발언했다고 한다. 그러자 위원회는 바로 승인 가결을 했다. 당시 방송위원 9인중 유일하게 나와 일면식도 없는 사람이 바로 조위원이다. 서투르게 아는 사람보다 모르는 사람이 훨씬 더 낫다는 것을 그때 뼈저리게 느꼈다. 그 후 어느 식사자리에서 노성대 위원장을 만났다. 노위원장 말이 "내가 죽일 놈이지, 잉"했다.

BCC 라운드 테이블

방송통신연구원은 10월 28일 정부로부터 사단법인 인가를 획득했다. 사업내용은 방송통신 융합관련분야 정책 연구개발, 방송통신 산업발전을 위한 전략개발, 방송통신 전문가교육, 방송통신분야 정보자료발간, 여론조사, 수용자 동향조사 등이다. 연구원은 11월 17일 연구원

총회를 개최했고 후원회도 결성했다. 후원회장은 황병주 동영물산 회장, 부회장은 박문규 피엠케이 회장, 임병석 세븐마운틴그룹 회장, 간사장은 권희덕 소리사냥 대표가 맡았다. 후원회장은 회원친선골프대회 회장도 겸하기로 했다. 황 회장이 12월 9일 이스트밸리CC에 6팀을 부킹, 제1회 BCC 골프대회를 가졌다. 이 골프대회는 회원 간의 우정과 신뢰와 건강증진을 바탕으로 상호간에 따뜻한 마음의 뜻 깊은 회동이었다. 이 대회는 끊이지 않고 지금도 매월 둘째 목요일 리베라CC에서 계속 열리고 있다.

연구원은 2003년 겨울부터 계간으로 〔방송·통신 21〕을 발간하기 시작했다. 창간호는 창립 인사말, 창간 축시, 사단법인 방송통신연구원 출범관련 기사, 뉴미디어시대 관련 세미나 기사, 회원 명단, 회원들의 칼럼, 논단 '디지털방송은 국가성장의 최대과제, 방송통신융합시대 한국방송의 방향'(조강환) 등을 게재했다.

연구원은 12월 16일 비상임 연구원으로 위촉된 방송통신 분야 학자들을 대상으로 연구원 워크숍을 가졌다. 이어 'DMC 도입이 케이블TV 및 통신산업에 미치는 영향' 제하의 2003년 하반기 2차 세미나도 개최했다. 최충웅 연구원 부원장 겸 경희대 교수 사회로 박성덕 KDMC 대표가 주제발표를 했다. 토론에는 김국진 정보통신정책연구원 책임연구원, 성기현 C&M 상무, 성열홍 한국데이터방송협회장, 조은기 성공회대 교수, 최성진 연구원 부원장겸 서울산업대 교수, 황근 선문대 교수 등이 참가했다.

연구원은 매년 한두 차례 BCC라운드테이블을 개최했다. 그때그때 이슈로 등장해 중요과제로 짚고 넘어가야할 테마를 골라 주제를 발표하고 전문가집단의 토론을 거쳐 집약된 내용을 방송위원회 등에 제출했다. 2005년도에는 '방송채널사용사업 활성화를 위한 정책개선방안', 2006년도에는 'IP-TV 정책방안'을 다뤘고 2008년에는 '미디어환경변화와 모바일 콘텐츠 활성화 방안'등을 다뤘다. 세미나 내용은 계간 〔방송·통신 21〕에 게재했다.

연구원은 2003년 12월 30일 티유미디어콥과 '위성 DMB 서비스의 정책수립을 위한 정책추진 방안에 관한 연구' 용역계약을 체결했다. 티유미디어콥 배준동 대표이사와 계약금액 5천만 원, 납품기일 2004년 4월 30일 기한으로 계약 체결해 납품했다. 뒤이어 연구원은 주식회사 알티캐스트 지승림 대표이사와 '데이터 방송 활성화를 위한 정책방안에 관한 연구' 용역계약을 체결해 납품했다. 비상임 연구원들의 헌신적 협조로 방송통신연구원 기금확보에 보탬이 됐다.

SK텔레콤은 2004년 3월 미국 플로리다 주 케네디우주센터에서 일본과 함께 디지털 멀티미디어방송(DMB)용 위성 '한별1호'를 성공리에 발사했다. 위성 DMB사업자 선정이 끝나면 바로 상용서비스를 할 수 있게 됐다. 한별1호 발사 직후 SK텔레콤측은 본연구원에 위성발사 성공과 관련, 그 의의와 위상에 대한 판단을 질의해왔다. 본연구원은 '한별1호는 위성DMB 서비스를 위한 전용위성으로 우리나라 방송의 디지털화와 신규서비스 발전을 위해 커다란 이정표를 세운 쾌거'라고 답변해주었다.

이 밖에도 2007년에는 방송위원회 조사연구 지원사업에 참가해 '방송 채널 간 콘텐츠의 독과점 현상분석'(연구비 약 3천만 원), 2008년에도 방송통신위원회 조사연구 지원사업에 참가해 '미디어환경변화에 따른 국가별 미디어비용의 시계열 적소분석 및 국내 시청자들의 미디어 충족 적소 분석'(연구비 약 4천만 원) 등의 연구용역을 마쳤다.

연구원은 매년 연말이면 총회 겸 송년회 자리를 마련했다. 이 모임은 해마다 열렸는데 2008년 12월 30일 맛드림 식당에서 가진 송년회에도 많은 회원들이 참석했다. 이날 저녁 연극배우 박정자 씨와 성우 권희덕 씨가 참석해 자리를 더욱 빛내주었다. 박정자 씨는 소월의 시 '진달래꽃'을 은은함과 조용한 가슴 떨림으로 불렀고 권희덕 씨는 정채봉의 시 '첫 마음'을 낭송했다.

> '1월 1일 아침 찬물로 세수하면서 먹은 첫 마음으로 1년을 산다면,
> 학교에 입학하여 새 책을 앞에 놓고 하루일과를 짜던 영롱한 첫 마음으로 공부를 한다면,
> 사랑하는 사이가 처음 눈을 맞던 날의 떨림으로 내내 존속된다면,
> 첫 출근하는 날 신발 끈을 매면서 먹은 마음으로 직장 일을 한다면,
> 아팠다가 병이 나은 날의 상쾌한 공기속의 감사한 마음으로 몸을 돌본다면,
> 개업 날의 첫 마음으로 손님을 언제고 돈이 적으나, 밤이 늦으나 기쁨으로 맞는다면,
> 세례성사를 받던 날의 빈 마음으로 눈물을 글썽이며 교회에 다닌다면,
> 나는 너, 너는 나라며 화해하던 그날의 일치가 가시지 않는다면,
> 여행을 떠나던 날 차표를 끊던 가슴 뜀이 식지 않는다면,
> 이 사람은 그때가 언제이던지 늘 새 마음이기 때문에
> 바다로 향하는 냇물처럼 날마다 새로우며, 깊어지며, 넓어진다.'

고건 총리와의 관계

고건(高建) 전 총리와의 관계에 대해서도 언급하지 않을 수 없다. 고 전총리는 '행정의 달인'으로, 청렴한 공직자로, 박학다식하고 매사에 정확한 인물로, 모험을 하지 않는 조심스런 행보로 정평이 나 있는 분이다. 내가 편집국에 근무하면서 고 전 총리가 재직했던 부처에 출입한 적이 없어 출입기자로서 접촉하지는 않았지만 논설위원으로 있을 때 알게 됐고, 방송위원으로 재직하면서 청와대 만찬 때 고건 서울시장과 몇 차례 접촉했다. 그분과 개인적인 친밀도는 없었다. 그러나 나는 그

분의 행적과 인품을 존경한다.

제17대 대통령 선거를 앞두고 고 전 총리 후보론이 강력하게 거론되기 시작했다. 여론조사 지지도가 상당히 높게 나타났다. 당시 노무현 대통령의 잇따른 돌발적 언행에 식상한 국민들이 안정된 국무행정을 갈망한데서 비롯됐다고 분석할 수 있겠다. 그 때 고 전 총리는 서울과 지방의 대학은 물론 중국의 인민대회당에서, 미국 하버드대 존 F. 케네디 포럼과 스탠퍼드 대 아시안 리더스 포럼 등의 강연에서 이념을 넘어 창조적 실용주의를 주창했다.

동아일보에서 함께 근무하면서 절친하게 지낸 김용정 전 편집국장도 이야기를 하고 황인형 감독도 수차례 언급해 한 번 만나기로 했다. 그래서 시작한 것이 몇 차례 만나 좋은 의견들을 교환하고 친숙도도 다져갔다. 내 주변의 많은 인사들도 함께 만나 뜻있는 대화를 나눴고 아주 좋은 인상을 받았다. 물론 방송통신연구원 후원회원들과도 자리를 함께 했다.

고 전 총리가 2006년 8월 28일 '희망한국 국민연대'를 창립하면서 도와달라고 해서 발기인 몇 명을 추천했고 나와 함께 5~6명이 참여하게 됐다. 연극배우 박정자 씨도 그 중 한 명으로 참여했다. 고 전 총리는 내게 참신한 인사들을 추천해 달라고 여러 차례 당부했다. 희망연대는 좌절과 갈등을 넘어 희망과 연대를 찾으려는 국민들의 열린 모임이다. 정치권이 꺼뜨린 희망의 불씨를 국민 속에서 찾아내 그 바탕위에서 고장난 정치시스템을 대체할 새 시스템을 위해 국민의 지혜를 모으자는 것이다. 정치 소비자보호운동이라고 할 수 있겠다. 나는 '희망연대'라는 휘호가 새겨진 도자기를 마련해 그에게 선물했다.

그때 방송통신연구원 사무실이 원효로에 있었는데 언론인 몇 명이 사무실에 모여 원효포럼을 창립했다. 신문, 방송, 잡지 등 언론문화 전반에 걸쳐 나타나는 현상과 발생하는 현실적 이슈들에 관해 분석, 비판하고 대안을 제시하는 등 언론문화 창달을 위한 모임이다. 참여자는 나를 포함해 고진 전 목포MBC 사장, 최충웅 경희대 교수(전 KBS편성실장), 이상열 세종대 석좌 교수(전 MBC 보도본부장), 권순직 전 동아일보 편집국장대리, 박상기 전 시사저널 편집장, 황인형 감독 등 10여 명이다. 원효포럼은 그 시대의 각종 언론문화 현상에 대한 비판과 대안을 제시하는 등 나름대로 역할을 했다.

그런데 고 전 총리가 뜻을 접고 중도에 그만두었다. 현명한 결정이란 생각이 들면서도 한편으로는 아쉬웠다. 뒤에 만난 자리에서 그에 대해 몇 가지 사유를 밝혔다. 첫째는 경상도출신 친지들과 접촉해 보니 평소 절친하게 지내던 인사들까지도 '대권'에 나선다는 데에는 호응하는 자세를 취하지 않았고 둘째 적극 지지하겠다는 국회의원들이 이중적 행태를 보였으며 셋째 선의의 후원자들이 피해를 입겠다는 판단이 들었다는 것이다. 내가 들은 기억으로는 그런 내용들이다. 그는 요즘은 환경운동에 열성이다. 이따금 만나 식사도 하고 세상 돌아가는 이야기도 나눈다.

한양대 언론정보대학원 객원교수

나는 2004년 3월 학기부터 한양대 언론정보대학원 겸임교수로 취임해 강의를 시작했다. 과목은 '신문이론'이다. 신문의 역사, 취재와 편집, 내용분석, 효과분석, 독자분석, 비교신문론, 연구방법론 등에 관한 내용으로 신문에 관한 이론적 기반을 강의했다. 강의하면서 기자시절 이론은 전혀 모르고 맨발로 뛰어다녔던 내 자신이 회상됐다. 그 당시 이론 무장이 되었더라면 좀 더 좋은 기사를 취재 보도했을 텐데 하는 아쉬움을 느꼈다.

그런데 한 달 강의료(주 1회 강의)가 40여만 원 밖에 되지 않았다. 대학 측에 이런 상황인줄 몰랐다며 이의를 제기했더니 객원교수로 발령을 냈다. 월 강의료가 150만원으로 올랐다. 아주 특별히 배려한 것이라고 대단히 생색을 냈다.

대학 측은 9월 학기에는 방송사례연구를 강의해달라고 했다. 교양기획물이나 드라마 등 화제가 됐거나 획기적인 반향을 일으킨 방송 프로그램 위주로 대학원생이 스스로 리포트를 만들어 발표하고 그게 관해 토론하는 형식으로 진행했다. 대상 프로그램은 사전에 협의하여 정했다. 예를 들면 '21세기 미디어전쟁, 이라크 전', '카트리나 내습과 검은 분노', '사상초유의 대통령 탄핵사태', 드라마 '불멸의 이순신' 등이었다. 다행히 수강생들이 많았고 또 대부분이 언론사 간부직원들인 학생들이 열성을 보여 강의는 재미있게 진행됐다.

그 밖에 신문과 방송의 이론과 실제, 신문사와 방송사의 내부 이야기, 동아일보 30여 년 재직 때 겪었던 일, 방송위원으로서의 방송행정 경험, 내가 살아온 스타일 등을 사실 그대로 부끄러움 없이 털어놓았다. 나는 주 1회 강의하는 날이 기다려졌고 학생들도 즐거워했다. 학점은 출석과 제출된 리포트 내용을 참작해 매겼다. 출석이 불량한 학생들 중엔 학점을 따지 못한 경우도 있었다. 학생들 중에는 동아일보 후배 등 신문사 방송사 부장, 국장, 논설위원, 해설위원들이 많았고 기업체의 홍보책임자, 방송위원회 직원들도 있었다. 그래서인지 강의하기가 부담이 없었다.

한 번은 신입생 입학식 때 보니 정성희 동아일보 논설위원이 입학했다. 옛날에 생활부에서 내게 혹독하게 훈련을 받았고 그 후 중견언론인으로 잘 성장했다. 입학식에서는 누구나 폭탄주를 한잔 들이키고 소감 한마디씩 하게 되어있다. 정 위원은 마이크를 잡고 "신문사에서 조강환 부장에게 신문제작 실무 훈련을 혹독하게 받았는데 오늘에 와서 신문 이론까지 혹독하게 받게 됐다"고 털어놓아 웃음바다가 되었다. 정 위원은 강의에 빠지지 않았고 리포트 내용도 우수해 A+학점을 받은 것으로 기억된다.

그때 나의 정식 직함은 방송통신연구원 원장 겸 한양대 객원교수였지만 C&그룹의 생활경제TV및 건설부동산TV의 대표이사 회장으로 근무하고 있었다. 오히려 이 회장 자리가 내 직장이다. 그 밖에 다른 몇 군데 회사 고문으로 되어있어 월수입이 아주 괜찮았다. 당시 C&우방, 진도, 생활경제TV, 건설부동산TV 등 4군데의 법인카드를 사용하고 있어 더욱 부족함을 느끼지 못했다. 건강 상태는 물론 마음의 상태도 평온했다. 만사여의(萬事如意)라면 지나친 표현 같지만 그런대로 재미있게 지냈다.

대학원 제자들인 동아일보 후배들과 현직 동아일보 편집국 및 논설위원실 간부들과 몇 차례 저녁자리를 가졌다. 그야말로 부담 없는 자리다. 자유분방한 분위기에서 화기애애한 정담이나 유머가 넘쳐흘렀다. 취중 대화중에 후배들이 기어오르면 F학점 무기를 내세워 기세를 제압하기도 했다. 그 자리에 당시 송대근 국장, 송영언 논설위원, 권순직 전 편집국장대리 등은 꼭 참석했는데 이들은 내게 듣기 좋은 이야기를 유머러스하게 했다. 요즘 동아일보사에서는 '장차 조강환 선배만큼만 되어라'가 유행어라고 '초'를 쳤다. 나는 '선의의 아부', '신선한 아첨'으로 받아들이겠다며 흥겹게 넘어갔다.

대학원 학생들이 대부분 언론사 후배들이어서 부담감이 없었다. 강의를 마친 후 데리고 나가 내가 좋아하는 폭탄주를 마시면서 주도(酒道)도 '강의'했다. 나는 폭탄주를 '화합주'라고 불렀다. 알콜 농도 높은 술과 낮은 술이 조화를 이루고 큰 잔과 작은 잔이 결합하며 이렇게 마시면 마음도 화합하게 된다는 것. 12가지 화합주 제조법과 '놓틀카찡떼오흘버내콜물사' 등 12가지 음주법 준수사항도 전수했다. 브러더 샷과 러브 샷 구별법도 가르쳐 주었다. 음주법 준수사항은 술잔을 들었다가 '놓'아도 안 되고, 잔을 '틀'어도 안 되고, 마시면서 '카' 소리를 내도 안 되고, 얼굴을 '찡'그려도 안 되고, 잔을 입에 대었다가 '떼'어도 안 되고, 잔을 들고 '오'래 끌어도 안 되고, 술을 '흘'려도 안 되고, '버'려도 안 되고, 술잔을 상아래 '내'려 놓아도 안 되고, 술에 '콜'라나 '물'이나 '사'이다를 타서도 안 된다는 내용이다.

그렇게 마시기는 쉽지가 않게 느껴진다. 그러나 간단하다. 미소 지으며 단번에 마셔버리면 된다. 사제 간에 도를 넘는 수준이 아닌 것인가 하는 생각도 들었다. 그러나 모두 신문기자 선후배들로 한잔 들이키면 허물이 없어지고 편안해져 자연스럽게 느껴졌다. 그 학생이 그 학생이라 교내 수업시간의 강의에서도 신나게 했다.

모든 것은 끝이 있게 마련이다. '끝'이라는 말 속에는 서글픔이 잠겨 있다. 한 달, 한 계절, 연말, 종강, 졸업, 인생의 종말 등등. 강의도 하다보면 종강이 다가온다. 나는 학기가 끝날 때는 학생들에게 공자와 괴테와 셰익스피어의 이야기를 했다. 공자는 '끝을 정리하기를 처음과 같이 하면 실패하는 일이 없다'고 했다. 이 세상에 슬프다, 슬프다 해도 생이별보다 더 슬픈 것은 없다고 한다. 그러나 괴테는 '앞길에 아름다운 희망이 있으면 이별도 축제와 같다'고 말했다. 셰익스피어의 금언도 전했다. '우리가 아무리 엉성하게 일을 해도 하느님이 끝맺음을 다 해준다.' 그리고 내 생각도 이야기했다. '떠나면서 정다운 마음 간직하기'다.

모든 것이 한 때다. 해가 계속 바뀌면서 학교에 나이 든 교수들이 사라졌다. 모두들 65세 정년퇴임을 했기 때문이다. 나도 65세가 지난 지 3년이 넘었다. 나는 대학 측에 몇 차례 계속 강의해도 되느냐고 물어보았다. 강의도 처음엔 재미있지만 같은 내용을 되풀이 하다 보니 신명이 나지 않았다. 이래저래 2007년까지 4년 동안 강의하고 그만두었다. 후배 언론인들에게 내 경험을 정직하게 전해주고 앞으로 어떻게 살아가는 것이 유익하고 현명하다는 것을 토로했던 것이 가장 기억에 남는다. 나는 1990년대 초 논설위원 재직 때도 경희대와 한국외국어대에서 '취재보도론'을 강의했었다.

JU네트워크 고문

나는 JU네트워크에 1년 가까이 몸담은 적이 있다. 2004년 7월경 방송통신연구원을 그럭저럭 꾸려가고 있는데 최성자 전 은광여중교장과 권희덕 소리사냥 대표가 찾아와 JU의 주수도 회장을 꼭 한번 만나보라고 했다. 두 여성 모두 평소에 가까이 지내온 사람들이다. 이들이 계속 권유해서 어느 날 주 회장과 만나기로 하고 그의 강의를 듣게 되었다. 주 회장은 정도(正道)경영, 투명(透明)경영, 봉사(奉仕)경영, 국민(國民)경영 등 창업경영이념을 설명했고 추진사업 내용도 언급했다. 그는 고객감동에서 안정된 사업보장까지 해주는 네트워크마케팅의 개척자로 보였다. 나는 경제분야 전문가도 아니고 네트워크 유통에 대해서도 잘 모르지만 주 회장의 열강은 설득력이 있었다. 그 중에서도 지금은 유통단계가 혁명적 전환을 맞고 있으며 새로운 유통질서가 펼쳐지고 있다는 주장에 공감이 갔다. 한마디로 중간 유통단계를 축소 내지 제거해 제조업체와 소비자가 직거래한다는 것이다. 그의 이 주장은 맞는 말이다.

지금 신문 방송 잡지 등의 광고수주가 격감하고 있다. 신문의 경우 독자가 줄어 발행부수가 대폭 줄었고 방송사도 지상파TV 시청률 내리막길이 심각한 상태다. 매체광고가 줄어들 수밖에 없다. 지금 청소년들은 신문은 물론 TV도 잘 보지 않는다. 인터넷과 소통해 상품 구매 등을 포함하여 거의 모든 것을 인터넷에서 해결한다. 제조회사와 직거래를 하는 것이다. 도소매업체들이 타격을 입게 되어 있다.

강의가 끝나고 주 회장과 단독면담을 했다. 나는 강의를 아주 잘 들었다고 인사말을 건넸다. 주 회장은 네트워크 관련 월간지와 TV방송을 하려고 하는데 도와달라고 부탁했다. 그리고 방송위원회에 생활경제 TV(PP) 허가 신청을 냈는데 허가과정에 관심을 갖고 사장직도 맡아달라고 했다. 나는 PP는 허가사항이 아니라 등록사항이라고 일러주고 방송위 상임위원을 그만둔 지 1년 남짓밖에 되지 않아 공무원윤리규정에 따라 해당분야 취임은 2년이 지나야 한다는 것 등을 설명해 주면서 사양했다. 그래서 사장대우 상임고문직을 맡기로 했고 생활경제TV는 김원길 전 보사부 장관이 맡았다.

그런데 등록사항인 생활경제TV의 방송위원회 승인이 떨어지지 않았다. 등록사항이긴 하지만 방송위로서는 방송 채널을 내주는데 방송장르 등 여러 가지 고려해야 할 점이 적지 않다. 주 회장이 그에 관해 도와줄 것을 요청했다. 나는 방송통신연구원 사단법인 허가를 받을 때도 실랑이를 벌여 방송위 측과 접촉하는 것이 꺼림칙했지만 소위 고문으로서 이런 내용조차 알아보지 않을 수는 없었다. 알아보니 담당이 정한근 부장이었다. 내가 재직할 때 정 부장은 비서실과 케이블TV 행정분야에 근무했는데 아주 의젓하고 유능하며 판단력이 뛰어난 엘리트 직원이다. 정 부장과는 여러 가지 업무가 연관돼 많은 일을 함께 했었다.

정 부장에게 전화를 했더니 알겠다고 했다. 그리고 얼마 안 있어 승인이 떨어졌다고 전화를 해주었다. 내가 주 회장에게 생색내기 좋게 됐다. 주 회장은 여러 차례 내게 고맙다는 인사말을 했다. 뒤에 다른 직원을 통해 들은 이야기지만 정 부장이 방송위원장에게 담당부장으로서 면밀히 검토했지만 전혀 하자가 없다고 보고해 즉각 결재가 났다는 것. 그 후 지금까지 정 부장과 한 번도 만난 적이 없는데 언젠가는 진정어린 고마움을 표시해야겠다고 마음먹고 있다. 정 부장 외에도 함께 열심히 일했던 직원들 생각이 떠오른다. 최준근, 황부군, 조광희, 이영미, 정진우 국장, 조규상, 이종대, 백남형 부장, 신상근, 김정태, 김도환, 박순화, 박명진, 김명희 차장 등. 그 중에서도 정한근, 신상근, 박순화 씨의 도움을 많이 받았다.

고문이란 전문적인 지식과 경험이 풍부한 사람으로서 회사나 단체에서 각종 현안에 대한 의논의 대상이 되어 조언을 하는 직책이다. 그러나 실제로는 로비스트 역할을 많이 한다. JU에서의 로비는 경제부처나 공정거래위원회 상대로 해야 하는데 나는 그쪽에 아는 사람도 없고 업무내용도 잘 모른다. 그렇다면 회장 측근에서 얼쩡거려야 하는데 그것은 더욱 생리에 맞지 않고 어떻게 해야 하는 줄도 모른다. 그래서 아무 하는 일이 없다. 이따금 우수사업자 시상식에 가 상장을 수여하는 일이 전부다. 그런데 상당액의 월급, 사무실, 여비서, 운전사 따른 승용차에 법인카드까지 쓰도록 되어있다. '만고 짱'이란 속어가 떠올랐다. 맨 처음 나는 고문역할을 한다고 정성을 쏟아 'JU네트워크 개혁방안'을 마련해 주 회장에게 넘겼다. 잘 알겠다고 했는데 그 후 아무 소식이 없었다. 그것으로 그만이었다.

매일 점심 먹는 일이 중대 과제다. 오찬 팀은 잘 짜여져 있다. 홍성좌 JU네트워크회장, 김원길 회장, 정강무 감사 등과 세상 돌아가는 이야기, 옛날 체험 등을 소재로 구수한 시간을 가졌다. 이 4명의 점심모임은 지금까지 이어져오고 있다. 한 달에 한번 씩 해남 천일관에서 만나 그때처럼 이야기를 하다보면 두 시간도 지나고 세 시간도 훌쩍 지난다. 서한샘 회장도 이따금 합류했었다.

JU그룹이 상장기업을 2개사나 인수하면서 계속 사업을 확장해 나갔다. 주위를 살펴보면 수십만 회원들이 모두 즐거운 표정들이다. 회원들이 엄청난 돈을 벌고 있었다. 많은 회원들이 월 수천만 원씩 벌고 있고 등급에 따라 일부는 월 4~5억 원을 버는 사람도 있었다. 벤츠를 구입해 타고 아파트를 매입하는 회원도 있었다. JU 빌딩이 있는 강남구 신사동 568번지 주변 일대 상가들이 거의 모두 자랑스럽게 JU가맹점 간판을 내걸고 있다. 수백 군데가 넘었다. 가맹점이 되지 않고는 이 지역에서 장사를 할 수 없을 정도였다. 잘나가는 JU네트워크였다.

JU 고문으로 있으면서 나는 한 가지 실수(?)를 저질렀다. 청맹과니, 겉으로는 눈동자가 성한 것 같으나 실상은 앞을 보지 못하는 장님이 된 것 같았다. 아내를 회원으로 가입시켰다. 아내는 그곳에서 학교 동창들도 만났다. 한 달에 예금통장에 3천여만 원씩 들어왔다. 믿어지지 않는 현상이 벌어졌다. 참 대단하다고 생각했다. 그러나 그때가 피크였다. 해가 바뀌면서 돌아가는 상황이 좋지만은 않은 것 같았다. 우선 주수도회장이 약속했던 내용을 지키지 않았다. 나는 약속 지키지 않는 사람을 가장 불신한다. 그러더니 심상치 않는 소리가 들려왔다. 홍성좌 회장도 처음과는 달리 부정적인 이야기를 많이 하기 시작했다. 그래서 '사업'을 줄여갔다. 선의의 피해를 입을 것이 걱정이 되어 아는 사람들에게도 경고를 보냈다.

결국 JU네트워크 사업과 관련 약 4천여만 원 손실을 보았다. 그러나 손실이라고 할 수도 없다고 생각한다. 우선 1년 동안 연봉과 업무추진비가 그 3배가 넘고 사무실, 여비서, 차량운행비, 통신 등 각종 비용을 고려해 보면 과욕을 부린 데 대한 보상으로는 아무것도 아니다. 그리고 사업 자체가 상품을 매입하는 것이어서 집에 각종 생필품이 쌓여 있었다. 그 상품을 주변 가까운 사람들에게 선물했고 불우이웃 돕기에 많이 사용했다. 이것은 분명 '남는 장사'였다.

천지 로타리클럽 봉사의 날에 어려운 가정을 찾아가 이 물품을 전달했고 고창 친구 이상우 군이 운영하는 고아원 행복원에 비타민, 칼슘, 어린이영양제 등 각종 물품을 기증했다. 내 모교인 고창초등학교에도 도서 200여 권을 기증했다. 아내와 함께 학교를 방문해 삼국사기, 삼국유사, 한자급수공부, 자연관찰전집 등을 전교 어린이회장인 최수진 양에게 전달했다. 김대옥 교장은 "기증한 분의 뜻을 이어 어린이들의 독서교육에 정진 하겠다"고 약속했다. 학교 측은 이 도서들을 학교 도서대장에 등록 후 도서실에 배치해 놓았다. 이런 내용들이 고창신문에 보도되기도 했다. 이 밖에 내가 소속한 각종 특수대학원 송년회 등 행사장에도 상품으로 가져가 선물했다. 그렇지만 JU와 연관되어 내 경력에 손상을 입었으면 입었지, 보탬이 되지는 않았다고 생각한다.

손재수(損財數)

나는 일생동안 여러 차례에 걸쳐 상당한 돈을 떼였다. 동아일보 입사 후 1970년대 초 고창 친구 안영회 군이 화장실 타올말이 기계 사업을 하자고 하여 그 당시 하는 일이 없던 사촌동생 수환에게 일자리를 마련해줄 겸 돈을 빌려주었다가 받지 못했다. 또 양복점을 경영하는 임실엄마의 친정조카 김태문 형에게도 돈을 빌려주었다가 받지 못했다. 이 역시 수환동생 일자리를 마련해 주기 위해서였다. 1980년 3월 5일에는 역시 고창후배 강채희 군에게 관악구 신림동 상가 매입 투자금으로 1천만 원을 넘겼다가 받지 못했다. 84년엔 역시 고창후배 오재윤 사장에게도 강남구 역삼동 현진빌라 신축에 3천여만 원을 투자했다가 받지 못했다. 그러나 오 군은 기특하게도 20여 년 지난 2007년에 2천여만 원을 갚았고 나머지도 앞으로 갚겠다고 했다.

동아일보를 그만두면서 상당한 퇴직금이 나왔다. 오랫동안 월간지를 제작해온 황인환 사장이 '꼴레찌오니'라는 패션잡지를 하고 있었는데 1996년 겨울에 찾아와 나보고 회사 회장으로 취임해달라고 했다.

그 당시 은광여중고 재단이사장으로 있으면서 국민복지추진연합 상임 대표로 활동하고 있었지만 시간적 여유가 있어 승낙했다. 그런데 회사가 광고비 수납이 지연돼 경영상태가 좋지 않았다. 황 사장이 투자를 좀 해달라고 해서 일부 투자를 했고 다시 며칠 동안만 차입해달라고 해서 4천만 원을 꾸어주었다. 뒤늦게 알고 보니 광고도 광고주 승낙도 받지 않고 낸 것들이어서 수납이 불가능했고 직원 월급도 계속 밀려있었다. 결국 회사 문을 닫게 돼 6천만 원을 떼었다. 황 사장한테 사기를 당한 것이다.

이듬해인 1997년 초 평소 친숙하게 지낸 고려대 언론대학원 제3기 동기생인 아태건설 윤경숙 사장이 딸이 경영하는 제과점 운영에 필요하다면서 4천만 원을 빌려갔다. 연말까지 꼭 상환하겠다고 각서까지 써주었다. 윤 사장은 계속 틀림없이 갚겠다고 확인하고 또 확인했으면서도 10년이 지난 지금까지 갚지 않고 있다. 최근에는 내가 참석할만한 모임엔 아예 나타나지를 않는다. 윤 사장은 또 자신이 보증하겠다면서 친구 신만자 씨의 어음을 받고 2천만 원을 빌려주라고 해서 그렇게 했다. 그것도 차일피일 시일만 끌더니 무소식이다. 역시 전형적인 사기행각이다.

코스타월드 김철주 사장도 최고의 유망업종이라며 투자하라고 해서 5천만 원을 투자했지만 종이쪽지가 됐고 김화석 씨가 멘사라는 지능테스트관련 회사를 한다고 하여 2천만 원을 투자하고 뒤이어 3천만 원을 빌려주었다가 역시 떼었다. 여기에는 나를 따라 투자한 5~6여 명도 큰 액수는 아니지만 손실을 보았다. 천지 로타리클럽을 함께 한 구남회 한국서비스경영진흥원 대표한테도 약 3천만 원, 최풍남 한성선박 사장한테도 5천만 원을 떼였다. 동아일보 재직 때도 돈을 빌려주고 받지 못한 사람이 몇 명 있다. 이 모든 금액을 현재의 돈 가치로 환산하면 엄청난 규모가 될 것이다. 월급쟁이로서는 큰돈이다. 영수증 등 자료가 남아

있는 것이 이 정도다.

떼이고도 계속 또 떼이는 것을 보면 나는 참 바보인가 보다. 이처럼 떼인 금액 중에는 안면을 무시할 수 없어 빌려준 것도 있지만 돈 벌 욕심을 내어 저지른 경우도 없지 않다. 나는 남의 말에 쉽게 넘어가는 약점이 있다. 누가 사정을 하면 외면하지 못한다. 그런데 누구에게 돈을 꾸어달라는 말은 하지 못한다. 꼭 필요한 경우는 아내를 시켜 꾸어 쓰고 바로 갚았다. 나는 지금까지 단 한 번도 누구의 돈을 떼어먹은 적이 없다.

생활경제TV, 건설부동산TV 대표이사 회장

JU그룹 재정이 어려워지자 상장기업과 생활경제TV를 매각하기로 했다. 생활경제TV 매각문제는 나보고 좀 알아보아 달라고 했다. 나는 그때 세븐마운틴그룹의 세양선박 사외이사로 있었다. 방송통신연구원 후원회 부회장으로 위촉한 임병석 회장이 배려해주었다. 가끔 식사도 하고 골프라운딩도 하고 제주도 여행도 함께 가 절친하게 지냈다. 당시 4선(四仙)회라는 골프모임을 만들었다. 임 회장, 고영일 우리회계법인 대표, 김상교 S오일 부사장과 함께 매월 즐거운 라운딩 기회를 가졌다.

임 회장은 선량하고 유능한 기업인으로 당시 M&A의 귀재로 알려졌다. 진도, 우방건설, 우방랜드, 동남아해운, 아남건설 등 닥치는 대로 인수했다. 그룹규모가 확장되면서 임 회장이 케이블TV를 하고 싶어 했다. 그런데 조건이 있었다. 내가 책임지고 운영해달라는 것이다. 마침 방송위 상임위원을 그만둔 지 만 2년이 지나 공직자 윤리규정에는 해당되지 않는다. 그러나 망설여졌다. 차관급 방송위 상임위원을 역임한 사람이 케이블TV 사장이 된다는 것이 마뜩잖았다. 다른 분야면 오히려 괜찮겠는데 방송위 지휘감독을 받는 방송분야여서 개운치가 않았다.

그래서 주변 사람들에게 의견을 구했다. 우리홈쇼핑 정대종 사장과 황선욱 케이블TV사장이 부정적인 견해를 보였다. 물론 나를 아껴서 그런 것이다. 그러나 그 밖의 많은 사람들은 수락하라고 했다. 우선 사회생활 하려면 '계급장'을 떼어내야 한다는 것이다. 아내도 찬성이다. 더구나 JU에서는 그만 둘 때가 됐다.

생활경제TV는 공무원, 교원 임용 및 중국어 등 외국어시험, 감정사 등 각종 자격증획득 강좌, 유익한 생활정보, 성공 재테크, 신기술 소개, 생활경제 뉴스 등 다양한 생활 속 실용 경제정보 프로그램을 24시간 계속 방영했다. 당시 생활경제TV는 38개 SO에 송출되고 있어 시청 가입자가 300만 가구 정도였다. SO 송출 확장 작업은 김원길 회장이 맡아 수고했다. 나도 일조를 했었다. 그러나 그 정도 SO 송출로는 안된다. 적어도 600~700만 가구 이상 가입돼 있어야 제구실을 할 수 있다. 그래서 임병석 회장에게 SO 런칭비용을 요청했고 임 회장은 확약했다.

2005년 7월 대표이사 사장으로 부임했는데 임 회장이 내 체면을 고려해 회장으로 조치해주었다. 나는 바로 건설부동산TV도 인수해 두 방송사의 대표이사 회장직을 맡았다. 이왕에 맡은 책임이니 잘 해보려고 했다. 인력도 10여 명 보충했고 프로그램도 대폭 쇄신했다. 방송사의 주 수입원은 그룹 방계회사들이 낸 광고다. 그것은 내가 취임할 때 약속된 것이다.

케이블TV 채널은 단 두 가지가 생명줄이다. 하나는 보다 많은 SO에 송출되는 것이고 또 하나는 광고 확보다. 이 두 가지는 서로 연계되어 있다. 많은 가구에 좋은 프로그램을 송출하게 되면 자연히 광고가 들어오게 되고 광고를 많이 확보하면 재정적 여유가 있어 좋은 프로그램을 제작 방영할 수 있는데다 SO송출도 늘려갈 수 있다. 한 가지가 해결되면 다른 것도 해결되고 한 가지가 해결되지 않으면 다른 것도 해결되지 않는다. 그래서 첫째 많은 SO에 송출되어 시청가구를 늘려야 하는데 그렇게 하려면 비용이 든다. 그래서 처음 취임할 때 SO송출비용 지원을 요청했었다. SO 런칭비용은 사실은 부조리다. 그러나 그렇지 않으면 시청자와 접할 수 없으니 별 도리가 없다.

세븐마운틴그룹은 C&그룹으로 그룹명을 바꿨다. 나름대로 대그룹으로 성장하기위해 심혈을 쏟았다. 그런데 신규 인수 합병한 기업들이 제구실을 못했다. 나도 그룹회의에 참석하여 보고하고 각 산하기업체장들이 하는 재정에 대한 보고도 듣는다. 그 기업들의 재정에 대해서 자세히는 알지 못한다. 그러나 기업들이 흑자를 내야하는데 그렇지를 못했다. 그보다 더 큰 문제는 뒤에 인수한 M&A가 크게 잘못되었다. 인수하고 보니 속이 텅 비었다. 동남아해운과 아남건설이 대표적이다. 그룹은 침체의 늪에 빠져들기 시작했다.

생활경제TV와 건설부동산TV에도 바로 영향이 미쳤다. 임병석 회장은 내가 취임할 때 약속했던 SO 런칭비용을 끝내 지원하지 않았다. 처음엔 인력도 보충해주고 간이 스튜디오도 마련해 주는 등 투자를 좀 하는 듯 했지만 그룹 계열사들의 경영상태가 나빠지자 중단됐다. 그룹회의에서 각 계열사 적자경영을 개선하라고 계속 압박했다. 나는 그룹회의에서 몇 가지 조건을 내세워 방송사 적자를 내지 않겠다고 약속했고 긴축경영에 들어갔다. 그리고 한 달 뒤부터 적자를 완전 없앴다.

그런 상황에서 어려워진 산하기업들이 생활경제TV와 건설부동산TV에 내는 광고가 효과가 별로 없다면서 광고를 줄이겠다고 했다. 일부 기업에서 광고비가 연체되기 시작하더니 아예 광고비를 지출하지 않았다. 그룹은 계속 하강곡선을 그렸고 다른 산하기업들과 함께 방송사도 매각하려 했다. 그러나 가격이 맞지 않자 대구의 우방건설과 우방랜드에 내려보내 결국 고사 지경에 이르도록 방치했다. 내가 그만둔 뒤 생활경제TV가 송출하는 SO가 단 한군데 밖에 남지 않게 됐다. 케이블TV를 망쳐 놓은 것이다.

한참 지나 애니21의 황인형 감독이 생활경제TV와 건설부동산TV를 매입했다. 그룹 계열사의 밀린 광고비를 탕감하는 대신 저렴한 가격으로 사들였다. 황 감독은 회장 직함의 내 명함까지 찍어가지고 와 나보고 다시 회장으로 취임해달라고 요청했다. 나는 전망이 확실히 설 때까지 지켜보겠다며 사양했다. 황 감독이 건설부동산TV는 장르를 중소기업채널로 전환하는 것이 어떻겠느냐고 해서 중소기업관련 단체등과 연계해서 협업하는 것이 콘텐츠나 광고확보를 위해 바람직하다고 했더니 다시 도와달라고 했다. 생활경제TV와 중소기업TV 회장을 맡아달라는 것이다. 나는 옆에서 도와줄 것이 있으면 도와주겠다며 사양했다.

황인형 감독과는 인연이 아주 깊다. 질긴 인연이라고 표현해도 될듯하다. 20여 년을 친밀하게 지내는 사이이다. 문상주 한국학원총연합회장이 주도하는 국제문화친선협회에서 만나 지금까지 접촉이 끊이지 않고 지속되고 있다. 황 감독은 선배를 챙겨주는 장점이 있다. 내가 동아일보를 그만두면서 국민복지추진연합을 결성하여 상임대표를 맡았을 때 황 감독이 자신의 사무실 옆에 공간을 마련하는데 신경을 썼다. 그렇게 시작해서 내가 방송위원으로 활동할 때 더욱 친숙해졌고 방송위원을 그만두고 방송통신연구원을 창설한 후에도 한때는 사무실을 함께 사용했다. 국민복지추진연합이나 방송통신연구원이 영리기관이 아니기 때문에 재정이 튼튼하지 못해 경비 절약차원에서 그렇게 했다. 사무실 운영비를 절약할 수 있었다.

황 감독은 독신으로 시도 쓰고 소설도 쓰고 그림도 그린다. 성격도 쾌활하고 붙임성도 좋다. 20여 년 동안 프로덕션을 운영하면서 많은 TV 프로그램을 제작해 특히 방송계에서는 유명한 마당발이다. 내가 방송위원으로 있을 때 많은 방송계 인사들을 내게 소개했다. 내가 좋은 인연으로 알고지내는 방송계 인사들 중 황감독이 소개한 사람들이 많다. 얼핏 떠올려지는 사람만도 안국정, 이석우, 이홍주, 노성대, 박진홍, 오명환, 윤영관, 은희현, 이남기 등이 그들이다. 황 감독 이야기로는 많은 방송계 인사들이 나와 함께 하는 자리를 마련해보라고 자신에게 제의해왔다는 것이다. 내가 천지 로타리클럽을 창립했을 때 참여한 방송계 인사들도 대부분 황 감독이 소개한 사람들이다.

몇 년 전부터 황 감독은 애니메이션 제작에 몰입되어 있다. 제명은 '로즈 마린'(바다장미)이다. 그 후로는 만나면 그 이야기다. 많은 사람들이 투자했고 나도 투자했다. 나를 보고 투자한 사람도 적지 않다. 그러나 세월만 흐르고 결과가 가시화 되지 않고 있다. 경우에 따라서는 말썽을 일으키기도 했는데 본인은 그 상황을 말썽이라고 생각하지 않는다. 본인은 지금도 이 '세계적인' 작품에 대해 열변을 토하고 엄청난 국내외 투자계획에 대해 장황하게 설명한다. 제발 그렇게 되기만을 빌고 있다.

황 감독은 매사에 낙관적이어서 일을 잘 벌인다. 긍정적 측면도 있지만 실현성이 희박한 내용을 믿고 추진했다가 낭패를 보는 경우를 여러 차례 목격했다. 황 감독은 평생 TV 프로그램을 제작해 방송사에 납품했지만 항상 돈이 모자라 어려움을 겪는다. 그래도 쓸 돈은 다 쓰고 다닌다. 그래서 지금까지 집 한 칸 마련하지 못하고 있다. 황 감독은 방송계 여성들도 많이 알아 자주 함께 자리를 했고 맛있는 음식점도 잘 찾아다녀 입맛이 까다로운 내 입맛을 맞춰주었다. 지금도 내가 다니는 음식점 중에는 황 감독이 소개한 집이 많다. 뱀부하우스, 원강, 신림정, 주신정, 청해 등.

까다로운 입맛

유별나게 음식메뉴가 까다로운 것이 내 흠이다. 동아일보 논설위원들이 함께 식사하러 나갈 때 항상 내 의사가 많이 반영됐다. 대다수가 내가 고른 음식점 음식이 맛있다는 데 공감했다. 음식점에 가서도 나는 추가로 조리를 한다. 예를 들어 된장찌개의 경우 대부분의 음식점 찌개 맛이 그저 그렇다. 나는 그 찌개에 된장을 조금 더 넣고 마늘 다진 것과 다른 음식으로 나온 돼지 삼겹살을 조금 넣고 고추를 잘라 넣은 뒤 푹 끓였다. 소주 반주가 있을 때는 소주도 반 잔 정도 넣는다. 술을 곁들여 마실 경우는 이보다 훨씬 다양한 양념이 들어간다. 맛이 다를 수밖에 없다. 깊은 맛에 모두들 동의한다. 약간 귀찮은 작업이지만 우선 내가 맛있게 먹기 위해 어쩔 수가 없고 이것도 하다보면 재미가 붙어 계속 즐기면서 한다. 일부 위원은 손도 씻지 않고 고추를 마구 잘라 넣는다고 '쯧쯧' 하지만 그런 정도는 감수해야 한다.

방송위원 재직 때도 마찬가지였다. 업무추진비를 다른 데 사용하는 경우는 신경이 쓰이지만 사무처 직원들과 점심 먹으면서 대화하는 데 쓸 때는 마음이 편하다. 직원들과 목동 사무실 부근 음식점을 자주 찾았다. 항상 내가 사는 입장인데다 간부직원들이 공손하기 때문에 음식 주문 등에 관한 한 일체 다른 의견이 있을 수 없다. 음식점마다 맛이 신통치 않아 내가 메뉴를 개발했다. 그 중 하나가 멸치 김치찌개다. 음식점 여사장에게 부탁해 졸인 찌개김치에 멸치를 아주 많이 넣고 다진 마늘과 고추를 잘라 넣어 푹 끓여 내오도록 했다. 그 감칠맛에 모두들 감탄을 금치 못한다. 물론 가격은 조금 더 고려해 주었지만 원래 싼 음식이어서 부담이 되지 않는다. 내가 주문하는 메뉴가 대부분의 직원들에게 대인기였다. 직원들끼리만 가서도 이 메뉴를 주문했다. 내가 그만둔 뒤 들은 이야기인데 그 음식점에 이 메뉴가 신설됐고 또 가장 인기 있는 메뉴가 됐다고 한다.

살아간다는 것이 사람 만나는 것이다. 서로 약속을 해서 만나는 시간은 대부분 점심시간이나 저녁식사 시간이다. 만나는 장소는 식당이다. 서로 상의해서 식당을 정하는데 대체로 교통편, 음식맛을 고려해서 정한다. 상의하다 보면 거의 대부분 내가 정하는 음식점으로 가게 된다. 많은 사람들이 내가 추천하는 음식점은 틀림이 없다고 입을 모은다.

집에서의 내 김치찌개 요리도 대단하다. 내가 입맛이 없는 듯하면 아내가 나보고 김치찌개를 하라고 한다. 솔직히 말해 아내는 서울출신으로 음식솜씨가 뛰어나지 않다. 아내가 해놓은 김치찌개는 나는 물론 아이들도 별로 손대지 않는다. 나는 우선 찌개에 멸치를 듬뿍 넣는다. 멸치를 많이 넣는 데서부터 아내는 잔소리하기 시작한다. 나는 거기에 멸치다시다, 마늘 다진 것, 풋고추 자른 것, 순 고추장, 장조림 고기 약간, 소주 반 잔 등을 넣고 오래 끓인다. 그 맛이 기가 막힌다. 나는 물론 아이들도 엄마 눈치를 살펴가며 정신없이 먹는다. 사실 아내는 내가 이 찌개를 하는 것을 좋아하지 않는다. 조리하는 동안 트집을 잡거나 신경질을 내기 일쑤다. 나는 조심조심 할 수밖에 없다. 가끔 아내가 내 흉내를 내 김치찌개를 만들지만 맛이 다른 것을 어찌할 수가 없다.

음주문화

음식 이야기를 하다 보니 음주 이야기를 하지 않고 넘어갈 수는 없겠다. 내게는 귀족, 귀공자, 만석꾼 집 종손 등 달갑지 않은 '귀족풍' 딱지가 붙어 다녔다. 소탈하지 못하고 매사에 까다로운 성격이어서 그랬을 것이다. 우선 밥도 질거나 되거나 설익은 밥은 먹을 수가 없다. 반찬도 입에 맞지 않으면 외면한다. 의복이나 잠자리도 조금 추워도 못 견디고 더워도 못 견딘다. 베개도 수건으로 높낮이를 조정해 양쪽에 놓고 잔다. 반듯이 누워 잘 때는 얇은 수건을, 옆으로 누워 잘 때는 높은 베개를 베고 잔다. 해외에 나갈 때 밑반찬과 베개를 가지고 다니는 사람이 있는데 나도 그 비슷하다.

그러니 술집도 여자도 까다로울 수밖에 없다. 동아일보에 입사했을 즈음 광화문 무교동 일대에는 천박한 술집이 많았다. 여종업원들이 거의 나체로 나와 봉사했다. 글로 표현하기 곤란한 그런 술집도 널려 있었다. 생리에 맞지 않았다. 어찌됐던지 입사해서 편집부, 사회부에서 근무할 때부터 살롱에 드나들었다. 김봉숙 여사가 경영하는 발렌타인, 샤르망, 세르팡에 다니면서 품위 있는 분위기에서 꼬냑, 위스키 언더락스 등을 마셨다. 편집부에서 근무할 때 경제면 편집을 담당한 적이 있었는데 맨 처음 김진현 당시 경제부장을 따라갔던 것으로 기억된다. 그것이 내가 직장에서 새로운 음주문화에 들어선 첫 단계다. 당시 내 생활여건으로는 잘못된 습성이었다.

김봉숙 여사는 매력 있는 여자다. 이지적 미인에 센스가 있는 데다 말솜씨가 뛰어났다. 항상 친절하고 수완도 좋았다. 꼬냑은 약간 따뜻하게 덥혀 마시는데 김 여사는 자기 손이 차다면서 무릎 사이에 끼어 넣어 덥혀 주었다. 이래저래 나와도 아주 친숙해졌다. 그 당시 김 여사는 언론계나 정계 등에서 모르는 사람이 없을 정도였다. 여종업원들도 다른 데와는 달리 품위가 있는 것 같았다. 김 여사가 옮겨가는 집으로 한 20년쯤 따라다녔다. 그런데 어느 날 김 여사가 사라져버렸다. 빚을 져 숨었다는 이야기, 기도원에 들어갔다는 이야기 등이 있었지만 주변에서 아무도 그 행방을 알지 못했다. 그런 식으로 종결짓는 것도 괜찮은 방법이라고 생각됐다. 김 여사 아래에 있던 강승원 여사가 비슷하게 살롱을 차렸다. 센스 있고 쾌활한 성품에 친절하게 대해주어 여러 차례 찾아다녔다. 어느 날 강 여사한테서 전화가 왔다. 술을 마시다가 화재를 당해 심한 화상을 입었는데 사람을 보낼 테니 외상값을 좀 갚아달라고 했다. 한참 후 한 청년이 찾아와 외상값을 갚았는데 강 여사가 끝내 숨졌다고 전해주었다. 참 안됐다는 생각이 들었다.

30년 넘는 단골 마담도 있다. 신라호텔 후문 입구에 있던 한정식집 '화원'의 양수자 사장이다. 그 집에서 김병관 동아일보 사장, 이태욱 미원 상무와 국악인들과 자주 만나 판소리와 경기민요, 가야금 연주 등을 듣곤 했다. 안숙선, 신영희, 조상현 씨는 물론 김소희 여사와도 자리를 함께했던 곳이다. 양 사장은 옥호를 '삼화', '금향' 등으로 바꾸기도 하면서 강남 여기저기로 옮기기도 했다. 특수대학원 동기생모임, 로타리클럽 모임, 방송통신연구원 모임 등 가능하면 그 집을 찾아갔다. 우선 음식이 입에 맞고 편안한 데다 비용도 적절해 최근까지 계속 다녔다. 그 외에 이름도 잊은 지 오래되는 여러 마담들의 모습이 떠오른다.

평생 많은 술집을 돌아다니며 술을 마셨다. 우리집이 이사할 때 내가 챙기는 것은 서재에 진열된 양주뿐이다. 아내도 그러려니 한다. 나는 음주는 물론 그 분위기를 좋아한다. 대부분의 술꾼들이 그렇지 않을까. 술을 안 마시는 인간에게서는 사려분별을 기대하지 말라는 말이 있다. 술은 사람을 솔직담백하게 하는 힘이 있다. 술은 인간 사이의 장벽을 단숨에 헐어 버린다. 그러나 술의 폐해는 엄청나다. 입술과 술잔 사이에 악마의 손길이 넘나든다고도 한다. 버트런드 러셀은 음주는 일시적 자살이라고 표현했다. 술이란 음식과 마약의 중간 정도 되는 것은 아닐까. 과음은 분명 독약의 사촌쯤 될 것이다. 음주에 대해 여러 가지 견해가 있지만 내가 겪고 지켜본 경험으로는 술 많이 마신 사람들 중 일찍 죽지 않은 사람 드물다는 결론이다. 특히 폭음이나 계속 이어 마시는 경우는 치명적이다. 나도 그 비슷하게 마셔댔지만 60세 넘어서면서 절제하기 시작했다. 우선 몸이 견디지 못했다. 이튿날 아침 몸 컨디션이 좋지 않아 힘들고 목과 속이 쓰라린 식도 역류현상이 계속돼 고통스러웠다.

식도 역류현상이 생긴 연유를 내 자신이 잘 알고 있다. 신문사 직원들이나 출입처 간부들과 술을 마시다 보면 중간에 자리를 끝내기가 어려운 때가 있다. 골프 칠 때에는 골프 잘 치는 사람이, 포커나 고스톱할 때는 돈 많이 따는 사람이, 여자들하고 같이 있을 때는 인기 끄는 사람이, 술 마실 때는 역시 술 잘 마시는 사람이 '왕'이다. 젊은 혈기에 지기도 싫었고 제압당하기도 싫은 데다 자리가 좋아 무리하게 마시는 경우가 없지 않았다. 나는 그 경우 화장실에 가서 손가락을 목구멍에 넣어 목젖을 휘저으면서 자극해 토해내고 자리에 가 또 마셨다. 그러기를 한두 차례가 아니었다. 이렇게 마실 때에는 큰 양푼에 양주 두어 병, 맥주 서너 병에 수박 조각을 몰아넣고 섞어 맥주잔으로 떠 돌린다. 특히 출입처에서 술 잘 마시는 간부가 대표로 나와 세련된 기교를 부릴 때에는 더욱 요란하다. 그 사람들 모습과 표정이 지금도 눈에 선하다. 재떨이로 떠 마시고 아가씨 하이힐로도 떠 마신다. 발렌타인 30년짜리 위스키를 서너 병씩 폭탄주로 마셔버린다.

한 번은 《역사의 고전장》 출판기념회를 며칠 앞두고 병후 숙부가 저녁을 하자고 했다. 내 결혼식에도 참석하지 못했는데 이번에도 일본에 가게 돼 출판기념회에 참석할 수가 없게 되자 돌아가신 자신의 형님(나의 부친)에게 미안했던지 만나자고 했다. 숙부와 그렇게 단둘이 마시기는 그때가 처음이었다. 숙부는 건장하고 특히 음주는 추종을 불허하는 대가였다. 무교동 회림정이든가에서 대좌했다. 불고기와 소주 5~6병을 가져오게 하더니 맥주잔에 따라 마시기 시작했다. 나는 숙부가 주는 대로 다 마셨다. 그때 물러설 생각이 전혀 없었다. 숙부가 자리를 빨리 끝내려고 그랬는지, 아니면 장성한 큰 조카와 한 번 제대로 마시고 싶어 그랬는지는 지금도 잘 모르겠다. 하여튼 둘이 소주를 열댓 병 마신 것 같았다. 나는 물론 화장실에 가 토해내면서 마셨다. 내 주량에 숙부가 놀란 표정이다. 숙부가 완전히 취해 택시를 잡아 보내드리고 귀가했는데 이튿날 아침 숙모에게서 전화가 왔다. 무슨 술을 그렇게 마셨느냐며 숙부가 아침까지 정신을 차리지 못하고 있다고 했다.

폭탄주 이야기

앞서 이야기했지만 내 음주 스타일을 일찍이 폭탄주(爆彈酒)로 정했다. 내 체질에 맞는 것 같았다. 위스키만 마시면 너무 독하고 위스키 언더락스나 맥주만 마시면 배탈이 났다. 그러나 폭탄주는 별 지장이 없었다. 마시는 분위기도 폭탄주가 제일이다. 어색한 분위기가 금세 가시고 술좌석에 생기가 돈다. 열기가 신속히 고조되면서 친숙도도 높아진다. 알콜 농도도 배합에 따라 16~17도밖에 되지 않아 마시기가 편하다.

한 30년 그렇게 마시다가 방송위 부위원장이 되면서부터 반폭(半爆)으로 줄였다. SBS 이남기 본부장이 내게 전수했다. 위스키도 절반, 맥주도 절반으로 줄여 마시니까 훨씬 수월했다. 이 반폭 제조는 배합을 잘해야 한다. 술맛이 나도록 '간'을 잘 맞춰야 한다. 반폭 제조는 마시는 사람의 기호에 맞춰 그 농도를 달리해야 한다. 그러려면 그 사람의 음주 취향을 알아 배합해야 역시 절묘하다는 감탄이 나온다. '폭탄주' 명칭에 대한 거부감이 있어 명칭을 '화합주'로 바꿨다. 알콜 도수도 화합하고 잔들도 화합하고 마시는 사람 마음도 서로 화합하는 것이 아름답지 않은가.

그러다가 어느 날 위스키가 없어 소주로 바꿔 타 마셨다. 배합 알콜 농도가 10도 이하로 내려가 마시기가 더욱 수월했다. 맛도 더 좋았다.

위스키는 기본적으로 쏘고 쓴 맛이 약간 있다. 숙성연도가 오래된 프리미엄급은 괜찮지만 연도가 낮을수록 더욱 심하다. 그러나 소주는 도수를 내린 데다 약간 단맛이 첨가돼 있어 맥주와 혼합하면 한결 맛이 난다.

최근엔 새로운 제조법이 나왔다. 노홍준 나라법인 이사장이 내게 전수했다. 20여 명 모인 자리에 조니워커 블루 이상급 프리미엄 위스키를 한 병 가져간다. 소주병에서 소주 한 잔을 따라내고 이 위스키 한 잔을 소주병에 부어 맥주와 섞어 화합주로 마신다. 고급 위스키 맛과 향이 약간 풍기는 그 화합주 맛이 일품이다. 위스키 한 병이면 소주 20병에 타 마실 수 있다. 요즘은 20명 정도 모이게 되는 경우 위스키 한 병을 가져가 이 비법을 전수한다. 전수하는 재미도 쏠쏠하다.

그래서 어느 술좌석이나 내가 참석한 자리에는 내 자리 앞테이블에 폭탄주 준비가 마련된다. 10잔, 20잔도 금세 조제한다. 잔에 계속 부어나가도 양이 알맞게 채워진다. 인원수대로 화합주를 만들어 떠들어대며 힘차게 마시는 재미는 그 재미를 아는 사람 아니면 모른다. 나는 물론 한 번 입에 댄 잔은 입에서 절대로 떼지 않고 한 번에 마신다. 만일 내가 한 번이라도 입에서 떼고 마신다면 1백만 원 벌금을 내야 한다. 내가 주변의 친구나 후배들에게 그럴 경우 1백만 원을 주기로 약속했기 때문이다. 기한은 만 70세까지다. 기한 연장여부는 그때 가서 정하기로 했다. 이 벌금을 기다리는 친구, 후배들도 있지만 헛일이다. 벌금이 무서워서가 아니라 나는 아무리 하찮은 것이라도 스스로 약속한 것은 꼭 지킨다. 그보다도 그렇게 마시는 것이 더 맛이 있다.

나는 가족들과도 그렇게 마신다. 직계가족은 아내, 세 딸 내외와 아들 등 모두 9명이다. 나는 아내와 딸 사위들과도 화합주를 러브 샷으로 마신다. 동생들과 자리했을 때도 가능하면 그렇게 마신다. 가족간에도 열기가 고조되고 유대가 강화되는 점은 마찬가지다.

나이가 들면서 내가 '혹시나' 하고 걱정한 대로 위에 탈이 났다. 내시경 촬영을 해본 결과 위염 식도염에 십이지장궤양 진단이 나왔다. 옛날 손가락을 넣어 토해내던 경솔한 행태에 징벌이 내려진 것이다. 몇 달 동안 약을 먹고 다시 촬영해보았더니 식도염만 완치되지 않았다. 다시 두어 달 동안 약을 복용했다. 그 후로는 이상이 느껴지면 복용하라고 해서 그렇게 하고 있다. 그러면서 음주도 대폭 줄였다. 전보다 몸이 약간 편안해진 것 같다. 그러나 재미는 없어졌다.

그런데 그나마도 잠시 중단하게 됐다. 심장에 이상이 생긴 것 같았다. 콜레스테롤치가 높아서 혈액순환 개선제를 장기 복용했는데 이빨을 치료하면서 이를 중단했다. 그랬더니 이따금 가슴에 통증이 있었다. 그럴 경우 우황청심환을 먹으면 바로 나았다. 지금까지의 건강검진에서 심장 이상에 관한 것은 없었지만 그래도 걱정이 돼서 그 분야에 명성이 있는 강남 세브란스병원에 가 심장초음파 등 정밀진단을 받았다. 동맥경화 증세가 발견됐고 입원해서 치료받으라고 했다.

입원날짜를 정해 기다리고 있는 사이 청명한의원 조기용 원장과 이에 대해 의견을 나눴다. 조 원장은 자신의 진단을 받아보라고 권했다. 그래서 한의원에 비치된 현대 의료기구로 진단받은 결과 내 예상대로 전반적인 건강상태가 좋지 않았다. 조 원장은 심장조형술이나 스텐트를 넣는 등의 대응요법보다는 신체 전체에 대해 혁신적 변화가 필요하다고 조언했다. 혈관 일부를 치료하면 그 부분은 해결되겠지만 전체 혈관이 노화되어 있기 때문에 또 어느 곳에서 어떤 문제가 발생할지 모르므로 노후된 신체상태를 전체적으로 개선해 나가야 한다는 것.

서양의술은 대응요법이지만 동양의술은 신체 전체를 본다. 그런 예방적 진료는 최근 서양에서도 각광받는다. 조 원장은 혈관뿐만 아니라 위, 장, 간, 신장, 심장 등 몸 전체에 독소가 많이 끼어 있으므로 그 독소를 제거하고 피를 맑게 해 몸을 자연상태로 돌려놓아야 한다는 것.

그 치료법은 한마디로 생식요법이다.

오래전부터 생식(生食)을 해보고 싶었고 또 몇 번이나 기회도 있었지만 게으른 탓에 우선 입맛에 맞는 음식만 취해 먹었다. 그러나 이제는 한계에 다다른 것 같다. 게으른 사람은 한계에 임박해서야 정신을 차린다. 뒤늦게 각성했지만 그래도 각성한 때가 가장 이른 때라고 생각하고 조 원장의 처방대로 실행했다.

나는 밥을 좋아하고 고기도 좋아하고 김치를 아주 좋아한다. 거기에 굴비를 기름고추장에 발라먹고 마늘 고추를 된장에 찍어먹고 맛있는 젓갈만 찾았다. 그런데 그 좋아하는 밥, 고기, 김치, 굴비, 고추장, 된장, 젓갈 등 짜고 매운 음식을 피해야 한다. 아침과 저녁은 생식을 하고 점심만 잡곡밥에 야채로 들어야 한다. 거기에 몸의 독소를 제거하고 피를 맑게 하는 생기환, 통기환, 상쾌환, 혈당상승억제 녹잎, 감엽차를 매일 2~3회 복용해야 하고 냉온탕욕과 풍욕까지 해야 하며 커피관장도 매일 해야 한다. 마음도 편안하게 먹어야 하고 음식도 천천히 먹어야 한다. 그리고 2~3일 만에 음이온 전자파 치료를 받고 조 원장에게서 침을 맡는 등 시술을 받아야 한다. 이 모두가 평소 내가 아주 싫어하고 귀찮아하는 것들이다. 그러나 나는 그 모든 것을 실행했다. 2개월쯤 지나 평상상태로 돌아왔지만 그래도 일부 치료는 계속하고 있다.

골프

술과 함께 내 취미는 골프와 바둑이다. 30년 넘게 골프를 쳤는데 요즘은 내가 그동안 너무 골프에 빠져 인생을 허비한 것은 아닌가 하는 후회도 된다. 겨울에는 골프를 접었다가 새 봄에 다시 시작하는 사람도 많은데 나는 한여름이나 추운 겨울에도 계속 골프를 쳤다. 아무리 더워도, 비바람이 몰아쳐도, 아무리 추워도, 폭설이 내려도 내가 먼저 라운딩을 중지하자고 제의하지는 않았다. 신문사에서 근무할 때는 일요일마다 나갔고 토요일이 휴일로 지정됐을 때는 주 2회씩 나갔다. 그렇게 나가려면 상당히 신경을 써야 한다. 그렇지 않으면 예약이나 동반자 확보 등에 차질이 생긴다. 그렇게 골프에 빠지다보니 주말에 있는 결혼식 등에 아내를 보내거나 축의금을 송금으로 처리해 미안한 경우가 한두 번이 아니었다.

골퍼들의 이야기를 들어보면 날씨가 나빴다가도 자기가 골프장에 나가면 날씨가 좋아지는 경우가 있고 날씨가 좋았는데도 자신이 나가면 이상하게도 나빠진다고 하는 경우가 있다. 나는 전자에 속해 골프와 관련해서 날씨 걱정을 하지 않고 지내왔다. 나는 다른 운동을 별로 하지 않아 걷기라도 열심히 해야겠다는 생각까지 더해 열심히 필드를 쫓아다녔지만 지금 생각으로는 그렇게까지 할 필요가 없었는데 허망된 것이라는 뉘우침이 앞선다. 되돌아보면 30여 년 동안 골프밖에 한 일이 없는 것 같기도 하여 인생이 서글프다.

솔직히 말해 나는 대접받는 골프를 많이 쳤다. 동아일보 재직 때도 그랬고 방송위원 재임 때도 마찬가지다. 특히 방송위원 재임 때 몇 차례 대접골프를 친 것이 마음 한구석에 걸린다. 사업자에게 대접받는 것 자체가 안 될 일이지만 혹시 그로 인해 방송행정을 수행하는 데 영향을 미치게 한 것은 아니었는가 하고 자문해보기도 했다. 그러나 대접을 받기는 했지만 분명 나도 대접한 적이 있고 그로 인해 업무에 지장을 초래한 적은 없었던 것으로 확신한다. 또 그렇게 믿고 싶다.

동아일보 재직 때는 문상주 한국학원총연합회장 겸 국제문화친선협회장과 자주 라운딩을 했다. 처음에는 내가 교육분야를 맡고 있었기 때문에 그랬을 것이다. 물론 다른 언론사 기자나 논설위원과 함께 친 경우가 많았다. 문 회장과는 취향이 비슷한 점이 많아 개인적으로 아주 친숙해졌다. 가족끼리도 가까워져 자주 어울렸다. 문 회장과 나 사이에는 업무관계는 잊혀진 지 오래다. 인간관계만 남아있다고 해도 과언이 아니다. 문 회장은 고려학원을 경영하면서 많은 불우청소년들에게 장학금을 지급했다. 특히 신문사에서 아르바이트하는 학생들이 많은 혜택을 받았다. 그러나 그는 약속한 것을 잘 잊어버리거나 지키지 않는다는 평판을 듣기도 했다.

문 회장이 주도하는 국제문화친선협회에서 많은 좋은 분들을 알게 됐다. 체신부 장관과 민정당 원내총무를 역임한 이대순 장관, 문화체육부장관과 국회 문화공보위원장을 역임한 이민섭 장관, 연합통신 편집국장과 국회의원을 지낸 송용식 한국지역정책연구원 이사장, 정무 제1장관과 국회의원을 지낸 이종률 씨, 권이종 한국교원대 교수, 박영립 변호사, 유지영 한국유아교육협회장, 송성헌 도서출판 청조사 사장, 조형예술가 기홍성 씨 등이다. 이민섭, 송용식, 송성헌 씨 등 여러 회원들과 이따금 라운딩 하는 기회도 가졌다.

특히 이대순 장관과는 사연이 많다. 내가 문교부에 출입할 때 기획관리실장이었는데 그 사무실에서 '한국대학교육 중장기계획' 자료를 빼내 특종을 했다. 동아일보에 대서특필되자 다른 신문사에서 야단이 났고 기자들이 이 실장에게 몰려가 강력 항의했다. 이 실장이 내게 화를 내는 형식을 취해 어렵게 위기를 넘겼다. 송성헌 청조사 사장은 내가 고창 집에 마련한 마을문고에 서적을 많이 보내주었고 아내의 수필집 《내안의 바람소리》도 출판했다. 그도 수필가로 《따스한 손》을 출판했다. 유지영 회장은 중국동포 불우어린이 돕기 운동을 대대적으로 벌여 많은 지원을 아끼지 않았다. 문 회장과 내가 고문으로 참여했다.

골프는 이 밖에 고창출신 인사들, 중앙고교 동창모임, 고려대 상대 동창, 고려대 언론대학원, 고려대 컴퓨터과학대학원, 고려대 정책대학원, 국제산업디자인대학원 동기생, 천지 로타리클럽 등 로타리안들, 창녕조씨 중앙화수회원들, 방송통신연구원 후원회원들, C&그룹 임원들, 방송위원들, 방송사업자들, 고학용 신문방송편집인협회장, 중앙일보 권영빈 사장, 한국경제신문 신상민 사장 등 신문사 사장들과도 비교적 자주 어울렸다.

친구 김영삼

가장 자주 함께 라운딩한 사람은 친구 김영삼 삼정어연 회장이다. 김 회장은 1990년대 초 아리랑 로타리클럽에서 처음 만났다. 클럽 회장으로 아주 점잖고 신중하며 겸양과 봉사를 몸에 익힌 지적 젠틀맨이다. 참으로 격의 없이 친밀하게 지냈다. 오래 친숙해지다 보니 단점도 없지 않았다. 주변에 대한 배려가 깊지만 성질을 내면 불같이 과격한 특성이 있고 거슬리는 것은 참지 못했다. 보수성향이 강해 좌파성향의 인사나 정책에 대해서는 가차 없이 비판하는데 그 강도는 매서운 칼날 같다. 그러나 항상 우정과 봉사를 앞세우는 훌륭한 로타리언이다. 김 회장은 나와 동갑쟁이 친구다. 서로 형이 되었다가 동생이 되었다가 한다. 먼저 말하는 쪽이 형이다. 그리고 먼저 세상 떠나는 사람이 영원한 형이 될 것이다.

내가 김 회장에게 고려대 컴퓨터과학대학원 제4기에 들어가자고 해서 함께 입학했다. 그는 4기 초대 교우회장이 되어 동기회를 이끌었고 이어 컴퓨터과학대학원 총교우회 회장을 맡아 수고가 많았다. 김 회장은 내가 주도해 결성한 '참 좋은 친구모임'의 회장을 역임했고 내가 초대회장을 맡은 황룡회에도 참여했다. 고려대 정책대학원도 6개월 간격으로 입학해 서로 동기회장을 역임했다.

'참 좋은 친구'모임은 1998년 가을 뱀부하우스에서 한광옥 의원, 이종복 포름디자인 사장과 저녁을 하면서 내가 제의해 태동했다. 구성멤

버는 컴퓨터과학대학원 수료자들 중 각기의 회장과 수석부회장을 위주로 하되 그야말로 서로 허물없이 지내는 참 좋은 친구들로 구성하자고 했다. 내가 황종선 당시 대학원장에게 연락하고 한광옥 의원이 임무성 회장에게 연락해 4명이 발기인이 되었다. 맨 처음 내가 30명가량을 뱀부하우스로 초대해 저녁을 대접했고 그 자리에서 이 모임이 결성됐다. 두 번째 모임 비용은 임무성 회장이 부담했고 회장에는 이대봉 참빛그룹 회장이 추대됐다. 뒤이어 김영삼 회장이 회장을 맡았다가 다시 이대봉 회장이 맡았다. 이 모임은 이대봉 회장이 열성을 갖고 이끌어 지금도 잘 나가고 있다. 회원들은 여름에는 이 회장이 소유한 중국 해란강 리조트로 가서 건강과 우의를 다지고 겨울에는 역시 이 회장이 소유한 월남 하노이 부근 휘닉스 리조트로 가 재미있고 유익한 여가를 즐긴다.

김영삼 회장은 내가 천지 로타리클럽을 창설할 때도 도움을 주었고 김 회장도 뒤이어 메트로 로타리클럽을 결성해 초대회장이 되었으며 국제 로타리 제3640지구 총재로 선출됐다. 초아의 봉사의 중책을 맡아 우리나라 로타리클럽 발전에 큰 족적을 남겼다. 김 회장은 방송통신연구원 후원회장도 맡아 나를 도와주고 있다. 이 모든 행적들이 우리 둘 사이에 얼마나 많은 인연과 우정이 겹쳐있는지를 잘 보여 준다.

앞서 열거한 그 많은 모임마다 골프 라운딩이 빠지지 않는데 김영삼 회장과 나는 항상 한 조로 편성되어 나간다. 사무국장등 담당 직원들이 그럴 줄로 알고 미리 그렇게 조 편성을 해놓는다. 혹시 갈려져 있어도 다시 한조로 고쳐 필드에 나간다. 한 조로 나가지 않으면 어딘가 허전하고 미흡해 갈라졌다가도 다시 합친다. 부인들끼리도 함께 자주 골프 라운딩을 하는데 거의 비슷하다. 이 모든 것은 서로를 생각하고 서로 당기기 때문일 것이다. 억지로 붙여놓는다고 해서 계속 붙어 있을 수는 없다. 평소에도 이따금 서로 전화를 하는데 그때마다 서로 마침 자신이 전화를 하려고 했는데 전화가 걸려와 받게 되는 경우가 아주 많았다.

컴퓨터과학대학원 동기생들 이야기

고려대 컴퓨터과학대학원 인사들과는 유별나게도 인연이 겹쳐있다. 총교우회 초대회장 인원식, 2대 이중근, 3대 이대봉, 4대 박기석, 5대 김영삼, 6대 정봉규, 7대 추석진 회장 모두 친숙한 사이다. 또 상임위 의장을 역임한 서준모, 임무성, 김경택 회장 역시 절친한 관계다.

이대봉 회장도 나와 동갑으로 같은 용띠다. 중국에서 대규모 사업을 하는 이 회장이 어느 날 "중국에는 용띠 중에 60년마다 돌아오는 황룡(皇龍) 띠가 있는데 그해에 아들을 낳으려고 야단들이에요"라며 우리 1940년생이 바로 황제의 띠인 황룡 띠라는 것이다. 그래서 김규학, 김영삼, 김홍태, 신중식, 유철부, 이대봉, 이중조, 장상웅, 정규택, 정승일, 황수천 회장 등 황룡 띠 친구들로만 황룡회를 결성했고 내가 초대회장을 맡게 됐다. 지금은 김홍태 회장이 맡아 월 1회 정도 만나 건강과 취미생활 등을 소재로 즐거운 저녁시간을 갖고 있다.

컴퓨터과학대학원 제4기 수료생들 이야기를 빼놓을 수 없다. 신문사를 떠난 뒤 가장 자주 만나는 사람들이 이들이다. 김영삼 회장이 초대 회장을 맡았고 2대는 정우택 (주) 새론 회장, 3대는 내가 맡았고, 4대는 이영호 스타밸리 회장, 5대는 김성호 줄포산업 대표가 맡았다. 연장자인 정우택 회장은 모두가 우리들의 큰 형님으로 모신다. 점잖고 겸손하고 책임감이 강하다. 특히 자신이 해야 할 일은 틀림없이 이행하는 분이다. 로타리안이기도 한 정 회장은 주변에 대한 배려가 깊은 분으로 내게도 많은 도움을 주었다. 앞서 열거한 모든 모임에 대부분 나와 함께 참여했고 골프도 대부분 김영삼 회장과 나와 같은 조에서 라운딩 해왔다. 정 회장과는 집도 가까이 있어 시간이 나면 반포 서리풀 공원 산책도 함께 했다. 한번은 그냥 구두를 신고 공원에 올라갔는데 정 회장이 무엇보다 발을 편하게 해주어야 된다며 등산화를 사주면서 신고 다니라고 했다. 그토록 배려가 깊은 분이다.

호남향우회장을 역임한 이영호 회장은 머리회전이 빠르고 유머감각이 뛰어난 사업가다. 나는 그를 조조, 제갈량, 주유를 합쳐놓은 재사(才士)라고 부른다. 원래 재사는 친구도 많지만 적도 있다. 이 회장이 비판하는 사람도 있고 이 회장을 비판하는 사람도 없지 않다. 그러나 그는 진정으로 정이 있는 다정다감한 아우다. 특히 함께 대화할 때는 모든 것을 다주고 싶은 사람이다. 김성호 줄포산업 대표는 말수 적은 실천적 인물이다. 교회 장로로 독실한 크리스천이다. 항상 조용한 성품이지만 해야 할 일은 모두 잘 해낸다.

4기 골프회장 황승기 승산출판사 사장은 겸양과 학식을 겸비한 선비다. 항상 양보하면서 자신을 낮추는 성품이다. 천성적으로 외골수라는 인상 또한 지울 수는 없다. 매사에 신중해 성질 급한 사람은 답답해서 견디지 못한다. 국제문화친선협회에서 만나 알게 되었는데 내가 반포동으로 이사와 이웃이 됐다. 황 사장은 이 동네 맛있는 음식점을 소개한다면서 이집 저집 함께 다녔다. 컴퓨터과학대학원은 내가 권해 함께 입학했고 천지 로타리클럽도 함께 창설했다. 황 사장은 잘 나가는 입시학원을 접고 출판사를 차려 수학 물리학 등 이공계통 서적만을 출판한다. 각 언론사들이 수준 높은 이 출판사 책을 인정해 주어 서평 등을 대서특필하는 경우가 있었는데 그때마다 나도 즐겁게 감탄하곤 했다.

4기생 중에 빼놓을 수 없는 인물이 있다. 삼성에서 방계회사 사장을 역임한 김용찬 문화정보미디어 사장이다. 고려대 경영학과 동기생이기도 하다. 점잖으면서도 유능한데다 유머가 넘치는 좋은 친구다. 천지 로타리클럽을 함께 창립했고 2대 회장을 역임했다. 그런데 김 회장이 도중에 클럽을 탈퇴했다. 2대 회장까지 지냈으면 무한책임감도 있을 법 한데 그만두어 모두들 아쉬워했다. 옆에서 보니 노년에 인생을 즐겁게 사는 것 같다.

코리아리서치센터 박영준 회장은 주위의 많은 사람들로부터 존경 받았다. 나와 함께 천지 로타리클럽을 창립했고 3대 회장을 맡아 열성을 보였다. 애석하게도 2007년 신병으로 타계했다. 많은 사람들이 짧은 그의 일생을 안타까워했다. 별세 후에도 천지 로타리클럽 행사에 그 부인 윤영희 여사가 참석해주어 모두들 고마워했다.

천지 로타리클럽 침체와 재창립

천지 로타리클럽과 관련, 몇 가지 안타까운 일이 있었다. 4대회장은 차기회장인 황종선 고려대 컴퓨터과학대학원장이 맡게 되어있었는데 그가 갑자기 그만두어 클럽이 지장을 받게 됐다. 나를 비롯 컴퓨터과학대학원 4기생들은 IMF위기 때 입학했는데 그 뒤 계속 경제적 타격이 휘몰아치면서 많은 특수대학원들이 수강생 모집이 어려워져 잇달아 문을 닫았다. 컴퓨터과학대학원도 심각한 위기에 직면했고 황종선 원장은 안절부절 못했다. 위기에 처해 있는 회우를 돕는 자세야말로 로타리안 정신이다. 내가 앞장서 천지 로타리클럽 회원 중에서만 23명을 제5기로 입학시켰고 별도로 정균환 의원, 박광태 광주광역시장과 탤런트 이경진 씨 등 여러 명이 입학하도록 주선해주어 대학원이 위기를 극복할 수 있었다. 그런 상황에서 황 원장이 뒤늦게 천지 로타리클럽 회장을 맡지 않겠다고 하여 비상사태가 발생했다. 이 같은 상황을 어떻게 평가해야 할 것인가. 급작스레 주광일 국민고충처리위원장을 설득해 회장을 맡도록 했다. 그런데 주 회장도 몇 년 뒤 천지 로타리클럽을 탈퇴했다. 그 무렵부터 클럽이 사양길에 접어들었다.

클럽을 처음 창립해서 총력을 기울여 짧은 기간 안에 4천여만 원의 기금을 마련해 놓았다. 클럽의 장래를 위해 비축해 둔 것. 그러나 3대 회장 이후 11대회장까지 모두가 기금을 늘리기는커녕 계속 운영적자를 내면서 조금씩 축내어 갔다. 대체로 회장들이 기금에 관해 무신경한 면모를 자주 보였다. 많은 로타리클럽이 창립되지만 도중에 없어지는 클럽도 적지 않다. 나는 스러져 가는 다른 클럽의 예를 들면서 기금이 소진되면 클럽 존립이 위태로워진다는 것을 강조하고 기금을 축내지 않고 운영할 것을 여러 차례 당부했다.

로타리클럽은 첫째가 출석이다. 출석을 해야 우정도 있고 봉사도 있다. 회원들이 출석하게 하려면 클럽 참석에 흥이 나야 하고 개인적으로나 사업에 유익한 면이 있도록 유도해야 한다. 그러나 안타깝게도 회장들마다 계속 기금만 축냈고 회원 출석률은 떨어졌다. 제 11대 박기웅 회장에 이르러서는 기금이 바닥나더니 주회 출석도 회장과 나를 포함한 4명으로 줄었다. 그러더니 4월 후반부터는 주회까지 중단됐다. 사실상 천지 로타리클럽이 문을 닫은 것이다. 나는 클럽 창설회장으로서 안타깝기 그지없었다. 속으로 가슴이 미어지는 아픔을 느꼈다. 나 외에 이 모습을 지켜보면서 안타까워하는 사람이 또 한 분 있었다. 국제로타리 3640지구 맹언식 총재다. 나는 민병철, 박기원 전회장과 박기웅 회장 등에게 계속 연락해 어떻게든 회생시켜보려고 안간힘을 썼다. 설득도 해보고 간청도 했다. 그러나 모두 헛일이었다. 그들은 의지도 미약했지만 그보다 쓰러져가는 조직을 돌이킬 수 없다는 무력감에 빠져 포기상태였다.

내가 그토록 좋아하는 영화, 내가 그토록 좋아하는 배우가 떠올랐다. 엘리아 카잔 감독 작품 '워터프론트'(On the waterfront)에 출연한 말론 브란도다. 이 작품에서 말론 브란도는 건달이지만 고통 받는 부도노동자 편에 서서 거대한 폭력조직과 맞선다. 그는 처참하게 두들겨 맞고 선창가에 쓰러진다. 멀리서 노동자들이 지켜보고 있다. 초죽음상태에서 꼼짝하지 못하던 그가 손가락을 움직이고 눈을 뜨더니 일어선다. 그가 휘청거리며 앞서 걸어가고 그 뒤를 수많은 부도노동자들이 따른다. 라스트 신이다. 내 기억이 얼마나 정확한지는 모르겠다. 그가 선창가에서 다시 일어서는 모습은 마치 땅에서 솟아오르는 것 같았다. 명장면 중의 명장면으로 알려졌다. 나는 살아가면서 가끔 그 장면을 떠올리곤 했다.

천지 로타리클럽의 몰락을 지켜보면서 고심과 고뇌를 계속했다. 가슴 아프지만 눈 딱 감고 그대로 넘어가 버릴까 하는 생각도 했다. 모든 것이 다 종말이 있고 클럽도 그럴 수 있다. 반면 내가 다시 시작한다고 해도 내 입장이랄까, 지금의 내 스탠스가 클럽 창설할 때와는 너무나 달라 재창립이 과연 가능할 것인가 하는 회의도 짙었다. 이런 저런 숙고 끝에 나는 용기를 냈다. 방송통신연구원 회원들에게 도움을 요청했다. 나의 고충을 잘 알고 있는 3640지구 전 총재인 김영삼 회장도 적극 지원에 나섰다. "조 회장의 인기가 지금도 대단해. 절대로 위축되지 마."하고 격려해 주는 김 회장의 충고가 용기를 불어넣어 주었다. 내 입장을 들은 이승규, 금기창, 차낙영, 임상황, 장중식, 권희덕 사장 등이 조 회장이 다시 회장을 맡아 나선다면 기꺼이 참여하겠다고 의사를 밝혔다. 클럽 창설 때 함께 했던 김용찬 2대회장 등 창설회원들과 황룡회 친구들도 호응해 주었다. 거기에 임상황 회장이 내 권유를 받아들여 차기 회장을 맡기로 했고 권희덕 사장이 총무를 맡기로 했다. 모두 어려운 결정을 해 주었다.

즉각 회원 확장에 나섰다. 대상자를 조심스럽게 선정해 만나거나 전화로 통화한 결과 거의 모두 승낙해 주었다. 임 사장, 권 사장과 처음에는 30명 정도로 출발하자고 했으나 호응도가 높아 40명으로 잡았는데 결국 50명에 이르렀다. 한 분, 한 분 모두 귀중하고 소중한 분들이다. 나는 이들에게 엎드려 절이라도 하고 싶다. 참여한 회원은 강화자, 권은이, 권희덕, 금기창, 김경태, 김광운, 김성란, 김성민, 김성호, 김용찬, 김종필, 김창헌, 남재현, 명지희, 민병철, 박양호, 박준,

백상균, 신정기, 안영환, 여인화, 이병민, 이상일, 이승규, 이영호, 이인한, 이주영, 이중조, 이기문, 이향미, 임상황, 장상웅, 장중식, 전대현, 정승일, 조근용, 조기용, 조선희, 진병업, 차낙영, 차용규, 채규희, 최봉준, 최성자, 최승무, 최태석, 한영란, 홍경재, 황수천 등이다.

김영삼 전 총재는 말할 것도 없고 맹언식 총재, 이병권 차기총재도 기뻐 어쩔 줄을 몰라 했다. 7월 1일 저녁 7시 임페리얼 팰리스호텔에서 천지 로타리클럽 재창립대회를 가졌다. 이들 총재들과 클럽 회원들, 다른 클럽회장 등 많은 로타리언들이 참석해 천지클럽의 재탄생을 성심껏 축하해 주었다. 침몰하는 배에 끝까지 남아 고전한 보람이 있어 천지호는 새롭게 닻을 올리고 재출범하게 되었다.

앙코르와트 여행

고려대 컴퓨터과학대학원 동기생들과 관련해서 또 한 가지 의미 있는 추억이 남아있다. 내가 회장을 맡고 있을 때 동기생들과 함께 다녀온 앙코르와트 여행이다. 꼭 가보고 싶었던 유적지다. 12세기에 지어진 앙코르와트는 전 세계의 그 어떤 건축물보다 정교하고 아름답고 완벽하게 지어진 크메르인들의 위대한 건축예술이다. 지상에 조성해 놓은 우주모형이라고 한다. 그래서 이 사원에는 미물계와 인간계와 천상계가 존재한다.

이곳에서는 불행하게도 극좌파 폴 포트의 광기어린 숙청작업으로 전 인구의 4분의 1인 2백여만 명이 비참하게 처형됐다. 1991년 10월 23일, 20년 이상 끌어온 이 참극에 종지부가 찍힐 역사적 캄보디아평화조약이 조인됐다. 그때 횡설수설을 썼다.

'〈솔로몬의 신전에나 비교할까. 정글 속에 그리스나 로마의 그 어떤 유적도 따를 수 없는 장엄한 사원들이 숨겨져 있었다.〉 1860년 표본채집을 위해 캄보디아 여행에 나선 프랑스 박물학자 앙리 무어가 이 크메르문명의 대유적지와 맞닥트리게 됐다. 밀림 속에 숨어있던 세계최대 불가가의(不可思議)가 4백년 만에 빛을 보게 됐다. 평생 다녀도 다 볼 수 없다는 이 유적은 동서 29km, 남북 19km에 걸쳐있는데 아직 제대로 발굴조차 되지 않았다. 왕도였던 앙코르톰, 단일사원으로 세계최대규모인 앙코르와트, 관음(觀音)의 미소로 가득 찬 비욘 사원은 인류역사상 가장 위대한 건축예술의 결정체다. 그러나 못난 후손들이 이 문명의 보고를 피로 물들였다. 사원 앞 시엠립 킬링필드에서만 4천여 명이 학살되어 유골이 산더미처럼 쌓여있다. …'

앙코르와트를 찾아간 고려대 컴퓨터과학대학원 동기생들. 왼쪽부터 김용찬 한국문화진흥(주)사장, 정우택 새론(주)회장, 김영삼 삼정CPI회장, 필자, 박영준 코리아리서치센터 사장.

이 칼럼을 쓴 지 10년도 훨씬 넘어 그 현장을 찾아갔다. 석탑과 석상 곳곳에 총탄, 포탄 자국이 역력했다. 온화한 표정의 좌불 가슴과 어깨에 뚫린 탄흔은 보는 이의 가슴을 저민다. 인간이란 천사처럼 불후의 예술품을 남기기도 하고 악마처럼 예술혼을 파괴하기도 한다. 문화도

트로이의 목마 앞에서.

예술도 모르는 후손들이 수백 년을 방치해 두면서 거수(巨樹)의 몸통과 뿌리가 사원 건축물을 이리 저리 뚫고 나가 안쓰러움을 주체할 수가 없다. 그로 인해 어떤 건축물은 괴수(怪獸)의 모습을 하고 있어 눈길을 멈추기가 힘들다. 그러나 아무리 훼손되었다 하더라도 옛날 크메르인들의 위대한 예술혼은 인류의 위대함을 여실히 증명해주고 있다.

이번 여행을 마치면서 내가 꼭 가보고 싶었던 이집트 룩소르, 중국의 시안 등 3대 유적지 탐방을 모두 마쳤다.

이 밖에 터키 트루바소재 트로이성을 찾았을 때도 인상 깊었다. 기원전 9세기에 활동한 호메로스는 불후의 서사시 일리아드와 오딧세이를 남겼다. 그리스 신화와 전설을 집대성한 이 작품들은 성서와 더불어 유럽문화의 2대 원류로 꼽힌다. 독일의 하인리히 슐리만은 일리아드를 읽고 3~4천 년 전의 유적 트로이성을 찾아 나섰다. 성곽의 위치를 추정하고 답사 발굴에 나선 슐리만의 집념으로 신화의 세계에 묻혀있던 트로이성과 트로이 전쟁이 역사시대로 등장하게 됐다. 성곽이 계속 발굴되면서 9개의 다른 역사층, 그러니까 9개의 다른 역사시대가 인류역사로 태어났다. 감개무량하다.

바둑이야기

중국 요순(堯舜)시대에 만들어졌다는 바둑, 그 내면으로 들어가면 흥망성쇠의 이치를 간직하고 심오한 묘미가 함축되어 있는 도락(道樂)이다. 종횡 361로(路)에 수없이 생과 사의 순간들이 스쳐가고 폭풍과 노도가 휘몰아치며 종내는 아침바다처럼 고요해진다. 바둑의 승부는 마음의 격렬한 고동이다.

나는 바둑을 좋아한다. 공자가 이르기를 '배불리 먹고 온종일 쓰임새 없으면 안 된다. 바둑이나 장기라도 두는 게 훨씬 낫다'고 했다. 공자도 바둑을 좋아했었나보다. 공자의 이 말은 하루 종일 일도 않고 공부도 않고 반성도 않고 사색도 하지 않는 인생은 쓸모없는 사람이라는 것을 강조한 말이다. 태만과 무위는 인간 죄악의 근본이라는 것을 가르친 것이다.

생활 속에는 감격이나 감흥이 있어야 하고 즐거움도 있어야 한다. 멍청하게 아무 생각 없이 지내기보다는 바둑이라도 두는 것이 낫다. 치매 예방에도 좋다. 정신수양에도 좋다. 더욱 뜻있는 일에 열중하는 것도 좋겠지만 쓸데없이 남의 험담을 지껄이거나 잔꾀를 부리는 것보다는 바둑 삼매경에 빠져 기도(棋道)를 닦는 것이 훨씬 낫다.

내 바둑 수준은 2~3급 정도다. 타이젬에서 아마 3~4단을 오르락내리락 했다. 나의 바둑모임은 세 군데가 있다. 중앙고교 동창 바둑모임, 고려대 컴퓨터과학대학원 기우회모임, 원로언론인모임 등이다. 고교 동창모임은 월 1회 강남기원에서 문영모, 오정치 군이 이끌어가고 대학원 기우회는 세종원에서 김경택, 이선용 회장이 주도했다.

언론인 모임은 한국기원 강남지원에서 백인호 전 YTN 사장, 김승학 전 매일경제신문 논설위원, 장준봉 전 경향신문 사장, 민병문 헤럴드 경제 주필, 김진동 전 서울경제신문 주필 등과 수담을 나눴다. 백인호

사장은 이세돌 9단의 후원회장을 맡기도 했다. 얼마씩 기금을 내놓고 겨뤄 그날 우승하는 사람이 저녁을 산다. 대부분 완도식당에서 더덕주에 보신탕을 하게 되는데 허름한 그 집 음식이 아주 맛있어 모두 만족해한다. 이따금 설렁탕집에도 간다. 그 자리에서는 이런 저런 화제가 만발한다. 정치, 경제, 사회, 문학, 종교, 스포츠, 바둑 등 소재가 다양하다. 지난날 기자실에 얽혔던 추억도 떠올린다.

내 바둑 성향은 승부기질이 농후하다. 대국 자체가 즐겁기도 하지만 바둑을 이기기 위해 두는 것 같다. 돈을 걸지 않으면 재미가 반감된다. 기도(棋道)라기보다 기술(棋術)의 수준에 머물러 있는 것 같다.

나는 가끔 신문의 바둑 기보도 보지만 바둑TV 열성시청자다. 9시 뉴스를 빼놓고는 가장 선호하는 채널이다. 요즘은 국제기전이 자주 방영되는데 우리나라 기사가 중국기사에게 이기기를 바라면서 열심히 들여다보는 재미가 대단하다. 바둑TV 시청에 한 가지 애로사항이 있다. 아내가 드라마를 선호해 채널선택을 놓고 가벼운 긴장감이 돈다. TV를 한 대 더 준비도 했지만 단 둘이 살면서 TV까지 따로 보면 안 될 것 같아 설치하지 않았다. 그러니까 서로 자리만 비우면 채널이 바뀐다. 자리에 돌아와서는 채널을 또다시 돌린다. 그러나 서로 양보할 때는 양보한다.

아내

내 이야기만 주로 했는데 가족 이야기도 해야겠다. 앞서 기술했지만 나는 이화여대를 졸업하고 교양 있고 감성 있는 여성을 반려자로 선택했다. 아내의 집안은 넉넉지는 못했지만 그때의 내 가치관에는 가난은 아무 의미가 없었다. 아내는 동아일보 신춘문예에 당선되어 희곡작가로서 문단에 등장해 자랑스러운 면모를 보이기도 했다. 나는 부농의 유가(儒家) 종손으로 태어났지만 여러 가지 사정으로 서울에서의 학창시절은 아주 힘들고 어렵게 지냈다. 한동안 고생을 했어도 본성은 그대로인가 보다. 밥이나 반찬이 까다로웠다. 의복이나 잠자리도 마찬가지다. 이런 것들을 서울의 신여성이 모두 만족시켜주기는 어려웠을 것이다. 그런데다 아내는 말로는 지지 않는 성격이다. 이런 저런 것들이 쌓여 자연히 짜증이 나고 소리가 나고 반발이 생기고 부부싸움도 했다.

아내는 스탠스가 정확하다. 제 자리를 확고히 지킨다는 이야기다. 또 아내의 장점은 책임감이 강하고 분수를 아는 것이다. 나도 내 자리를 지키고 책임감도 아내 못지않게 강하지만 내게는 분수라는 것이 좀 애매모호한 것 같다. 그것은 지나친 자신감 때문이 아니었을까 하고 생각해 본다. 아내가 제자리를 정확히 지키는 것은 바람직한 부덕(婦德)이라고 할 수 있다. 책임감과 분수를 알고 살아가는 자세야말로 강한 신뢰를 느끼게 한다. 아무리 어려워도 아내는 자기책임을 회피하거나 외면하지 않는다.

많은 부부들은 서로 사랑하지만 세월이 흐르면서 그것보다 그들이 가지고 있는 것들, 즉 재산, 사회적 지위, 가정, 자식 등을 함께 소유하고 있는 것에 안주하게 된다. 모든 부부가 다 그렇다고는 할 수 없지만 처음에는 사랑을 기초로 하여 시작된 결혼이 점차 공동의 소유자로서 두 이기주의자가 하나로 뭉쳐진 것, 즉 가정이라는 형태로 지탱해 간다. 이런 이야기가 있다. '부부는 3주간 서로 탐색하고, 3개월간 사랑하고, 3년간 싸우고, 30년간 참고 견딘다. 그리고 그 자식들도 또 이 같은 짓을 시작한다.'

아내에게는 장점도 많지만 40여 년 함께 살아오면서 세 가지 단점이 있다고 느꼈다. 첫째는 끝까지 지지 않고 말을 계속하는 것이다. 아무리 그만 하라고 해도 소용이 없다. 그것도 다툴 때는 더욱 심하다. 둘째는 친자식들 이외의 친인척의 집안 출입에 대해 별 관심이 없다. 셋째는 돈에 치밀한 점이다.

아내가 계속 말로 괴롭히는 데에는 내게 잘못이 있어 그럴 수도 있다. 그러나 어느 정도여야 하는데 그것이 도를 넘는다. 겪어보지 않은 사람은 그 정도를 모른다. 그 버릇이 지나치게 심해 내 인내력이 한계를 넘을 때도 있었다.

세월이 흐르다보니 식구들간에 소원해져 가는 모습도 보였다. 집안 식구들간에 누가 먼저 잘못했는지는 모르겠지만 하여튼 집안 친척이나 동생들이 우리집에 오는 것을 꺼린다. 제사 때도 겨우 문환 동생부부만 와서 지낸다. 독실한 기독교 신자인 동생부부는 절을 하지 않아 우리 부부만 지내게 된다. 나는 친인척들이 모여 떠들썩한 분위기에서 지냈으면 좋겠는데 그렇게 하지 못하는 것이 평생 한스럽다. 명절 때면 친구, 후배나 동생들이 몰려와 고스톱도 하고 바둑도 두고 술상 앞에서 떠들어댔으면 오죽 좋겠는가. 그러나 그 모든 것들이 이제 돌이킬 수 없는 것이 돼버렸다.

돈을 아껴 쓰는 것은 사실은 장점이다. 아무리 서울깍쟁이라지만 내가 많이 벌어다 주었더라면 그렇지 않았을 것이다. 근검절약이 몸에 밴 아내가 그토록 아꼈기 때문에 이 정도라도 재산을 모았는지 모르겠다. 그렇지만 너무나 심하다고 느낀 것은 사실이다. 이 모든 것이 서울 여성과 고창 촌사람의 정서 차이가 아니었을까 하는 생각도 해본다.

흔히 현모양처가 있고 악처도 있다. 악처로 유명한 사람이 소크라테스와 톨스토이 부인이다. 그래서 소크라테스는 '너희가 양처를 가지면 행복한 사람이 되고 악처를 가지면 철학자가 된다'고 했다. 태생적으로 악처 소양이 있는 사람도 있겠지만 선량한 남편은 선량한 아내를 만들고 불량한 남편은 악처를 만들지 않을까 하고 생각도 해본다. 이 세상에 못된 여자 이상으로 나쁜 것은 없다. 착한 여자에 의해 행해진 것만큼 훌륭한 것 또한 일찍이 없었다. 선량한 아내는 선량한 남편을 만든다.

부부는 가장 가까운 사람이다. 부부는 일생에서 가장 가까이에서 지내고 가장 허물없고 또 가장 신뢰하는 사이다. 그런데도 사람마다 부부사이는 다르다. 사람마다 성격이 다른 것처럼 부부관계도 다를 수밖에 없다. 우리 부부는 어떤가. 아내나 나나 무뚝뚝한 편이어서 그런지 별로 대화가 없다. 그냥 살게 되어 있어 그 길을 따라 각각 살아가는 것 같다. 나이가 들면 모두들 각방을 쓴다고 한다. 나이가 더 들면 딸네집인지, 아들집인지 서로 어디에서 자고 있는지도 모른다고 한다. 세월이 더 지나면 한쪽은 집에서 자고 한쪽은 산에서 잔다고 한다. 그래서 부부의 사랑은 주름살 속에 새겨져 있다는 말이 생겨났을까.

젊었을 때 폴 발레리의 시를 접해보지 않은 사람 드물 것이다. 그의 시집 중에 '해변의 묘지'가 있는데 사후에 쓸쓸하게 해변의 묘지에 묻혔다고 한다. 그의 독백이 떠오른다. '신이 인간을 만드셨다. 그런데 고독함이 부족하다고 생각되어 더욱 고독을 느끼게 하기 위하여 반려(伴侶)를 만들어 주셨다.'

사랑스런 자식들

자식 이야기도 적어야겠다. 큰딸 규미는 우리 집안에서 내가 가장 신뢰하는 장녀다. 과장이나 허위나 거짓이 전혀 없는 성품이다. 모든 것을 사실 그대로 말한다. 항상 진실되고 성실하고 선량하게 행동한다. 그런 점이 내 마음에 꼭 들었다. 엄마 뒤를 따라 이화여대 국문과를 졸업하고 대학원을 마쳤다. 어느 날 카피라이터가 되고 싶다면서 금강기획에 지원하고 싶은데 지원마감일이 하루 지나버렸다고 했다. 마침 금강기획 채수삼 사장과 잘 아는 사이여서 전화를 걸어 지원을 받아줄 수 없겠느냐고 했더니 쾌히 받아주었다. 그리고 규미는 합격했다. 근무중 국제 광고기획 콘테스트에서 타이레놀 광고를 기획한 작품으로 최

차녀 규영의 고려대 졸업기념 사진. 왼쪽부터 장녀 규미, 장남 규호, 아내, 차녀 규영, 필자, 3녀 규진.

우수상을 수상해 유럽여행을 다녀오기도 했다. 전남 고흥출신으로 연세대 상대를 졸업한 서태열 군과 결혼해 딸 둘을 두었다. 큰 사위 서 군도 유능하고 진실하고 성실한 성품이다. 무엇보다 정직성과 신뢰성이 마음에 든다.

둘째 딸 규영이는 고려대 국문과를 졸업하고 일양약품 사보와 한국학원총연합회보 편집장을 역임하다가 아들 딸을 낳고 그만두었다. 규영이도 감성이 깊고 여러 면에서 장점이 많은 참 착한 딸이다. 경남 거창출신으로 고려대 경영학과를 졸업한 둘째 사위 전봉관 군 역시 유능하고 성실하기 그지없다. 그야말로 비단결 같은 성품이다.

셋째 딸 규진이는 미술에 소질이 있지만 학교 성적이 별로 좋지 않아 청주대 미술대학을 졸업했다. 그런 규진이가 사회생활을 하면서 제 기량을 발휘하기 시작했다. 실내 디자인 전문가가 되어 그쪽 분야에서 상당한 성공을 거뒀고 국민대 산업디자인 대학원에서 학위를 획득하고 강단에도 섰다. 우리 부부가 이 딸을 다시 쳐다보고 있다. 전북 출신으로 규진이 대학 선배인 셋째 사위 구태균 군도 유능하고 성실하며 믿음직하다. 최근에 귀한 아들을 낳았다.

모두 착한 딸이고 좋은 사위들인데 최근에 한 가지 엇박자라고나 할까 작은 파문이 일었다. 앞서 상세하게 기술했지만 우리 집안은 유학자 가문으로 원류(源流) 의식이 강하고 선조에 대한 숭조정신이 투철하다. 나도 그 영향을 받아 조상에 대한 정성스런 자세가 몸에 배어 있다고 생각한다. 앞서 기독교에 대한 나의 생각을 밝혔지만 나는 아버지 어머니 제사도 전래대로 지내고 싶고 대소 집안일도 종교로 인해 지장을 받고 싶지 않다. 그렇지만 종교로 인해 그렇게 하지를 못하고 있다. 특히 기독교의 배타적 교리 때문에 가족간의 갈등이 보이지 않게 심각한 파문을 일으킨다. 주변에 그런 집안이 한둘이 아니다. 가장 가까운 가족들이 가장 먼 타인으로 갈라서는 경우가 수두룩하다. 우리집도 그런 점이 있고 처갓집은 더욱 심하다.

그래서 나는 생각을 정리했다. 기독교나 유태교나 이슬람교 집안은 해당 일신교 신도 집안끼리 결혼하고 유교나 불교나 기타 종교를 갖지 않은 집안은 일신교 집안과 결혼하지 않는 것이 바람직하다는 판단이다. 그래서 나는 딸들에게 결혼조건을 단 한 가지만 제시했었다. 혈통도, 지역도, 학벌도, 재산도, 신체조건도 모두 따지지 않을 테니 본인이 판단해 결정하되, 종교문제만은 일신교 신자가 아닌 집안과 했으면 좋겠다는 것이다.

딸들이 모두 그렇게 결혼했다. 그래서 종교문제 가지고 더 이상 신경 쓸 일이 없겠다고 생각했다. 그런데 얼마 전 둘째 사위 전봉관이 조심스럽게 나를 찾아왔다. 가톨릭교회를 나가야겠다는 것이다. 다 큰 자식을 누가 이길 수 있겠는가. 그것도 결혼한 지 10년이나 되는 자식을 내가 지금 어떻게 할 수 있겠는가. 뭐라 할 이야기가 없었다. 아무 말도 할 수가 없었다. 야속하다는 생각만 들었다. 속으로 가톨릭이니까 개신교보다는 낫겠지 하는 생각과 얼마 안 되는 유산이지만 유산 배분이나 내 생각대로 할 수밖에 없지 않겠는가 하는 정도였다.

딸 셋에 이어 40이 넘어 아들을 낳았다. 우리 부부는 그 누구보다 아들 규호가 잘되기를 바라고 있다. 좋은 아이로 자라 훌륭한 사람이 되어 주었으면 하는 바람이다. 규호가 국민학교 5학년 때 책상 옆에 맥아더 장군의 기도문 중 '내가 원하는 아들'을 붙여 놓았다. '두려울 때 자신을 잃지 않는 대담성을 갖고 정직한 패배에 부끄러워하지 않으며 승리에 겸손한 아들을 저에게 주소서. 고난과 도전에 직면해 분투할 줄 알고 폭풍우 속에서도 용감히 싸울 줄 알고 패자(敗者)를 관용할 줄 알도록 가르쳐 주소서. 마음이 깨끗하고 목표가 높은 아들을, 남을 정복하기 전에 자신을 다스릴 줄 아는 아들을, 장래를 바라봄과 동시에 지난날을 잊지 않는 아들을 저에게 주소서 … .'

규호는 군대를 제대하고 지금 미국에 유학 가 롱 아일랜드 대학교에서 경영학을 전공하고 있다. 아주 '괜찮은 녀석'이라고 생각하고 있다. 10대 종손인 규호는 우리 부부의 희망이다. 희망은 그것을 갈망하여 추구하는 사람을 결코 외면하지 않는다. 희망이 그저 희망으로 끝나버릴 때 무의미한 환상으로 귀결될 수도 있다. 그러나 사람은 희망을 안고 사는 동안 아무리 어려워도 견딜 수 있고 용감하게 살아 갈 수 있다. 내가 제일 반가워하는 전화는 미국에서 걸려오는 규호 전화다. 평소에도 하지만 설날이나 추석이나 어버이날이나 생일에는 빼놓지 않고 안부전화를 한다. 우리 부부의 희망이 좋은 결실을 맺도록 부부와 규호가 함께 노력할 것이다.

사람답게 살아왔는가

이야기를 펼치다보니 내가 고루한 동양사상에 찌들어있는 가부장적 사고방식에 얽매여 있는 것이 아닌가 하는 생각도 든다. 가정과 종교이야기를 하다 보니 그렇게 됐지만 나는 사람이 살아가면서 신앙이나 신념, 철학을 갖는 것은 자유이며 아주 소중한 일이라고 믿는다. 그 중 단 한 가지, 신앙에 있어 전통도 존중해주는 것이 좋겠다는 것이다. 많은 사람들이 그렇겠지만 나는 평생 부단히 자유인이 되고 싶었다. 나는 나 자신을 자유주의자라고 생각한다. 자유주의는 사회발전을 위하여 개인의 자유를 존중하고 이에 대한 국가나 기관의 간섭을 배제하려는 사상이다. 물론 거기에는 책임과 의무가 따른다. 내 경우도 책임과 의무를 중시하다보니 자유주의는 내적 격정(激情)으로 그치기 일쑤였다.

돌이켜보면 나는 어려서부터 낭만주의, 허무주의, 고전주의에 빠져 있었으며 신문사에 입사해서부터는 사실주의를 바탕으로 자기중심주의(*Egotism*)와 이타주의(*Altruism*) 사이에서 번민했다. 나의 정신적 고뇌는 내 자신이 이기주의자(*Egoist*)는 아니더라도 자기중심주의자(*Egotist*)라는 데는 스스로 부정하기가 어렵다는 데에 있었다. 그래서 이타적 자세에 관심을 가지려고 노력했다. 살아오면서 이타 정신이 투철한 수많은 선배나 후배들을 접촉했다. 나는 그들의 언행을 생각하면서 스스로 각성하고 채찍질을 게을리 하지 않았다. 로타리클럽에 그토록 애착을 갖는 것도 봉사의 이상을 나름대로 실현해보려고 고심한데서 비롯됐다.

오직 제 이익만 챙기고 이웃에 대한 배려는 하지 않는 탐욕적 이기주의. 이기주의란 원래 그 속성이 항상 만족에 도달하지 못하고 무한한 욕심 속에서 자신을 탕진하고 만다. 그러다가는 종내는 자신이 가진 것의 노예가 되어 평생 하찮은 소유물만 섬기다가 가장 마음이 가난한 채로 처참한 최후를 맞게 된다. 이기심은 진실한 행복과 가까이 있을 수 없다. 이기주의자는 아무리 둘러보아도 친구가 없고 편들어줄 사람도 없다. 동시에 편들어주고 싶은 상대도 찾지 못한다. 사리사욕의 이기주의에서 깨어나 이웃을 생각하는 이타주의에 대한 굳은 신념, 애타정신(愛他精神)을 갖추기 위해 노력해야 한다. 천성으로 그렇게 태어났다면 더 할 나위가 없지만 그렇지 못하더라도 배우면서 관심을 갖고 정성을 쏟아야 한다.

애타정신과 함께 내가 항상 관심을 갖는 명제가 있다. 그것은 인간성의 회복이다. 나는 서울에서 50여 년을 살았다. 도시생활은 항상 바쁘고 분주하다. 거기에 직업까지 시간을 다투며 상대를 딛고 일어서야하는 경쟁을 먹고 사는 기자여서 더욱 정신이 없었다. 사람이 매일 마감시간에 쫓기면서 기계처럼 굴러가다보니 자주적이고 개성적인 사고와 정서가 메말라갔다. 그저 동물처럼 자극에 반응할 뿐 인간다운 면모나 여유는 상실해 갔다.

매일 아침 정신없이 일어나 조간신문 들춰보면서, 옷 입으면서, 밥 먹으면서 출근하고 회사에서는 톱니바퀴 같은 업무 메커니즘에 끼어 시키는 대로, 또는 하도록 되어있는 코스를 따라 굴러갔다. 기사작성은 말할 것도 없고 사설이나 칼럼을 쓸 때도 그 짧은 시간에 머리를 쥐어짜고 자료를 끼어 넣어 '비빔밥'이나 '맞춤복'을 만들어 내놓았다. 하루 일과를 마치고나면 술자리 기웃거리고, 되지도 않는 소리 들으면서 떠들어대고, 집에 와서는 TV앞에 앉아 영화보다가 고꾸라진다. 여유시간이 예상되면 바둑, 골프칠 기회 노리고 누가 무슨 재테크 정보라도 흘리면 집 평수 늘려가는 일에 신경 쓰고 종국에는 돈의 노예가 되어버린다.

인간이 인간다움을 상실하여 인간답지 않다면 어찌 되겠는가. 사람들은 그래서 배워야 한다고 강조한다. 지식은 사람들에게 많은 혜택을 안겨주었다. 지식과 기술은 오늘날의 위대한 문명을 이룩했고 많은 편리함을 가져다주었다. 그러나 인간으로서의 본질, 사랑하고 베풀고 더 나아가 정직, 협동, 인내, 용기, 보답 등 존귀한 마음가짐이 그 무엇보다 중요하다. 만일 사람이 많은 지식을 갖고 있긴 하지만 사랑할 줄 모르고 베풀 줄 모르고 정직하지 않고 협동하지 않고 참지 못하고 용기가 없다면 어찌 되겠는가.

공자나 석가나 예수나 소크라테스나 태양이 동쪽에서 뜨고 서쪽으로 지는 것이 아니라 지구가 자전하면서 태양의 둘레를 돌고 있다는 기초 상식도 몰랐다. 지금은 이런 정도는 초등학생도 다 아는 지식이다. 그런데도 인류역사상 이분들보다 더 위대한 스승, 성인, 철학자가 있었는가. 아무리 지식이나 기술이 편리하고 유익하다고 하더라도 그보다 더 소중한 것은 사람이 사랑할 줄 알고 감사할 줄 알고 은혜를 아는 사람다움이라고 생각된다.

그럼 나는 어떻게 살아왔는가. 사람답게 살아온 것인가. 돌이켜보면 잘못한 것이 너무나도 많게 느껴진다. 그 많은 잘못을 조금이라도 줄였어야 하는데 그것도 제대로 하지 못했다. 그 나마라도 어렴풋이 깨닫게 되는 것은 나이가 들었다는 것이 아닐까. 그 정도라도 깨닫는 것이 아주 중요한 것이라고 생각하고 있다.

재산 공개

내 재산에 관한 것도 털어놓아야겠다. 2000년 방송위 상임위원으로 재산을 공개했고 2003년 6월 마지막으로 변동사항을 신고했다. 대충 20억 원가량으로 기억된다. 전북 고창과 전남 장성에 선대로부터 내려온 임야와 가옥, 서울에서 거주하고 있는 빌라, 경기도 안성 등에 약간의 임야가 있고 주식을 얼마간 갖고 있었다.

고창과 장성의 임야와 주택은 내가 마련한 것이 아니고 주로 조부, 부모로부터 상속된 유산으로 소문중(小門中) 재산의 성격이 있다. 당연히 장남을 통해 후대에 전수해주어야 한다. 시가로는 얼마 되지 않는다. 그렇다면 나머지 재산은 어느 정도이며 어떻게 할 것인가. 아무래도 얼마간 자식들에게 넘겨주고 사회기부도 하고 노후의 부부 생활비로 충당해야 할 것이다. 그런데 그 정도 액수로는 유산상속이나 기부는 커녕 둘이서 살아가기에도 편안하지 않겠다는 판단이 들었다. 이제 더 이상 월급을 받을 수가 없게 된다는 것과 엄청난 장수 추세에서 우리 부부도 어느 정도의 장수는 계산에 넣어야겠기에 얼마간 두려움까지 느껴지는 것도 사실이다. 또 각종 노령의 질병 등 예기치 않은 사태에 직면할 수도 있다. 아내가 원하는 것은 작은 빌딩을 매입해 월세를 받아 생계를 유지하는 것이다. 그런 생각은 아내뿐만 아니라 수많은 아내들의 소망일 것이다. 나도 그렇게 생각한다.

20여 년 전 안성에 과수원을 소유하고 있는 동서를 따라가 사두었던 임야 등 부동산 가격이 상당히 올랐다. 2005년 여름 안성 땅과 증권 등을 정리하여 20억 원 정도를 마련해 부동산소개소를 찾아다녔다. 여기에 5~10억 원 정도 은행대출도 얻을 계획이었다. 그러나 그 액수로는 생각하고 있는 빌딩 매입은 가당치도 않았다.

그 당시 나는 생활경제TV와 건설부동산TV 회장으로 있었는데 어느 날 고려대 후배 5명이 찾아왔다. 한정규 변호사 등 이들 일행은 경매 및 부동산 사업도 하는데 그들의 사업과 건설부동산TV가 상부상조하자는 것이다. 부동산특집 방영과 TV광고게재 등으로 연결시키자고 제안했다. 모두 후배들이어서 데리고 나가 등심에 소주 맥주 화합주를 신나게 마셨다. 몇 차례 술자리를 하다 보니 내 개인사정 이야기도 나왔다. 그랬더니 이 후배들이 염려하지 말고 자기들에게 맡기라고 했다.

그들은 수많은 경매물건을 가지고 와서 설명하더니 그 중 한 물건을 강력히 추천했다. 노원구 상계동 110-9 상가토지 450여 평이다. 평당 1천만 원만 해도 45억 원, 1천2백만 원이면 54억 원이다. 이 토지위에 불법건물이 있어 계속 유찰돼 39억 원이던 것이 24억 원이면 낙찰받을 수 있다는 것. 불법건물은 대법원 판례가 있어 철거판결을 받아내는 것이 어렵지 않고 토지 이용료도 받을 수 있다고 한 변호사가 장담했다. 남의 말을 잘 듣는 나는 바로 모든 것을 이들에게 의뢰했다. 그래서 24억 1천만 원에 낙찰받았다. 모자라는 액수는 반포동 빌라를 담보로 3억여 원 은행대출을 받아 해결했다. 그러자마자 상계뉴타운지역이 발표되고 이 토지는 그 한가운데 자리잡고 있었다. 행운이라면 행운이다. 재산이란 억지로 만들어지는 것이 아니라는 말이 떠올랐다.

나는 경매를 통해 저렴한 가격에 부동산을 매입하고 싶었지 소송을 하고 싶지는 않았다. 평생 해보지도 않았고 또 하고 싶은 생각이 없었다. 그러나 이 경우는 어쩔 수가 없다는 것이다. 나는 모든 것을 변호사에게 위임하고 일체 관여하지 않았다. 언제 어떻게 진행되었는지도 잘 모른다. 하여튼 무허건물 철거와 토지이용료 지급 재판이 이어졌고 한 변호사 팀은 끝내 승소하여 대법원 판결까지 받아냈다.

도중에 그쪽에서 토지를 팔라고 해서 만나 보았다. 37억 원 정도에 파는 내용을 검토해 본 결과 원금, 이자, 각종 세금, 경비에 양도소득세를 계산해보니 남는 것이 별로 없었다. 그쪽에서 5억 원을 따로 현찰로 지급하겠다며 팔라고 해서 친밀한 세무사들에게 알아보았더니 절대로 그렇게 하지 말라고 충고해주었다. 결국은 모두 드러나 내야할 세금은 다 내고 망신당할 수도 있다는 것. 2009년 초에는 뉴타운사업이 상당히 진척됐다. 그 토지 주변시세는 평당 2천만 원 수준. 어디까지나 주변시세다.

건물철거 판결이 나왔지만 신축 6층 건물을 철거해버릴 수는 없었다. 그런데 이번엔 건물이 경매로 나왔다. 철거판결이 난 불법건물에 지주가 따로 있어 응찰하기가 어려워 4~5회나 유찰됐다. 결국 지주인 내가 받을 수밖에 없게 돼버렸다. 일부 건물분양 계약금을 낸 사람들과 공사대금을 일부 받지 못한 사업자들이 찾아와 내가 낮은 가격에 경락을 받아 관련 이해당사자들을 배려해 주는 것이 바람직하다고 제안해 왔다. 나 자신도 모든 이해당사자들에게 혜택이 가는 방향으로 해결책을 모색하고 싶었다. 그래서 37억 원에 나온 건물을 계속된 유찰 끝에 9억 8천만 원에 낙찰받았다. 자금은 은행융자로 해결했다. 토지와 건물이 깨끗하게 내 소유가 되었다. 그러나 건물공사비를 못 받아 건물을 점유하고 있는 유치권자들이 문제였다. 또 오랫동안 방치되어 있는 건물의 보수공사도 큰 난제였다. 나는 이런 어려운 문제들을 차분하게 해결해나갔는데, 영수산업개발 강성수 회장이 보수공사와 상가분양에 많은 도움을 주었다.

사람들은 대부분 공짜를 좋아한다. 나도 물론 그렇다. 그러나 부정으로 얻는 것은 좋지 않다. 불의로 얻는 것은 더욱 안 된다. 그런 재물은 오래 가지 못하고 끝도 좋지 못하다. 불행이 뒤따를 수도 있다. 경매로 매입하는 것도 약간은 꺼림칙한 점이 없지 않은 것 같다. 그러나 누구나 매매행위를 하는 데 있어서 낮은 가격에 사려고 한다. 그것도 술수로 속이는 것이 아니라 법적으로, 공개적으로 정정당당하게 매입하는 것은 떳떳한 면이 있다. 그래서 나는 자발적으로 이해당사자들을 찾아가 일이 순조롭게 진행되면 배려하겠다고 약속했다. 경매낙찰이 되면 모든 것이 끝나버리는 것이지만 그래도 성의를 보여야겠다고 스스로 다짐했다.

삶은 시간의 할당이다

사람들은 세월 이야기만 나오면 왜 그리 빨리 지나가느냐고 입을 모은다. 돌이켜보면 나도 시간과 싸우면서 시간을 살아왔다. 시계바늘을 타고 곡예를 벌인 것은 아닌지 모르겠다. 사람은 두 번 다시 똑 같은 강물 속에 서 있을 수 없다. 물이 흐르기 때문이다. 시간도 마찬가지다. 사람은 같은 현실 속에 머물러 있을 수 없다. 시간은 지나가는 강물이며 그 물살은 거세다. 내 앞에 어떤 사건이나 사물이 나타났는가 하면 금방 스쳐가 버린다. 다른 사건, 다른 사물이 그 자리를 대신하지만 그것 역시 곧 떠나가 버린다.

인명(人命)도 마찬가지다. 어제는 태아이던 것이 오늘을 허우적거리다 내일엔 빳빳한 시신이나 한줌의 재로 변해버린다.

시간의 걸음에는 3가지가 있다. 과거는 영원히 정지해 있고 현재는 화살처럼 날아가며 미래는 주저 않고 다가온다. 과거는 기억이고, 현재는 직관(直觀)이며, 미래는 예기(豫期)다. 어제는 이미 지나가버렸고 내일은 모르는 것이며 내가 소유하고 지배하고 관리할 수 있는 시간은 오늘뿐이다. 내게 가장 중요한 것은 오늘이다.

사람의 일생은 오늘의 연속이다. 오늘 내가 하는 일이 가장 소중한 일이며 오늘 하는 일이 바로 내 일생이다. 그렇다면 오늘을 성실하고 진실되고 아름답게 살아야 하지 않겠는가. 오늘 내가 책임지고 해야 할 일들을 정성들여 이행하고 훌륭하게 귀결지어야 하지 않겠는가. 행복의 대부분은 매일 계속되는 일과 그 일로 인한 축복으로 이루어진다. 이처럼 중요한 오늘을 어떻게 헛되이 보낼 수 있겠는가.

짧은 인생은 시간의 낭비로 인해 더욱 짧아진다. 시간을 낭비하는 것이야말로 자신에게 가장 심각한 해악을 끼치는 짓이다. 시간을 낭비하는 것보다 더 큰 실수는 없다. 보통사람은 시간을 소비하는 것에 마음을 쓰고 재능 있는 사람이 마음을 쓰는 것은 시간을 이용하는 것이다. 인생이 무엇이란 말인가. 인생은 흘려보내는 것이 아니고 내용을 채워가는 것이라고 생각된다. 나의 오늘을 내가 성실하게 이루어낸 것으로 채워가는 것이다.

논설위원 재직 때 한 잡지에 '삶은 시간의 할당'이란 글을 기고했다.

'〈모든 것이 우리 것이 아니라오. 오직 시간만이 우리 재산이라오. 조물주가 우리에게 준 것은 걷잡을 수 없이 흘러만 가는 이 변덕스러운 물건뿐이라오. 그런데 이것마저도 누군가가 하려고만 하면 빼앗아 버릴 수 있소. 아무리 애를 써도 다시 찾을 수 없는 유일한 재산인데도 사람들은 이 재산을 조금도 아낄 줄 모른다오. 당신은 어떠냐고 내게 반문할 수도 있을 것이요. 솔직히 말해 나도 물 쓰듯 낭비하지만 써버린 것을 언제나 장부에 기록해 두고 있다오. 얼마를 허비했고 어떻게 허비했으며 무슨 일로 허비했는지를 항상 상세히 알고 있다오.〉

고대 로마 철학자이며 작가인 세네카가 친구에게 보낸 편지내용이다. 이 철학자는 해시계, 물시계, 모래시계 정도의 도구밖에 없어 시간단위가 제대로 되어있지도 않고 시간을 측정할 수도 없었던 그 당시에 시간을 그토록 아껴 썼다. 현대 실용주의자들은 시간을 아끼려고 마차에서 내려 기차를 탔고 기차에서 내려 비행기에 올랐다. 전화가 발명되어 편지를 대신하고 TV가 극장을 대신하고 지퍼가 단추를 대신하고 만년필이 거위 깃을 대신했다. 엘리베이터, 전기면도기, 계산기, 노트북을 발명한 것은 시간을 절약하기 위해서였지만 사람들은 갈수록 시간에 쫓기고 시간이 모자란다고 야단들이다. 친구에게 편지 쓸 시간이 없고 우수수 떨어지는 낙엽을 감상할 시간이 없으며 시 한편 읊을 여유가 없고 부모님 산소 성묘할 시간이 없다.

시간에 관한 많은 연구도 있었다. 절대시간, 물리적 시간, 우주시간이라던가, 어떻게 하면 시간을 아끼고 보람 있게 쓸 수 있는 것인가를 연구한 서적도 적잖이 나왔다. 그러나 시간이란 거꾸로 가도록 되돌릴 수 있는 것도 아니며 남아도는 시간을 무슨 상품처럼 창고에 저장했다가 필요할 때 쓸 만큼 꺼내 쓸 수 있는 것도 아니다. 그렇게 할 수만 있다면 얼마나 좋을까.

그런데 여기에 시간을 지배한 사람이 있다. 소련의 저명한 과학자 알렉산드르 류비세프는 1916년 1월1일 시간에 대해 아주 비상한 결심을 한다. 그는 그날 이후 자기의 모든 시간을 철저히 계획, 관리, 기록, 통계, 평가했다. 시간통계법으로 죽는 날까지 56년간 시간의 효율을 극대화시켜 살았고 동시에 엄청나게 많은 업적을 남겼다. 생물학, 곤충학, 과학사 등에 정통해 70여 권의 전문저서를 남겼고 문학 역사분야도 높은 경지에 이르렀다. 그는 인간에게 있어 시간이란 무엇인가를 가르쳐주었다. 자신의 생명인 시간을 철저히 인식하고 그것을 아끼면서 삶을 합리적으로 배치했다. 1972년 눈을 감는 날까지 단 하루도 기록하지 않은 적이 없다. 자기가 사용한 시간을 무슨 일에 몇 시간 몇 분을 썼는지를 매일같이 계산했다. 사랑하는 아들의 죽음도 그의 기록을 막을 수는 없었다. 그는 글을 쓰고 책을 보고 편지를 쓰거나 무슨 일을 할 때 모두 그에 쓰인 시간을 정확히 계산 기록했다. 그는 자신의 생명인 1분 1초도 허비할 수가 없었다.'

나이 들면 계급장 떼어야

나이가 들면 계급장을 떼어내야 한다. 장관, 차관을 했다, 국회의원을 지냈다, 총장을 역임했다고 옛날 계급장을 계속 내세워 보아야 아무도 인정해 주지 않는다. 어디를 가도 상석에 앉으려 하고, 제 말만 많이 하려하고, 제 고집 꺾지 않으려고 하면 처음엔 눈총 받는데 그치지만 나중엔 아무도 상대해 주지 않는다. 그렇게 되면 연락조차 끊긴다. 고위공직에서 물러나 집안에서 두문불출하고 있으면 그만이라고 생각할 수도 있겠지만 사람들의 수명도 길어졌는데 죽창 집에만 박혀 있기도 쉽지 않다. 그래서 모임에 나가보면 돈이 제일이다. 그때부터는 돈으로 서열과 인품이 정해진다.

모임에 참석하러 갈 때부터 다르다. 지하철, 버스 등 대중교통을 이용하여 가파른 계단을 한참 걸어 올라가 힘겹게 당도하는가 하면 벤츠 승용차로 정문 앞까지 와서 수위가 문 열어주면 바로 행사장에 들어선다. 모임의 회비도 5만 원 내는 회원과 1천만 원 기부하는 회원에 대한 대우가 다를 수밖에 없다. 겉으로 드러나지 않는다고 해도 얼굴 표정과 눈빛으로 확연히 나타난다. 회원들의 수준에 따라 모임의 장소도, 음식점도 큰 차이가 난다.

그래서 서글픈 이야기지만 나이 들면 믿을 건 돈밖에 없다고 한다. 안타깝지만 집안에서도 비슷한 현상이 나타난다. 자식들도 겉으로는 그렇지 않지만 대하는 태도가 달라지는 것 같이 느껴진다. 또 실제로 달라질 것이고 달라질 수밖에 없을 것이다. 내 자신도 그럴 줄 알아야 한다. 실제로 그럴 줄 알고 있다. 자식뿐 아니라 아내조차도 달라진다. 내가 돈을 벌 때는 그렇지 않았는데 지금은 대접이 다른 것으로 느껴진다. 남편에 대한 어투부터 달라진다. 표정도 달라지고 반찬도 달라진다. 밥도 정성들여 짓지 않는다. 실제로는 그렇지 않다고 하더라도 내가 돈을 벌지 못하면 그렇게 느껴지기도 한다. 그렇지만 아무리 악처라도 아내가 효자보다 낫다고 하지 않는가. 끝까지 남아있는 것은 부부뿐이라고 한다. 하여튼 이래저래 늙어갈수록 돈이 필요하다.

이렇게 '속물'근성에 젖어있다 보면 '부러운 모습'이 한 가지 있다. 내가 고위공직에 있을 때는 하찮게 보였던 사람이지만 나이 들어 유심히 들여다보면 저런 인생이 최고로구나 하는 생각이 든다. 중소기업을 하면서 사장으로서 자신의 영역을 구축하고 나이 들면 회장을 하고 더 늙으면 명예회장을 한다. 아내는 출근도 하지 않는 감사를 시킨다. 매월 자신과 아내의 고액월급을 타고 대주주로서의 거액의 배당도 챙긴다.

자신의 정년 걱정할 필요도 없고 아들 취직 걱정할 필요도 없다. 젊은 나이의 아들이 상무, 부사장, 사장으로 고속 승진해 부모에게 효도까지 한다.

내 경우 각종 모임의 회비 액수에 상당히 신경을 쓴다. 그러나 이 명예회장은 그런데 신경 쓰지 않는다. 모든 모임의 회비 등 일체의 경비는 회사 자금으로 처리하고 모든 식대, 운동(골프) 경비, 물품 매입은 법인카드로 처리한다. 그러면서 최고급의 음료와 보약으로 지낸다. 내가 너무나도 속된 생각을 열거한 것 같다. 이런 내용을 문자화하자니 속이 간지럽고 부끄럽기도 하다. 그러나 이 나이에 내가 지어낸 이 말은 진실인 것 같다. 〔계급은 짧고 인생은 길다.〕

사실 재산은 커다란 속박이다. 재산이 없으면 그냥 조용히 지나갈 일도 재산이 있으면 분쟁이 생긴다. 화목한 집안이 전쟁터로 변하기도 한다. 재산으로 인해 부모 자식이 싸우고 형제자매가 다투어 원수가 되고 살인까지도 저지른다. 이런 우스갯소리가 있다.

'자식들에게 재산을 조금 주면 보채어 못살고, 다 주면 굶어죽고, 안 주면 맞아죽는다.'

또 이런 이야기도 있다.

'돈은 쓴 돈만 자기 것이고 안 쓴 돈은 사돈 것이다.'

돈을 쓰지 않고 아들에게 넘겨주면 아들이 직장 일에 허덕이는 동안 며느리가 친정의 어머니나 형제들에게 쓰게 된다는 것이다.

아무리 그렇더라도 돈만이 재산은 아니라고 생각한다. 지식도 재산이고 건강도 재산이고 재능도 재산이다. 그러나 그보다 더 가치 있고 훌륭한 재산이 있다. 그것은 의지다. 누구든지 굳은 의지를 가지고 있으면 그 의지는 제 마음대로 사용할 수 있다. 시성 타고르는 재산에 대해 이렇게 정의했다.

'재산은 우리의 한계가 되는 것이다. 재산 모으는데 열중한 사람은 자신의 한정된 취득물의 좁은 장벽 안에 갇혀 정신적 세계를 향한 이해의 문을 통과해 나갈 수가 없다. 이 정신적 세계는 완전 조화의 세계다.'

빌 게이츠나 워렌 버핏은 좁은 장벽을 넘어 정신적 세계를 향한 이해의 문을 통과한 사람이라고 생각된다.

노계(老計)

나이 들면 노계(老計)를 세워야 한다. 노년은 나이 먹은 만큼 값어치가 있어야 한다. 나이 먹는 것을 억울해하는 경우도 있는데 나이 먹는 것은 분명 의의가 있는 일이다. 나이 들면 인생의 묘미, 일의 묘미, 학문의 묘미 등을 제대로 알게 된다. 아무래도 젊었을 때는 그런 점에선 미숙하다. 미숙하다는 것은 그 만큼 서툴고 맛을 모른다는 것이다. 맛을 안다고 해도 참맛은 단맛밖에 모른다. 떫은 맛, 쓴 맛, 감칠맛은 나이가 들어야 그 진미를 알 수 있다.

지금까지 서구 저명인사들 이야기만 인용했는데 일본인의 이야기도 인용해야겠다. 일본 역대총리들이 사부로 모신 양명학(陽明學)의 대가 야스오카 마사히로의 '운명은 바꿀 수 있다'에 지비(知非-잘못을 앎) 론이 나온다. 논어의 한 구절을 인용한 것으로 옛날 중국 위나라에 현인 거백옥(遽伯玉)이란 사람이 있었다. 공자가 예찬하기를 '그분은 참 훌륭한 분이다. 나이 쉰 살에 마흔아홉 가지 잘못을 알았다'고 했다. 50세가 되어 그때까지의 49년이 잘못됐고 허사였다는 것을 통절히 깨달은 사람이라는 것이다. 이것이 지비(知非)다. 사람이 쉰 살 쯤 되어서야 스스로를 알게 된다는 것이다. 요즘은 수명이 길어져 20년쯤 보태면 70세라고 할 수 있다. 바로 내 나이다.

이 나이가 되면 야심 같은 것은 접게 된다. 이 나이가 지비(知非), 지명(知命)이고 체념이다. 체념에는 내용 없는 체념과 내용 있는 체념이 있다. 내용이 없는 것은 단념이고 고도의 체념은 깨달음(悟)이다. 잘못을 안다는 것은 곧 깨닫는 것이다. 나이를 먹는다는 것은 젊었을 때 몰랐던 경지를 깨닫게 되는 훌륭한 경지, 가경(佳境)으로 들어가는 것, 이것이 노계다.

노령(老齡)은 분명히 신속하게 다가온다. 노후는 생각보다 멀지않은 때에 나이보다 10배나 빠른 속도로 다가온다. 청년시대는 나날은 짧고 한 해는 길지만, 노년시대는 나날은 길고 한 해는 짧다. 노년은 늘 죽음의 그림자 밑에서 산다고 한다. 그러나 나이 들수록 인생에 대한 흥미를 잃지 않아야 한다. 어떤 일이든지 의미 있다고 여겨지는 일에 열중할 필요가 있다. 주름살과 함께 열성과 품위가 갖추어지면 존경과 사랑을 받게 된다. 노년은 신중하고 원숙하고 우아한 인생의 황금시대라는 것을 깨달아야 한다. 많은 사람들이 피터 드러커 교수를 존경한다. 그는 92세에도 신문에 기고를 했고 저서도 출판했다. 그는 96세로 별세할 때 까지 자신은 은퇴할 생각이 없다고 공언했다. 이것이 노계다.

일본의 조각가 세키 간테이의 저서 '불량노인이 되자'는 흥미를 끄는 책이다. 300년 묵은 노거수와 그 옆 뿌리에서 비롯된 1년생 나무가 있는데 새봄에 피는 잎사귀는 양쪽 모두 똑 같다는 것이다. 80세가 넘은 이 조각가는 인생은 지금부터라며 상식, 규범이나 세상의 시선 등 노인을 속박하는 모든 것을 웃어 넘겨버리고 저녁마다 카페 등지에서 여자친구들과 교제한다고 한다. 그 여자친구가 80명이 넘는다고 한다. 그는 '여성은 생명의 빛이 스러지지 않는 남성을 좋아한다. 돈이 아무리 많아도 제대로 된 여성이라면 생명이 시들어가는 남자에게는 접근하지 않는다. 돈이 없어도 나날이 빛을 갈고 닦는 남자에게 연령 차이는 아무 의미가 없다'고 설파한다. 인간의 나이는 그 사람이 없어졌을 때나 헤아려보는 것이라는 것이다. 나도 그 견해에 전적으로 동의한다. 운명이라는 것도 관 뚜껑을 덮고 난 뒤에나 논할 수 있는 정도의 것이라고 생각한다.

늙어가는 사람만큼 인생을 사랑하는 사람은 없다고 그리스의 시인 소포클레스는 지적했다. 노인이 스스로 노인인 것을 아는 자는 없다는 말은 맞는 것 같다. 왜냐하면 70이 된 나 자신도 그것을 잘 모르고 지내고 있기 때문이다. 그러나 세월은 스스로 아름답게 채워가야 한다고 생각하고 있다.

아름답게 늙어가는 지혜

내 친구가 '아름답게 늙어가는 지혜'를 E-메일로 보내왔다.

'남이 나를 보살펴 주거나 베풀어 줄 것을 기대하지 말자.
무슨 일이든 자기 힘으로 하자.
젊었을 때보다 더 많이 움직여 보자.
시간적 여유가 있으므로 운동을 하자.
당황해하지 말고 성급해하지 말고 뛰지 말고 넘어지지 말자.
남의 생활에 참견하지 말자.
내 괴로움이 가장 크다고 생각하지 말자.
편한 것 찾지 말고 외로움을 만들지 말자.
늙은이라고 냉대해도 화내지 말고 웃자.
자손들이 무시하더라도 심각하게 생각하지 말자.
친구가 먼저 죽어도 지나치게 슬퍼하지 말자.
항상 일거리를 만들어 보자.

취미생활과 봉사활동에도 눈을 뜨자.
청하지 않으면 충고하지 말자.
의사를 정확히 표현하고 겉과 속이 다르게 말하지 말자.
어떤 상황에도 남을 헐뜯지 말자.
칭찬하는 말도 조심해서 하자.
인연을 넓혀가지 말자.
만병의 근원인 감기에 걸리지 않도록 조심하자.
몸에 좋다고 아무 약이나 먹지 말고 남에게 권하지 말자.
모든 일에 감사하는 마음을 갖자.'

'웃음 10계명'도 E-메일로 왔다.

① 크게 웃어라. ② 억지로라도 웃어라. ③ 일어나자마자 웃어라. ④ 시간을 정해놓고 웃어라. ⑤ 마음까지 웃어라. ⑥ 즐거운 생각하며 웃어라. ⑦ 함께 웃어라. ⑧ 힘들 때면 더 웃어라. ⑨ 한번 웃고 또 웃어라. ⑩ 꿈을 이루었을 때를 상상하며 웃어라.

야스오카 마사히로가 살아가면서 인생의 원칙으로 삼았다는 육중관(六中觀)과 사람을 보는 인물관찰 팔관법(八觀法)은 내게 감명을 주었다. 마음속에 새겨 두고 싶은 내용이다.

육중관의 첫째는 망중유한(忙中有閑)이다. 아무 할 일 없는 가운데 갖는 한가로움은 죽은 한가로움이다. 참다운 한가로움은 번거로움과 바쁨 속에 있다. 바쁨 속에서 찾아낸 시간이 살아있는 시간이다.

둘째는 고중유락(苦中有樂), 괴로움 속에 비로소 즐거움이 있다.

셋째는 사중유활(死中有活), 벼랑 끝으로 몰린 위기 속에 활로가 있다.

넷째는 의중유인(意中有人), 마음속에 둔 사람이 있다.

다섯째는 호중유천(壺中有天), 항아리 속에 하늘이 있다는 이 말은 노장사상의 고사에 나오는 말이다. 사람은 어떤 처지에 놓여있더라도 자기만의 내면세계를 가질 수 있다. 나름대로의 특기나 사유(思惟)를 갖고 있어 세속생활에서 벗어날 수가 있다.

여섯째는 복중유서(腹中有書), 뱃속에 글이 들어있다는 말이다. 글이 머릿속의 얄팍한 대뇌피질에 아주 조금 새겨져 있는 것이 아니라 큰 뱃속에 만권의 책과 신념과 철학이 들어있다는 뜻이다. 독서를 강조한 내용이기도 하다. 바쁨 속에 한가로움이 있고 괴로움 속에 즐거움이 있고 궁지 속에 활로가 있고 자신만의 내면세계가 있고 마음속에 사람이 있고 철학과 신념을 갖고 있다는 내용이다.

팔관법은 첫째, 사람이 형통하면 그가 받드는 바를 본다. 하는 일이 조금 잘 되어갈 때 무엇을 존중하는가를 본다. 돈인가, 지위인가, 지식인가.

둘째, 귀하게 되면 무엇을 우선으로 치는가를 본다. 지위가 올라가면서 등용하는 사람이나 선택하는 내용을 보면 그 사람의 인물됨을 알 수 있다.

셋째, 넉넉하면 무엇을 취하는가를 본다. 돈푼께나 생기면 옷을 사고 새 집을 짓고 골동품을 모은다. 그 취하는 모습을 보면 그 인격을 알 수 있다.

넷째, 말을 하는 것을 들어보면 그 사람이 아는 것과 행하는 것이 일치되는지, 그렇지 않은지를 알 수 있다.

다섯째, 어떤 지경에 이르면 무엇을 좋아하는지를 본다. 직업이나 업무 등 그 사람이 원하는 상태에 이르면 어떤 것을 선호하는가를 본다.

여섯째, 환하게 알게 되면 말하는 바를 본다. 숙달된 상태에서 어떻게 말하는지를 보면 그 사람의 학문이나 깊이가 어느 정도인지, 사람됨이 어떤지 알 수 있다.

일곱째, 딱한 상황에 처했을 때 받지 않는 것을 본다. 어려운 상황이라고 해서 무엇이든지 다 받아들이는 것은 좋지 않다.

여덟째, 궁한 상태가 되어서도 하지 않는 바를 본다. 사람이 궁함이 몸에 배이면 부끄러움도 없이 무엇이든지 하게 된다. 그러나 아무리 궁해도 그렇게 하지 않은 사람이 있다. 부끄러움을 모르는 것이야말로 큰 치욕이다.

이 관찰법은 남을 지켜보는 것이지만 그 내용을 바로 자신에게 응용하면 스스로의 인품을 닦는 데 큰 도움이 된다. 자기관찰법, 바로 이것이 중요하다.

나의 생활수칙

내가 70이 되어 지키려고 노력하는 생활수칙이 있다. 내 마음에서 떨쳐버려야 할 5가지 생각 '5심'(五心)과 이웃을 대할 때 지켜야 할 7가지 마음 '무재7시'(無財七施)다.

5심의 첫째는 의심(疑心)이다. 내가 생각하고 보고 듣고 행하고 있는 것은 물론 이웃이 하는 일을 의심하지 말자. 특히 자신의 귀한 존재를 의심하지 말자.

둘째는 소심(小心)이다. 마음을 대범하게 쓰고 큰마음을 갖자. 생각을 당당하게 내보이는 사람이 되자. 두려울 것이 무엇이 있겠는가.

셋째는 변심(變心)이다. 만사의 끝은 처음 먹은 마음과 같아야 한다. 견고한 믿음에서 출발해 목표를 향해 항상 흔들리지 말자.

넷째는 교심(驕心)이다. 누구든지 자기를 높이면 낮아지고 낮추면 높아진다. 교만해지면 사람을 잃는다. 거만한 인간은 현명한 자에게는 경멸받고 저능한 자나 기생적 인간들한테 받들어진다. 교만한 자는 자만의 노예가 되어 이미 승부에서 지고 있다.

다섯째는 원심(怨心)이다. 소심하게 살아왔음도 굳건하지 못했음마저도 원망하지 말자. 남을 원망하는 마음 역시 자신을 해친다. 마음속의 원심을 털어내야 바른 길로 나아갈 수 있다. 대철학자 데카르트는 이렇게 원심을 경계했다.

'당신이 남을 원망하는 감정을 품으면 당신의 피는 매우 나쁜 상태에 놓인다. 당신은 음식 맛조차 잃는다. 건강을 위해서라도 남을 원망하는 감정에 머물러있지 않아야한다. 순조로운 혈액순환, 맑은 공기, 적당한 온도, 이것들은 모두 사랑의 표현이다.'

무재7시는 불경에서 말하는 재물을 들이지 않고도 보시할 수 있는 7가지 방법이다. ① 남을 몸으로 돕는 신시(身施), ② 진정 마음으로 돕는 심시(心施), ③ 따스한 눈길을 보내는 안시(眼施), ④ 호감의 표정을 보내는 안시(顔施), ⑤ 친절한 말씨의 언시(言施), ⑥ 좋은 자리 양보하는 좌시(座施), ⑦ 묵을 곳 없는 사람에게 자리를 내어주는 방시(房施)다. 나는 이 7시를 실행하기 위해 의식적으로 노력하고 있다.

조강환(曺康煥) 약력

1940	전북 고창 출생
1965	고려대학교 경영학과 졸업
1966~1996	동아일보 편집국에 입사해 30여 년 재직
	사회부 기자, 차장, 부장, 논설위원 역임
1996	국민복지추진연합 창립, 상임공동대표
1996	고려경영포럼 창립, 공동대표
1996	은광학원재단 이사장
1997~2003	방송위원회 위원, 부위원장, 상임위원 등 2기 연임
1997	대통령선거방송특별위원회 위원
1998	방송개혁위원회 위원
1998	국제로타리 3640지구 천지로타리클럽 창립 초대회장
1998	코리아리서치센터 회장
2000	기네스한국위원회 총재
2004	한양대 언론정보대학원 객원교수
2005	생활경제TV, 건설부동산TV 대표이사 회장
2003~현재	사단법인 방송통신연구원 원장

저서

《역사의 고전장》, 《백년대계, 아침에 고치고 저녁에 바꾸고》

편저

《중용》, 《한비자》, 《육도삼략》

수상

황조근정훈장

중앙고교 총동창회 '올해의 장한 중앙인상'

고려대 교우회 '올해의 자랑스러운 고대인상'

고려대 언론대학원 교우회 '올해의 장한 언론대학원 교우상'